Angelika Timm
Israel – Gesellschaft im Wandel

Angelika Timm

Israel –
Gesellschaft
im Wandel

Leske + Budrich, Opladen 2003

Gedruckt auf säurefreiem und alterungsbeständigem Papier.

Die Deutsche Bibliothek – CIP-Einheitsaufnahme
Ein Titeldatensatz für die Publikation ist bei
Der Deutschen Bibliothek erhältlich

ISBN 3-8100-4032-0
© 2003 Leske + Budrich, Opladen

Satz: Berthold Druck- und Direktwerbung, Offenbach
Druck: DruckPartner Rübelmann, Hemsbach
Printed in Germany

Inhalt

5

Tabellenverzeichnis

Vorbemerkung

Das in der deutschen wie in der internationalen Medienlandschaft verbreitete Israel-Bild ist in hohem Maße durch den Nahostkonflikt bzw. die zugespitzte israelisch-palästinensische Konfrontation geprägt. Unabdingbar für das Verständnis israelischer Realität ist jedoch auch der Blick auf die innerstaatliche Entwicklung, die zwar untrennbar an die äußeren Existenzbedingungen gebunden ist, häufig aber eigenständige Konfliktlinien schafft und existentiell auf die gegenwärtige bzw. künftige Befindlichkeit der israelischen Gesellschaft einwirkt.

Primäres Anliegen der Studie ist es daher, ein möglichst wahrhaftiges und zugleich facettenreiches bzw. problemorientiertes Bild vom „Innenleben" des jüdischen Staates nachzuzeichnen – nicht zuletzt, um der außerhalb Israels häufig anzutreffenden realitätsfernen Idealisierung, aber auch der ungerechtfertigten, ideologisch vorgeprägten Dämonisierung des Landes bzw. einzelner seiner Gesellschaftselemente zu begegnen. Den kritisch-analytischen Sichten von „Insidern" wird dabei Vorrang vor außerisraelischen Wortmeldungen gegeben. Extreme Positionen werden dokumentiert, soweit sie die Spannbreite der innerisraelischen Konfrontation verdeutlichen; sie entsprechen i.d.R. nicht der Einsicht der Autorin.

Seit Ende der achtziger bzw. Anfang der neunziger Jahre des 20. Jahrhunderts hat sich der Staat Israel in demographischer, politischer, sozio-ökonomischer und kultureller Hinsicht derart umfassend gewandelt, dass israelische Politologen bereits dazu neigen, von der „Zweiten Republik"[1] zu sprechen. Das Ende des Kalten Krieges, die Suche nach tragfähigen Kompromissen mit den Palästinensern und anderen arabischen Nachbarvölkern, die Masseneinwanderung aus der Sowjetunion und deren Nachfolgestaaten, Globalisierungstrends, Medienrevolution und Generationswechsel setzten Transformationsprozesse in bis dahin nicht gekanntem Ausmaß in Gang. Sie berühren alle Bereiche der Gesellschaft – die Abkehr vom „Schmelztiegelkonzept", die Liberalisierung der

---

1   Vgl. Hazan, Reuven Y. 1997; Arian, Asher 1998a.

Wirtschaft, das Verhältnis von Staat und Religion, die Parteien- und Medienlandschaft, die Ausprägung israelischer Demokratie, das zionistisch determinierte Geschichtsbild, die Sicht auf die arabischen Bürger des Landes, die Bildungsinhalte an Schulen und Universitäten und nicht zuletzt die Alltagskultur.

Mit der Publikation wird versucht, den sich in der israelischen Gesellschaft vollziehenden kardinalen Umgestaltungen und dem mit ihnen verbundenen Wertewandel nachzuspüren und ihre Wirkungen auf die Gegenwart bzw. die überschaubare Zukunft zu benennen. Gleichermaßen werden die Besonderheiten israelischer Staatlichkeit, Demokratie und Identität in wechselseitiger Verknüpfung von inneren und äußeren Gestaltungsimpulsen dargestellt. Dabei erweist es sich als erforderlich, die drei zeitlichen Entwicklungs- und Betrachtungsebenen – Vergangenheit, Gegenwart und Zukunft – miteinander zu verknüpfen. Die Frage nach dem Warum und Woher aktueller Gegebenheiten richtet sich zunächst unweigerlich auf die Vergangenheit. Woher kam und wie entwickelte sich, was heute bestimmend wirkt oder als ungelöstes Problem künftigen Generationen überlassen wird? Das Aufspüren von Veränderungen und Brüchen in der Gesellschaft bedarf im gleichen Sinne mehrerer zeitlich voneinander abgehobener Fixpunkte.

Während der ersten Jahrzehnte nach der Staatsgründung standen die Existenzsicherung und -stabilisierung bzw. die Abwehr der äußeren Bedrohung im Mittelpunkt israelischer Innen- und Außenpolitik. Die exogenen Infragestellungen ließen die Divergenzen im Innern – sei es auf sozialer, politischer oder ethnisch-kultureller Ebene – in den Hintergrund treten. Letztere waren in der politischen Kultur zwar präsent, dominierten jedoch nicht den öffentlichen Diskurs. Erst als gegen Ende des 20. Jahrhunderts eine politische Regelung des Nahostkonflikts möglich erschien und – im Gefolge der Verhandlungsprozesse von Madrid, Oslo und Washington – eine Phase relativer äußerer Ruhe und Sicherheit einsetzte, gelangten die unterschwelligen Widersprüche an die Oberfläche. Sie stellten den zionistischen Konsens in Frage, der während eines langen Zeitraums die Hauptkomponenten des Establishments und der jüdischen Bevölkerung in Grund- und Überlebensfragen geeint hatte. Im Gefolge weltweiter Modernisierungsschübe wie auch eines tief greifenden innergesellschaftlichen Paradigmenwechsels artikulierten sich verstärkt individuelle und Gruppeninteressen, materielles Denken und Konsumorientierung. Die neunziger Jahre stellten für Israel ein einzigartiges gesellschaftliches Experimentierfeld dar, das von Politikern, Wissenschaftlern und Publizisten unterschiedlichster Couleur wahrgenommen, vielfältig reflektiert und auf die Chancen wie Gefährnisse für die Zukunft abgeklopft wurde.

Die mit dem gesellschaftlichen Wandel aufbrechenden politischen Kontroversen, wissenschaftlichen Debatten und publizistischen Zuspitzungen legen beredtes Zeugnis von der Aktualität der Streitfragen, von der ideellen Polarisierung der beteiligten Akteure und von der Vielfalt angedachter Problemlösungen ab. Der Wechselwirkung von Objektivem und Subjektivem verpflichtet, soll die Publikation darum nicht nur die realen Trends der Gesellschaftsentwicklung im benannten Jahrzehnt, sondern vor allem auch deren innerisraelische Wahrnehmung widerspiegeln bzw. die in der Diskussion befindlichen Zukunftslinien nachzeichnen.

Das Nachdenken über den gegenwärtigen Zustand der israelischen Gesellschaft verzichtet auf Vollständigkeit bzw. auf die Diskussion des Details. Konkrete Beispiele werden angeführt, soweit sie Problemstrukturen und Entscheidungsfragen lebendig, verständlich und nachvollziehbar werden lassen. Im Mittelpunkt der Analyse des Aktuellen stehen die Herausforderungen, Entwicklungstrends, Widersprüche, ungelösten Spannungsverhältnisse und umstrittenen Politikfelder, die Auskunft über den Wandel in der Gesellschaft zu geben vermögen und gleichzeitig auf das künftige Israel verweisen, das gegenwärtig freilich nur in Konturen erahnt werden kann.

Seit dem Scheitern der Verhandlungsrunde von Camp David (II) und dem Ausbruch der zweiten Intifada im Herbst 2000 überdecken erneut die Spannungen im israelisch-palästinensischen Konflikt, die nationalen und individuellen Sicherheitsperzeptionen und die subjektiven Überlebensängste jeden innergesellschaftlichen Dialog. Sie bestimmen die öffentliche Meinungsbildung, vermochten es jedoch nicht, den sozio-kulturellen Konfliktlinien zwischen *Aschkenasim* und *Misrachim* oder Alteingesessenen und Neueinwanderern, dem nationalen Gegensatz zwischen jüdischen und arabischen Bürgern, dem „Kulturkampf" zwischen Säkularen und Religiösen, den politischen Divergenzen zwischen „Tauben" und „Falken" oder den sozialen Disparitäten im Lande die gesellschaftliche Brisanz zu nehmen.

Die Publikation sucht darzustellen, wie die tatsächlichen bzw. die subjektiv wahrgenommenen Sicherheitsbedrohungen auf den nationalen Konsens und die israelische Zivilgesellschaft einwirken. Sie recherchiert das Wechselverhältnis von nationalen, gruppenimmanenten und individuellen Interessen. Zugleich wird eine Antwort auf die Frage gesucht, ob die neunziger Jahre einen Qualitätssprung in der gesellschaftlichen Interessenwahrnehmung und im Demokratisierungsprozess darstellten oder ob sie lediglich eine – durch günstige äußere Bedingungen bewirkte – Interimsphase waren, die mit Beginn der Al-Aksa-Intifada abgebrochen wurde. Widerspiegelte das letzte Jahrzehnt in Konturen bereits die israelische Gesellschaft des 21. Jahrhunderts? Werden die konsens- und zukunftsorientierten Kräfte im politisch-kulturellen Establishment an die Impulse des frisch erfahrenen Gesellschaftswandels anknüpfen können oder werden sie sich qualitativ anderen Herausforderungen stellen und neue Antworten finden müssen? Wird Israel zu einem „normalen" Staat, einem „Staat wie jeder andere", wenn die aktuelle Konfliktsituation eines Tages überwunden ist oder werden die spezifischen Prägungen israelischer Geschichte und heutiger Existenz für einen längeren Zeitraum gesellschaftsrelevant bleiben? Für „Israel nach dem Konflikt" könnten Erfahrungen aus dem spannungsgeminderten letzten Jahrzehnt des 20. Jahrhunderts einen produktiven Ansatz bilden, insbesondere was den Austrag und die Kanalisierung innergesellschaftlicher Widersprüche betrifft.

In ihren Aussagen, Wertungskriterien und Argumentationslinien orientiert sich die Recherche weitgehend an den Forschungsergebnissen israelischer Wissenschaftler bzw. an dem äußerst lebhaften Meinungsstreit zwischen den Historikern, Politik- und Sozialwissenschaftlern des Landes. Längere Studienaufenthalte in Israel und insbesondere die Förderung des Projekts „Wertewandel und Zivilgesellschaft in Israel" durch die Deutsche Forschungsgemeinschaft während der Jahre 1999-2002 schufen den Rahmen für eine systematische Datenerhebung. Ergänzt wird die Materialbasis durch die kontinuierliche Auswertung von Printmedien in hebräischer und englischer Sprache, durch die Aussagen zahlreicher Meinungsumfragen und statistischer Erhebungen sowie durch Gespräche mit Politikern, Wissenschaftlern, Kulturschaffenden und Vertretern zivilgesellschaftlicher Organisationen.

Aufschlussreich waren insbesondere Interviews mit einer Reihe von Knessetabgeordneten sowie mit mehr als 70 weiteren Repräsentanten des öffentlichen Lebens – mit Bürgern unterschiedlicher Herkunft bzw. differierender politischer und weltanschaulicher Ausrichtung, seien es ultraorthodoxe Juden, Angehörige der jüdischen Reformbewegung, russischsprachige Neueinwanderer, Staatsbürger orientalischer oder ostafrikanischer Herkunft, arabische Intellektuelle, Friedensaktivisten oder Vertreter der Siedlerbewegung. Ihre Reflexionen über den Wertewandel in der Gesellschaft, über ihr individuelles Identitätsbewusstsein und über ihre Visionen für die Zukunft des Landes ergaben nicht nur ein vielfarbiges Mosaik der israelischen Realität, sondern auch ein breites Spektrum subjektiv artikulierter Gegenwartsbetrachtung und Zukunftserwartung.

Vorstudien zu einzelnen Themenkomplexen, z.B. über die demographische Entwicklung Israels, das Verhältnis von Staat und Religion sowie die Ausformung zivilgesellschaftlicher Strukturen, konnten während des Gestehungsprozesses des Buches bereits in Form von Artikeln, Konferenzbeiträgen bzw. universitären Vorträgen und Lehrveranstaltungen zur Diskussion gestellt werden. Darüber hinaus wurden Teile des Manuskripts bzw. zahlreiche Detailfragen mit israelischen Kollegen und Freunden erörtert. An dieser Stelle sei insbesondere Eliezer Don-Yehiya, Emanuel Gutmann, Benjamin Neuberger, Shlomo Shpiro, Baruch Susser, Dan Wischnitzer, Mosche Zimmermann und Mosche Zuckermann für ihre kritischen Anmerkungen und produktiven Hinweise gedankt. Besonderer Dank gebührt auch Friedemann Büttner, dem Leiter der Arbeitsstelle Politik des Vorderen Orients der Freien Universität Berlin, der das übergreifende Wissenschaftsprojekt „Zivilgesellschaft im Nahen Osten" leitete, und der Deutschen Forschungsgemeinschaft, ohne deren Förderung die Rechercheergebnisse in vorliegender Form nicht hätten präsentiert werden können.

Bei der Wiedergabe hebräischer bzw. arabischer Wörter wird der üblichen deutschen Umschrift gefolgt. Zitate aus dem Englischen und Hebräischen wurden durch die Verfasserin übersetzt. Die Titel hebräischer Quellen werden i.d.R. in transkribierter Form und zusätzlich in deutscher oder – falls im Impressum der betreffenden Studie so ausgewiesen – englischer Übersetzung angeführt. Häufig benutzte fremdsprachige Ausdrücke sind im Text kursiv gesetzt, soweit es sich nicht um bereits eingedeutschte Termini (z.b. Histadrut, Knesset, Kibbuz, Schoah) oder Eigennamen bzw. Bezeichnungen von Parteien handelt. Unabhängig von der Schreibweise enthält das beigefügte Glossar eine knappe Definition bzw. Erklärung der wichtigsten israelspezifischen Begriffe.

Tel Aviv, Juli 2003   *Angelika Timm*

Israel – ein Staat wie jeder andere?

Zu den Rahmenbedingungen israelischer Staatswerdung und Existenz gehört die einzigartige Verknüpfung von Universellem und Unikalem, von Kontinuität und Wandel, von Konsens und Konflikt. Jeder Vergleich mit anderen Staaten und Gesellschaften zeigt neben einer Reihe von Gemeinsamkeiten viel Spezifisches, das den historischen und geopolitischen Gegebenheiten des Landes geschuldet ist. Das politische System, die Hauptakzente der Innen- und Außenpolitik, die Strukturen der Wirtschaft, die Orientierung des Sozialsystems, der Aufbau des staatlichen Bildungswesens sowie wesentliche Elemente der Alltagskultur entsprechen durchaus westlichen Standards. Sie lassen Israel in nur geringem Maße den übrigen Staaten im nahöstlichen Umfeld ähnlich erscheinen und bezeugen die gesellschaftsprogrammatische Ausrichtung auf die parlamentarisch-demokratisch verfassten Gemeinschaften Westeuropas und Nordamerikas.

Zugleich existieren in Politik, Gesellschaft, Wirtschaft und Kultur wesentliche Besonderheiten. Sie ergeben sich aus dem Nachwirken jüdischer Geschichtserfahrung in Europa und im Orient, resultieren aus dem Gesellschaftsprogramm des Zionismus und sind den Bindungen an die jüdische Diaspora geschuldet. Die mehrschichtige Spezifik Israels steht darüber hinaus mit dem Wesen und den Erfordernissen der Einwanderergesellschaft[1] bzw. mit der multiethnischen und multikulturellen Bevölkerungskonstellation in Zusammenhang. Sie entspringt dem Selbstverständnis Israels als eines jüdischen Staates, dem Spannungsverhältnis von Staat und Religion und nicht zuletzt der Realität des Lebens im Nahen Osten, insbesondere des Nahostkonflikts. Die seit 1967 anhaltende Besetzung fremden Territoriums bzw. die Herrschaft über eine größere Bevölkerungsgruppe, die nicht dem eigenen Staatsvolk angehört, und

---

1   Die Charakterisierung Israels als „Einwanderergesellschaft" mit „multiethnischer" bzw. „multikultureller" Bevölkerungsstruktur ist wissenschaftlich umstritten; sie entspricht dennoch der Realität und besitzt überdies im innergesellschaftlichen und wissenschaftlichen Diskurs einen kommunikativen Stellenwert; insbesondere aus letzterem Grund seien die Begriffe in der Studie beibehalten.

daraus resultierend die mehr als dreieinhalb Jahrzehnte andauernde Spaltung der Gesellschaft in „Falken" und „Tauben" beeinflussen nachhaltig die politische und geistige Verfasstheit des Landes. Einige der Besonderheiten nationaler Existenz und gesellschaftlicher Befindlichkeit, die Israel in gegebener Komposition mit keinem anderen Staat teilt, seien skizzenhaft und gleichermaßen leitmotivisch für die Publikation benannt:

Staatstragende Idee bzw. Gesellschaftsprogramm Israels ist der politische Zionismus. Die zionistische Bewegung war Ende des 19. Jahrhunderts als jüdische Antwort auf die Herausforderungen der Moderne – insbesondere auf die Infragestellung jüdischer Existenz durch Assimilation und Antisemitismus – entstanden. Desillusioniert vom offensichtlichen Scheitern der Emanzipation und zugleich angespornt durch den Aufschwung des Nationalismus im europäischen Umfeld suchten jüdische Intellektuelle die Identität ihres Volkes neu zu definieren. Nicht wenige kamen zu dem Schluss, die richtige Antwort könne einzig „national-jüdisch" sein.

Der Zionismus entwickelte sich im Spannungsfeld und als Synthese europäischer Moderne und jüdischer Tradition. Er verwandelte eine zunächst passive Orientierung – die jüdisch-religiöse Bindung an Palästina – in ein aktives bzw. aktivierendes politisches Element. Für die Zionisten bedeutete Jüdischsein nicht mehr in erster Linie, der jüdischen Religionsgemeinschaft anzugehören oder die überlieferten Lebensregeln zu befolgen, sondern – auf Palästina bezogen – „ein Hebräer zu sein, das Land zu lieben, der Natur verbunden zu sein, dem Begriff Tradition eine neue nationale und soziale Bedeutung zu verleihen".[2] Die jüdische Orthodoxie bekämpfte diese Position, erwartete sie doch die Erlösung durch den Messias und nicht durch die Errichtung eines jüdischen Staatswesens; die Benutzung des Hebräischen als profane Umgangssprache lehnte sie als Sakrileg ab. Die Unvereinbarkeit in den Gesellschaftsvorstellungen säkularer und streng religiöser Juden zeichnete sich somit bereits in der Gründungsphase der zionistischen Bewegung ab.

Der politische Zionismus entwickelte sich nicht als homogene Bewegung. Er umfasste von Anfang an unterschiedliche ideelle und organisatorische Strömungen. Deren Repräsentanten waren sich zwar in dem Bestreben einig, eine öffentlich-rechtliche Heimstätte für das jüdische Volk in Palästina zu schaffen; sie differierten jedoch hinsichtlich der Methoden, mit denen das Ziel erreicht werden sollte, sowie in ihren Vorstellungen über den Charakter des künftigen Staates. Zur dominierenden Kraft entwickelte sich der sozialdemokratische Flügel, der Mitte der dreißiger Jahre stärkste Fraktion in der Zionistischen Welt-

---

2   Rubinstein, Amnon 2001, S. 51.

organisation wurde und 1948 mit David Ben Gurion den ersten Ministerpräsidenten Israels stellte.

Der Staat Israel wurde am 14. Mai 1948 im Stadtmuseum zu Tel Aviv proklamiert. Die völkerrechtliche Grundlage für diesen Akt nationaler Selbstbestimmung bildete eine Kompromissformel der II. UN-Vollversammlung, die am 29. November 1947 mehrheitlich die Gründung eines jüdischen und eines arabischen Staates in Palästina sowie die Schaffung des *corpus separatum* Jerusalem beschlossen hatte. Die Vereinten Nationen gingen in ihrer Entscheidungsfindung von der gleichberechtigten Existenz zweier Bevölkerungsgruppen aus und erkannten deren nationale Rechte auf Palästina an. Folgerichtig forderten sie die Beendigung der britischen Mandatsherrschaft und die Errichtung zweier – durch eine Wirtschaftsunion verbundener – Nationalstaaten.

Die Staatsgründung stellte eine Zäsur in der jüdischen Geschichte und für die zionistische Bewegung dar. Der Aufbau einer demokratisch verfassten Heimstätte für verfolgte oder zionistisch motivierte Juden aller Kontinente, ihre wirtschaftliche Entfaltung und ihr militärischer Schutz wurden zum gemeinsamen Anliegen der jüdischen Bürger Israels und weiter Teile der Diaspora. In diesem Sinne wurde der Begriff Zionismus nach dem Gründungsakt in Tel Aviv mehr und mehr zum Synonym für israelischen Patriotismus und Nationalismus. Außerhalb des zionistischen Konsens freilich blieben die in Israel lebenden ultraorthodoxen Juden und die arabischen Bewohner des Landes.

Werden und Sein des israelischen Staatswesens verbanden sich schicksalsprägend mit den Geschehnissen und Nachwirkungen der Schoah. Der durch die deutschen Nationalsozialisten systematisch betriebene und fabrikmäßig organisierte Massenmord an jüdischen Männern, Frauen und Kindern wurde zum unabdingbaren Bestandteil jüdischer Geschichtserfahrung. Wenngleich der UN-Teilungsbeschluss von 1947 nicht ausschließlich als Antwort auf den Holocaust zu verstehen war, so bewirkte die Kenntnis der jüngsten Katastrophe doch einen vitalen Impuls für die Gründung des jüdischen Staates – als Kompensation für die Opfer, als „Rettungsfloß" für die Überlebenden und als Kompromissformel für den jüdisch-arabischen Widerspruch. Unabhängig von der internationalen Konsenssuche und von allen „Wiedergutmachungs"anstrengungen sollte der deutsche Schatten über Israel die Jahrzehnte überdauern.

In dem sich herausbildenden kollektiven wie individuellen jüdisch-israelischen Identitätsbewusstsein und in der Erinnerungskultur der Migranten nahm der millionenfache Judenmord einen zentralen Platz ein. Der neue Staat verstand sich als aktiver Gegenpol zu der durch antisemitische Verfolgung und Opfermentalität gekennzeichneten jüdischen Geschichte. Zunehmend entwickelte sich eine „zionistische Kodierung" der Erinnerung. Sie hatte den schwierigen Spagat zwischen der Verdrängung bzw. dem Bruch mit der Vergangenheit einerseits und dem Interesse an der politischen Nutzung und Mythologisierung der Schoah andererseits zu bestehen.[3] Der israelische Soziologe S. N. Eisenstadt benennt als Haupttrend: „Die ganze Holocaust-Erfahrung wurde als ein fundamentaler Aspekt für die Legitimation des Zionismus und des Staates Israel aufgefasst, wobei dieser Staat als wichtigste Bastion jüdischer Selbstverteidigung und als Zufluchtsort der Holocaust-Überlebenden galt."[4] Seiner Meinung nach gehört „zu den wesentlichsten Auswirkungen des Holocaust auf das Selbstverständnis der israelischen Gesellschaft" auch die sich langsam wandelnde Einstellung zur Geschichte der Juden in der Diaspora.[5]

Die nationalsozialistische Vernichtung großer Teile des europäischen Judentums, verknüpft mit den Infragestellungen aus dem nahöstlichen Umfeld, prägt die israelische Gesellschaft bis heute. Das Trauma der Schoah stärkte das Bewusstsein, einer Schicksalsgemeinschaft anzugehören und unverändert einer „feindlichen Umgebung" ausgeliefert zu sein. Es erhöhte emotional und rational die Bedeutung des Zionismus und gleichzeitig die Zentralität Israels für die Diaspora. Auschwitz als Syndrom und als Vermächtnis beeinflusst nach wie vor die Haltung vieler Israelis zum Nahostkonflikt und gegenüber Deutschland. Jede reale oder vermeintliche Gefährdung nationalstaatlicher Existenz und individueller Sicherheit, sei es aus dem seit Jahrzehnten andauernden Kriegszustand mit arabischen Staaten, aus der tragischen Konfrontation mit den Palästinensern oder aus dem befürchteten Giftgaseinsatz während der Golfkriege, beschwor und beschwört Bilder der Vergangenheit herauf, die im kollektiven Bewusstsein mit den Gefährnissen der Gegenwart verschmelzen.

In der Unabhängigkeitserklärung wurde Israel als „jüdischer Staat im Lande Israel" definiert, der „der jüdischen Einwanderung und der Sammlung der Juden im Exil offen stehen" sollte. Die heutige ethnisch-kulturelle Struktur des Landes ist dem entsprechend nicht nur ein Produkt des ersten Nahostkrieges, sondern vor allem mehrerer historisch gestaffelter Einwanderungswellen. Nur zu einem Drittel beruht die anhaltend hohe Bevölkerungszunahme der letzten Jahrzehnte auf natürlichem Zuwachs, wobei die Geburtenrate in der arabischen wie in der jüdisch-orientalischen Bevölkerungsgruppe deutlich über der in alteingesessenen oder neu zugewanderten europäisch-amerikanischen Familien (mit Ausnahme der Gruppe der ultraorthodoxen Juden) liegt. Nicht zuletzt diese Tendenz trug, den natürlichen Generationswechsel begleitend, dazu bei, dass heute 66% der jüdischen Israelis im Lande geborene *Sabras (zabarim)* sind.

---

3   Vgl. Zuckermann, Moshe 1998, S. 18ff.
4   Eisenstadt, Shmuel N. 1992, S. 265f.
5   Ebd., S. 633.

Laut Rückkehrgesetz von 1950 bzw. dessen 1954 und 1970 beschlossenen Ergänzungen[6] wird jedem Juden das Recht zugestanden, nach Israel einzuwandern und die israelische Staatsbürgerschaft zugesprochen zu bekommen.[7] Als Jude gilt, wer von einer jüdischen Mutter geboren wurde oder zum Judentum übergetreten ist; einwandern dürfen auch Personen, die mindestens ein jüdisches Großelternteil nachweisen können.[8]

Das Israelische Zentralamt für Statistik zählte für den Zeitraum 1948 bis 2001 über 3,3 Mio. jüdische Einwanderer, von denen etwa ein Drittel aus Asien und Afrika und zwei Drittel aus Europa und Amerika stammen. Bereits während der ersten drei Jahre nach der Staatsgründung hatte sich die Zahl der jüdischen Bürger durch die Aufnahme von ca. 700.000 Migranten verdoppelt; etwa die Hälfte waren europäische Holocaust-Überlebende; die andere Hälfte stellten Juden aus islamischen Staaten. Bis 1978 wanderten weitere 800.000 Juden ein, davon 45% aus Europa, Amerika und Australien und 55% aus Asien und Afrika. In den achtziger Jahren stagnierte die Einwanderung; vorübergehend übertraf die Zahl der Israel verlassenden jüdischen Bürger die der Zuwanderer. Diese Situation änderte sich mit dem politischen Umbruch in der Sowjetunion. Innerhalb eines Jahrzehnts (1990-2000) stieg die Zahl der Neueinwanderer auf über eine Million. Neben russischsprachigen Immigranten aus den Nachfolgestaaten der UdSSR erreichte auch eine größere Gruppe äthiopischer Juden das Land.

Ende des Jahres 2002 umfasste die Gesamtbevölkerung Israels 6,6 Mill. Staatsbürger – 76,5% Juden, 16,3% Muslime, 1,7% Christen und 1,7% Drusen, wobei die letztgenannten drei Religionsgruppen das arabische Gesellschaftssegment bilden und hohe natürliche Wachstumsraten aufweisen. 3,8% der Staatsbürger sind Neueinwanderer, die das Oberrabbinat nicht als Juden anerkennt und die in der Statistik als „ohne Religionszugehörigkeit" geführt werden.[9]

Wenngleich Israel seit mehr als 50 Jahren über eine jüdische Bevölkerungsmehrheit verfügt und sich als jüdischer Nationalstaat definiert, verweisen die benannten demographischen Tendenzen in Richtung eines binationalen Staates. Die arabische Bevölkerungsgruppe, im britischen Mandatsgebiet Palästina zahlenmäßig noch eindeutig in der Überzahl, sah sich nach dem ersten

---

6   Israel-info.gov.il:70/00/constit/laws/bas.12 (5. November 1997).

7   Ausgenommen sind Juden, die Verbrechen gegen das jüdische Volk begangen haben bzw. die die allgemeine Gesundheit oder die staatliche Sicherheit gefährden könnten.

8   In den 1970 angenommenen Ergänzungen zum Rückkehrgesetz heißt es: „Die Rechte eines Juden im Sinne dieses Gesetzes gelten in gleicher Weise für Kinder und Enkel von Juden, für Ehepartner von Juden, und für Ehepartner von Kindern und Enkeln von Juden; ausgenommen diejenigen, die Jude waren und aus eigenem Willen zu einer anderen Religion übergetreten sind. Es ist ohne Relevanz, ob der Jude, von dem diese Rechte abgeleitet werden, noch am Leben ist oder nicht, bzw. ob er selber eingewandert ist oder nicht." Zit. nach Marmeri, Chanoch: „Das Rückkehrgesetz", *israel & palästina*, Nr. 6/1994, S. 35.

9   Offizielle Statistiken geben für 2002 mitunter lediglich zwei Hauptgruppen der Bevölkerung an – Juden und Neueinwanderer (80,3%) und Araber (19,7%).

Nahostkrieg 1948/49 mit existentiellen Veränderungen ihrer sozialen, politischen und wirtschaftlichen Situation konfrontiert. Infolge von Flucht und Vertreibung betrug ihr Anteil 1949 nur noch 13,6% der Gesamtbevölkerung des neuen Staates; er verringerte sich – bedingt durch jüdische Zuwanderung – vorübergehend auf 11,5% (1965), stieg bis 2002 jedoch auf knapp 20%.

Die Unabhängigkeitserklärung hatte allen Bürgern Israels „ohne Unterschied der Religion, der Rasse oder des Geschlechtes soziale und politische Gleichberechtigung" versprochen. Die arabischen Bewohner des Landes wurden aufgerufen, „den Frieden zu wahren und sich aufgrund voller bürgerlicher Gleichberechtigung und entsprechender Vertretung in allen provisorischen und permanenten Aufgaben des Staates an seinem Aufbau zu beteiligen".[10] Dennoch blieben die israelischen Araber bis 1966 der Militäradministration unterstellt. Sie waren maßgeblich in ihrer Bewegungsfreiheit sowie politischen Artikulationsmöglichkeit eingeschränkt. Durch administrative Maßnahmen und Bodenkonfiszierungen wurde ihnen lange verwehrt, den Bebauungsraum ihrer Dörfer und Städte – der natürlichen Bevölkerungszunahme folgend – auszudehnen. Von jüdischen Israelis misstrauisch als „Fünfte Kolonne" der arabischen Feindstaaten betrachtet, von den Arabern der Nachbarländer nicht selten als „Verräter" an den nationalen arabischen Interessen gebrandmarkt, war es für die Mehrheit der Palästinenser in Israel nicht leicht, ihre nationale Identität zu bewahren bzw. sie neu zu bestimmen.

Eine Zäsur stellte die israelische Besetzung der Westbank und des Gazastreifens während des Junikrieges 1967 dar. Die sich nunmehr anbahnenden Kontakte zu den Bewohnern der besetzten palästinensischen Gebiete stärkten das nationale Selbstbewusstsein der arabischen Bürger Israels. Diese Bindungen vertieften sich während der ersten Intifada und insbesondere während der israelisch–palästinensischen Konsenssuche zwischen 1991 und 2000. Der mit der rechtlichen und sozialen Integration einhergehende „Israelisierungstrend" wird in den letzten Jahren zunehmend in einer erneuten und sich insbesondere seit Ausbruch der Al-Aksa-Intifada verstärkenden „Palästinisierung" der arabischen Staatsbürger gebrochen.

Die Selbstdefinition Israels als „jüdischer Staat" bezieht sich zunächst nicht primär auf die Religion, sondern vornehmlich auf die Volkszugehörigkeit bzw. Nationalität der jüdischen Bevölkerungsmajorität. Die Kenntnis jüdischer Geschichte und Tradition sowie das Erlernen der modernen hebräischen Sprache hatten von Anfang an einen hohen Stellenwert für die Integration der aus mehr als 100 Ländern stammenden Einwanderer. Obwohl die europäischen Gründerväter in ihrer Mehrheit säkular eingestellt waren, maßen sie dem national-

---

10 Unabhängigkeitserklärung, zit. nach: Eban, Abba 1970, S. 367.

jüdischen Konsens – nicht zuletzt angesichts äußerer Bedrohung – große Bedeutung bei. Sie suchten nach Formeln, um die Kluft zwischen religiösen und säkularen Juden zu überbrücken bzw. die Gegnerschaft der Orthodoxie zum zionistischen Aufbauwerk zumindest zu neutralisieren. Aus diesem Grunde verständigte sich 1947 der Führer der israelischen Sozialdemokratie, David Ben Gurion, mit Vertretern religiöser Parteien und der Allgemeinen Zionisten über die Rolle, die der jüdischen Religion im öffentlichen Leben des künftigen Staates zukommen sollte.

Die so genannte Status-quo-Vereinbarung legte fest, dass und wie die religiösen Gesetze in zentralen Bereichen beachtet werden sollten. Das betraf z.B. den *Schabat* als gesetzlichen Feiertag, die Einhaltung der Speisegesetze in öffentlichen Einrichtungen, die Festlegungen des Personenstands- und Familienrechts sowie das Bildungswesen. Neben den staatlichen Bildungseinrichtungen wurden die Schulen und Kindergärten der Nationalreligiösen als staatlich-religiöser Bildungsweg legitimiert; darüber hinaus erhielten die ultraorthodoxen Juden das Recht auf einen autonomen Bildungssektor. Nach der Staatsgründung verfügte Ben Gurion überdies die Befreiung der religiösen *Jeschiva*-Schüler vom Wehrdienst. Durch die genannten Festlegungen wurde die religiöse Säule zum Bestandteil des konstitutiven Fundaments der jüdisch-israelischen Gesellschaft. Der Staat sicherte auch den Angehörigen anderer Konfessionen Glaubensfreiheit und ein Leben entsprechend ihrer religiösen Vorschriften zu. In Personenstandsfragen sind Christen, Muslime und Drusen – basierend auf Festlegungen aus der Zeit des Osmanischen Reichs bzw. des britischen Mandats – autonom.

Das komplizierte Verhältnis von Staat und Religion hat von Anfang an die Entwicklung Israels spezifisch geprägt. Die regierenden Parteien sahen sich – im Interesse des nationalen Konsens und der Regierbarkeit des Landes – immer wieder zu Zugeständnissen gegenüber klerikalen jüdischen Parteien und religiösen Instanzen gezwungen. Diese Konstellation war letztlich auch der Hauptgrund dafür, dass bis heute kein Einvernehmen über eine Verfassung erzielt werden konnte. Als verfassungsrechtliche Grundlagen gelten die knappen Formulierungen der Unabhängigkeitserklärung von 1948 sowie elf in den folgenden Jahrzehnten durch das Parlament erlassene *Basic Laws*.

Israel hebt sich von den meisten Staaten der Region durch sein entwickeltes parlamentarisches System ab, das den demokratischen Intentionen der aus Europa stammenden Einwanderer geschuldet ist. Die Mehrzahl der im Lande agierenden Parteien kann auf Vorläuferorganisationen verweisen, die in Europa gegründet wurden. Die Grundlagen der israelischen Demokratie, das relativ hohe Maß an gesellschaftlicher Politisierung und die Rahmenbedingungen für die aktuelle Parteienpluralität sind somit weitgehend europäischen Ursprungs.

Sie wurden bereits im *Jischuv*, der jüdischen Gemeinschaft im britischen Mandatsgebiet Palästina, gelegt. Nach der Staatsgründung entwickelte sich Israel zu einem Parteienstaat par excellence – in dieser Hinsicht international bisher kaum übertroffen. Noch nie hat allerdings eine Partei bei Parlamentswahlen die absolute Mehrheit errungen; israelische Regierungen verkörpern stets Koalitionen mit häufig hauchdünner Majorität. Das führte zu unzähligen Regierungskrisen, denen nicht selten durch vorgezogene Neuwahlen begegnet wurde.

Bis in die Gegenwart hinein wirkt – vermittelt über die Parteien – die historisch gewachsene wechselseitige Durchdringung von Wirtschaft, Politik, Gesellschaft, Kultur und Militär nach. Insbesondere die anhaltenden Spannungen im Nahostkonflikt bildeten den Hintergrund für die enge Verflechtung von Parteienpolitik und militärischem Establishment sowie für den hohen Anteil von Militärs in politischen und wirtschaftlichen Spitzenfunktionen. Sie legitimierten zudem den seit 1948 anhaltenden und jährlich verlängerten Ausnahmezustand, mit dessen Hilfe demokratische Grundrechte eingeschränkt werden können und der die volle Ausprägung demokratischer Verhältnisse behindert.

Obwohl sich die parlamentarische Demokratie durch klare Gewaltentrennung nach westeuropäischem Vorbild auszeichnet, führten die Erfordernisse des Gesellschaftsaufbaus und die latente externe Infragestellung zu einem hohen Maß an politischer Zentralisierung. Dafür sprechen die Festlegungen über Legislative, Exekutive und Jurisdiktion, insbesondere die zentrale Rolle des Parlaments (Knesset), die herausgehobene Funktion des Ministerpräsidenten und nicht zuletzt die Machtfülle des Obersten Gerichtshofes.

Die wirtschaftliche Entwicklung Israels war von Anbeginn durch die geographischen bzw. geopolitischen Existenzbedingungen geprägt – geringe natürliche Ressourcen, Wasserknappheit, begrenzter Binnenmarkt, fehlender Zugang zu Märkten im regionalen Umfeld, Absorption einer großen Zahl von Einwanderern und hohe Verteidigungsausgaben. Die Entwicklungshemmnisse wurden durch beachtliche Kapitalimporte gemindert, sei es in Form günstiger Staatsanleihen und Spenden, deutscher „Wiedergutmachungs"zahlungen oder von Wirtschafts- und Militärhilfen der USA.

Aufgrund ihrer historisch bedingten Spezifik ist die israelische Ökonomie nur schwer mit der anderer Staaten vergleichbar. Ihre Wurzeln reichen – wie die des politischen Systems – in die Vorstaatszeit zurück, als sich neben dem arabischen ein jüdischer Wirtschaftsbereich herausbildete, der hinsichtlich der Eigentumsverhältnisse und Verwaltungsstrukturen drei Sektoren umfasste, die auch nach der Staatsgründung erhalten blieben. Die von der Idee eines sozialistischen Zionismus geleitete israelische Sozialdemokratie maß zunächst dem Aufbau des staatlichen und des gewerkschaftseigenen Sektors primäre Bedeutung bei. Ausgehend vom Modell der gemischten Wirtschaft förderte sie jedoch auch den

Privatsektor. Die von ihr proklamierte „neue Ökonomie" basierte auf staatlicher Kontrolle der Finanzmärkte, der Preise und Löhne, der Wechselkurse sowie einiger Kernbereiche der Landwirtschaft, der Industrie und des Dienstleistungssektors. Erst ab Mitte der achtziger Jahre setzte sich verstärkt die Orientierung auf die freie Marktwirtschaft durch; sie veränderte grundlegend die Wirtschafts- und Eigentumsstrukturen im Lande. Die nunmehr forciert vorangetriebene Privatisierung zielte auf Rationalisierung bzw. Umstrukturierung der Betriebe, um deren Exportchancen zu verbessern. Der qualitative Wandel, an dem sich auch ausländisches Kapital beteiligt, ist noch nicht abgeschlossen. Innere wie äußere Faktoren, nicht zuletzt der Nahostkonflikt, begünstigen nach wie vor die direkte Einflussnahme des Staates auf wirtschaftliche Belange – eine israelische Realität, die beharrend wirkt und nur schwer einzuschränken ist.

Trotz genannter Hürden wurde aus dem Agrarland der Pioniergeneration relativ schnell ein entwickelter Industriestaat, der Erzeugnisse der Hochtechnologie in alle Welt exportiert und führend auf den Gebieten der Elektronik und Elektrotechnik ist. Der israelische Politologe Arian verweist darauf, dass die Eingliederung der Immigranten und die vergleichsweise hohen Militärausgaben die Wirtschaft zwar belasteten, zugleich jedoch auch positive Auswirkungen zeitigten. So war und ist insbesondere der Verteidigungssektor durch technologische Innovation und Kreativität gekennzeichnet. Die Militärindustrie erzielte hohe Exporterlöse und die Einwanderung ging mit der Zunahme des Potenzials hoch qualifizierter Wissenschaftler, Facharbeiter, Ingenieure und Computerspezialisten einher.[11]

Der stete Rückgang der Landwirtschaft am Netto-Inlandprodukt und am Export wirkte sich gravierend auf die Beschäftigungsstruktur und die Arbeitsmarktsituation aus. Während die nichtproduktiven Bereiche indessen über zwei Drittel der Arbeitskräfte beschäftigen, sind Industrie und Bauwesen mit etwa 30% und die Landwirtschaft nur noch mit 3% beteiligt. Nicht zu übersehen ist, dass sich die Berufsstrukturen im arabischen Sektor nach wie vor deutlich von denen der Gesamtwirtschaft unterscheiden und dass auch innerhalb der jüdischen Bevölkerungsgruppe ethnisch-soziale Schichtungen bzw. ein spezifisches Arm-Reich-Gefälle existieren.

Die Unabhängigkeitserklärung von 1948 hatte „das jüdische Volk in allen Ländern der Diaspora" aufgerufen, dem neu gegründeten Staat „auf dem Gebiete der Einwanderung und des Aufbaus zu helfen".[12] Obwohl der Gründungsappell von Politikern aller Richtungen unterzeichnet worden war, vertrat das israelische Establishment zu keinem Zeitpunkt eine einheitliche Position gegenüber

---

11   Arian, Asher 1998a, S. 42.
12   Unabhängigkeitserklärung, zit. nach Eban, Abba 1970, S. 367.

der Diaspora. Einzig in der Frage, dass der Staat Israel als sichere Zufluchts-stätte für Juden aller Kontinente gelten und entwickelt werden müsse, exis-tierte ein weitgehender Konsens. Zugleich erkannten nicht wenige zionistische Führer, dass es unmöglich sein werde, alle Juden oder auch nur deren Mehrheit kurz- und mittelfristig im jüdischen Staat zusammenzuführen.[13] Sie gestanden der Diaspora daher auch nach Gründung Israels eine eigenständige Rolle und spezifische Bedeutung für die Pflege und den Erhalt jüdischen Lebens zu.

Seit der Vorstaatsperiode baute die politische Führung des *Jischuv* bzw. Israels umfangreiche Kontakte zu jüdischen Organisationen und Persönlichkei-ten im Ausland auf, unabhängig davon, ob sich diese als zionistisch oder nicht-zionistisch definierten. Die Mehrheit der außerhalb Israels lebenden Juden wiederum entwickelte – vor dem Hintergrund weitgehender Solidarität mit der jüdischen Heimstätte am östlichen Mittelmeer – ein eigenständiges Selbstbe-wusstsein; sie zeigte sich nicht selten auch kritisch gegenüber israelischer Poli-tik bzw. gegenüber Bevormundungsversuchen israelischer Autoritäten. Die Beziehungen gegenseitiger Solidarität festigten sich während der Nahostkriege von 1967 und 1973, während des Golfkrieges von 1991 und in Zusammenhang mit der im Herbst 2000 ausgebrochenen Al-Aksa-Intifada; die große Mehrheit des Diaspora-Judentums bekannte sich „ohne Wenn und Aber" zu Israel.

Von besonderer Bedeutung waren und sind für Israel die Beziehungen zur jüdischen Community in den USA. Diese stellt zahlenmäßig, ökonomisch und politisch die bedeutendste jüdische Gemeinschaft.[14] Sie tritt zudem als wichti-ger Finanzier israelischer Projekte – nicht nur in der Wirtschaft, sondern auch im Kulturbereich, im Bildungs- und Gesundheitswesen oder in Wohlfahrtsan-gelegenheiten – in Erscheinung.

Der unikale Charakter der israelischen Gesellschaft wird besonders deutlich im kulturellen Bereich reflektiert. Schriftsteller und Poeten, Komponisten und Musiker, Filmemacher und Schauspieler, Maler und Bildhauer, jedoch auch die vielen Volkskünstler und Kunsthandwerker des Landes setzen sich in ihren Werken mit Vergangenheit und Gegenwart jüdischen – oder arabischen – Le-bens auseinander; sie widerspiegeln Erfahrungen aus dem konkreten Umfeld und lassen Zukunftsvisionen entstehen. Die jüdischen Zuwanderer brachten aus ihren Herkunftsländern häufig zudem ein ausgeprägtes Interesse für Kultur und Bildung mit, waren diese doch wichtige Säulen des Zusammenhalts und des Selbstverständnisses in der Diaspora. Über das nationale Bildungswesen und die

---

13 2003 lebten laut Angaben des Israelischen Zentralbüros für Statistik 38% der jüdischen Weltbevöl-kerung in Israel. http://www.cbs.gov.il/hodaot2003/01_03_103.htm (10. Juni 2003).
14 In den USA leben 5,8 Mio. Juden, davon 1,8 Mio. in New York. Wolffsohn, Michael/Bokovoy, Douglas 2003, S. 441.

israelischen Medien wurden und werden kulturelle Impulse weitergegeben, gefördert und multipliziert.

Das Aufeinandertreffen und die Symbiose verschiedener Kulturkreise – Einflüsse aus Europa, Amerika, Asien und Afrika, gepaart mit modernen Elementen der Weltkulturen – bewirkten in Israel nicht selten qualitativ Neues. Nach über fünfzigjähriger Entwicklung kann konstatiert werden, dass sich in Konturen nicht nur eine jüdisch-israelische Nation herausbildet, sondern dass als deren integraler Bestandteil – neben nationaler Staatlichkeit und Wirtschaft, spezifischer Gesellschaftsentwicklung und eigener Nationalsprache – auch eine eigenständige israelische Kultur entsteht. Wenngleich durch vielfältige Bande mit der Diaspora und der internationalen Kulturszene verknüpft, besitzt sie doch ein unverwechselbares eigenes Profil. Dieser Haupttrend schließt ein, dass im Lande neben dem Gemeinsamen mehrere kulturelle Impulsstränge und Widerspiegelungsebenen existieren, die den ethnischen Grundkomponenten und damit der Multikulturalität in der Gesellschaft entsprechen. Letzteres betrifft insbesondere auch die arabische Minderheit, die sich einerseits den palästinensischen Kulturtraditionen verpflichtet fühlt, andererseits am kulturellen Leben Israels partizipiert.

Die Entwicklung Israels ist nicht zuletzt und in hohem Maße spezifisch durch den Nahostkonflikt determiniert, der die Geschichte des Landes seit Staatsgründung begleitete. Davon zeugen fünf zwischenstaatliche Kriege unterschiedlichen Charakters: der Unabhängigkeitskrieg 1948/49, der Suezkrieg 1956, der Sechstagekrieg 1967, der Jom-Kippur-Krieg 1973 und der Libanonkrieg 1982. Die militärischen Auseinandersetzungen in der Region waren stets von Großmachtinteressen beeinflusst. Insbesondere die Ost-West-Konfrontation wirkte sich maßgeblich auf den Konflikt aus; sie verhinderte jahrzehntelang seine Beilegung. Folgerichtig erbrachte das Ende der systemaren Bipolarität in den internationalen Beziehungen kardinale Veränderungen in der nahöstlichen Kräftebalance.

Mit dem Junikrieg 1967, in dessen Verlauf Israel Gebiete besetzte, die insgesamt eine Fläche von 66.278 km^2 – etwa das Dreifache des israelischen Staatsterritoriums – umfassten und in denen zu jener Zeit etwa eine Million Araber lebten, trat nicht nur der Nahostkonflikt in eine qualitativ neue Phase ein; auch für Israel begann eine neue Etappe staatlicher Existenz und innergesellschaftlicher Reflexion. Waren die Jahre von 1948 bis 1967 durch Aufbau und Konsolidierung des neuen Staatswesens, schnelle landwirtschaftliche und industrielle Entwicklung sowie die Eingliederung Hunderttausender Neueinwanderer gekennzeichnet, so schuf die militärische Besetzung arabischer Territorien und die Herrschaft über eine externe, nationale Selbstbestimmung erstrebende Bevölkerung völlig neue Problemstrukturen. Die politische Polarisierung der israelischen Bevölkerung bezüglich der besetzten Gebiete bzw. des Schicksals der Palästinenser wurde von Jahr zu Jahr deutlicher.

Der Oktoberkrieg von 1973 und seine Ergebnisse hatten sowohl in Ägypten als auch in Israel die Einsicht gestärkt, dass eine militärische Lösung der bilateralen Divergenzen letztlich nicht möglich sei. Unter Ägide der USA wurden – nach dem Auftritt des ägyptischen Präsidenten Anwar as-Sadat 1977 im israelischen Parlament – 1978 die Abkommen von Camp David geschlossen und 1979 der ägyptisch-israelische Friedensvertrag unterzeichnet. In den folgenden drei Jahren zog sich Israel von der Sinai-Halbinsel zurück; alle dort angelegten jüdischen Siedlungen wurden geräumt. Die zwischen den langjährigen Feindstaaten geschlossenen Vereinbarungen bedeuteten das Überschreiten eines politischen Rubikons, aber auch fest zementiert erscheinender psychologischer Barrieren. Aus Feinden wurden Gegner und schrittweise wirtschaftlich kooperierende politische Konkurrenten. Eine Lösung für die Bevölkerung der besetzten palästinensischen Gebiete erbrachten die Kompromisse von Camp David (I) allerdings nicht.

Stellte der Sechstagekrieg von 1967 eine Zäsur sowohl für die nahöstlichen Machtgegebenheiten als auch für die innergesellschaftliche Situation Israels dar, so verstärkten sich beide Wirkungslinien während des Libanonkrieges 1982. Die Invasion, von der israelischen Regierung mit dem erklärten Ziel geführt, durch Zerstörung der PLO-Basen Ruhe und Sicherheit an der Nordgrenze zu schaffen, war in Israel heftig umstritten. Erstmals wurde der nationale Konsens in der Sicherheitspolitik bzw. hinsichtlich regionalpolitischer Regierungsentscheidungen aufgebrochen. Das Vorgehen des Militärs gegen die palästinensische und libanesische Zivilbevölkerung stieß auf heftige Kritik. Die israelische Antikriegsbewegung formierte sich und wurde zu einem wichtigen Faktor für die innere Entwicklung des jüdischen Staates.

Eine erneute Infragestellung israelischer Politik in den besetzten Gebieten bedeutete die im Dezember 1987 ausgebrochene erste Intifada. Die Rebellion palästinensischer Jugendlicher in der Westbank und im Gazastreifen gegen die Besatzer verlangsamte deutlich die 1967 begonnene und seit 1977 zu neuer Qualität gelangte Verflechtung der besetzten Territorien mit Israel. Der während des vorangegangenen Jahrzehnts bei Israelis wie ausländischen Touristen entstandene Eindruck, die so genannte Grüne Linie – die Grenze vom 4. Juni 1967 – schwinde allmählich, wich dem Bewusstsein, Westbank und Gaza seien besetzte Gebiete. Selbst Ostjerusalem, durch Knessetbeschluss dem israelischen Kernland angegliedert, wurde von vielen Israelis nicht mehr unbeschwert betreten.

Das Vorgehen der israelischen Armee gegen Steine werfende palästinensische Kinder und Jugendliche, die hohe Zahl der Opfer, die Aussichtslosigkeit, den Aufstand militärisch zu bewältigen, die moralischen Rückwirkungen auf die israelische Gesellschaft und der Schwund internationalen Prestiges stellten nunmehr auch den seit 1967 existierenden Konsens der zionistischen Parteien in Frage, keine Verhandlungen mit der PLO zu führen und keinen palästinensischen Staat an der Seite Israels zuzulassen. Die neu entstandene globale und regionale Kräftebalance nach der Kuweitkrise und die veränderte internationale Wahrnehmung des Nahostkonflikts mündeten in die Friedenskonferenz von Madrid (1991), in die israelisch-palästinensischen Vereinbarungen von Oslo bzw. Washington (1993) und in die Aufnahme diplomatischer Beziehungen mit Jordanien (1994).

Das letztendliche Scheitern des sieben Jahre andauernden Verhandlungsprozesses zwischen Israel und der PLO, die forcierte israelische Siedlungspolitik insbesondere in der Westbank und die rapide Verschlechterung der wirtschaftlichen und sozialen Situation in den Palästinensergebieten ließen Ende September 2000 erneut eine militante Erhebung – die Al-Aksa-Intifada – ausbrechen. Diese stellte nur bedingt eine Wiederholung des 13 Jahre zuvor begonnenen Palästinenseraufstandes dar, enthielt eine Reihe qualitativ neuer Elemente, brachte die Desillusionierung, Hoffnungslosigkeit und Radikalisierung der Bevölkerung in den besetzten Territorien zum Ausdruck und führte zu einer gravierenden Verhärtung der Positionen auf beiden Seiten. Zu ihren Ergebnissen zählten erneute Positionsverschiebungen in der internationalen Gemeinschaft bezüglich der israelisch-palästinensischen Konfrontation.

Der über Jahrzehnte anhaltende Spannungszustand in der Region hatte zu jedem Zeitpunkt Auswirkungen auf die innere Befindlichkeit der israelischen Gesellschaft. Insbesondere das Sicherheitsbedürfnis der jüdischen Bürger, geboren aus historischen Erfahrungen, begleitet von Traumata und bestätigt durch die Realität des Nahostkonflikts, überlagerte immer wieder die innergesellschaftlichen Auseinandersetzungen und machte parteipolitische Divergenzen zeitweilig sekundär. Auf die Frage, wie individuelle und nationale Sicherheit – primär militärisch oder verstärkt politisch – dauerhaft gewährleistet werden könne, existieren in Israel unterschiedliche Antworten, denen nachzugehen sein wird.

Vom Schmelztiegel zur Mosaikgesellschaft

Die Vordenker und Architekten des israelischen Staates gingen von der Existenz einer jüdischen Nation aus. Die ethnisch-kulturelle Heterogenität jüdischer Bevölkerungsgruppen in den verschiedenen Ländern und Kontinenten erklärten sie aus dem Jahrhunderte andauernden Leben in der Diaspora. Ihr zentrales Anliegen war es, die über den Erdball verstreuten Juden „im Lande der Väter" zusammenzuführen, sie im Verlauf von ein bis zwei Generationen zu einer weitgehend homogenen jüdisch-israelischen Nation zu verschmelzen und auf diesem Wege nicht nur die soziale Realität, sondern auch die Kultur und Psyche des Exils zu überwinden.

Das Siedlungsprojekt und mit ihm das „Schmelztiegelkonzept" jedoch stießen sich hart an der palästinensischen bzw. israelischen Realität. Palästina war nicht unbewohnt. Die autochthone arabische Bevölkerung sah sich im Verlauf des 20. Jahrhunderts mit – nach Aussehen und Habitus – recht unterschiedlichen jüdischen Zuwanderern konfrontiert. In einer Reihe historisch gestaffelter, zionistisch motivierter und nach 1948/49 staatlich organisierter Wellen gelangten mehrere sich sprachlich, sozial und kulturell voneinander abhebende Gruppen von Migranten ins Land. Zu den wichtigsten gehören:

- die aschkenasische Pioniergeneration,
- die vorwiegend aus dem islamischen Kulturkreis stammenden orientalischen Juden,
- die „russischen" Neuzuwanderer der siebziger und neunziger Jahre,
- die vergleichsweise kleine Gruppe der äthiopischen Juden,
- die angelsächsischen Zuwanderer aus Nordamerika, Großbritannien, Südafrika und Australien/Neuseeland.

Ergänzt wird das heutige Bevölkerungsmosaik Israels durch jüdische *Olim* (Einwanderer) aus vielen anderen Ländern des Erdballs und seit Mitte der neunziger

29

Jahre durch zahlreiche – nichtjüdische – Arbeitsmigranten aus Südosteuropa, Afrika, Ost- und Südostasien.

Formierung des „neuen Jischuv "

Die demographische Ausgangssituation für die jüdische Immigration nach Palästina am Ende des 19. Jahrhunderts war nicht sonderlich günstig. Im Umfeld von 426.000 arabischen Bewohnern der osmanischen Bezirke Akko, Nablus und Jerusalem lebte 1882 eine verschwindend kleine Gruppe von ca. 24.000 Juden – vorwiegend ultraorthodoxe *Sephardim* (*Sfaradim*) und fromme *Aschkenasim*, die mehrheitlich in den vier heiligen Städten des Judentums (Jerusalem, Tiberias, Safed, Hebron) ansässig waren. Die jüdische Bevölkerungskomponente durch Bodenkauf und Zuwanderung möglichst schnell zu vergrößern und die Neusiedler dauerhaft im Lande zu verwurzeln, waren erklärte Ziele zionistischer Politik.

Noch vor dem Ersten Weltkrieg brachten zwei Einwanderungswellen (*Alijot*) 1882 –1903 bzw. 1904 – 1914 ca. 55.000 bis 70.000 zumeist osteuropäische Juden in die osmanischen Provinzen am östlichen Mittelmeer. Weitere 483.000 Einwanderer kamen im Zeitraum von 1919 – 1948 unter dem Schirm des britischen Mandats.[1] Etwa 70.000 von ihnen stammten aus dem deutschsprachigen Raum. Sie suchten durch Auswanderung nach Palästina der nationalsozialistischen Judenverfolgung zu entfliehen.

Die Migranten aus Europa, weitgehend den aschkenasischen Gemeinschaften angehörend, veränderten gravierend die demographischen Gegebenheiten im Mandatsgebiet. Ende 1947 umfasste der *Jischuv* mit 608.000 Menschen bereits ein Drittel der Gesamtbevölkerung Palästinas. Nicht allen Neuankömmlingen freilich gelang es, im Lande heimisch zu werden. Ein Teil verließ es bald wieder aufgrund schwieriger klimatischer Gegebenheiten, in Reaktion auf die zunehmenden Spannungen mit der ansässigen arabischen Bevölkerung oder aus wirtschaftlichen Gründen. Die Immigranten kehrten, soweit möglich, in die Ursprungsländer zurück oder suchten eine neue Heimat in Übersee.

Die Bleibenden – das „Erste Israel" – schufen in Palästina jüdische Selbstverwaltungsorgane, einen eigenständigen Wirtschaftssektor, politische Parteien sowie gewerkschaftliche u.a. Organisationen. Mit dem Ziel, für die Zuwanderer Lebensräume zu öffnen, das jüdische Nationalbewusstsein zu stärken und eine neue soziale und kulturelle Identität herauszubilden, wurden Städte und Gemeinden sowie landwirtschaftliche Kollektivsiedlungen angelegt.[2] Das Hebräi-

---

1   Population, Vital Statistics and Immigration (1998), S. 5-6.
2   Die Grundsteinlegung Tel Avivs erfolgte 1909; im selben Jahr wurde am südlichen Ufer des Kinneret (See Genezareth) der erste Kibbuz – Dagania – gegründet.

sche wurde als Umgangs- und Schriftsprache modernisiert bzw. weiterentwickelt. Das Technion in Haifa (1912) und die Hebräische Universität in Jerusalem (1925) öffneten ihre Pforten. Das 1917 in Moskau gegründete jüdische Nationaltheater Ha-Bimah siedelte 1931 nach Tel Aviv um.

Die aschkenasischen Pioniere schufen das gesellschaftliche Fundament, auf dem sich nach 1948 relativ schnell ein modernes Staatswesen entfalten konnte. Sie stellten folgerichtig über Jahrzehnte die politische, wirtschaftliche und militärische Elite des Landes und trugen wesentlich zur Herausbildung eines parlamentarisch-demokratischen Systems bei. Die zivilisatorische Leistung der ersten beiden Zuwanderergenerationen ist bis heute spürbar, auch wenn die Dominanz der *Aschkenasim* aufgrund veränderter demographischer und sozialpolitischer Gegebenheiten zunehmend in Frage gestellt wird. Es ist das bleibende Verdienst der Angehörigen der ersten sechs *Alijot*[3], das Land erschlossen, ihm ein modernes Profil gegeben und entscheidende Voraussetzungen für die Aufnahme und Integration späterer Einwandererwellen geschaffen zu haben.

Das „Schmelztiegelkonzept" der Gründerväter richtete sich auf die Schaffung kollektiver jüdisch-israelischer Identität und auf einen als israelischen Patriotismus definierten Zionismus. Es wurde insbesondere nach der Staatsgründung untersetzt durch die als Bestandteil der nationalen Wiedergeburt verstandene kulturelle Revolution und durch eine *civil religion* mit eigenen Traditionen, Feiertagen, Symbolen und Riten. Bedeutsam für die Eingliederung der Neueinwanderer und für die Stärkung des jüdisch-israelischen Gemeinschaftsgefühls wurden neben der sich schnell entwickelnden nationalen Wirtschaft vor allem das mehrgliedrige Bildungssystem, der für Männer und unverheiratete Frauen verbindliche Wehrdienst, die sich breit entfaltenden gesellschaftspolitischen Strukturen, eine vitale politische Kultur sowie die Instrumentarien der Massenkommunikation. Kollektiv begangene Gedenktage, aber auch die wissenschaftliche Aufarbeitung der Schoah sowie deren ausführliche Behandlung im Geschichts- und Literaturunterricht an allgemeinbildenden Schulen und Gymnasien sowie in den Medien ließen die Vernichtung des europäischen Judentums ab den sechziger Jahren zu einem zentralen Element jüdisch-israelischen Nationalgefühls werden.

Zuwanderung in den jüdischen Staat

Die ersten – weitgehend aschkenasischen – *Alijot* und die Entwicklung des *Jischuv* bis 1948 schienen die Idee des Schmelztiegels zu bestätigen. Bereits

---

3   Offiziell endet die Zählung zionistischer Einwanderungswellen mit dem Ende des Zweiten Weltkriegs: 1. *Alijah* 1882-1903; 2. *Alijah* 1904-1914; 3. *Alijah* 1919-1923; 4. *Alijah* 1924-1931; 5. *Alijah* 1932-1938; *Alijah* B (d.h. illegale Einwanderung) 1939-1945.

unmittelbar nach der Staatsgründung jedoch wurde das Projekt durch die Masseneinwanderung orientalischer Juden einer grundsätzlichen Erprobung unterworfen. Während der Jahre 1948 bis 1954 fand in der israelischen Bevölkerungsstruktur eine Umwälzung statt, die aus heutiger Sicht als erste demographische Revolution in der Geschichte des Landes bezeichnet werden kann: Neben den 336.500 Zuwanderern aus Europa, in der Mehrzahl Überlebende der Schoah, fanden 372.400 jüdische Immigranten aus Asien und Afrika (*Misrachim*) in Israel eine neue Heimat. Sie stellten Ende 1954 etwa ein Viertel der jüdischen Bevölkerung; bis Mitte der sechziger Jahre erhöhte sich ihre Zahl auf 650.000.

Tabelle 1:   Einwanderung in den Staat Israel (1948-2001)[4]

Jahre	Einwanderer insgesamt	Europa/ Amerika	Asien	Afrika	Asien/Afrika (in %)
1948-51	687.624	326.786	237.352	93.951	49,9
1952-60	297.138	113.187	35.286	145.664	60,9
1961-64	228.793	92.378	19.525	115.876	59,2
1965-71	199.035	125.361	34.718	37.459	36,3
1972-79	267.580	235.998	18.138	12.850	11,6
1980-89	153.833	116.500	13.475	23.411	23,9
1990-2000	1.016.511	916.877	52.119	46.912	9,7
2001	43.580	33.542	6.152	3.282	21,6
1948-2001	2.894.094	1.960.629	416.765	479.405	30,9

Staatsmacht und *Jewish Agency* waren durch den nicht abreißenden Immigrantenstrom vor große Aufgaben gestellt. Sie ergriffen Maßnahmen, um die Neueinwanderer in Übergangslagern bzw. in peripheren Entwicklungsstädten unterzubringen. Durch landwirtschaftliche Arbeit in provisorisch errichteten Siedlungen bzw. durch Eingliederung in das Industrieproletariat sollten sie „produktiviert" werden. Diese Politik entsprach den Grundwerten und Axiomen des Arbeiterzionismus und dem paternalistischen Konzept der regierenden sozialdemokratischen Mapai. Letzteres sah vor, die afroasiatischen Zuwanderer schnell und umfassend in die bestehende europäisch geprägte Gesellschaft zu integrieren bzw. sie gemäß dem Menschenbild und den staatsbürgerlichen Erziehungszielen der – aschkenasischen – Elite umzuformen. Den in Jahrhunderten ausgeprägten mentalen, physischen und bildungsmäßigen Gegebenheiten der *Misrachim* wurde zunächst wenig Aufmerksamkeit geschenkt. Während einer Knessetdebatte über die Eingliederung jemenitischer Migranten in den Staat Israel erklärte der Ministerpräsident, David Ben Gurion, beispielsweise 1951: „Ein jemenitischer Jude ist in erster Linie ein Jude und wir wollen ihn so

---

4   Div. Jahrgänge Statistical Abstract of Israel.

schnell wie möglich von einem Jemeniten in einen Juden verwandeln, der vergisst, woher er gekommen ist, so wie ich vergessen habe, dass ich Pole bin."[5]

Einer der namhaftesten Postzionisten der neunziger Jahre, der Soziologe Baruch Kimmerling, erkannte in der staatlich verordneten und zentral geleiteten Integration der orientalischen Juden die Hegemonie der „Achusalim".[6] Er prägte diesen Begriff, um mit ihm die aus Europa stammenden Mittel- und Oberschichten zu kennzeichnen, die den jüdischen Staat während der ersten Jahrzehnte dominierten. Dem „Umerziehungskonzept" folgend betrachtete nicht nur die säkulare aschkenasische Elite in Politik, Armee, Wirtschaft, Bildungseinrichtungen und Medien, sondern auch das religiöse aschkenasische Establishment die orientalischen Juden aufgrund ihres sprachlich-kulturellen Habitus und ihres eigenständigen religiösen Brauchtums zunächst nicht als gleichwertig. Die *Misrachim* hatten sich somit in staatlichen Bereichen wie auf der Ebene religiöser Institutionen der aschkenasischen Hegemonie zu beugen. Das Aufbrechen von Widersprüchen war vorprogrammiert.

Ernsthaft in Frage gestellt wurde das Schmelztiegelkonzept nochmals in den neunziger Jahren durch die Masseneinwanderung aus der UdSSR und deren Nachfolgestaaten – die zweite demographische Revolution im jüdischen Staat. Die Immigranten aus Osteuropa, Mittelasien und dem Kaukasus zeichneten sich nicht nur durch die ihnen gemeinsame Sprache – das Russische – aus; sie brachten auch eine spezifische Kultur und eigenständige soziale und politische Erfahrungen in den Staat Israel ein. In der Mehrheit nur bedingt bereit, sich kulturell zu assimilieren, veränderten sie das Antlitz des Landes innerhalb weniger Jahre.

Die gesellschaftlichen Wirkungen der demographischen Sprünge bzw. der schnellen Bevölkerungszunahme waren vielfältig. Allein im Zeitraum von 1989 bis 2003 wuchs die Zahl israelischer Bürger um 2,1 Millionen, d.h. sie erhöhte sich – bezogen auf 1989 – um 46,26%. Der Staat hatte immense Leistungen im wirtschaftlichen und sozialen Bereich sowie im Bildungswesen zu erbringen. Dennoch konnten die aschkenasischen Führungseliten den in Teilen der Gesellschaft verlaufenden „Orientalisierungsprozess" ebenso wenig kanalisieren wie den „Russifizierungstrend" des letzten Jahrzehnts. Hinzu kam, dass der Anteil nichtjüdischer Israelis an der Gesamtbevölkerung schnell zunahm. Das betrifft vor allem die Gruppe der arabischen Staatsbürger, jedoch auch die (nichtjüdischen) Angehörigen der jüdischen Migranten, insbesondere der „russischen" Massenalijah. Das zionistische Konzept eines möglichst homogenen jüdischen

---

5   Divrei ha-Knesset (Knessetprotokolle), 14. Februar 1951, S. 1102. Zit. nach Lissak, Moshe: Images of Immigrants – Stereotypes and Stigmata, in: Zweig, Ron 1991, S. 244.

6   *Achusalim* ist eine Abbreviatur der Begriffe *Aschkenasim*, *Chilonim* (Säkulare), *Watikim* (Alteingesessene), *Sozialistim* (Sozialisten) und *Le'umijim* (Nationaldenkende, d.h. Zionisten). Siehe Kimmerling, Baruch 2001a, S. 11.

Nationalstaates wurde und wird durch die benannten demographischen Umbrüche zunehmend in Frage gestellt.

Die veränderte und sich weiter verändernde Bevölkerungszusammensetzung und die mit diesem Wandel verbundenen gesellschaftlichen Transformationen bewirkten, dass sich nicht nur ein kompliziertes Grundverhältnis zwischen jüdischer Majorität und arabisch-palästinensischer Minorität, sondern auch spezifische Beziehungsmuster zwischen den unterschiedlichen jüdischen Bevölkerungssegmenten, sowohl strukturell als auch hinsichtlich ihrer ethnisch-kulturellen Identitäten, herausbildeten. Neben der nach wie vor einflussreichen aschkenasischen Bevölkerungsgruppe, die durch Einwanderer aus dem angelsächsischen Raum gestärkt wird, erlangten vor allem drei sich sozial und ethnisch voneinander abhebende jüdische „Subkulturen" eigenständige Bedeutung: Die *Misrachim*, die russischen Neueinwanderer und – bedingt – die äthiopischen Juden. Als zusätzliches Element erweitern seit den neunziger Jahren die ausländischen Arbeitskräfte mit ihren Familien das demographische Bild bzw. prägen sie die israelische Realität, auch wenn sie keine staatsbürgerlichen Rechte erlangten. Die genannten Bevölkerungskomponenten, ergänzt durch die große Gruppe der Staatsbürger palästinensischer Nationalität, tragen – freilich in unterschiedlichem Maße – dazu bei, dass sich Israel zu Beginn des 21. Jahrhunderts als multiethnische, multikulturelle, multireligiöse und multilinguale Gesellschaft präsentiert. Sie schaffen ein soziales, politisches und kulturelles Spannungs- und Beziehungsgeflecht, das durch Kooperation, nicht selten jedoch auch durch Widersprüchlichkeit, Konkurrenz und Konflikt geprägt ist.

Erste demographische Revolution

Die in Israel zunächst *Joz'ei Asia we-Afrika* (Auswanderer aus Asien und Afrika) genannten orientalischen Juden – das „Zweite Israel" – werden seit den neunziger Jahren zumeist als *Edot ha-misrach* (ethnische Gemeinschaften aus dem Orient) oder *Misrachim* (Orientalen) bezeichnet.[7] Der während der ersten Jahrzehnte nach der Staatsgründung für die Orientalen häufig verwandte Begriff *Sfaradim* (Spanier) wurde von der 1983 gegründeten Schas-Partei adaptiert, wird umgangssprachlich jedoch seltener benutzt. Die sich mehrfach verändernde Begrifflichkeit mag ein Anhaltspunkt dafür sein, dass der sozial-politische Status dieser Bevölkerungsgruppe, ihr kollektives Selbstbewusstsein und ihre gesellschaftliche Akzeptanz offensichtlichen Wandlungen unterworfen waren.

---

7   Kimmerling verweist darauf, dass der Begriff *Misrachim* als sozial-ethnische Kategorie erst nach Eingliederung der Orientalen in den Staat Israel geprägt wurde. Kimmerling, Baruch 2001a, S. 53f.

Die erste größere Welle orientalischer Juden[8] erreichte Israel im Gefolge des Nahostkrieges von 1948/49. Die militärische Konfrontation und ihre Nachwirkungen hatten zur Folge, dass sich die jüdischen Gemeinden in arabischen Staaten unmittelbar in ihrer Existenz bedroht fühlten. Als potenzielle Verbündete Israels betrachtet, waren sie verstärkter Diskriminierung ausgesetzt und wurden nicht selten zum Verlassen ihrer Heimatländer gezwungen. Die israelische Regierung, existentiell an der Stärkung des jüdischen Bevölkerungspotenzials im jungen Staat interessiert, bemühte sich um die Aufnahme der Flüchtlinge und organisierte mit Hilfe der *Jewish Agency* deren Transfer nach Israel. Am bekanntesten wurden die „Operation Zauberteppich", mit der 1949 etwa 55.000 Juden aus dem Jemen eingeflogen wurden, und die „Aktion Esra und Nehemia", im Volksmund „Operation Ali Baba" genannt, die 1950/51 annähernd 113.000 Juden aus dem Irak nach Israel holte. Insgesamt erreichten während des ersten Jahrzehnts nach der Staatsgründung 485.085 Juden aus Asien und Afrika den jüdischen Staat.[9] Mitunter handelte es sich um ganze Gemeinden. Nicht selten jedoch zogen Angehörige der sozialen Oberschicht und der Intelligenz einen Wohnsitz in Europa oder Übersee der *Alijah* vor. So wanderten zwar 72% der marokkanischen und tunesischen und 48% der ägyptischen Juden nach Israel ein; von den in hohem Maße mit Frankreich verbundenen Juden Algeriens dagegen entschieden sich nur 8% für den Staat an der Levanteküste.[10]

Für die *Misrachim* war das Leben in Israel zunächst mit einem Kulturschock verbunden. Sie kamen in ein weitgehend europäisch geprägtes Land und waren weder mit dessen Alltagssprache noch mit den Lebensgewohnheiten vertraut. Bereits bei der Ankunft wurde ihnen das Gefühl vermittelt, den *Aschkenasim* nicht ebenbürtig zu sein. Mehrheitlich wurden sie in Orten angesiedelt, die zuvor von arabischen Palästinensern bewohnt gewesen waren, oder sie erhielten einen provisorischen Wohnsitz in Übergangslagern (*ma'abarot*). Erst ab Mitte 1952 könne – so der israelische Soziologe Moshe Lissak – von einer planmäßigen Eingliederung gesprochen werden.[11] Zunächst erhielten die europäischen Überlebenden der Schoah, die bis dahin annähernd die Hälfte der Bewohner der provisorischen Zelt- und Barackenstädte stellten, die Möglichkeit, sich voll in den jüdischen Staat zu integrieren. Sie fanden sehr bald ihren Wohnsitz in den großen Städten oder landwirtschaftlichen Kollektivsiedlungen und schufen Platz für die Zuzügler aus Asien und Afrika.

---

8   Die Einwanderung orientalischer Juden erfolgte nicht ausschließlich nach der Staatsgründung. Bereits vor dem Ersten Weltkrieg waren beispielsweise jemenitische Juden in kleinen Gruppen nach Palästina gelangt und hatten sich hier niedergelassen. Vgl. u. a. Smooha, Sammy 1978, S. 53ff.
9   Statistical Abstract of Israel, No. 50 (1999), S. 5-3.
10 DellaPergola, Sergio 1998, S. 60.
11 Lissak, Moshe 1999, S. 1.

Das – auch nach dem Verlassen der Auffangs- und Durchgangslager bzw. nach deren Umwandlung in Entwicklungsstädte anhaltende – enge Zusammenleben größerer misrachischer Bevölkerungsgruppen mit jeweils herkunftsspezifischer Kultur bildet den Hintergrund für das Fortbestehen traditioneller Gemeindestrukturen und für die Weiterexistenz von Landsmannschaften über die zweite und dritte Generation hinaus. Insbesondere Marokkaner, Iraker und Jemeniten – die drei größten orientalisch-jüdischen Gemeinschaften in Israel – suchten ihre kulturelle Identität zu bewahren; sie zeigten sich in nur begrenztem Maße an einer „Verschmelzung" mit Juden aus anderen Ländern bzw. Kulturkreisen interessiert. Die zunächst durch unterschiedliche Bildungsstandards untersetzte und durch differierende kulturelle und soziale Traditionen getragene Tendenz der Separierung wurde durch die staatlich verfügte kollektive Ansiedlung gefördert. Während beispielsweise Juden aus Irak und Jemen vorwiegend in zentralen Regionen Israels ansässig wurden, lenkten die Einwanderungsbehörden die während der fünfziger und sechziger Jahre ins Land gelangenden Nordafrikaner in die bis dahin spärlich besiedelten Gebiete des Landes, sei es in die Küstenregion südlich von Tel Aviv, in den Negev oder in Distrikte mit hoher arabischer Bevölkerungskonzentration, wie Galiläa. In den peripheren Entwicklungsstädten der genannten Gebiete, aber auch in einzelnen Vororten der Großstädte Tel Aviv, Haifa und Jerusalem, stellten die *Misrachim* über Jahrzehnte den überwiegenden Teil der Einwohnerschaft.[12]

Status- und Identitätswandel der Misrachim

Erst für die siebziger und achtziger Jahre konstatieren die Soziologen Horowitz und Lissak, dass sich die in den Herkunftsländern ausgeprägten kulturellen und sprachlichen Besonderheiten der einzelnen *Edot* (ethnischen Gruppen) abzuschwächen begannen. Gleichzeitig registrierten sie ein sich verstärkendes kollektives Zusammengehörigkeitsgefühl der *Misrachim*. Es sei einerseits auf Gemeinsamkeiten in Brauchtum, Sprache und Kultur zurückzuführen, resultiere andererseits aus dem sozio-kulturellen und mentalen Gegensatz zu den *Aschkenasim*.[13] Zunehmend manifestierte es sich in der Unterstützung des national-konservativen Likud als der politischen Kraft, die das sozialdemokratische (aschkenasisch dominierte) Establishment bekämpfte und 1977 die Regierungsverantwortung übernahm.

Obwohl auch die vom Likud geführten Regierungen zunächst nahezu ausschließlich aus *Aschkenasim* bestanden, kamen sie nicht umhin, das Emanzipationsstreben der *Misrachim* – eines bedeutenden Teils ihres Wählerpotenzials –

---

12   Peled, Yoav 1990, S. 353.
13   Horowitz, Dan/Lissak, Moshe 1989, S. 76.

bei politischen Entscheidungen zu berücksichtigen. Bemüht, die gesellschaftliche Akzeptanz der sephardischen Kultur zu erhöhen, führte das Bildungsministerium beispielsweise Programme zur Bewahrung des Erbes der Juden aus Asien und Afrika durch. Die Inhalte reichten vom „goldenen Zeitalter" jüdischer Kultur auf der Iberischen Halbinsel über die Vertreibung der Juden aus Spanien und Portugal bis hin zu deren Ansiedlung und kultureller Blüte im Mittelmeerraum. Das Projekt hatte jedoch nur bedingten Erfolg, da es vor allem historische und folkloristische Elemente betonte und den aschkenasischen Patronalismus nicht prinzipiell in Frage stellte.

Die gleichberechtigte Mitgestaltung der Gesellschaft durch die *Misrachim* wurde nicht zuletzt durch die Bildungskluft und gravierende sozio-ökonomische Disparitäten erschwert. Hatten *Aschkenasim* im Landesdurchschnitt beispielsweise 1975 einen Schulbesuch von 9,8 Jahren und 1984 von 12,2 Jahren aufzuweisen, so lag dieser bei den orientalischen Juden bei 7,1 bzw. 10,4 Jahren. Nur 14% aller Universitätsabsolventen kamen 1984/85 aus orientalischjüdischen Familien.

Hinsichtlich der sozialen Integration zeigten sich widersprüchliche Tendenzen. Der Anteil orientalischer Juden an mittleren Einkommensschichten vergrößerte sich in den siebziger und achtziger Jahren deutlich. Auch die Zahl der in der Landesstatistik als „arm" definierten *Misrachim* ging zurück. Dennoch konnten die Orientalen – nach wie vor unterrepräsentiert in „white-collar" Berufen und häufig als ungelernte Arbeiter beschäftigt – ihren Lebensstandard nicht dem der *Aschkenasim* angleichen. Noch 1984 betrug der durchschnittliche Jahresverdienst einer orientalisch-jüdischen Familie lediglich 78% des Einkommens einer aus Europa stammenden Familie. Die soziale Kluft auf ethnischer Grundlage blieb bestehen und widerspiegelte sich zunehmend auf politischer Ebene.

Nach Jahrzehnten, in denen die *Misrachim* infolge einer höheren Fertilitätsrate den Anteil an der jüdischen Bevölkerung kontinuierlich vergrößern konnten, die Gesellschaft stärker mitzugestalten begannen und dem aschkenasischen Establishment Zugeständnisse – u.a. durch Quotenregelungen bei der Besetzung von Ämtern oder umfangreichere Zuwendungen für Entwicklungsstädte – abzuringen vermochten, wurden sie mit einer neuen Infragestellung konfrontiert. Die „russische" Massenalijah, insbesondere der Zustrom einer großen Anzahl von Akademikern und Facharbeitern, verlangsamte nicht nur die Levantinisierung Israels, sondern bedrohte auch den Aufstieg orientalischer Juden in höhere Einkommenskategorien. Sie erschwerte ihre Gleichstellung in der Politik, im Bildungswesen und in den Berufsstrukturen und verlagerte die Schwerpunkte staatlicher Alimentierung.

Die neue, selbstbewusstere Generation der *Misrachim* reagierte auf die Herausforderung mit verstärktem politischen, kulturellen und religiösen Engagement. Richteten sich ihre Forderungen zuvor auf die Beendigung der ethnischen Diskriminierung, so begannen sie nunmehr, die Spezifik ihrer nationalen Existenz in den Vordergrund zu stellen. Dem westlichen Gesellschaftsmodell setzten sie nicht selten eigene Wertvorstellungen entgegen. Damit traten sie zu einem Zeitpunkt, da ihr prozentualer Anteil an der Bevölkerung vorübergehend abnahm, als ernstzunehmende gesellschaftliche und politische Kraft in Erscheinung, nicht zuletzt, indem sie sich eigene Repräsentationen schufen und auf diesem Wege in das politisch-militärische Establishment vordrangen. Die Ergebnisse des „Aufstiegs" sind beachtlich.

Vordringen des „zweiten Israels" ins Establishment

Im Übergang zum 21. Jahrhundert gehört bereits ein Drittel der orientalischen Juden den mittleren Einkommensschichten an – Menschen, die sich dem „aschkenasischen Mainstream" in der Gesellschaft weitgehend angepasst haben.[14] In Spitzenpositionen der Armee ist ihre Präsenz – ebenso wie in der Politik – nicht mehr zu übersehen. 1983 war mit Mosche Levy erstmals ein orientalischer Jude zum Generalstabschef der israelischen Armee ernannt worden. Auch der 1996 bis 2002 in dieser Funktion tätige und anschließend zum Verteidigungsminister berufene Schaul Mofas sowie Jizchak Mordechai, israelischer Verteidigungsminister von 1996 bis 1999, entstammen Familien aus islamischen Ländern. Die Zahl der von *Misrachim* besetzten Knessetmandate beträgt seit 1988 etwa ein Drittel der insgesamt 120 Parlamentssitze.[15] In der Regierung Benjamin Netanjahus (1996-1999) wurden sieben Ministerämter von orientalischen Juden wahrgenommen. Im ersten Kabinett Ariel Scharons (2001 – 2003) leiteten *Misrachim* 14 von 29 Ministerien.[16] Auch bei der Wahl zum Staatspräsidenten setzte sich 2000 der im Irak geborene Mosche Kazav gegenüber dem von vielen Israelis als Prototyp des *Aschkenasi* und Vertreter der „alten Elite" empfundenen Schimon Peres durch.

Nicht alle Entwicklungen in der misrachischen Gemeinschaft lassen sich aus dem selbstbewussten Aufstieg ihrer Oberschicht oder aus der allmählichen Ablösung der „alten Garde" erklären. Neben den subjektiven Wirkungsfaktoren werden an der gesellschaftlichen Basis auch vielfältige objektive Umgestaltungen sichtbar. Nicht wenige *Misrachim* der zweiten und dritten Generation haben sich den Gesellschaftsstrukturen der neuen Heimstätte, in die sie hineingeboren wurden, angepasst. Nicht selten übernahmen sie aschkenasisch geprägte Auffassungen und Ideale, die indessen zum Bestandteil der kollektiven

---

14   Vgl. Shafir, Gershon/Peled, Yoav 2002, S. 78f.
15   Die Zahl der *Misrachim* in der Knesset betrug 1988-39, 1992-41, 1996-44, 1999-37.
16   Hintergrundgespräch mit Benjamin Neuberger am 5. Mai 2002 in Tel Aviv.

israelischen Identität geworden sind. Ihre Sozialisierung erfolgte bereits in Israel. Sie wurden geformt durch die nationalen Bildungseinrichtungen, den Militärdienst, die Erfahrung mehrerer Nahostkriege und die Mediengesellschaft.

Begüterte *Misrachim* schicken ihre Söhne und Töchter heute zum Studium nach Nordamerika. Das ermöglicht ihnen akademische Laufbahnen oder den Zutritt zur *business community*. Ferner trugen die seit den siebziger und achtziger Jahren zunehmenden westlichen Kultureinflüsse dazu bei, dass sich die Lebensweise junger Israelis europäischer und orientalischer Herkunft anzugleichen begann. Interethnische Ehen sind noch nicht die Norm, werden jedoch häufiger geschlossen. Im Ergebnis entwickelt sich eine übergreifende israelische Identität, die vor allem die junge Generation auszeichnet.

Die genannte Integrationstendenz verstärkte sich in den neunziger Jahren, blieb häufig freilich im Prisma der familiären Herkunft und Tradition gebrochen bzw. wurde immer wieder modifiziert und ergänzt durch neue Trends des gesellschaftlichen Wandels. Dazu gehört, dass das Erklimmen oberer Sprossen auf der sozialen Stufenleiter nicht automatisch mit der Übernahme aschkenasischer Lebensformen oder der Aufgabe misrachischer Identität und Spezifik verbunden ist. So verlieren beispielsweise landsmannschaftliche Bindungen nicht an Relevanz, sondern werden mitunter – wie im Falle der marokkanischen, irakischen und jemenitischen Juden – sogar reaktiviert. Ethnische Parteien, die die gezielte Interessenvertretung der Orientalen zur vordringlisten Aufgabe erhoben, erlangten beachtliche gesellschaftliche Bedeutung.[17] Auch ihr Erfolg ist Ausdruck für das Scheitern des aschkenasischen Schmelztiegelkonzepts.

Sowohl Politiker der Arbeitspartei als auch des Likud und mehr noch der vorwiegend orientalischen Schas-Partei warben in den Wahlkämpfen der neunziger Jahre um die aus islamischen Ländern stammenden jüdischen Wähler. Sie betonten – soweit selbst orientalischer Abstammung – ihre misrachische Identität. Es war kein Zufall, dass die Arbeitspartei im September 1997, erstmals einen Parteitag außerhalb Tel Avivs durchführend, die vorwiegend von nordafrikanischen Juden bewohnte Entwicklungsstadt Netivot im Negev zum Tagungsort wählte. Ehud Barak entschuldigte sich bei dieser Gelegenheit im Namen seiner Partei offiziell für die arrogante Behandlung, die jüdischen Einwanderern aus islamischen Staaten in den fünfziger Jahren bei ihrer Ankunft in Israel seitens des aschkenasischen Establishments zuteil geworden sei.

Die *Misrachim* leisteten und leisten ihren spezifischen Beitrag zur Herausbildung und Entwicklung der israelischen Kultur. Von Generation zu Generation weitergegebene Bräuche, Musiktraditionen oder Essgewohnheiten vermischen sich mit aschkenasischer Lebensart und werden so zum Bestandteil der ge-

---

17   Vgl. Abschnitt 3, Die „sephardische Revolution", S. 98-101.

meinsamen *Sabra*-Kultur. Das mit arabischem Akzent gesprochene bzw. mit arabischen Begriffen angereicherte Hebräisch ist heute durchaus salonfähig. Unter der Überschrift „Wir werten die *Misrachim* auf" berichtete die Tageszeitung Ha-Arez im Oktober 2000 beispielsweise über die Einrichtung eines speziell auf die Bedürfnisse der orientalischen Juden ausgerichteten Satellitensenders. Der Autor des Beitrags schrieb: „Der *Misrachi* von heute ist kein ignoranter Rechter mehr, der in einer Entwicklungsstadt sitzt. Heute gibt es neben der misrachischen Hausfrau auch den misrachischen Juppy und die misrachische Künstlerin."[18]

Das aschkenasisch-misrachische Widerspruchsfeld ordnet sich zunehmend der generellen sozialpolitischen Stratifizierung und Gegensätzlichkeit im Lande unter. So revoltieren orientalische Juden, denen es nicht gelungen ist, in die aschkenasisch dominierte Mittelklasse aufzusteigen und die sich nach wie vor diskriminiert fühlen, häufiger gegen das europäisch geprägte westliche Gesellschaftsmodell als ihre „saturierten" Verwandten. Der *Misrachi* Schlomo Ben-Ami, Politiker der Arbeitspartei und Professor an der Tel Aviver Universität, vertritt z.B. die Meinung, dass das „*Misrachi*-Problem" heute vor allem die unteren sozialen Schichten betrifft. Der Aufstieg in obere soziale Strata und die damit verbundene Erhöhung des Lebensstandards verringern seiner Ansicht nach die Bindung an eine spezifische Kultur bzw. minimieren die kulturelle Fragmentierung (*sektoralijut*).[19]

Kritiker des politischen Establishments verweisen dennoch auf die nach wie vor erkennbare Arroganz der aschkenasischen Eliten gegenüber ihren orientalischen „Schwestern und Brüdern", unabhängig davon, wo diese auf der sozialen oder politischen Stufenleiter stehen. Als Beispiele für ungleiche Maßstäbe und ethnische Diskriminierung wurden z.B. die Verurteilung Arieh Deris, seinerzeit Vorsitzender der sephardischen Schas-Partei, wegen Korruption und des ehemaligen Verteidigungsministers Jizchak Mordechai wegen sexueller Belästigung im Amt angeführt. Der Politologe Sami Schalom Chetrit kleidete die unter *Misrachim* verbreitete Skepsis in die Frage: „Warum habt ihr ausgerechnet Jizchak Mordechai ausgewählt, den orientalischen General, einen, der die Bärte von (ultraorthodoxen) Rabbinern küsst, den ersten *Misrachi*, der für das Amt des Ministerpräsidenten kandidierte? Viele Menschen in diesem Land werden keine Ruhe geben, bis ihr ihnen das erklärt habt."[20]

---

18 Pinto, Goal: Anachnu osim upgrade le-misrachim (Wir werten die *Misrachim* auf), Ha-Arez, 02. Oktober 2000.

19 Interview mit Schlomo Ben-Ami am 17. Juni 2001 in Tel Aviv.

20 www.kedma.co.il/opinion/opinionfile/chetrit250301.htm (31. März 2001).

Russische Neueinwanderer zwischen Integration und Separation

Seit Beginn der neunziger Jahre wird das politische, soziale und kulturelle Antlitz Israels durch die aus der UdSSR bzw. deren Nachfolgestaaten immigrierten Juden stark beeinflusst. Diese schufen neben *Aschkenasim* und *Misrachim* ein beachtliches drittes Segment innerhalb der jüdischen Bevölkerungsmajorität. Von September 1989 bis Ende 2001 suchten etwa 900.000 Zuwanderer aus der ehemaligen Sowjetunion eine neue Heimat am östlichen Mittelmeer. Die überwältigende Mehrheit kam aus den europäischen Nachfolgestaaten der UdSSR; nur 6,8% stammten aus asiatischen Republiken. Zusammen mit den während der siebziger Jahre aus der Sowjetunion eingewanderten annähernd 175.000 Juden bilden sie eine russischsprachige Gemeinschaft von über einer Million Menschen. Sie stellen damit etwa ein Fünftel der jüdischen Bevölkerung Israels.

Wenngleich russische Sprache und Kultur ein wichtiges Bindeglied sind, handelt es sich bei den „Russen" keineswegs um eine homogene Gruppe. Zwischen Neueinwanderern aus dem Baltikum oder aus anderen europäischen Teilen der ehemaligen Sowjetunion einerseits und den „schwarzen Russen" aus dem Kaukasus bzw. aus Grusinien, Buchara, Usbekistan u.a. südlichen Regionen andererseits existieren wesentliche Unterschiede. Abgesehen von Sprache und Kultur besteht zudem wenig Gemeinsames zwischen den Einwanderern der siebziger Jahre, die nach langjährigem Kampf mit den sowjetischen Behörden ihre Ausreise ertrotzten und als Zionisten oder bekennende Juden den Staat Israel als neue Heimat erstrebten, und den nach Niedergang und Auflösung des Sowjetimperiums vor allem aus sozialen Gründen nach Israel gelangten Immigranten. Die Zuwanderer der neunziger Jahre kamen aus einem sich im Umbruch befindlichen Land, das seit 1989 durch politische, soziale und wirtschaftliche Krisen neuer Qualität gekennzeichnet war, in dem scheinbar gültige Wertvorstellungen zerbrachen und sich viele Menschen auf die Suche nach ihrer verschütteten nationalen und kulturellen Identität begaben. Befragt, welche Motive sie zur Auswanderung nach Israel bewogen, benannten die meisten „russischen" Zuwanderer der neunziger Jahre vor allem Familienzusammenführung, Furcht vor Antisemitismus und Hoffnung auf einen höheren Lebensstandard. Zionistische Ideen oder der Wunsch, entsprechend der jüdischen Tradition und den Vorschriften der Religion leben zu wollen, spielten als Motivation eine nur untergeordnete Rolle.

Zunächst galten die Einwanderer als eine wenig polarisierte und polarisierende Gemeinschaft. In einer Studie der Universität Tel Aviv hieß es beispielsweise: „Als Bevölkerungsgruppe sind sie nicht reich und nicht arm, sie verfügen nicht über ein ausgeprägtes jüdisches Bewusstsein und sie zeichnen sich nicht durch besondere Empathie gegenüber den israelischen Arabern aus; sie sind keine kämpferischen Falken und keine weißen Tauben."[21] Je länger jedoch die russischen Immigranten im Land weilen, um so sichtbarer werden soziale und weltanschaulich-politische Differenzierungen. Dem widerspricht nicht, dass sich gesellschaftliche Aktivitäten zunächst vorwiegend am Gruppenstatus bzw. an den daraus resultierenden Interessen orientieren und sich nur bedingt auf nationale Ziele bzw. gesamtgesellschaftliche Veränderungen ausrichten. Eine gewisse Distanz zur israelischen Realität ist nicht zu übersehen. Wie eine Studie israelischer Politikwissenschaftler belegt, empfanden sich zu Beginn des Jahres 2000 nur 8% der Neueinwanderer aus den GUS-Staaten bereits als Israelis; 47% bezeichneten sich in erster Linie als „Russen" und 45% sahen sich primär als Juden.[22]

Der komplizierte Prozess des Identitätswandels und der zunächst geringe Identifizierungsgrad mit Israel haben unterschiedliche Gründe. Dazu gehören die kurze Zeitspanne des Aufenthalts im Land, die geringe zionistische Motivation, die verschütteten oder nicht existenten Bindungen an jüdische Religion, Tradition und Geschichte, jedoch auch die nicht selten reservierte Haltung der alteingesessenen Israelis gegenüber den Neuankömmlingen. Die angespannte Nahostsituation erzeugt zudem das Gefühl, unsichere Existenzbedingungen in der alten Heimat gegen eine neue Existenz und Leben gefährdende Grundsituation ausgetauscht zu haben.

Aufgrund der zahlenmäßigen Größe der „russischen" *Alijah* sahen sich die Einwanderer in Israel keinem übermäßig starken kulturellen Assimilationsdruck ausgesetzt. Sie konnten in der Familie wie in der Gruppe weiterhin russisch kommunizieren, die mitgebrachte Kultur bewahren und sich ihrer Lebensweise entsprechend bewegen. Neben dem Klammern am Überkommenen jedoch wuchs auch Neues. Schule, Armeedienst, Medien, Konsumzwänge und -verlockungen, Alltagskultur und nicht zuletzt die alle Bürger betreffende Sicherheitssituation beeinflussen insbesondere die junge Generation. In einer im März 2002 veröffentlichten Umfrage des Mutagim Instituts[23] in Tel Aviv gaben 78% der befragten Neueinwanderer an, sie fühlten sich mit Israel verbunden; nur 3% erklärten die Absicht, das Land in den nächsten sechs Monaten zu verlassen. 19% meinten, sie würden Israel zu einem noch unbestimmten Zeitpunkt den Rücken kehren. Nicht selten sind es die jungen Menschen, die sich in Israel verwurzeln und – trotz der prekären Sicherheitslage – im Land bleiben wollen.[24]

---

21 Lissitsa, Sabina/Peres, Jochanan 2001, S. 5.
22 Gilbert, Nina: Only 8% of Russian olim feel Israeli – survey, Jerusalem Post, 20. Januar 2000.
23 Das Institute for social and political research (Machon le-michkarei schuk we-sakrei deat kahal – Mutagim) hat eine spezielle Abteilung, die Umfragen unter russischsprachigen Neueinwanderern durchführt.
24 Galili, Lily: Terror's not the issue, Haaretz, 13. März 2002.

Mitunter werden russische politische Traditionen bewusst mit israelischen verschmolzen. So feierten am 11. Mai 2000 in Tel Aviv 150.000 „neue" und „alte" Israelis – vorwiegend russischsprachige Einwanderer – „Zehn Jahre Immigration aus der Sowjetunion" und gleichzeitig den israelischen Unabhängigkeitstag sowie den 55. Jahrestag des Sieges über Nazi-Deutschland.[25] Dem Drängen der Neueinwanderer geschuldet, wurde im selben Jahr in der Knesset ein Gesetz verabschiedet, das den Veteranen des Zweiten Weltkrieges – unabhängig davon, wann sie eingewandert sind – Ehrenpensionen zuerkennt.[26]

Integrationshürden für die russische Massenalijah

Ihrer doppelten Identität als Russen und Israelis wurden sich viele Immigranten bewusst, als am 1. Juni 2001 21 Teenager – fast ausschließlich russische Neueinwanderer – durch die Bombe eines palästinensischen Selbstmordattentäters in einer Tel Aviver Diskothek starben. Ganz Israel betrauerte sie als Angehörige der jüdischen Schicksalsgemeinschaft und als junge Staatsbürger. Der stellvertretende Minister für Einwanderung und Eingliederung, Juli Edelstein, war bemüht, öffentliche Betroffenheit und staatliches Integrationsziel auf einen gemeinsamen Nenner zu bringen: „Es ist höchste Zeit festzustellen, dass wir alle in demselben Boot sitzen. Es gibt keinen Widerspruch zwischen neu eingewanderten und alteingesessenen Israelis, zwischen *Misrachim* und *Aschkenasim*, zwischen Bewohnern von Judäa und Samaria oder Jerusalem, Tel Aviv, Bat Jam oder Natanja. Wir haben alle das gleiche Schicksal und zwar nicht nur in Zusammenhang mit dem Terrorismus, sondern auch in glücklicheren Zeiten."[27]

Die im Umfeld des Verbrechens erfolgte Befragung „russischer" Teenager vermittelte dagegen ein differenzierteres Bild. Sie bezeugte eine nach wie vor existente Kluft zwischen jugendlichen Neueinwanderern und gleichaltrigen Alteingesessenen, die sich in unterschiedlichen Formen der Freizeitkultur, in fehlender gegenseitiger Akzeptanz und im mangelnden Interesse am Leben „der anderen" manifestiert. Eine Schülerin der 12. Klasse eines russischsprachigen Gymnasiums drückte das Gefühl vieler ihrer Mitschüler aus: „Wir reden zu Hause russisch, wir gehen in eine Schule, in der alle russisch sprechen, wir gehen mit Russen aus, erzählen russische Witze, hören russische Musik und tanzen in einer russischen Diskothek, aber schließlich werden wir getötet, weil wir Israelis sind. Wir befinden uns zwar in der „Mitte", sind keine Russen und keine Israelis, sterben aber als Israelis."[28]

---

25 Jediot Acharonot, 12. Mai 2000.
26 Haaretz, 6. Juni 2000.
27 Haaretz, 20. Juni 2001.
28 Maariv, 8. Juni 2001.

Die Beerdigung der Opfer wurde zum religiös-rechtlichen Problemfall, der in den Medien seinen Widerhall fand. Zwei der getöteten Mädchen hatten zwar einen jüdischen Vater, jedoch keine jüdische Mutter. Durch die religiösen Autoritäten des Landes somit nicht als Juden anerkannt, wurde ihnen die letzte Ruhe auf einem städtischen jüdischen Friedhof verwehrt. Obwohl die russische Community die Entscheidung als Affront betrachtete, erfolgte keine Korrektur der Festlegung. Als Verlegenheitslösung erfolgte eine der Beisetzungen auf einem Kibbuzfriedhof, die zweite am Rande eines städtischen jüdischen Begräbnisplatzes. Der gleichen Sicht auf die Neuzuwanderer entspricht die Festlegung, dass seit Juni 2001 alle Migranten, die seit 1990 ins Land kamen und hier heiraten wollen, vor einem Rabbinatsgericht zu beweisen haben, dass sie Juden sind.[29]

Als Begründung für ihr Misstrauen in die „russischen" *Olim* geben religiöse und insbesondere orthodox-religiöse Alteingesessene nicht selten zu bedenken, dass die Neuzuwanderer den jüdischen Charakter des Landes in Frage stellten. Sie verweisen darauf, dass auf Grundlage des „Rückkehrgesetzes" zahlreiche nichtjüdische Familienangehörige mit ins Land gebracht würden. In der Tat kann davon ausgegangen werden, dass der Anteil nichtjüdischer Bürger an den Immigranten der neunziger Jahre zwischen 25% und 35% liegt.[30] Das Zentralamt für Statistik gab z.B. bekannt, dass 53% der Einwanderer des Jahres 1999 keine Juden im Sinne der *Halacha* waren; 38% hätten weder eine jüdische Mutter noch einen jüdischen Vater nachweisen können.[31] 2002 hatte sich die Zahl der „nichtjüdischen" Einwanderer sogar auf 70% erhöht.[32]

Um Hürden bei der Eingliederung bzw. im Berufsleben abzubauen, sind vor allem jüngere Neubürger bereit, zum Judentum zu konvertieren.[33] Da von dieser Möglichkeit jedoch bei weitem nicht alle Einwanderer Gebrauch machen, drängt die veränderte demographische Realität auf neue juristische Festlegungen, insbesondere auf dem Gebiet des Familienrechts, das für Juden bisher ausschließlich den religiös-orthodoxen Vorschriften folgt. Erstmals sieht sich der Staat auch mit dem Erfordernis konfrontiert, eine große Gruppe von Bürgern, die sich nicht als Juden definieren bzw. vom Rabbinat nicht als solche anerkannt werden, kulturell und sozial zu integrieren. Die Kinder dieser Einwanderer sprechen Hebräisch, besuchen israelische Schulen und dienen in der Armee. Sie unterscheiden sich häufig kaum von säkularen jüdischen Israelis –

---

29   Vgl. Ha-Arez, 26. Juni 2001; Jerusalem Post, 13. August 2001.

30   Der israelische Innenminister gab in einer Knessetdebatte an, 208.000 Einwanderer aus der ehemaligen UdSSR seien Nichtjuden. Bender, Arieh: Sulcha ben nezigei Schas le-siot ha-olim ba-kneset (Versöhnung zwischen den Vertretern von Schas und den Einwandererparteien in der Knesset), Maariv, 2. Dezember 1999, S. 3.

31   Sheleg, Yair: Much ado about non-Jews, Haaretz, 31. Januar 2000.

32   Gross, Netty C.: What Are They Doing Here? Jerusalem Report, 26. August 2002, S. 19.

33   Die Zahl der Übertritte zum Judentum betrug 1999 z.B. 2.500. Haaretz, 31. Januar 2000.

bis sie eines Tages, beispielsweise wenn sie heiraten wollen, feststellen, dass sie einen minderen Status besitzen als ihre gleichaltrigen jüdischen Freunde und Bekannten. Ihrer Assimilation sind somit durch das Gesetz Schranken gesetzt.

Die Analyse des komplizierten Beziehungsgeflechts zwischen Neueinwanderern und Alteingesessenen kann nicht außer Acht lassen, dass in den neunziger Jahren in Israel – ähnlich der Masseneinwanderung von *Misrachim* in den fünfziger Jahren – zwei Welten mit deutlich verschiedenen Wertesystemen und Erwartungshaltungen aufeinander prallten. Hatten die bodenständigen Israelis auf demographische Stärkung der jüdischen Bevölkerungsgruppe und somit auf Verlangsamung des Trends zum binationalen Staat gesetzt, so wurden sie durch die geringe Bereitschaft der Neueinwanderer, sich der bestehenden Kultur anzupassen, enttäuscht. Die Migranten wiederum, auf einen warmen Empfang, schnelle Eingliederung und Beschäftigung im erlernten Beruf sowie Fortsetzung ihrer bisherigen kulturellen Orientierung hoffend und ein westliches Land erwartend, sahen sich mit der harschen israelischen und nahöstlichen Realität konfrontiert. Nicht selten wurden sie mit Ausdrücken, wie „russische Mafia" oder „russische Prostituierte", belegt. Auch die konzentrierte Ansiedlung in Entwicklungsstädten, in denen bisher die *Misrachim* sowohl die Umgangsformen als auch das politische Leben geprägt hatten, musste zwangsläufig zu Kontroversen führen. Nicht zuletzt sahen sich die orientalischen Juden wie auch die Israelis palästinensischer Nationalität durch den Zustrom hochqualifizierter russischer Facharbeiter und Spezialisten im Kampf um Arbeitsplätze bedroht.

Entwicklungsimpulse und „Russifizierungs"trends

Der Zustrom osteuropäischer Intellektueller stärkte deutlich die israelischen Potenziale in Wissenschaft, Technik und Kultur. Ende 2001 waren bereits 423.300 der nach 1990 eingewanderten Bürger berufstätig; sie stellten 21,5% der zivilen Arbeitskräfte des Landes. Über 65% von ihnen verfügten über eine Ausbildung von mindestens 13 Jahren.[34] Die „Bildungsimmigration" erhöhte den Anteil von Akademikern am israelischen Arbeitskräftepotenzial, der im zivilen Sektor bis 1990 bei 21% gelegen hatte und nunmehr sprunghaft anstieg. Notwendige Umschulungs- und Qualifizierungsmaßnahmen konnten auf hohem Niveau ansetzen. Zugleich entstanden in der Privatwirtschaft, insbesondere im Dienstleistungssektor, Unternehmen, die nicht nur auf die Bedürfnisse der russischsprachigen Bevölkerung ausgerichtet waren, sondern auch ihre Beschäftigten fast ausschließlich aus dieser Gruppe rekrutierten. Insbesondere den in den siebziger Jahren nach Israel eingewanderten „Russen" gelang es, die

---

34   Statistical Abstract of Israel, No. 53 (2002), S. 12 - 49.

Bedürfnisse der Neuankömmlinge der neunziger Jahre aufgreifend, profitable Serviceleistungen anzubieten und in den Mittelstand aufzusteigen. Innerhalb der russischsprachigen Community entstand eine wirtschaftliche Elite, die enge Kontakte zu Russland und anderen Nachfolgestaaten der Sowjetunion sowie zu russischen Emigranten in Nordamerika und Westeuropa aufbaute und zunehmend in den Handel zwischen Israel und osteuropäischen Staaten involviert ist.

Obwohl „das Aufnahmesystem die Immigranten mit kulturellen und sozialen Dienstleistungen mit eindeutig assimilatorischem Charakter" anfangs förmlich überschüttete,[35] bildete sich in der zweiten Hälfte der neunziger Jahre ein „russischer Ministaat in Israel"[36] aus. Dieser Trend wurde durch die Ansiedlung der Neueinwanderer in bestimmten Wohnvierteln großer und mittelgroßer Städte begünstigt. Zwischen 1989 und 2000 ließen sich beispielsweise ca. 58.000 vorwiegend russischsprachige Migranten in Haifa, 55.000 in Aschdod und 47.000 in Beerscheva nieder.[37] In Entwicklungsstädten, wie Nazaret-Ilit und Or-Akiva, beträgt der Anteil neuer – vor allem „russischer" – Staatsbürger über 40%; in Karmiel, Sderot, Kiriat-Gat, Arad und Aschkelon liegt er bei etwa einem Drittel.[38] Manche Straßenzüge im Stadtviertel Hadar ha-Karmel in Haifa erinnern den Besucher an südrussische bzw. ukrainische Städte, etwa Odessa.

Die „Russifizierung" bestimmter Bereiche der Wirtschaft und der Alltagskultur findet Entsprechungen in der Sprachenfrage und im kulturellen Leben. Als die Neueinwanderer in Israel eintrafen, fanden sie – dank der Immigranten der siebziger Jahre – bereits eine russischsprachige Presse vor. Sie waren somit nicht gezwungen und als Nichtzionisten auch nicht motiviert, sich sprachlich unverzüglich an das Hebräisch sprechende Israel anzupassen. Russisch rückte nach Hebräisch und Englisch zur drittwichtigsten Sprache des Landes auf.

Heute erscheinen über 50 Zeitungen und Zeitschriften in russischer Sprache; das staatliche Fernsehen und verschiedene Radiosender strahlen seit Jahren mehrere Stunden am Tag russischsprachige Programme aus. Im Herbst 2002 nahm der Fernsehsender „Israel plus" seine Tätigkeit auf, der ausschließlich Programme in Russisch anbietet und den Neueinwanderern somit eine „kulturelle Nische" offeriert. Auch der Erfolg politischer oder kommerzieller Werbekampagnen, wollen sie in der russisch-sprechenden Community Verbreitung finden, hängt nicht zuletzt davon ab, ob sie sich der russischen Sprache bedienen.

Der Soziologe Baruch Kimmerling vergleicht die russischen Printmedien mit der arabischen, der ultraorthodoxen und der nationalreligiösen Presse, da sie

---

35 Horowitz, Tamar 1999, S. 42.
36 Jerusalem Report, 25. Dezember 1997, S. 12ff.
37 Central Bureau of Statistics: Olim from the FSU, Jerusalem 2001, zur Verfügung gestellt von imra@netvision.net.il (31. August 2001).
38 www.ispr.org/demin9.htm (18. Juli 2000).

wie diese eine spezifische Zielgruppe bedienten und die israelische Realität durch eine ethnisch und weltanschaulich gefärbte Brille betrachteten.[39] Er betont, dass die Integration der Zuwanderer u.a. dadurch gehremst würde, dass ihnen das Bild des israelischen Staates vorwiegend durch die russischsprachigen Medien vermittelt werde, die hebräische Presse dagegen nur selten auf „russische" Debatten eingehe, ja sie kaum zur Kenntnis nehme.

Dennoch kamen viele der Immigranten im berufsfähigen Alter nicht umhin, möglichst schnell Hebräisch zu lernen, um vor allem ihre Berufschancen zu verbessern. Mitunter werteten Intellektuelle den entsprechenden staatlichen Druck allerdings auch als negativ; er erinnere sie an die verordnete Dominanz des Russischen in der Sowjetunion. Für den Versuch einer kulturell-sprachlichen Symbiose spricht dagegen, dass Teile der „sowjetisch-jüdischen Intelligenz in Israel" dem Russischen als Muttersprache und als Kulturmedium besondere Bedeutung beimessen. Sie suchen ihre bilinguale – mitunter sogar multilinguale – Identität zu bewahren und weiterzuvermitteln.[40]

Die „russische" Massenalijah führte in mehrfacher Hinsicht zur Herausbildung neuer Tendenzen im geistig-kulturellen Leben. Allein in den Jahren 1989 bis 1995 wanderten 14.100 Schauspieler, Musiker und Schriftsteller ein,[41] die ein neues Betätigungsfeld suchten. Sie gründeten Orchester, Theatergruppen und künstlerische Vereinigungen, mit denen sie der multikulturellen Landschaft Israels ein spezifisches Element hinzufügten. Das Gescher-Theater in Tel Aviv und die von Tausenden Menschen besuchten Liederfestivals in russischer Sprache am Tiberias-See sind Beispiele für die zielgerichtete Pflege russischer und gleichermaßen jüdischer Kultur. Die Frage, ob bereits eindeutige Tendenzen einer kulturellen Synthese oder autonomer Prägungen – Trends zur Integration oder Separation – dominieren, kann bisher nicht gültig beantwortet werden. Eine wechselseitige Beeinflussung von Alteingesessenen und Neueinwanderern, d.h. auch von jüdisch-israelischen und russischen Kulturelementen, existiert durchaus. Mittelfristig sollte dennoch, insbesondere im kulturellen Leben, von der Weiterexistenz des „russischen Ministaats" ausgegangen werden. Erst wenn die in Israel geborene und sozialisierte Generation mehrheitlich bereit sein wird, ihre individuellen Zukunftserwartungen mit denen der Gesellschaft zu verbinden, und für sie die – über die Bewahrung kultureller Eigenheiten hinausgehende – Separation keine Attraktivität mehr besitzt, dürfte die russische Enklave an Bedeutung verlieren.

---

39   Kimmerling, Baruch 2001b, S. 146.
40   Kheimets, Nina G./Epstein, Alek D. 2001, S. 138.
41   Lissak, Moshe 2000, S. 53.

Exodus und Neubeginn der Beita Israel

Neben der Eingliederung der Migranten aus den GUS–Staaten nebst Familien hatten israelische Regierungen seit Mitte der achtziger Jahre die Aufnahme von ca. 50.000 äthiopischen Juden zu bewältigen. Die *Falascha*[42], der Legende zufolge aus der Verbindung zwischen König Salomo und der Königin von Saba hervorgegangen oder auch als Nachkommen des jüdischen Stammes Dan zitiert, wurden erst 1975 von aschkenasischen wie sephardischen Rabbinern Israels als Juden anerkannt.[43] Die Regierungen der Folgejahre unternahmen daraufhin verstärkte Anstrengungen, um die Auswanderung der *Beita Israel*, wie sich die äthiopischen Juden selbst nennen, aus einem der ärmsten Länder der Welt zu bewerkstelligen. 1984/85 wurden in der „Operation Moses" 6.700 äthiopische Juden und 1991 in der Geheimaktion „Salomo" über 14.000 Juden vom Osthorn Afrikas nach Israel geflogen.

Die Initiativen zur Rettung der unter Bürgerkrieg und Hungersnot leidenden Menschen stellten für die Mehrheit der Israelis die Lebenskraft der zionistischen Idee unter Beweis. So war der Monatszeitschrift der Arbeitspartei im Juni 1991 zu entnehmen: „Die Hauptaufgabe des Zionismus als der nationalen Bewegung eines Volkes, das seit 2000 Jahren auf der ganzen Welt verstreut lebt, ist es immer gewesen, so viele Juden wie möglich in ihr historisches Heimatland Israel zu bringen, um hier eine souveräne nationale Existenz für das jüdische Volk aufzubauen. [...] Operation Salomo beweist, dass zumindest einige der von den Nazis ermordeten sechs Millionen Juden hätten gerettet werden können, wäre der israelische Staat neun Jahre früher gegründet worden."[44]

Bis 1993 kamen weitere 10.000 äthiopische Juden nach Israel. Wurden die *Beita Israel* zunächst in organisierten Aktionen mit El–Al–Maschinen von Addis Abeba nach Lod geflogen, so erfolgen seit 1998 vor allem private Einwanderungen auf Grundlage des Rückkehrgesetzes. 1998 beschloss die Regierung zudem, auch der ca. 26.000 Personen zählenden Gruppe der *Falaschmura* (unter Zwang zum Christentum übergetretene äthiopische Juden) die Einwanderung zu gestatten. Seither sind 13.500 *Falaschmura* nach Israel gelangt[45] und haben die Gesamtzahl der in Israel lebenden äthiopischen Immigranten auf etwa 85.500[46] erhöht.

---

42 Der Begriff *Falascha* bedeutet „die Fremden"; er kann auch als „die im Exil Befindlichen" oder „die Vertriebenen" gedeutet werden. In Israel wurde er bis Anfang der neunziger Jahre als Bezeichnung für die äthiopischen Juden benutzt, zunehmend jedoch durch *Jehudei Etjopjah* (Juden Äthiopiens) und *Beita Israel* (Haus Israel) ersetzt.

43 Vgl. Schoeps, Julius 2000, S. 253.

44 Zionismus, in: Spektrum, Tel Aviv, Nr. 25, Juni 1991, S. 2.

45 Ha-Arez, 17. Februar 2003.

46 Statistical Abstract of Israel, No. 53 (2002), Jerusalem, S. 2-72.

Die Eingliederung der „Äthiopier" gestaltete sich besonders kompliziert, obwohl die meisten Neuankömmlinge den Exodus nach Israel als „Rückkehr aus dem Exil in das verheißene Land" und gleichzeitig als Erlösung aus Armut und Verfolgung empfanden.[47] Mehrheitlich fühlten sie sich dem jüdischen Staat zu Dank verpflichtet und waren bereit, sich in die Gesellschaft zu integrieren. Dem jedoch standen Hürden mannigfaltiger Art entgegen: Die *Beita Israel* unterschieden sich nicht nur in ihrer äußeren Erscheinung und durch ihre spezifische Kulturtradition, sondern auch durch einen äußerst geringen Bildungsgrad und das Fehlen von Kenntnissen in modernen Berufen weitaus mehr als alle anderen Einwanderungsgruppen von den alteingesessenen Israelis. Sie machten erstmals die Erfahrung, aufgrund ihrer Hautfarbe einer ethnischen Minderheit anzugehören, mussten permanent ihr Jüdischsein unter Beweis stellen und wurden dennoch nicht selten „wie eine Herde von Schafen" behandelt oder als „*kuschim*" (Neger) beschimpft.[48]

Mit Hilfe der *Jewish Agency* und durch Spenden aus der jüdischen Diaspora suchte die Regierung die äthiopischen Juden in die Gesellschaft einzubeziehen. Sie initiierte Wohnungs- und Bildungsprogramme, berief die jungen Neueinwanderer zum Armeedienst ein und schuf eine relativ breite Palette beruflicher Ausbildungsmöglichkeiten. Aufgrund der geringen Quantität rangierte die äthiopische Einwanderung auf der Prioritätenliste der Behörden in den neunziger Jahren allerdings stets nach der Massenalijah aus der zerfallenden Sowjetunion. Noch 2001 galten die Äthiopier als zahlenmäßig schwächste jüdische Gruppe in Israel[49] – eine Situation, die sich mittelfristig kaum verändern dürfte. Sie widerspiegelt sich nicht zuletzt im Fehlen von Zeitungen und Zeitschriften in Amharisch. Rundfunk- und Fernsehprogramme richten sich in nur geringem Maße spezifisch an die äthiopischen Einwanderer; die Sendezeit in Amharisch ist minimal.[50]

Die *Beita Israel* wurden – ähnlich den *Misrachim* – zunächst in kompakten Gruppen und zumeist in peripheren Entwicklungsstädten angesiedelt.[51] Anders als die orientalischen Juden jedoch verblieben sie in der Folgezeit mehrheitlich an den zugewiesenen Wohnsitzen bzw. bewiesen sie eine nur geringe Mobilität. Ihre Kontakte zu den anderen Bevölkerungsgruppen waren dadurch begrenzt. Israelische Sozialwissenschaftler verwiesen wiederholt auf die Gefahr der Ghettobildung. Nicht zuletzt die hohe Analphabetenrate bzw. der niedrige Bildungsstand machten die Integration der „schwarzen Juden" schwierig. Die

---

47   Kaplan, Steven/Salamon, Hagar 1998, S. 22.
48   Haaretz, 28. April 2000.
49   Haaretz Magazine, 11. Mai 2001, S. 7.
50   In amharischer Sprache strahlten im Frühjahr 2002 der israelische Rundfunk täglich 90 Minuten und das staatlichen Fernsehen einmal wöchentlich 25 Minuten aus.
51   12% der Äthiopier leben in Natanja, 11,4% in Kiriat Malachi, 10% in Aschdod, 9% in Beerscheva, 9% in Chedera und 8% in Aschkelon, Haaretz Magazine, 11. Mai 2001, S. 8.

schulpflichtigen Kinder und Jugendlichen wurden in das israelische Schulsystem eingegliedert. Da die Mütter und Väter in der Mehrheit jedoch keinen Unterricht erhielten, d.h. weder alphabetisiert noch „hebraisiert" wurden, waren Generationskonflikte vorprogrammiert. Noch im Jahr 2000 konnten 75% der Eltern weder lesen noch schreiben; 45% waren nicht in der Lage, sich in einfachem Hebräisch zu verständigen.[52] Ohne die Erziehungsberechtigten in die Entscheidungsfindung einzubeziehen, wurde die überwiegende Mehrzahl der Kinder zudem im staatlich-religiösen Sektor eingeschult. Erst mit zunehmendem Selbstbewusstsein wandten sich einige der Eltern gegen das Vorgehen der Behörden bzw. forderten sie eine säkulare Ausbildung ihrer Kinder. Im Ergebnis stieg zwischen 1995 und 2000 der Anteil der in säkularen Bildungseinrichtungen angemeldeten äthiopischen Mädchen und Jungen von 5% auf 30% der schulpflichtigen Äthiopier.[53]

Der Lebensstandard der *Beita Israel* ist - verglichen mit der übrigen Bevölkerung des Landes - nach wie vor niedrig. Fast zwei Drittel der Immigranten über 44 Jahre sind arbeitslos. Bei den jüngeren liegt die Arbeitslosenquote zwar „nur" bei 21%; sie ist damit jedoch wesentlich höher als in allen anderen Bevölkerungsgruppen.[54] Wird ein Job vermittelt oder gefunden, so handelt es sich zumeist um eine unqualifizierte Beschäftigung. Die Zahl äthiopischer Jugendlicher, die in Israel mit dem Gesetz in Konflikt gerieten, erhöhte sich seit Mitte der neunziger Jahre und wird in einer Anfang 2003 veröffentlichten Studie der Hebräischen Universität Jerusalem mit etwa 1.500 - das wären mehr als 10% der 12- bis 18-Jährigen - beziffert.[55]

Während die Lebensrealität der *Beita Israel* durch die israelische Öffentlichkeit in nur geringem Maße zur Kenntnis genommen wird bzw. kaum das nationale Selbstverständnis beeinflusst, erregte der sogenannte „Blutskandal" vom Januar 1996 gesellschaftliche Aufmerksamkeit. Aus Furcht, das Blut der äthiopischen Einwanderer könne HIV infiziert sein, vernichteten israelische Krankenhäuser vorhandene Blutkonserven stillschweigend und ohne Überprüfung. Als der Vorgang publik wurde, demonstrierten Zehntausende Äthiopier vor dem Amt des Ministerpräsidenten. Ihr Protest richtete sich gegen die „rassistische Stigmatisierung" als Bevölkerungsgruppe. Eine daraufhin unter Vorsitz des ehemaligen Staatspräsidenten Jizchak Navon eingesetzte Kommission entschied, die Verwendung von Blutkonserven solle künftig nicht pauschal von der ethnischen Zugehörigkeit des Spenders, sondern von dessen Aufenthalt in einem Land mit hoher Zahl von Aids-Erkrankungen oder von Kontakten zu

---

52   Haaretz, 8. September 2000.
53   Ebd.
54   Haaretz, 24. Mai 2001.
55   Ababa, Dani Adino: Anachnu ha-pzazah ha-mitakteket ha-baah (Wir sind die kommende Zeitbombe), 7 jamim, 31. Januar 2003, S. 28-32.

infizierten Personen abhängig gemacht werden. Auch dieser Festlegung zufolge gelten die Äthiopier als besondere Risikogruppe.

Erschwert wird die Eingliederung der *Falascha* in die israelische Gesellschaft nicht unwesentlich durch die Haltung der jüdischen Orthodoxie. Obwohl das Oberrabbinat die „heim geholten" Äthiopier als jüdisch anerkannt hatte, behielt es sich in jedem Einzelfall eine Überprüfung vor. Die Einwanderer der achtziger Jahre mussten ein rituelles Tauchbad absolvieren und eine Erklärung abgeben, dass sie das rabbinische Gesetz, die *Halacha*, anerkennen; die Männer hatten sich einer symbolischen Beschneidung zu unterziehen. Starke Proteste der *Beita Israel*, die u.a. im Oktober 1985 einen wochenlangen Sitzstreik vor dem Amt des Ministerpräsidenten organisiert hatten, führten schließlich zu einigen Erleichterungen. Nach wie vor überprüft dennoch ein rabbinisches Gremium bei jedem Heiratsantrag, ob die Ehekandidaten jüdisch sind. Die religiösen Führer der äthiopischen Juden (*kesim*), die in ihrem Heimatland religiöse Zeremonien durchgeführt und einen anerkannten Status in der Gemeinde inne gehabt hatten, wurden in Israel nicht anerkannt bzw. mussten eine rabbinische Zusatzausbildung absolvieren.

Die *Alijah* zeitigte für die äthiopischen Juden bedeutsame Auswirkungen auf Kultur und Lebensweise. Israelische Soziologen verweisen darauf, dass es nicht ausreiche, die Kultur der *Beita Israel* als bloße Folklore zu perzipieren. Da deren spezifisches Brauchtum vorwiegend mündlich überliefert wurde, sei sein Erhalt schwierig; es solle schnellstmöglich in schriftlicher Form, auf Tonträgern und mit anderen Hilfsmitteln festgehalten werden. Die Präsentation von Kunstgewerbearbeiten, die sporadische Pflege von Liedern und Gesängen oder das Angebot typischer Speisen auf Basaren und in einzelnen Restaurants reichten keinesfalls aus, jahrhundertealte Traditionen zu bewahren.

Trotz aller Integrationsbarrieren stellte die Eingliederung der äthiopischen Juden einen bedeutenden Schritt auf dem Weg zu einer multikulturellen Gesellschaft dar. Der „schwarze" israelische Soldat bzw. die äthiopische Rekrutin oder Polizistin gehören heute bereits zur Normalität des Straßenbildes. Auch die Zahl äthiopischer Studenten an Universitäten und Colleges hat sich erhöht. Erfolgversprechend und zukunftsweisend erscheinen Aktivitäten, die auf die Verbindung äthiopischer Spezifik und israelischer Realität setzen. Anziehungskraft üben beispielsweise die von der „Gesellschaft zum Schutze der Natur in Israel" in hebräischer und amharischer Sprache durchgeführten Zirkel aus, in denen Kindern und Jugendlichen Kenntnisse über Israel und gleichzeitig über Äthiopien, d.h. über die neue Heimat, jedoch auch über die eigene Geschichte und das Leben der Vorfahren, vermittelt werden.[56]

---

56 Haaretz, 5. Juli 2000.

Wie die gleichaltrigen Schicksalsgenossen anderer Ethnien streben die äthiopischen Jugendlichen danach, einen eigenen Lebensstil zu finden. Dieser besteht nicht selten aus einem Konglomerat israelischer, afrikanischer und afroamerikanischer Attribute. Idole der betreffenden Jugendlichen sind häufig nicht israelische Stars, sondern erfolgreiche afroamerikanische Basketballspieler oder dunkelhäutige Rapper aus den USA.

Die Integration der *Beita Israel* in die israelische Gesellschaft wird ein langwieriger Prozess bleiben, begleitet von Tendenzen der Ghettoisierung und Separation. Die weit verbreitete Ansicht, Israel solle nicht die Fehler der fünfziger Jahre – die rigide Assimilierungspolitik – wiederholen, sondern die angestammte, in Jahrhunderten ausgebildete Kultur der äthiopischen Juden zu erhalten suchen, erleichtert deren Teilnahme am gesellschaftlichen Leben; für eine faktische Gleichstellung fehlen jedoch noch wesentliche Voraussetzungen.

Die angelsächsischen Olim *– Sendungsbewusstsein und Führungsanspruch*

Zwischen 1948 und 2001 wanderten etwa 138.600 Juden aus dem angelsächsischen Sprachbereich – 79.313 aus den USA, 8.688 aus Kanada, 28.470 aus Großbritannien, 4.432 aus Australien und Neuseeland sowie 17.685 aus Südafrika – nach Israel ein.[57] Obwohl der Anteil an der jüdischen Bevölkerung des Landes weniger als drei Prozent beträgt, ist ihr Einfluss auf die Gesellschaft unverhältnismäßig groß. Mehrheitlich nach dem Sechstagekrieg von 1967 ins Land gekommen, bilden sie eine relativ homogene Gruppe. Nahezu ohne Ausnahme folgten sie ihrer religiösen oder zionistischen Überzeugung bzw. suchen sie seither den jüdischen Staat nach ihren Vorstellungen zu gestalten. Häufig wohlhabenden Familien entstammend, die sich eine Übersiedlung leisten konnten, ohne auf den bisherigen Lebensstandard verzichten zu müssen, waren die „Angelsachsen" nicht auf die Unterstützung des Staates angewiesen, um in Israel Fuß zu fassen. Zum überwiegenden Teil ließen sie sich in Jerusalem und Tel Aviv, nicht selten jedoch auch in Siedlungen der Westbank nieder. Kaum zu finden sind sie in Entwicklungsstädten und Kibbuzim. Auch nach Erwerb der israelischen Staatsbürgerschaft pflegen sie enge Kontakte zu ihren Heimatländern bzw. zu den dort befindlichen jüdischen Gemeinden.

Israelische und nordamerikanische Autoren verweisen darauf, dass die aus Übersee Eingewanderten in der Regel religiöser als die in den Heimatländern verbleibenden Juden sind. Tabory und Lazerwitz berichten beispielsweise, dass in Israel lebende amerikanische Juden durchschnittlich dreimal so häufig eine

---

57 Statistical Abstract of Israel, No. 53 (2002), S. 4 - 9f.

Synagoge besuchen wie jüdische Bürger Nordamerikas.[58] Obwohl in den USA die Mehrheit der jüdischen Bevölkerung den Gemeinden des Reform- bzw. konservativen Judentums angehört, gelten nur etwa 10% der Neueinwanderer als potenzielle Mitglieder entsprechender Gemeinden in Israel.[59] Diese Positionierung mag darauf zurückzuführen sein, dass das orthodoxe Judentum seit der Staatsgründung in Israel dominiert. Andere Orientierungen fanden erst in den letzten zwei Jahrzehnten größere Resonanz. Sie werden bis heute von den religiösen Autoritäten des Landes nicht anerkannt. Diese Situation betrifft freilich nur einen Teil der Zuzügler. Die Mehrzahl der einwandernden Angelsachsen definierte sich in religiöser Hinsicht bereits in den Herkunftsländern als orthodox bzw. entnahm diesem Identitätsempfinden die Beweggründe für die Übersiedlung nach Israel.

Die angelsächsischen und unter ihnen insbesondere die nordamerikanischen Einwanderer beeinflussen in nicht geringem Maße das politische, religiöse, intellektuelle und wirtschaftliche Leben in der neuen Heimat. Zu ihnen gehören Rabbiner, wie David Hartman, Gründer des Shalom-Hartman-Instituts in Jerusalem, die ehemaligen Präsidenten der Bar-Ilan Universität Joseph Lookstein und Emanuel Rackman sowie Nachum Rabinovitch, Leiter einer *Jeschiva* in Maaleh Adumim und Mitglied des Siedlerrates *Moezet Jescha* in den besetzten palästinensischen Gebieten. Jüngere Migranten sind an der Spitze israelischer Friedensgruppen, gleichermaßen jedoch auch als Aktivisten militanter Siedlerorganisationen zu finden. Selbst die Anfänge der liberalen feministischen Bewegung in Israel können auf eine nordamerikanische Einwanderin zurückverfolgt werden. Nicht zuletzt an den Universitäten in Jerusalem, Tel Aviv, Ramat Gan, Haifa und Beersheva sind zahlreiche Professoren tätig, die in Nordamerika geboren wurden und in den letzten drei Jahrzehnten nach Israel einwanderten.

Trotz des Engagements in außerparlamentarischen Vereinigungen finden sich Angelsachsen bisher nur selten in Führungspositionen politischer Parteien. Yair Sheleg begründet das Phänomen mit ihrer fehlenden Sozialisation im Land, dem zumeist starken englischen Akzent ihrer Gruppenangehörigen und dem zahlenmäßig marginalen Resonanzboden, vor allem jedoch mit dem Fehlen einer Armeekarriere – Faktoren, die für aussichtsreiche Plätze auf Parteilisten bei Knessetwahlen eine wichtige Rolle spielen.[60] Dem widerspricht nicht, dass verschiedene Parteien vor Parlamentswahlen gezielt um Stimmen aus dieser Bevölkerungsgruppe werben, spezifische Materialien veröffentlichen und Veranstaltungen durchführen. Dennoch können bisher weder die Sozialdemokratie noch der Likud oder religiöse Parteien, wie Mafdal und Agudat Jisrael, auf eine

---

58 Tabory, Ephraim/Lazerwitz, Bernard 1995, S. 337.
59 Ebd., S. 338.
60 Sheleg, Yair 1999, S. 8.

größere Anzahl von Parlamentariern aus dem angelsächsischen Sprachraum verweisen.

Mit Ausnahme der rechtsextremistischen Kach-Partei standen Angelsachsen bisher nie an der Spitze einer Parlamentsfraktion.[61] Der militante „Kahanismus" dagegen ist vom Ursprung her zweifellos nordamerikanisch. Er passte sich der israelischen Realität an, indem er „rechte Antworten" auf herangereifte Fragen zu geben suchte und insbesondere am militanten Rand der Siedlerbewegung Sympathisanten warb bzw. Mitglieder rekrutierte.

In kultureller Hinsicht haben die Angelsachsen – trotz ihres zumeist orthodox-religiösen Hintergrunds – zur Amerikanisierung der israelischen Gesellschaft beigetragen. Auch wenn die eigentlichen Anstöße für die Verbreitung des *American way of life* in Israel von der engen wirtschaftlichen und politischen Bindung an die USA, von Reisen nach Übersee bzw. dem Aufenthalt vieler nordamerikanischer Besucher in Israel, von der Dominanz amerikanischer Filme und Musik oder auch von der in hohem Maße amerikanisierten Medienwelt kamen, so übernahmen die angelsächsischen Neueinwanderer doch eine Brücken- bzw. Mittlerfunktion. Sie konnten, zumindest im israelischen Kernland, ihre bisherigen Gepflogenheiten weitgehend beibehalten – von Fastfoodketten bis hin zum Leben nach den Vorschriften der in den USA verbreiteten orthodox-religiösen Schulen und Gemeinschaften.

Während die *Misrachim*, die russischsprachigen Neueinwanderer und die äthiopischen Juden sich in Israel eigenständige und separate Lebensräume schufen, die noch nach Jahrzehnten präsent sein werden, dürfte Gleiches für die Einwanderer aus dem angelsächsischen Sprachraum kaum zutreffen. Ohne Auswanderungsdruck, aus freiem Entschluss und nicht selten mit einem starken Sendungsbewusstsein nach Israel kommend, fühlen sie sich bereits bei ihrer Ankunft als Bestandteil der israelischen Gesellschaft und prädestiniert, zur Elite des Landes zu gehören. Hinzu tritt, dass sie bei der Einwanderung zumeist des modernen Hebräischen kundig und in nur geringem Maße an landsmannschaftlichen Bindungen interessiert sind. Ethnisch gehören die angelsächsischen Immigranten den *Aschkenasim* an, sind ihre Vorfahren doch fast ausnahmslos aus Ost- und Mitteleuropa nach Übersee ausgewandert. Den „*Achusalim*", den alteingesessenen aschkenasisch-sozialistischen Eliten der Gründerzeit, fühlen sich die Angelsachsen dennoch wenig verbunden; sie sind vielmehr bestrebt, diese aus den wirtschaftlichen und kulturellen Positionen – und langfristig möglicherweise aus politischen Führungsfunktionen – zu verdrängen und eine „neue Elite" zu kreieren.

---

61 Meir Kahane gründete 1971 die rassistische Kach-Partei. Er vertrat sie 1984 bis 1988 in der Knesset. Nach dem Massaker des in New York geborenen Siedlers Baruch Goldstein an 29 betenden Muslimen in Hebron 1994 wurden Kach sowie ihre Nachfolgeparteien verboten.

Wandlungen in der arabischen Bevölkerungsgruppe

Das ethnisch-kulturelle Pendant zu den jüdischen Bevölkerungsgruppen bildet die nationale Minderheit der arabisch-palästinensischen Bürger Israels. Als autochthone Bevölkerungskomponente ist sie ein eigenständiger und gewichtiger Bestandteil der israelischen Gesellschaft. Sie unterscheidet sich von den jüdischen Bürgern des Landes durch Religion und Geschichte, Sprache und Kultur, Familienbande und Lebensweise. Außerhalb des jüdisch-nationalen Konsensus stehend, lehnt sie mehrheitlich die Kennzeichnung Israels als eines jüdischen Staates ab. Dem zionistischen Kernkonzept setzt sie die Idee des binationalen Staates entgegen.

Die arabische Bevölkerung Palästinas war nie eine homogene Gruppe; Unterschiede auf religiös-kultureller Ebene – beispielsweise zwischen Muslimen, arabischen Christen und Drusen – sind bis heute präsent. Quer durch die genannten Gruppen gehen zudem soziale Stratifizierungen, Generationslinien, Siedlungsgegebenheiten und Clan-Identitäten. Das schafft Unterschiede in der Lebensweise und Vorstellungswelt, z.B. zwischen Religiösen und Säkularen, Armen und Wohlhabenden, Jungen und Älteren, städtischer und dörflicher Einwohnerschaft oder halbnomadischen Beduinen. Die gemeinsame Klammer bilden für die Mehrheit der arabischen Staatsbürger Israels die nationale Zugehörigkeit zum palästinensischen Volk sowie das Bewusstsein, als Minderheit in einem jüdisch dominierten Staat zu leben. Wenngleich junge Araber in Kleidung, Auftreten und Konsumorientierung nicht selten ihren jüdischen Altersgenossen ähneln, dieselbe Musik hören und dieselben Filme lieben, blieb eine Kluft erhalten, die in der Geschichte bzw. in den innerisraelischen Gegebenheiten wurzelt und durch den anhaltenden israelisch-palästinensischen Konflikt ständig revitalisiert wird.

Seit Ende der achtziger Jahre gehen in der arabischen Bevölkerungsgruppe Veränderungen vor sich, die gleichermaßen Ausdruck des gesamtgesellschaftlichen Wandels in Israel wie auch unter den Palästinensern sind und auf diesen zurückwirken. Durch den natürlichen Bevölkerungszuwachs hat sich die arabische Minorität seit 1989 um 54,5% vergrößert. Im Jahre 2003 zählt sie mit 1,3 Millionen Menschen fast ein Fünftel der israelischen Bevölkerung und ist damit zu einem ernst zu nehmenden demographischen, wirtschaftlichen, sozialen und politischen Faktor geworden.

Die Masseneinwanderung der neunziger Jahre hat die jüdisch-arabische Proportionalität in der Bevölkerungsstruktur nicht wesentlich verändert. Die exogenen Impulse an dem einen Pol der Gesellschaft wurden durch den natürlichen Bevölkerungszuwachs am anderen Pol schnell neutralisiert. Obwohl die generellen, allen Israelis gemeinsamen Modernisierungsprozesse auch in der arabischen Gruppe zu verringerter Fertilität führten,[62] ist damit zu rechnen, dass sich zumindest mittelfristig die natürlichen Wachstumstendenzen fortsetzen werden. Dafür spricht, dass im Jahr 2001 über 40% der arabischen Bürger unter 14 Jahre alt waren.

Im Gegensatz zum anhaltenden Bevölkerungswachstum hat sich seit der Staatsgründung der arabische Landbesitz deutlich verringert. Die legale Ausdehnung arabischer Ortschaften wird nach wie vor durch administrative Maßnahmen unterbunden. Das hat den Rückgang der in der Landwirtschaft Beschäftigten zur Folge (1989 waren lediglich 7,2% und im Jahr 2001 2,8% der arabischen Arbeitskräfte in diesem Wirtschaftszweig tätig[63]), wirkt sich prekär auf die Wohnraumsituation aus und behindert die Entwicklung wirtschaftlicher Infrastrukturen in den arabischen Gemeinden. Handel und Dienstleistungen, Kultur, Sport und Bildung leiden somit nicht nur unter mangelnder Finanzierung, sondern gleichermaßen unter fehlenden räumlichen Entfaltungsmöglichkeiten. In nur wenigen arabischen Ortschaften werden mehr als 10% der Menschen im berufsfähigen Alter beschäftigt.[64] Die Mehrheit der Erwerbstätigen ist gezwungen, sich außerhalb der Heimatgemeinde Arbeit zu suchen.

Den Negativtrends stehen progressive Entwicklungstendenzen gegenüber. Der allgemeine Modernisierungsschub führte z.B. zu wachsender sozialer Mobilität. Er förderte die Auflösung der traditionellen Familienstrukturen; die Zahl berufstätiger Frauen nahm zu. Auch der Bildungsstand erhöhte sich nicht unbeträchtlich. Verfügten 1985 lediglich 8,5% der arabischen Bürger über eine Schulausbildung von mehr als 13 Jahren, so waren es 2001 bereits 21,9% (184.100 Personen).[65] Die Zahl der Hochschulabsolventen stieg kontinuierlich an. Während 1985 4,8% der arabischen Israelis eine akademische Ausbildung abgeschlossen hatten, waren es 2001 etwa 12,9%;[66] die Progression betraf nicht zuletzt die Zahl weiblicher Absolventen.

Die an israelischen Hochschulen und Colleges bzw. im Ausland ausgebildete intellektuelle Elite suchte nach Betätigungsfeldern. Arbeitsmöglichkeiten fand sie vor allem im Bildungswesen, in der Rechtspflege und in der Medizin. Zugänge zu israelischen Hightech-Firmen öffneten sich dagegen nur wenigen Angehörigen der arabischen Minderheit.

Trotz genannter Entwicklungshemmnisse entstand im arabischen Wirtschaftssektor eine größere Zahl kleiner und mittelständischer Unternehmen, die vorwiegend der Leichtindustrie und dem Bauwesen zuzuordnen sind. Im Jahr

---

62 Die durchschnittliche Personenzahl in einem arabischen Haushalt verringerte sich von 5,76 Personen 1985 auf 4,80 Personen 2000. Die Vergleichszahlen jüdischer Haushalte für denselben Zeitraum betrugen 3,58 und 3,40. Statistical Abstract of Israel, No. 52 (2001), S. 5 - 8.

63 Statistical Abstract of Israel, No. 53 (2002), S. 12 - 26.

64 After the Rift, S. 19.

65 Statistical Abstract of Israel, No. 53 (2002), S. 8 - 15.

66 Ebd., S. 8 - 17.

2000 gehörten 10% der männlichen arabischen Berufstätigen zur Gruppe der Manager und hochqualifizierten Fachleute.[67] Die meisten von ihnen fanden im jüdischen Wirtschaftssektor eine Anstellung. Große Hoffnungen erweckten zunächst von der Regierung seit Mitte der neunziger Jahre geförderte israelisch-arabische Industrieparks; die entsprechenden Pläne werden jedoch nur zögerlich umgesetzt.[68]

Die Masseneinwanderung aus der ehemaligen Sowjetunion und der Zustrom zahlreicher gebildeter bzw. gut ausgebildeter Arbeitskräfte wurden seitens der arabischen Bevölkerung als Gefährdung eigener beruflicher Perspektiven gewertet. Die Arbeitslosenrate unter Arabern erhöhte sich im kurzen Zeitraum von sechs Jahren (1995 bis Ende 2000) von 7,0% auf 11,9%.[69] Viele der Neueinwanderer wurden zudem in Städten mit gemischter jüdisch-arabischer Bevölkerung angesiedelt und drängten dort auf den kommunalen Arbeitsmarkt. Ein gravierendes Beispiel ist Beerscheva. In der Hauptstadt des Negev lebten im Jahr 2000 172.900 Bürger, davon 47.000 Neueinwanderer. Die Stadt zählt zugleich 7.000 arabische Einwohner, verfügt jedoch weder über eine arabische Schule noch eine aktive Moschee. Derartige Gegebenheiten im Blick bezeichnet Majid al-Haj von der Universität Haifa die arabischen Bewohner der gemischten Städte als „Peripherie der Peripherie".[70] Deren komplizierte soziale Situation bildet einen fruchtbaren Boden für nationalistische und religiöse Agitation.

Viele arabische Israelis setzten große Hoffnung auf die 1992 gewählte Avodah-Regierung und den beginnenden Friedensprozess. Sie begrüßten die Vereinbarungen von Oslo und Washington. Der Schriftsteller Emil Habibi sprach die Erwartungen vieler aus, als er formulierte: „Wir, die Palästinenser in Israel, können am meisten durch dieses Abkommen gewinnen."[71] Aufgrund der Zusammensetzung der Knesset benötigte die neue Koalitionsregierung unter Jizchak Rabin bei Parlamentsabstimmungen das Votum der Parteien mit mehrheitlich arabischen Mitgliedern. Dafür war sie zu Zugeständnissen bereit.

Die Jahre zwischen 1992 und 1996 weisen in der Tat einige Veränderungen zum Positiven auf. So wurden zwei arabische Bürger zu stellvertretenden Ministern ernannt; erstmals wurde ein arabischer Knessetabgeordneter zum Mitglied des wichtigen Staatskontrollausschusses berufen. Das Budget für arabische Ortschaften erhöhte sich und die arabische Stadt Nazareth erhielt den Status eines staatlich geförderten Touristengebiets. Im Bildungswesen wurde schrittweise versucht, die Minderausstattung arabischer Schulen zu überwinden. Kinderreiche arabische Familien wurden jüdischen Familien gleichgestellt.

---

67   After the Rift, S. 48.
68   Vgl. Ha-Arez, 26. Juni 2000.
69   Statistical Abstract of Israel, No. 52 (2001), S. 12 - 40.
70   Ha-Arez, 11. Dezember 2000.
71   Ha-Arez, 12. September 1993. Zit. nach Rekhess, Elie 1995, S. 189.

Die Arbeitspartei schloss die Aufnahme „arabischer" Parteien in die Regierungskoalition zwar aus, hatte jedoch keine Einwände gegen Reisen arabischer Knessetabgeordneter nach Tunis, wo sie als Mittler zwischen Israel und PLO-Führung fungierten. Nach der Ermordung Jizchak Rabins im November 1995 erlitten die jüdisch-arabische Konsenssuche und innerisraelische Kooperation massive Rückschläge. Weder der Likudpolitiker Benjamin Netanjahu (1996-1999) noch der 1999 mit 94,3% der arabischen Stimmen zum Ministerpräsidenten gewählte Vorsitzende der Arbeitspartei, Ehud Barak, bemühten sich erkennbar, an Rabins Vermächtnis anzuknüpfen. Die arabischen Staatsbürger fielen in den Status von „Stiefkindern"[72] zurück.

Die skizzierten Entwicklungen der neunziger Jahre und deren Endpunkt vertieften die Unzufriedenheit in großen Teilen der arabischen Bevölkerung. Insbesondere Angehörige der jungen, in Israel aufgewachsenen und sozialisierten Generation, die trotz guter Ausbildung nur geringe berufliche Entwicklungsmöglichkeiten sahen, stellten sich an die Spitze der Proteste. Ihre Forderungen richteten sich nicht mehr nur auf soziale Gleichstellung, sondern zunehmend auch auf die Anerkennung nationaler Rechte. Die Wandlungen in arabischen Familien und das mit dem Generationswechsel gewachsene Selbstgefühl kleidete ein Gesprächspartner in folgenden Vergleich: Sein Vater habe als Bürgermeister eines kleinen arabischen Dorfes um Zuwendungen der britischen Mandatsbehörde und später der israelischen Administration für seine Gemeinde gerungen und sei stolz gewesen, wenn er etwas erreicht hatte. Er, der Sohn, habe bereits in Israel studiert und sich sein Leben lang für die Gleichstellung der arabischen Bürger des Landes und damit für eine eigene Perspektive eingesetzt. Sein Sohn jedoch, in den USA ausgebildet und heute in der Hightech-Branche tätig, gebe sich mit einem Arbeitsplatz und gutem Lohn allein nicht mehr zufrieden. Da seine Qualifikation höher sei als die vieler jüdischer Kollegen, fordere er – sich seines Wertes auf dem Arbeitsmarkt bewusst – auch ein entsprechend höheres Gehalt.[73]

„Palästinisierung" versus „Israelisierung"

Die tiefgreifenden Wandlungen in der arabischen Gesellschaft widerspiegeln sich in der Frage nach der primären Identität. Mehrheitlich sehen sich die israelischen Staatsbürger palästinensischer Nationalität in einer Doppelidentität – politisch und rechtlich als Staatsbürger Israels, national und sprachlich-kulturell als Palästinenser. Die seit 1967 parallel verlaufenden, teils gegensätzlichen, teils einander durchdringenden und ergänzenden Prozesse der „Israeli-

---

72   Ha-Arez, 13. Juni 2000.
73   Interview mit Riad Kabha in Givat Haviva am 25. Juni 2001.

sierung" und der „Palästinisierung" verstärkten o. g. Ambivalenz. Insbesondere Intifada und Friedensprozess blieben nicht ohne Rückwirkung auf das nationale Selbstverständnis. 1989 erklärten die arabisch-israelischen Intellektuellen Asmi Bischara und Said Zaydani z.b. erstmals in der Öffentlichkeit, dass arabische Bürger des Landes nicht länger gewillt seien, als Bürger zweiter Klasse zu leben. Sie forderten, die arabischen Angelegenheiten selbst in die Hand nehmen zu dürfen und der Minderheit kulturelle Autonomie zu gewähren.[74]

Repräsentative Meinungsumfragen der Jahre 1995 und 1999 belegen – nach einer Phase der „Israelisierung" – den erneuten „Palästinisierungstrend" sowie eine deutliche Abnahme des Gefühls, dem Staatsvolk Israels anzugehören. So sank im genannten Zeitraum der Anteil derjenigen, die ihre Identität mit „arabisch–israelisch" oder „israelisch" benannten, von 38,4% auf 11% bzw. von 7,8% auf 4,2%. Als „Palästinenser in Israel" bezeichneten sich 1999 dagegen 46% (1995 – 27,4%), als „arabisch", „palästinensisch" oder „arabisch-palästinensisch" 33,8% (1995 – 17,7%).[75] Eine vergleichbare Umfrage von März 2001 bestätigte die 1999 sichtbar gewordenen Identitätsmuster. Nunmehr definierten sich knapp zwei Drittel der Befragten primär als „palästinensisch", „arabisch-palästinensisch", „Palästinenser in Israel" oder „palästinensisch-israelisch".[76]

Der Trend zur staatsbürgerlichen Separation hat auch religiöse Facetten. Seit Ende der siebziger Jahre vergrößerte sich mit zunehmender Progression der Einfluss des islamischen Fundamentalismus unter den israelischen Arabern. Anstöße kamen von der iranischen Revolution und deren Folgewirkungen sowie vom Vormarsch militant-islamischer Bewegungen in arabischen Nachbarstaaten und in den von Israel besetzten Gebieten. Den Palästinensern eröffnete sich zudem die Möglichkeit, wieder an der innerislamischen Kommunikation teilzuhaben, die heiligen muslimischen Stätten in Jerusalem und Hebron zu besuchen und – ab 1978 – Pilgerreisen nach Mekka zu unternehmen.[77]

Erklärtes Ziel der religiös-politischen Agitation war es zunächst, die Existenz der islamischen Gemeinschaft im nichtmuslimischen Staat zu bewahren und zu stärken. Im Unterschied zu vergleichbaren Strömungen in der Westbank und im Gazastreifen, wie z.B. zu *Jihad Islami* oder *Hamas*, erkannten die Führer islamistischer Bewegungen in Israel die Zweistaatenlösung zunächst an. Zunehmend jedoch entwickelte sich bei ihnen ein distanziertes bzw. abweisendes Verhältnis zum jüdischen Staat und dessen Repräsentanten. Ausdruck der Pola-

---

74   Zit. nach Rekhess, Elie 1995, S. 199.
75   Survey of Arab Attitudes, imra@netvision.net.il (30. März 2000).
76   Ghanem, As'ad: The Palestinians in Israel: Individual and Collective Aspirations and Their Political Orientation – A Comparative Analysis of the Results of a Survey in 2001. Zur Verfügung gestellt von imra@netvision.net.il am 22. Oktober 2001.
77   Vgl. Rekhess, Elie 2000, S. 188.

risierung war u.a. im Frühjahr 2003 die Inhaftierung der israelkritischen Führung der islamistischen Bewegung in einigen arabischen Ortschaften im Norden des Landes.

Von Anbeginn waren die muslimischen Aktivisten bestrebt, soziale und religiöse Fragen miteinander zu verknüpfen. Das schuf ihnen einen beachtlichen Resonanzboden in der Bevölkerung. In ihrer ideell-religiösen Agitation sprachen sich die Islamisten gegen westliche Kultureinflüsse, Alkohol und Drogen und für ein islamgemäßes Leben aus. In ihrer gesellschaftlichen Aktion organisierten sie auf freiwilliger Basis den Bau von Straßen und Sportplätzen, Kindergärten, Bibliotheken und Polikliniken. Insbesondere in Städten wie Nazareth und Umm el-Fahm mit 59.600 bzw. 35.600 Einwohnern, aber auch im dicht besiedelten Triangel[78] gelang es ihnen, traditionell Denkenden und nach neuen Werten Suchenden eine Alternative zu den säkularen Aktivitäten der Kommunistischen Partei bzw. von Chadasch zu bieten. In den Fragen der Koedukation oder des Nebeneinanders von Moschee und Kirche kam es zu heftigen Auseinandersetzungen zwischen Säkularen und Religiösen bzw. zwischen arabischen Muslimen und Christen, die dem „Kulturkampf" im jüdischen Bevölkerungssektor nicht unähnlich waren. Objektiv wirkte die Agitation der Islamisten sowohl den Trends zur Säkularisierung als auch der Israelisierungstendenz unter arabischen Bürgern entgegen. Zugleich förderte sie die Verbreitung nationalistischen Gedankenguts.

Im Jahr 1999 wurden das Selbstbewusstsein der Israelis palästinensischer Nationalität wie auch die in Teilen der jüdischen Bevölkerung gewachsene Bereitschaft, sie als gleichberechtigte Bürger wahrzunehmen, in besonderer Weise präsent. So akzeptierte die israelische Öffentlichkeit mit relativer Selbstverständlichkeit die Kandidatur eines arabischen Knessetabgeordneten, Asmi Bischara, für das Amt des Premierministers. Wenngleich Bischara am 15. Mai seine Kandidatur zurückzog, um die Niederlage des Likud-Kandidaten Benjamin Netanjahu und den Sieg Ehud Baraks zu ermöglichen, hatte er sein Ziel erreicht: Der jüdischen Bevölkerung des Landes war verdeutlicht worden, dass die palästinensischen Bürger künftig eine größere Rolle im politischen Leben des Landes zu spielen beabsichtigten. Als paralleler Erfolg wurde die Ernennung eines Arabers zum Mitglied des Obersten Gerichtshofes im Frühjahr 1999 gewertet. Umstrittener war die Teilnahme arabischer Frauen am landesweiten Schönheitswettbewerb. Als mit Rana Raslan erstmals eine junge Araberin Miss Israel wurde und das Land auf internationaler Ebene beim Miss World Wettbewerb vertrat, wurde sie von Juden wie Arabern heftig angefeindet.

---

78   Als Triangel *(Meschulasch)* wird das fast vorwiegend arabisch besiedelte Gebiet um die Orte Tirah, Taibe und Qalansuwa bezeichnet.

Auch im Rechtswesen bzw. in der Frage juristischer Gleichstellung schienen sich positive Entwicklungen abzuzeichnen. Als Beispiel mag auf das Urteil des Obersten Gerichtshofes vom 8. März 2000 verwiesen werden. Es anerkannte die Forderung einer arabischen Familie, ein Haus in einer neu errichteten jüdischen Ortschaft zu erwerben, als rechtmäßig, obwohl es sich um Land der *Jewish Agency* handelte. In der Begründung hieß es: „Gleiche Rechte aller Staatsbürger Israels, unabhängig davon, welcher Nationalität sie angehören, sind ein Grundwert des Staates Israel."[79] Im Zusammenhang mit der Entscheidung äußerten arabische wie linke jüdische Intellektuelle die Hoffnung, dass nunmehr eine Verfassungsreform folgen und sich die Festlegungen über das Eigentum an Grund und Boden ändern würden – überzogene Erwartungen, wie sich zeigen sollte.

Der am Ende der neunziger Jahre erkennbare Wertewandel erfasste nicht zuletzt Aspekte des kollektiven Gedächtnisses von Juden und Arabern. Erstmals wurde öffentlich die Frage diskutiert, inwieweit palästinensische Israelis verpflichtet seien, den jüdisch-israelischen Unabhängigkeitstag, *Jom ha-Azma'ut*, zu begehen. Gideon Levy schrieb in Ha-Arez: „Alles was wir in jenem Krieg gewonnen haben, haben sie verloren. [...] 52 Jahre später haben sich die Dinge geändert. Sie sind selbstsicherer und nationalbewusster geworden, und Israel ist stark genug, um sie von der Last unserer Feier zu befreien. Wir müssen ihnen erlauben, [...] an unserem Feiertag ihrer Tragödie zu gedenken."[80]

Unabhängig von dieser Erkenntnis, jedoch im gleichen Sinne, gedachten arabische Studenten im Mai 2000 an israelischen Universitäten der *Nakba*, der palästinensischen Katastrophe von 1948. Sie erinnerten an die 417 arabischen Dörfer, die 1947/48 auf dem Territorium des späteren Staates Israel ausgelöscht wurden. Zum selben Zeitpunkt wurden Stimmen laut, die die arabische Bevölkerung aufforderten, sich auch mit den jüdischen Traumata – vor allem mit der Schoah – zu befassen.[81] Im Mai 2000 besuchte daraufhin der arabische Knessetabgeordnete Tawfiq Khatib von der Vereinigten Arabischen Liste mit einer israelischen Parlamentsdelegation Auschwitz.

Arabische Staatsbürger und zweite Intifada

Mit dem Ende der Konsenssuche im Oslo-Prozess, dem Ausbruch der Al-Aksa-Intifada und dem Aufstieg des Likud zur führenden Kraft in der israelischen Regierungskoalition kollabierten die innerisraelischen Bemühungen um jüdisch-arabische Koexistenz und Kooperation. Tausende arabische Demonstranten

---

79   After the Rift, S. 14.
80   Ha-Arez, 08. Mai 2000.
81   Zu dieser Problematik vgl. u. a. Zimmer-Winkel, Rainer 2000.

hatten sich Anfang Oktober in Nazareth, Umm el-Fahm und anderen israelischen Städten mit den Zielen der neuen Intifada in den besetzten Gebieten solidarisiert. Bei Zusammenstößen mit der Polizei wurden 12 arabische Staatsbürger[82] erschossen. Die Eskalation struktureller Gewalt innerhalb und außerhalb der „Grünen Linie" und das harte Vorgehen der Staatsmacht gegen israelische Araber bedeuteten eine Zäsur im jüdisch-arabischen Verhältnis. Die israelische Presse befürchtete, dass es „nach Ausbruch der inneren Intifada [...] kein Zurück zum Status quo"[83] mehr geben werde.

Galt der Besuch Ariel Scharons auf dem Tempelberg als unmittelbarer Auslöser der Intifada, so setzte sich zunehmend die Überzeugung durch, dass sich die Menetekel der Gewalteruption schon zuvor angekündigt hatten. Wie die Jerusalem Post am 11. Dezember 2000 berichtete, gaben 50% der israelischen Araber in einer repräsentativen Umfrage an, primäre Schuld an den innerisraelischen Spannungen trügen Ungleichheit und Diskriminierung. Die Solidarisierung mit den aufständischen Palästinensern in der Westbank und im Gazastreifen war somit nur ein Element in der Kausalkette, die zu den benannten Gewaltausbrüchen im Lande führte. Gleichgewichtige Ursachen waren Frustration und Enttäuschung angesichts der Politik der Avodah-Regierung und der durch Barak nicht eingehaltenen Wahlversprechen.

Vielen Beobachtern erschien es als folgerichtig, dass sich 80% der arabischen Wähler der Abstimmung verweigerten, als am 6. Februar 2001 in direkter Wahl der neue israelische Premierminister bestimmt wurde. Der Wahlboykott entsprang offensichtlich jedoch nicht nur aktuellen Stimmungen. Er verdeutlichte gravierende Veränderungen in der Haltung der arabischen Bürger zum jüdischen Staat.

Tendenzen einer „Palästinisierung" und Islamisierung nahmen während der neunziger Jahre stetig zu. Dennoch blieben extreme Stimmen und Aktivitäten bisher in der Minderzahl. Die überwiegende Mehrheit der arabischen Bürger beweist Loyalität gegenüber dem Staat und seinen Gesetzen. Sie sieht ihre Zukunft in Israel. Wie eine Meinungsumfrage des Friedensforschungszentrums Givat Haviva von November 2002 ergab, traten 46,9% der arabischen Israelis für eine Zweistaatenlösung auf dem Boden des historischen Palästina ein; nur 4,8% der Befragten befürworteten die Schaffung eines islamischen Staates in ganz Palästina und 3,7% votierten für einen binationalen israelisch-palästinensischen Staat. Auch hinsichtlich der Intifada zeichneten sich deutliche Unterschiede zum Stimmungsbild in den besetzten Territorien ab. 19,3%

---

82 In verschiedenen Veröffentlichungen wird die Zahl der von israelischer Polizei getöteten arabischen Israelis mit 13 angegeben; einer der bei den Unruhen in Israel von der Polizei erschossenen Palästinenser war jedoch kein israelischer Staatsbürger, sondern stammte aus der Westbank.

83 Nir, Ori: Jewish-Arab dialogue experts: There's no turning back after the domestic Intifada, Haaretz, 4. Oktober 2000.

der israelischen Staatsbürger palästinensischer Nationalität sprachen sich für die Fortsetzung der Intifada aus; 65,1% hingegen forderten deren Beendigung.[84]

Die Unruhen vom Oktober 2000, deren Ursachen und mögliche Folgen vor Augen, wandten sich bereits im November desselben Jahres jüdische und arabische Wissenschaftler mit einem *Emergency Report* an den israelischen Premierminister. Sie forderten, die sozialen, politischen und juristischen Ursachen für Diskriminierung und Deklassierung der arabischen Staatsbürger zu beseitigen. Ihre Vorschläge richteten sich darauf, israelische Identität zeitgemäß zu definieren.[85] Angesichts der zunehmenden Gewaltspirale fand dieser Appell jedoch weder in der jüdischen noch in der arabischen Bevölkerung einen Widerhall.

Bereits 1999 hatte ein Team von Wissenschaftlern mehrerer israelischer Universitäten es in einer Studie für notwendig erachtet, Status und Perspektive der arabischen Bürger des Landes neu zu fixieren. Die Publikation „Seven Roads: Theoretical Options for the Status of the Arabs in Israel" verdient Beachtung, da sie einen Ausschnitt aus der innerisraelischen Diskussion vermittelt und die Weite des Problemfelds skizziert. Nicht als Gestaltungsvorschlag, sondern als historisch mögliche Option benannten die Wissenschaftler als erste Variante die Beibehaltung des Status quo, mit der Israel als ein jüdischer und demokratischer Staat definiert und als „ethnische Demokratie" bezeichnet wird.[86] Sie ging davon aus, dass der Staat den jüdischen – und nicht allen – Bürgern gehöre und somit dieser Bevölkerungsgruppe, einschließlich der Juden in der Diaspora, ein bevorzugter Status zu garantieren sei. Durch die Umsetzung des Rückkehrgesetzes könne längerfristig eine jüdische Mehrheit erhalten bleiben.

Die zweite Option sucht den Status der arabischen Staatsbürger durch deren aktive Teilnahme am „jüdisch-demokratischen Staat" zu verbessern.[87] Sie beinhaltet kulturelle und institutionelle Autonomie, beispielsweise die Errichtung einer arabischen Universität, selbstbestimmte Kontrolle aller religiösen Institutionen im arabischen Sektor und die Erweiterung der elektronischen Kommunikation in arabischer Sprache. Der jüdische Charakter Israels solle erhalten bleiben.

Variante Drei verlässt die demokratischen Grundprinzipien; sie sieht die striktere Kontrolle der arabischen Bevölkerung durch den von der jüdischen Majorität dominierten Staat vor.[88] Die jüdische Spezifik des Gemeinwesens solle

---

84   Ozacky-Lazar, Sara/Atrasch, Eas 2003, S. 19.
85   After the Rift 2000.
86   Institute for Peace Research 1999, S. 14-20.
87   Ebd., S. 21-26.
88   Ebd., S. 27-32.

durch Errichtung einer „Herrenvolk-Demokratie" gestärkt werden, in der die Rechte der nationalen Minderheit nur bedingt geschützt wären.

Option Vier beinhaltet die Separation beider nationaler Gruppen.[89] Sie sieht den Transfer der palästinensischen Israelis in Gebiete vor, in denen bereits eine palästinensische Mehrheit existiert. Version Nummer Fünf enthält das von linken arabischen und jüdischen Intellektuellen befürwortete Modell „Israel als Staat für alle seine Bürger". Die Vision verlässt den zionistischen Grundkonsens, gesteht allen Bürgern unabhängig von ihrer Nationalität, Religion oder Geschlechtszugehörigkeit gleiche Rechte zu und orientiert auf die Schaffung einer modernen multikulturellen und säkularen Gesellschaft.[90] Auch die letzten beiden Denkmuster beinhalten die Entwicklung zu einem binationalen jüdisch-arabischen Staat, sei es innerhalb der „Grünen Linie", sei es auf dem gesamten Territorium des historischen Palästina.[91]

Die Schöpfer der skizzierten Szenarien erhofften, mit ihrer Studie nicht nur eine Diskussion über das innerisraelische jüdisch-arabische Widerspruchsfeld zu provozieren, sondern die Regierung und andere gesellschaftliche Gremien anzuregen, nach konstruktiven demokratischen Lösungen zu suchen. Die Debatte kam jedoch weder auf universitärer Eben noch außerhalb des „Elfenbeinturms" in Gang. Der Grund dafür liegt zweifellos nicht an der fehlenden Relevanz oder an zu geringer Brisanz des Themas, sondern ist in den Zuspitzungen des jüdisch-arabischen Verhältnisses und in der mangelnden Bereitschaft zu suchen, in Zeiten militanter Konfrontation Kompromissformeln öffentlich zu erörtern.

Ausländische Arbeitskräfte im jüdischen Staat

Zum gewandelten Erscheinungsbild Israels gehören seit Mitte der neunziger Jahre Arbeitskräfte aus Südostasien, Osteuropa, Lateinamerika und Afrika. Die Anwerbung bzw. der Zuzug von Lohnarbeitern ohne israelische Staatszugehörigkeit begann unmittelbar nach dem Sechstagekrieg, war jedoch bis 1992 fast ausschließlich auf Palästinenser aus den besetzten Gebieten beschränkt. Diese stellten zeitweilig bis zu 9% der in Israel Beschäftigten; als Pendler überschritten sie morgens die „Grüne Linie" und kehrten abends in ihre Wohnorte zurück.

Als die tägliche Mobilität der palästinensischen Wanderarbeiter aufgrund häufiger Grenzschließungen zur Westbank und zum Gazastreifen nach Terroranschlägen erschwert und zeitweilig unmöglich wurde, kamen erstmals Überlegungen ins Gespräch, die Palästinenser durch Arbeitskräfte aus nichtarabischen

---

89   Ebd., S. 33–41.
90   Ebd., S. 42–48.
91   Ebd., S. 49–60.

Ländern zu ersetzen. Am 10. April 1994 gab die Regierung dem „Import" von 18.000 thailändischen Arbeitern ihre Zustimmung. Diese sollten für sechs Monate im Bauwesen und in der Landwirtschaft beschäftigt werden. Obwohl in den folgenden Monaten weitere Kontraktarbeiter, vorwiegend aus Ost- und Südosteuropa, z.B. aus Polen und Rumänien, einreisten, wurde allgemein angenommen, dass es sich um zeitweilige Regelungen handle. In der israelischen Öffentlichkeit wurden die Gastarbeiter bis 1995 kaum beachtet.

Erst 1996, als sich die wirtschaftliche Situation zu verschlechtern begann und die Zahl der Arbeitslosen anstieg, zeigte die Presse Interesse an der neuen, multiethnischen Bevölkerungsgruppe. Die Zahl der Gastarbeiter hatte sich in der Zwischenzeit wesentlich erhöht und lag offiziellen Angaben zufolge Mitte 1997 bereits bei 90.000, davon die Hälfte aus Asien und 45% aus Osteuropa. 67,8% waren im Bauwesen, 19,8% in der Landwirtschaft, 6,4% im Bereich der Alten-, Kranken- und Kinderpflege und 3,9% im Hotelwesen bzw. in Gaststätten beschäftigt.[92] Neben den angeworbenen und offiziell gemeldeten Migranten waren zahlreiche Arbeitssuchende illegal ins Land gekommen; ihre Zahl wurde 1997 auf 70-100.000 geschätzt.[93] Besonders hoch war der Anteil „Illegaler" aus Lateinamerika und Afrika. Die Entscheidungsfindung über Legalisierung oder Ausweisung der letztgenannten Migranten wurde zum politischen Disput.

Allen Steuerungsversuchen zum Trotz wuchs die neue Bevölkerungskomponente weiter an. Im April 2000 hatte sich die Gesamtzahl der Gastarbeiter bereits auf 250.000 erhöht, unter ihnen ca. 100.000 nicht registrierte Personen. Israel galt zu diesem Zeitpunkt als ein Land, das im internationalen Vergleich – bezogen auf Bevölkerungszahl und Arbeitskräftepotenzial – nach der Schweiz den größten Prozentsatz ausländischer Arbeitskräfte aufwies.[94]

Obwohl Verdienst und Lebensbedingungen der Gastarbeiter äußerst niedrig sind und sie zunächst auch kaum sozialen Rechtsschutz genießen, bleiben die ursprünglich nur für wenige Monate ins Land geholten oder mit einem Touristenvisum eingereisten Ausländer häufig drei oder mehr Jahre in Israel, gründen Familien und zeugen Kinder. Sie sind nicht mehr unsichtbar, sondern fallen insbesondere in Tel Aviv als Angehörige eigenständiger ethnisch-kultureller Gemeinschaften ins Auge. Von der übrigen Bevölkerung deutlich abgegrenzt und mit geringer Chance, in die Gesellschaft gleichberechtigt einbezogen zu werden, zeigen die meisten Zuwanderer nur geringe Integrationsabsichten. Im Unterschied zu Kontraktarbeitern aus Ost- und Südosteuropa, z.B. aus Polen und Rumänien, die nach Ablauf ihres Vertrages in der Regel in ihre Heimatlän-

---

92 Fisher, Hannah 1999, S. 16.
93 Ha-Arez gab die Zahl illegaler Arbeitsmigranten sogar mit 300.000 an (Ha-Arez, 14. November 1996).
94 Ha-Arez, 21. April 2000.

der zurückkehren, sind viele Migranten aus Afrika, Lateinamerika und aus Südostasien an einem längeren Aufenthalt interessiert. Arbeitslosigkeit und Armut in ihren Heimatländern vor Augen, holen sie nicht selten ihre Familienangehörigen nach Israel bzw. schaffen sie sich im Gastland eine neue soziale Existenz. Die Gastarbeiterfrage wirft somit zahlreiche neue Probleme auf, seien es Unterbringung, medizinische Betreuung, Sozialversicherung, Beschulung der Kinder, Besteuerung etc.

Zionistische Grundfesten werden durch die „nichtjüdische" Einwanderung zunächst nur bedingt berührt, da den Zuzüglern keinerlei staatsbürgerliche Rechte gewährt werden und sie im öffentlichen Diskurs nach wie vor als „zeitweilige Erscheinung" gelten. Mittel- und längerfristig freilich könnte die Gastarbeiterfrage sozialen Sprengstoff schaffen, sei es in Zeiten zunehmender wirtschaftlicher Rezession und hoher Arbeitslosigkeit, sei es durch Dauerbeschäftigung und Verselbständigung der Residenz in Israel. In Teilen der Bevölkerung wächst daher die Besorgnis, dass das Problem eines Tages nicht mehr kanalisier- und beherrschbar sein könnte.

Insbesondere Minister und Knessetabgeordnete religiöser Parteien verweisen auf die mit dem Zuzug andersreligiöser Ausländer verbundenen Gefährnisse. Schas-Mitglied Schlomo Benisri, von 2001 bis 2003 Minister für Arbeit und Soziales, konstatierte z.B., dass „bereits ein Staat im Staate entstanden sei", der im Widerspruch zum ursprünglichen Ziel, einer nationalen Heimstätte für Juden, stehe.[95] Er kündigte wiederholt an, die Zahl der Arbeitsgenehmigungen drastisch zu reduzieren und die illegal im Land befindlichen Personen zu inhaftieren und auszuweisen. Sein Ziel war es, monatlich zwischen 500 und 1.000 illegal im Land lebende Ausländer abzuschieben.[96]

Auch die 2003 gebildete Regierung, in der das Amt des Innenministers von einem Abgeordneten der säkularen Schinui-Partei bekleidet wird, ist nicht an der dauerhaften Ansiedlung und Eingliederung der ausländischen Arbeitskräfte interessiert. Sie beabsichtigt, an den grundsätzlichen Festlegungen – wie sie im Staatsbürgerschaftsgesetz zum Ausdruck kommen – festzuhalten. Innenminister Avraham Poras versprach jedoch, die Einbürgerung von in Israel geborenen Kindern ausländischer Eltern zu erleichtern und illegal im Land befindlichen Ausländern, die bei einem Terroranschlag verletzt wurden, die Aufenthaltsgenehmigung zu erteilen.[97] Fast zeitgleich beschloss die Regierung, zur Umsetzung des wirtschaftlichen Reformprogramms 100.000 ausländische Arbeitskräfte auszuweisen, um israelischen Bürgern größere Beschäftigungschancen zu geben.[98]

---

95   Mamon, Beilage Ha-Arez, 22. Mai 2001, S. 4.
96   Ha-Arez, 10. Mai 2001; 17. Mai 2001; 22. Juni 2001.
97   Ha-Arez, 7. April 2003.
98   Ha-Aretz, 16. Mai 2003.

In Begegnung der genannten Infragestellungen und gleichzeitig mit der Absicht, soziale Sicherheit zu suchen, begannen erste Fremdarbeitergruppen, insbesondere vom afrikanischen Kontinent stammende Migranten, sich zu organisieren und für die Unterstützung ihrer Rechte durch israelische Organisationen zu werben. Im Dezember 2001 schloss die Gewerkschaftsorganisation Histadrut z.B. erstmals mit fünf großen israelischen Vermittlungsagenturen Verträge ab, in denen Arbeitsbedingungen, Löhne und Sozialleistungen für nichtisraelische Arbeitskräfte festgelegt und private Unternehmer verpflichtet wurden, diese zu garantieren.[99]

Eine gesonderte Herausforderung stellen Fremdarbeiter und ihre Familien auf munizipaler Ebene dar. In einem Material von Oktober 2000, das die Stadtverwaltung Tel Aviv–Jafo dem damaligen Premierminister Barak übermittelte, wurde die Zahl ausländischer Arbeitskräfte mit mindestens 200.000 angegeben und betont, dass sich ein Drittel von ihnen im genannten Verwaltungsbereich aufhalte.[100] Arbeitsmigranten, so hieß es in der Studie, seien eine Erscheinung der Globalisierung, die nicht ignoriert werden könne und auch für Israel lebenswichtig sei. Im Eigeninteresse der israelischen Staatsbürger jedoch – um Kriminalität, Drogenmissbrauch, Prostitution u.a. Negativentwicklungen zu begegnen – müssten die Fremdarbeiter in die Gesellschaft einbezogen werden. Gesundheits- und Kinderbetreuung seien zu gewährleisten, die Schaffung von Kulturzentren sei anzustreben.

Von der zunehmenden sozialen Verwurzelung eines Teils der Gastarbeiter zeugt, dass allein für Tel Aviv-Jafo die Zahl von Kindern und Jugendlichen unter 18 Jahren, deren Eltern den Status legaler oder illegaler ausländischer Arbeitskräfte hatten, im Juli 2001 auf etwa 2.000 – davon 1.200 unter sechs Jahren – geschätzt wurde. Die Kinder können seit Februar 2001 medizinische Fürsorge in Anspruch nehmen und besuchen – soweit im schulpflichtigen Alter – staatliche Bildungseinrichtungen.[101]

Auf dem Weg zu einer multiethnischen und multikulturellen Gesellschaft?

Die Einwanderungswellen, die Israel seit 1948 erreichten, haben den jüdischen Staat geprägt und verändert. Das schnelle Bevölkerungswachstum war verbunden mit der Besiedlung des Landes und dem Ausbau der gesellschaftlichen Strukturen. Hunderte neue Ortschaften wurden gegründet, landwirtschaftliche

---

99 Ha-Arez, 17. Dezember 2001.
100 Ha-Arez berichtete am 21. April 2000, dass sogar 70% der ausländischen Arbeitskräfte im Großraum Tel Aviv leben.
101 Ha-Arez, 1. Februar 2002.

Betriebe und industrielle Unternehmen errichtet, eine moderne Armee aufgebaut, soziale Institutionen geschaffen und eine spezifische israelische Kultur kreiert. Durch produktive Arbeit, wissenschaftliche Kreativität und kulturelles Engagement trugen die Einwanderer dazu bei, dass sich im jüdischen Staat eine politisch und wirtschaftlich stabile Gesellschaft herausbildete.

Zugleich erzeugte der Versuch, Bevölkerungsgruppen mit verschiedenartigen sozio-kulturellen Prägungen und unterschiedlichen politischen Erfahrungen zusammenzuführen und sie zu „verschmelzen", innergesellschaftliche Widersprüche und Konflikte. Sowohl der massenhafte Zuzug orientalischer Juden unmittelbar nach der Staatsgründung als auch die russische Massenalijah der neunziger Jahre – die beiden demographischen Revolutionen des Landes – schufen Spannungen zwischen Neueinwanderern und Alteingesessenen. Während jedoch die orientalischen Zuwanderer erst in der zweiten Generation gegen das patronalistische Establishment der *Aschkenasim* revoltierten und sich schrittweise emanzipierten, zeichneten sich die russischen Einwanderer von Anfang an durch Selbstbewusstsein, Eigenständigkeit, kritisches Herangehen an die landesspezifischen Gegebenheiten und den Drang, die Gesellschaft mitzugestalten, aus. Die ethnische Diversität wurde zur Realität, ihre Akzeptanz zum Bestandteil der *political correctness.*

Die Pluralität in der Bevölkerungskomposition spiegelt sich nicht nur im Erscheinungsbild der israelischen Städte und ländlichen Siedlungen wider. Sie beeinflusst auch das politische Leben und die Alltagskultur des Landes. Die Unabdingbarkeit der mit ihr verbundenen Wirkungen und Prägungen führte letztlich zu der Erkenntnis, dass das Schmelztiegel-Konzept offensichtlich ein utopischer gesellschaftsprogrammatischer Ansatz war und geblieben ist. Statt der erstrebten national-kulturellen Einheit bildete sich eine „Mosaikgesellschaft" heraus. Avraham Burg, Mitglied der Arbeitspartei, Präsident der Zionistischen Weltorganisation und Vorsitzender der *Jewish Agency,* beschrieb die israelische Realität 1997 wie folgt: „Während vieler Jahre haben wir an den ‚melting pot', an den Schmelztiegel, geglaubt. Das Rezept war einfach. Man nehme zwei Marokkaner, zwei Russen, zwei Äthiopier, man schüttle sie gut – und dann, siehe da, haben wir einen neuen israelischen Prototyp, bei dem alles ‚israelisch' aussieht. Nach ein paar Jahren aber erkennt man, dass jeder seine eigene Identität behalten will. Israel verändert sich heute von einer Schmelztiegel-Gesellschaft zu einer Mosaik-Gesellschaft. Heute sind wir der Überzeugung, dass wir nur harmonisch zusammenleben können, wenn jeder Mosaikstein seine Identität innerhalb des Ganzen verwirklichen kann."[102] Insbesondere in kultureller Hinsicht haben die jeweils spezifischen – ethnisch bzw. lands-

102 „Israel will kein Schmelztiegel mehr sein", Gespräch mit Avraham Burg, Israelitisches Wochenblatt, 22. August 1997, S. 83. Burg wiederholte seine Worte auf einer Veranstaltung mit Vertretern zivilgesellschaftlicher Organisationen in der Knesset am 7. Mai 2000.

mannschaftlich definierten – Gruppenidentitäten überdauert bzw. werden sie bewusst gepflegt. Zu den neueren Trends gehört beispielsweise, dass sich aschkenasische Intellektuelle auf die Suche nach den kulturellen Wurzeln ihrer Eltern und Großeltern begeben und das jahrzehntelang verpönte Jiddisch zu beleben suchen.

Die sich in Konturen abzeichnende multiethnische und multikulturelle Gesellschaft beinhaltet – um es nochmals mit Baruch Kimmerling auszudrücken – das Ende der Dominanz der *„Achusalim"*. Noch sind die säkularen, häufig sozialdemokratischen Idealen verhafteten aschkenasischen Eliten in wirtschaftlichen Macht- und zum Teil in politischen Führungspositionen. Zunehmend werden sie jedoch von einer *Sabra*-Generation abgelöst, die politisch eher national-konservativ votiert und weltanschaulich nicht selten religiös oder traditionell eingestellt ist. Politische Führer, wie Jizchak Rabin, Schimon Peres oder Ehud Barak, aber auch Ariel Scharon, werden nur noch selten als Prototypen des neuen Israel, sondern eher als Politiker gekennzeichnet, denen es letztlich nicht gelungen ist, das Vermächtnis der Gründerväter zu erfüllen und die zionistische Vision entsprechend der veränderten Gegebenheiten im Lande weiterzuentwickeln.

Die Gegenwart und die erkennbare Zukunft Israels werden unausweichlich durch das jüdisch-arabische Verhältnis bestimmt bleiben. Gerade in diesem Spannungsfeld vermögen die qualitativen Brüche und neuen Konstellationen, die sich im letzten Jahrzehnt abzeichneten, Hinweise auf künftig wahrscheinliche Konfliktlinien zu geben. Schien während der Regierungszeit Jizchak Rabins und noch am Ende der neunziger Jahre das Konzept des Bürgerstaates auf zunehmend breitere Resonanz zu stoßen, so feiern zu Beginn des 21. Jahrhunderts jüdischer wie arabischer Nationalismus fröhliche Urständ. Das „nationale Lager" der jüdischen Rechtsparteien dominiert seit der letzten Wahl in Parlament und Regierung. Auftritte arabischer Knessetabgeordneter im In- und Ausland, ihre uneingeschränkte Solidarität mit der Aksa-Intifada zum Ausdruck bringend, und nachfolgende, vom Staat eingeleitete juristische Sanktionen, z.B. die Forderung nach Aberkennung der parlamentarischen Immunität, verdeutlichen die veränderte Realität. Misstrauen, Hoffnungslosigkeit und neue Feindseligkeit treten nicht selten an die Stelle von vernunftverpflichteter gegenseitiger Akzeptanz und zukunftszugewandter Kooperation. Die Stunde der Nationalisten und die neue patriotische Welle widerspiegeln sich gleichermaßen in der – zumindest ideellen – Unterstützung, die israelische Araber den palästinensischen Intifada-Aktivisten zukommen lassen, wie auch in der Tatsache, dass in Teilen der jüdisch-israelischen Gesellschaft der Gedanke eines „freiwilligen" Transfers der arabischen Mitbürger in einen künftigen palästinensischen Staat oder in die arabischen Nachbarländer nicht mehr als rassistisch abgelehnt, sondern als reale Möglichkeit öffentlich diskutiert wird. Unter dem Druck von

Terror und Gewalt wurden Tabus gebrochen und inhumane Konzepte salonfähig. Für die Lebensfähigkeit der Demokratie spricht, dass sich nicht alle israelischen Bürger und auch nicht alle staatlichen Institutionen – siehe das Oberste Gericht – dieser Logik beugen. Nach wie vor setzen sich Begegnungszentren wie das *Jewish Arab Center for Peace* in Givat Haviva oder Organisationen wie *Sikkuy* und *Chemdat* für den innerisraelischen jüdisch-arabischen Dialog ein. Ihre Stimmen fanden und finden in Anbetracht „alttestamentarischer Unversöhnlichkeit" im israelisch-palästinensischen Grundverhältnis jedoch nur wenig Resonanz.

Status quo von Staat und Religion in der Zerreißprobe

Die jüdisch-israelische Gesellschaft war in weltanschaulichen Fragen von Anfang an gespalten. Bereits in der Vorstaatszeit hatten sich innerhalb des zionistischen Konsens ein säkularer und ein religiöser Flügel herausgebildet. Darüber hinaus existierte im Lande die Gruppe der ultraorthodoxen Juden (*charedim*), die dem zionistischen Staatsgedanken ablehnend gegenüber standen. Keine der drei Fraktionen war stark bzw. willens genug, ihre spezifischen Vorstellungen von einem jüdischen Gemeinwesen beim Aufbau der Staats- und Gesellschaftsstrukturen in Palästina durchzusetzen. Ein Kompromiss war erforderlich, um das Verhältnis von Staat und Religion verbindlich zu regeln.

Die Status-quo-Vereinbarung

Am 19. Juni 1947 sicherten David Ben Gurion, der Vorsitzende der *Jewish Agency* und Repräsentant der Arbeiterfraktion, Jehudah L. Fischman, Vertreter der nationalreligiösen Partei Misrachi, und Jizchak Gruenbaum für die Allgemeinen Zionisten der ultraorthodoxen Agudat Jisrael zu, dass im künftigen Staat die religiösen Vorschriften respektiert würden.[1] Die vier Säulen[2] der so genannten Status-quo-Vereinbarung bildeten den kleinsten gemeinsamen Nenner, auf den sich die gesetzestreuen Juden mit den säkularen und religiösen Zionisten einigen konnten. Offiziell wurde auf den ungeschriebenen Gesellschaftsvertrag erstmals 1950 Bezug genommen, als David Ben Gurion, nachdem er eine Koalitionskrise zwischen seiner Partei (Mapai) und der Vereinigten Religiösen Front (*Chasit Datit Me'uchedet*) beigelegt hatte, das Abkommen zitierte. Seit 1955 gilt die Anerken-

---

1   Der Begriff „Status quo" taucht im Schreiben nicht auf, sondern wurde erst später kreiert. Der Brief
     ist u.a. abgedruckt in: Neuberger, Benyamin 1994, S. 43.
2   1) Regelung von Personenstandsfragen nach religiöser Vorschrift, 2) Festlegung des *Schabat* und
     religiöser Feiertage als gesetzlicher Ruhetage, 3) Einhaltung der Speisegesetze in öffentlichen Einrichtungen, 4) Autonomie ultraorthodoxer Bildungseinrichtungen. Vgl. Elam, Yigal 2000, S. 82.

nung des Status quo von Staat und Religion als unabdingbares Element aller Koalitionsvereinbarungen, unabhängig davon, ob an der Spitze der Regierung ein Sozialdemokrat oder ein Vertreter des Likud steht.

Über Jahrzehnte erwies sich die Status-quo-Vereinbarung trotz vieler Wenn und Aber als tragfähige Basis für das Zusammenwirken religiöser und säkularer Kräfte. Ihre Schöpfer waren sich einig in dem Ziel, einen „jüdischen Staat" zu errichten, so wie es in der Unabhängigkeitserklärung formuliert worden war. Sie verzichteten bewusst auf eine konkrete Definition des „Jüdischen". Dadurch ermöglichten sie plurale Auslegungen – sei es bezogen auf die ethnische, die religiöse oder die kulturelle Komponente. Ausgehend von der historisch gewachsenen Verknüpfung von Glaubensbekenntnis und Volkszugehörigkeit sahen die Gründerväter Israels in jüdisch-religiösen Traditionen ein wichtiges Ferment für die Herausbildung kollektiven Nationalbewusstseins. Die erzielte Einigung über den Stellenwert der Religion in Politik und Alltagsleben förderte – ebenso wie die Wahl der *Menorah* und des Davidsterns als Staatssymbole – die Ableitung der israelischen aus der jüdischen Identität.

Religiöse Elemente wurden während der folgenden Jahrzehnte zu einem zentralen Bestandteil des nationalen Selbstverständnisses und der modernen jüdisch-israelischen Kultur. Wie der Religionsphilosoph Ezra BenGerschôm 1998 betonte, würde der Staat Israel „ohne Bezug auf die Thora, die heilige jüdische Lehre, seine Grundlage verlieren und die Gesellschaft ihr Zusammengehörigkeitsgefühl."[3] Wenngleich diese Sicht nicht von allen Israelis geteilt wird, so empfindet die Mehrheit der jüdischen Staatsbürger das gemeinsame Mahl in der Familie am *Erev Schabat* (Freitagabend), die Beschneidung der neugeborenen Knaben, die Aufnahme der 12- bzw. 13-Jährigen in den Kreis der Erwachsenen (*Bat Mizwah* bzw. *Bar Mizwah*) oder die Heirat gemäß jüdischem Brauchtum als Bestandteil nationaler Identität und individuellen Lebensgefühls.

Die 1947 abgesteckten Grenzen und Spielräume für säkulare wie religiöse Akteure wurden von beiden Seiten in Grundfragen eingehalten. Die Mapai als hegemoniale gesellschaftliche Kraft erwies sich über drei Jahrzehnte hinweg als stark genug, die Vereinbarungen im Interesse nationalen „Burgfriedens" durchzusetzen. Die religiösen Parteien wiederum waren daran interessiert, die Staatspolitik den eigenen gesellschaftlichen Prämissen entsprechend zu beeinflussen. Mit diesem Ziel gründeten Misrachi, Ha-Poel ha-Misrachi, Agudat Jisrael und Poale Agudat Jisrael 1949 die „Vereinigte Religiöse Front" bzw. traten sie der Regierung Ben Gurion bei. Der Zusammenschluss nationalreligiöser und ultraorthodoxer Parteien blieb wegen Meinungsverschiedenheiten in Bildungsfragen und zum Wehrdienst jüdischer Mädchen auf die erste Knesset

---

3   BenGerschôm, Ezra 1998, S. 10.

beschränkt. Zu einer Zusammenarbeit in grundsätzlichen Fragen kam es jedoch auch in den folgenden Jahrzehnten.

Die Wahrung des religiös-politischen Status quo wurde dadurch erleichtert, dass dieser nicht in Gesetzesform fixiert war und somit bis zu einem gewissen Grad auch neuen Gegebenheiten und Herausforderungen angepasst werden konnte. Zugleich blieb er ein ständiges Thema innenpolitischer Auseinandersetzung. Aviezer Ravitzky, Professor für jüdische Philosophie an der Hebräischen Universität Jerusalem, betont, der Status quo zwischen Religiösen und Säkularen beruhe auf der von beiden Seiten geteilten – irrigen – Annahme, „das gegnerische Lager sei dazu verurteilt, bis zur Bedeutungslosigkeit zu schrumpfen und vielleicht sogar ganz aus der Welt zu verschwinden".[4] Wichtiger noch als das „Prinzip Hoffnung" mag die Absicht gewesen sein, innerisraelische Divergenzen angesichts des sich wiederholt zuspitzenden Nahostkonflikts zu minimieren, in Phasen nationaler Existenzgefährdung den zionistischen Konsens zu stärken, die Wirksamkeit des Gegensätzlichen vorübergehend einzugrenzen bzw. den Austrag von Widersprüchen zu vertagen.

Etappen im Grundverhältnis von Staat und Religion

Das Verhältnis von Staat und Religion durchlief mehrere Etappen. Die erste Phase (1948–1967) war durch die Herausbildung einer modernen Industriegesellschaft nach westeuropäischem Vorbild gekennzeichnet, von der erwartet wurde, „dass das säkulare Gewicht des Staates sich langsam, aber stetig verstärken wird".[5] Die sozialdemokratische Mapai-Führung ging davon aus, dass sich religiöse Einwanderer im Verlauf ihrer gesellschaftlichen Integration von überlieferten Vorstellungen und Lebensweisen lösen würden. Zugleich kam sie nicht umhin, religiöse Traditionen ob ihrer identitätsstiftenden Wirkung anzuerkennen. Der Staat nutzte die Religion dementsprechend als einigendes Band bei der Eingliederung der Zuwanderergruppen, zur inneren und äußeren Legitimierung seiner Interessen in der Region und als Brücke zu jüdischen Gemeinden in der Diaspora. Vor diesem Hintergrund ging die regierende Mapai ein Bündnis mit der nationalreligiösen Fraktion ein, das sich – trotz wiederholter Meinungsverschiedenheiten und Krisen – über Jahrzehnte als tragfähig erwies. Die reale Gesellschaftsentwicklung bewirkte, dass sich das Verhältnis von Religion und Politik ambivalent gestaltete und es nur bedingt zu den erwarteten Säkularisierungstrends kam.

Eine zweite Phase der zu recherchierenden Interaktion setzte 1967 ein. Der Sieg im Sechstagekrieg und die militärische Besetzung weiter palästinensischer

---

4   Ravitzky, Aviezer 1999b, S. 148.
5   Sontheimer, Kurt 1968, S. 307.

und arabischer Territorien stellten für Israel und den Nahen Osten einen historischen Einschnitt dar. Für alle Segmente der israelischen Gesellschaft war er nicht nur mit einem zeitweiligen Hochgefühl, sondern auch mit immensen Herausforderungen verbunden. Die Eroberung Ostpalästinas, perzipiert als Rückkehr in weitere Teile des biblischen *Erez Jisrael*, schuf eine neue geopolitische Realität. Religiöse Kräfte deuteten den Sieg und die Ausdehnung des Territoriums als Zeichen Gottes, das ernst zu nehmen und dauerhaft zu befolgen sei. Der Junikrieg wurde somit zu einem „Wendepunkt für das politische Wirken des religiösen Radikalismus"[6]. Konkreter Ausdruck der neuen politischen Gegebenheiten waren die Zunahme kompromissfeindlicher Tendenzen innerhalb des nationalreligiösen Lagers und das Entstehen der militanten Siedlerbewegung *Gusch Emunim*.

Die Zustimmung zu *Erez Jisrael ha-schlemah* (Groß-Israel[7]) vertiefte und verbreitete sich nach dem Oktoberkrieg 1973. Die Sicherung und Besiedlung der 1967 besetzten Areale, begonnen bereits unter Ägide der Sozialdemokratie, wurden 1977 mit dem Regierungswechsel von der Arbeitspartei (Avodah) zum Likud Schwerpunkt staatlicher Politik. Parallel zu den generellen Machtverschiebungen verstärkte sich der gesellschaftliche Stellenwert von Religion und religiösen Institutionen.

Ein erneuter Paradigmenwechsel im Verhältnis von Staat und Religion vollzog sich Anfang der neunziger Jahre. Zu seinen Ursachen und Anstößen gehörten die Umbrüche im internationalen Umfeld, die Verschiebungen im regionalen Kräfteverhältnis und die Wandlungen in der innergesellschaftlichen Befindlichkeit Israels. Sie ließen im folgenden Jahrzehnt Wertekonflikte aufbrechen, die zuvor unter der Oberfläche geschwelt hatten und lange durch den Konsens in nationalen Existenzfragen verdeckt worden waren. Eine neue Generation endogener Widersprüche brach auf; sie bildete den Hintergrund für den mit Vehemenz geführten „Kampf um den Staat"[8]. Während sich die Ultraorthodoxie in den vorangegangenen Jahrzehnten weitgehend passiv verhalten bzw. sich darauf beschränkt hatte, innerhalb ihres religiösen Klientels zu wirken, suchte sie nunmehr gezielt Einfluss auf die Gesellschaft zu nehmen. Begleitet wurde die selbstbewusste Interessenwahrnehmung durch die Zunahme fundamentalistischer Tendenzen in der jüdischen Bevölkerung. Die Konfrontation zwischen national-religiösen bzw. ultraorthodoxen Gruppen auf der einen und säkular-liberalen bzw. -linksdemokratischen Kräften auf der anderen Seite des gesellschaftlichen Spektrums verstärkte sich.

Das Status-quo-Prinzip wurde weiterhin bemüht, die politische Sprengkraft der Streitfragen zu entschärfen, wobei eindeutige Entscheidungen vermieden

---

6   Friedman, Menachem 1992, S. 171.
7   *Erez Jisrael ha-schlemah* („Das ganze Land Israel") bezieht sich auf das biblische Palästina.
8   Vgl. Morgenstern, Matthias 1989.

wurden.[9] Es hat in diesem Sinne die Auseinandersetzung um das Verhältnis von Staat und Religion nicht geschürt, sie jedoch auch nicht mindern oder verhindern können. Die existenten bzw. neu aufbrechenden Probleme wurden nicht gelöst, sondern bestenfalls verschoben. Bis heute ist die Frage umstritten, mit welchem moralischen Anspruch, auf welcher Rechtsbasis und in welchem Ausmaß staatliche Gesetzgebung und Alltagsleben der Bürger durch orthodox-religiöse Autoritäten bestimmt bzw. beeinflusst werden dürfen. Der Status quo selbst ist zum öffentlichen Streitobjekt geworden, attackiert von recht unterschiedlichen Akteuren und Interessengruppen, verteidigt von nicht minder starken Gesellschaftssegmenten.

Transformation des Status quo

Seit Abschluss der Vereinbarung im Jahre 1947 haben sich in Israel – wie bereits dargestellt – tief greifende demographische, soziale, wirtschaftliche, politische und kulturelle Wandlungen vollzogen, die auf das Verhältnis von Staat und Religion einwirkten. Zu den neuen Gegebenheiten seit Anfang der neunziger Jahre gehört die zunehmende Zahl nichtjüdischer Migranten und Staatsbürger – eine Tendenz, der das religiöse Establishment mit verstärktem Beharren auf den Vorschriften der *Halacha* zu begegnen sucht. Zugleich stellt die mehrere hunderttausend Menschen umfassende, vor allem aus der ehemaligen Sowjetunion stammende Gruppe von Neueinwanderern, die aufgrund des „Rückkehrgesetzes" nach Israel gelangten und sich selbst als Juden definieren, von den orthodoxen Rabbinatsgremien jedoch nicht als solche anerkannt werden, die Gesellschaft vor Fragen, die einer raschen Beantwortung bedürfen. Die Neubürger können in Israel weder einen jüdischen Partner heiraten noch sich scheiden lassen.[10] Ihre Kinder werden nicht als Juden anerkannt und eine Beerdigung auf jüdischen Friedhöfen ist ihnen nicht gestattet. Welchen Platz also sollen sie gegenwärtig und künftig in der Gesellschaft einnehmen?

Die große Gruppe der Neueinwanderer stärkt zweifellos das säkulare Bevölkerungssegment. Viele der offiziell als Juden eingetragenen Immigranten sind nicht gewillt, sich den religiösen Vorschriften zu beugen. In den Herkunftsländern sozialisiert und häufig kaum religiös, halten sie nicht selten an der gewohnten nichtreligiösen Lebensgestaltung fest. Sie fordern ihrem Lebensstil adäquate Veränderungen in den Festlegungen des Status quo, bei-

---

9   Don-Yehiya, Eliezer 2000, S. 89.
10   Nach Angaben der Tageszeitung Ha-Arez vom 29. Juni 2003 beträgt die Zahl junger Paare, denen das Rabbinat eine Trauung verweigert, jährlich etwa 4.000. Mehr als 90% aller Neueinwanderer aus der ehemaligen Sowjetunion würden daher eine zivile Eheschließung befürworten.

spielsweise öffentliche Verkehrsmittel am *Schabat,* flexiblere Ladenöffnungszeiten und Veränderungen im Familien- und Personenstandsrecht.

Eine weitere Ebene der Auseinandersetzung entspringt dem Demokratieverständnis. Einerseits versteht sich Israel als Teil der westlichen Welt; andererseits entsprechen Macht und Einflussnahme religiöser Autoritäten auf die Gesellschaft keineswegs westlichen Demokratie-Normen und -Standards. Die Diskrepanz zwischen der in modernen Gesellschaften verbreiteten Geisteshaltung und Rechtslage, nach der die Religion weitgehend Privatsache ist, und der israelischen Realität, die kein ziviles Familienrecht kennt und – religiös motiviert – die Freiheit des Individuums wesentlich einschränkt, wurde vielen säkularen Israelis mit zunehmender Öffnung des Landes bewusst. Daraus erwächst Kritik, z.B. an der fehlenden Gleichberechtigung von Mann und Frau oder von Juden und Nichtjuden. Benjamin Neuberger brachte die Situation auf die Formel, in Israel existiere zwar religiöse Freiheit, jedoch keine Befreiung von der Religion.[11] Auch der vor allem den religiösen Parteien anzulastende Verzicht auf eine Verfassung gilt kritischen Intellektuellen als nicht mehr zeitgemäß. Bestärkt sehen sie sich durch alltägliche, der Globalisierung entspringende Säkularisierungsimpulse, die um Israel keinen Bogen machen.

Der ursprüngliche religiös-politische Konsens war ein Produkt der aschkenasischen Elite und wurde durch deren Hegemonie abgesichert. Parallel zum Niedergang der Arbeitspartei und zum Aufstieg des Likud entwickelten sich politische Randgruppen zu einflussreichen Machtfaktoren. Dem Entstehen zweier großer, miteinander rivalisierender, allein jedoch nicht regierungsfähiger Parteiblöcke entsprang die Politik permanenter Zugeständnisse – *consociationalism*[12] – an das religiöse Establishment. Hinzu kam, dass das Aufbegehren der *Misrachim* gegen die Dominanz der „*Achusalim*" nicht nur eine kulturell-ethnische, sondern auch eine religiöse Stoßrichtung hatte. Diese wurde zunächst durch den Likud politisch aufgefangen und genutzt, seit Mitte der achtziger Jahre jedoch durch eine eigene ethnisch-religiöse Partei – Schas – artikuliert.

Die Wandlungen im Parteienspektrum bzw. im politischen Kräftespiel wirkten somit direkt auf das Verhältnis von Staat und Religion ein. Die religiösen Parteien verließen ihre zeitweilig defensiven Positionen. Häufig als „Zünglein an der Waage" bei Regierungsbildungen höchst gefragt und umworben, suchten sie den Staat entsprechend ihrer Gesellschaftsideen zu verändern. Die „Theologisierung der Politik" bzw. die „Politisierung der *Halacha*"[13] – zwei miteinander verbundene Trends – erschütterten die Grundlagen des Status quo und ließen einen immer heftiger werdenden „Kulturkampf" aufbrechen.

---

11   Neuberger, Benyamin 2000, S. 78.
12   Vgl. Don-Yehija, Eliezer 1976, 1997 und 1999; Cohen, Asher/Susser, Bernard 1996 und 2000.
13   Lissak, Moshe 2000, S. 144.

Der Streit um die Vereinbarung von 1947 weist auch innerreligiöse Komponenten auf. Die im Umfeld der Staatsgründung getroffene Festlegung sagt aus, dass religiöse Angelegenheiten ausschließlich durch orthodoxe Rabbinatsgremien entschieden werden. Sie erwies sich in dem Maße, in dem sich in Israel Gemeinden des konservativen und Reform-Judentums herauszubilden begannen, als hemmendes Korsett. Obwohl die nichtorthodoxen Bekenntnisse im Lande nur eine Minderheit der Gläubigen stellen – 1996 umfasste die Gruppe der konservativen Juden 49 Synagogengemeinden mit etwa 20.000 Anhängern; die Reformbewegung zählte 10.000 Gläubige in 22 Gemeinden[14] –, gelingt es ihnen zunehmend, öffentliche Aufmerksamkeit zu erlangen. Die Anhänger beider Richtungen, wesentlich mitgetragen durch angelsächsische Zuwanderer, treten für religiösen Pluralismus innerhalb des Judentums ein und suchen diesem Prinzip auch in Israel zum Durchbruch zu verhelfen. Akzente setzten die Eröffnung von Bildungs- und Kultureinrichtungen des Reformjudentums – des Hebrew Union College (1986) und des Israel Religious Action Center in Jerusalem (1987) sowie des Beit Daniel (1991) in Tel Aviv. Die konservative Bewegung errichtete Mitte der achtziger Jahre in Zusammenarbeit mit dem Jewish Theological Seminar in New York ein *Beit Midrasch* in Jerusalem, in dem nicht nur Männer, sondern auch Frauen in rabbinischen Studien unterwiesen werden. Sie verfügt darüber hinaus über einen eigenen Schulzweig (*Tali*), der indessen 44 Schulen umfasst.

Eine grobe Analyse der Transformationen im Status quo ergibt, dass Tendenzen sowohl in Richtung strikterer Einhaltung religiöser Vorschriften als auch einer gewissen Lockerung zu beobachten sind. Einerseits berücksichtigten die Koalitionsvereinbarungen und die staatliche Gesetzgebung der achtziger und neunziger Jahre stärker als zuvor die Forderungen religiöser Parteien. Das betrifft z.B. das Verbot von Obduktionen, den Verzicht auf Flüge der israelischen Luftfahrtgesellschaft El Al am *Schabat* und an Feiertagen oder die strikte Kontrolle darüber, dass während *Pessach* kein *chamez* (Gesäuertes) in Verkaufsstellen und Restaurants angeboten wird. Das Busunternehmen Egged erklärte sich im Herbst 2001 bereit, einen gesonderten Linienverkehr von Jerusalem zur ultraorthodoxen Stadt Bnei Brak, Bestandteil des Großraums Tel Aviv, einzurichten; Frauen solle das Ein- und Aussteigen nur durch die hintere Tür gestattet werden; für Männer und Frauen seien separate Sitze vorgesehen.[15]

---

[14] Sadowski, Dirk: Gefahr für die Demokratie? Die Auseinandersetzung um das Konversionsgesetz in Israel. FES-Israel Hintergrund, Tel Aviv, September 1997, S. 2. Lt. Sheleg gibt es keine zuverlässigen Zahlenangaben über die Mitglieder von konservativen und Reformgemeinden in Israel. Vgl. Sheleg, Yair 2000, S. 271f.

[15] Vgl. Ha-Arez, 24. Oktober 2001. Indessen übernahmen private Verkehrsunternehmen den „religiösen" Linienverkehr.

Die vitalen Interessen der Menschen brachen sich andererseits spontan ihre Bahn und schufen neue Realitäten. So gab es in Israel aufgrund des staatlichen Importmonopols und eines Gesetzes, das Juden die Aufzucht von Schweinen verbot, zunächst nur eine relativ kleine Zahl von Läden, die Schweinefleisch verkauften. In den neunziger Jahren jedoch wurden innerhalb kurzer Zeit über 700 neue nichtkoschere Lebensmittelgeschäfte eröffnet,[16] die nicht nur von nichtjüdischen Israelis und ausländischen Arbeitskräften lebhaft frequentiert werden. In den großen Städten Israels bleiben seit Jahren am *Schabat* zahlreiche Geschäfte, Restaurants, Kinos und Theater geöffnet. Der Einspruch religiöser Gremien konnte nicht verhindern, dass das staatliche Fernsehen an Sonnabenden und religiösen Feiertagen Programme ausstrahlt und das Kabelfernsehen sogar am Fastentag *Jom Kippur* sendet. 1996 verabschiedete die Knesset ein Gesetz über zivile Beerdigungen,[17] und 1999 wurde in Beersheva der erste nichtreligiöse Friedhof eröffnet. Im März 2002 erließ der Verteidigungsminister eine Direktive, wonach israelische Soldaten, die nach der *Halacha* nicht als Juden anerkannt werden, auf jüdischen Friedhöfen beerdigt werden dürfen, wenn sie „als Juden gefallen sind".[18]

Zu einem Kompromiss führte 1997 der Streit um die zeitweilige Schließung der Bar-Ilan-Strasse in Jerusalem, die quer durch das ultraorthodoxe Viertel Meah Schearim führt. Der Stadtrat widerstand zwar der Forderung der *Charedim*, die stark frequentierte Straße während des *Schabat* vollständig für den öffentlichen Verkehr zu schließen; er verfügte jedoch, sie für die Zeit des Abendgebets zu sperren. Wiederholte Versuche ultraorthodoxer Juden, die Übereinkunft zu durchbrechen und die Verkehrsader 24 Stunden lang zu sperren, sorgten im Juni und Juli 2003 erneut für öffentliche Aufmerksamkeit.

Der Austrag von Widersprüchen und die Suche nach Kompromissen führen nicht selten – auch im religiösen Bereich – zu institutionellen Neuerungen. Nach einer bereits 1997 für die Stadt Netanja getroffenen entsprechenden Entscheidung beschloss der Oberste Gerichtshof (*Bagaz*) im November 1998, dass Reform- und konservative Juden auch in den Religionsausschüssen von Jerusalem, Haifa, Tel Aviv, Arad und Kirjat Tivon tätig sein dürfen. Frauen ist es offiziell nicht länger verwehrt, als Mitglieder in den religiösen Räten einzelner Städte mitzuwirken. Die konkrete Praxis freilich widerspiegelt nur bedingt die neuen Möglichkeiten. Im Dezember 2002 wurde erstmals in der Geschichte Israels eine Frau als Vertreterin in das Auswahlkomitee für religiöse Richter gewählt.

Die Entwicklungstrends in der Gesellschaft und die Kontroversen zwischen den gegensätzlichen Lagern nähren bei den Akteuren beider Pole die Befürch-

---

16   Israel Yearbook and Almanac 1997, S. 275.
17   Vgl. Ha-Arez, 13. Juni 2001.
18   Jerusalem Post, 19. März 2002.

tung, dass sich die Domäne der jeweils „anderen" vergrößern könne und der eigene Existenz- und Einflussbereich eingeschränkt werde. Das Bestreben, den Kindern und Enkeln zu garantieren, entsprechend der als einzig richtig erachteten Gesellschaftsvision aufzuwachsen und leben zu können, wird zunehmend pronocierter in die Tat umgesetzt. Der „Kulturkampf" wurde zu einer landesweiten, auch politisch ausgetragenen Konfrontation. Viele Auseinandersetzungen beginnen auf lokaler Ebene, enden jedoch nicht selten vor dem Obersten Gericht.

Wie religiös sind israelische Juden?

Die Kontrahenten in der Auseinandersetzung um den Charakter des Staates und die Ausformung der Gesellschaft unterscheiden sich durch den konkreten Stellenwert, den sie der jüdischen Tradition bzw. der Einhaltung der in der Thora niedergelegten 613 Pflichten und Verbote beimessen und ihrem gesellschaftlichen Agieren wie ihrer individuellen Lebensweise zugrunde legen. In wissenschaftlichen Untersuchungen und aktuellen Befragungen hinsichtlich der Religiosität werden jüdische Israelis zumeist vier Kategorien zugeordnet – *chilonim* (Säkulare), *masortijim* (Traditionelle), *datijim* (Religiöse) und *charedim* (Ultraorthodoxe). Bei dieser Einteilung ist zu beachten, dass der in den USA und Westeuropa verwandte Begriff „orthodoxes Judentum" in Israel dem hebräischen *jahadut datit* (religiöses Judentum) entspricht.[19]

Relativ eindeutig von anderen Orientierungen abgegrenzt sind die Gruppen der säkularen Juden, die sich nicht an religiöse Pflichten und Gebote gebunden fühlen, und die Gemeinschaften der Ultraorthodoxen, die ihr Leben streng nach den Vorschriften der *Halacha* ausrichten. Gültige Charakteristika für die zwischen beiden Polen befindlichen orthodox-religiösen und traditionellen Juden zu benennen, scheint dagegen komplizierter. Als orthodox gilt nach dem Ausschlussprinzip, wer die religiösen Gebote in vollem Umfang zwar einhält (*schomer mizwot*), aber nicht der Gruppe der *Charedim* angehört. Sich häufig mit dem nationalreligiösen Lager identifizierend, anerkennt der Orthodoxe in der Regel die zionistische Legitimation Israels.

Als *masortijim* (Traditionelle) werden Gläubige bezeichnet, die der Religion einen Platz im persönlichen und gesellschaftlichen Leben zugestehen, die religiösen Pflichten jedoch nicht strikt befolgen. Das Spektrum der „Traditionellen" reicht von Menschen, die weitgehend orthodox leben, bis zu Personen, die nur selten, z.B. am *Jom Kippur*, in die Synagoge gehen und die religiösen Gedenk- und Feiertage in erster Linie als Pflege jüdischen Brauchtums betrachten. Die skizzierte viergliedrige Kategorisierung ist aufgrund der fließenden Grenzen und unscharfen Zuordnungskriterien nur bedingt aussagekräftig. Sie schafft besten-

---

19   Don-Yehija, Eliezer 1994, S. 43.

falls Annäherungswerte, hängt die Einordnung einer Person in eine der genannten Gruppen doch primär von der Selbstidentifikation bzw. von der Fragestellung des Interviewers ab.

Die Analyse der säkular-religiösen Komposition jüdischer Bürger Israels kann die ethnische Schichtung des Landes nicht außer Acht lassen. So standen zum Zeitpunkt ihrer Einwanderung die Juden aus islamischen Ländern – im Gegensatz zu den europäischen Juden, die aus Staaten mit z.T. weitgehenden Säkularisierungstrends kamen – mehrheitlich dem orthodoxen Judentum nahe. Auch die Angehörigen der in Israel geborenen zweiten und dritten Generation der *Misrachim* definieren sich zumeist als orthodox oder traditionell. Im Unterschied zu ihnen verfügten die meisten in den neunziger Jahren aus den GUS-Staaten eingewanderten Bürger über nur geringe religiöse Bindungen. Schon der grobe Vergleich der wichtigsten Bevölkerungskomponenten sagt aus, dass der Grad der Religiosität bzw. die Einhaltung religiöser Pflichten nicht nur der subjektiven Kenntnis, individuellen Einsicht und spirituellen Reflexion folgt, sondern in hohem Maße auch durch Erziehung, kollektive Sozialisation und das Einwirken des gesellschaftlichen Umfelds, sowohl auf der Makro- als auch auf der Mikroebene, beeinflusst werden.

Wenn die Meinungsumfragen hinsichtlich der religiösen Situation somit nur begrenzt Aufschluss über tatsächliche Gegebenheiten vermitteln, so wurden und werden sie doch immer wieder herangezogen, um Veränderungen in der Gesellschaft zu belegen. Einer wissenschaftlichen Studie zufolge bezeichneten sich beispielsweise 1968 17% der Befragten als religiös, 41% als traditionell und 42% als säkular. 20 Jahre später durchgeführte Recherchen ergaben trotz demographischer Umschichtungen und gesellschaftlicher Modernisierung nur geringfügige Veränderungen: 20% der Interviewten definierten sich als religiös, 41% als traditionell und 37% als säkular.[20] Im Unterschied zu späteren Untersuchungen wurden ultraorthodoxe Juden zunächst nicht gesondert benannt; sie waren Bestandteil der Rubrik „Religiöse". Wie problematisch eine exakte Trennung der einzelnen Kategorien ist, wird nicht zuletzt verdeutlicht, wenn die Befolgung religiöser Vorschriften zum zentralen Kriterium erhoben wird. Bei der Meinungsbefragung von 1988 erklärten z.B. 10% der Interviewten, dass sie alle religiösen Pflichten (*mizwot*) erfüllten, während 18% zu Protokoll gaben, dass sie die meisten *mizwot*, 40% einige und 32% keinerlei religiöse Pflichten einhielten.

Als Bezugsmaterial für wissenschaftliche Untersuchungen über die Religiosität israelischer Juden wurde in den neunziger Jahren insbesondere eine Studie des Louis Guttman Israel Institute of Applied Social Research, veröffentlicht im Dezember 1993, herangezogen. Der im Februar 2002 vorgelegte Fort-

---

20   Ebd., S. 49.

setzungsreport ermöglicht detaillierte Auskünfte über Veränderungen bzw. konsistente Gegebenheiten. So fanden die Soziologen des Instituts heraus, dass Anfang der neunziger Jahre 14% der israelischen Juden alle religiösen Pflichten streng einhielten, sich 24% als in hohem Maße religiös, 41% als in gewissem Maße religiös und 21% als säkular bezeichneten.[21] Ein Jahrzehnt später hatten sich diese Grunddaten nur geringfügig verändert: 16% bezeichneten sich als streng religiös; 20% hielten die religiösen Vorschriften weitgehend ein, 43% fühlten sich dem religiösen Brauchtum verbunden und 21% legten keinerlei Wert auf religiöse Vorschriften.[22]

1993 wünschten sich 16% der Befragten, das öffentliche Leben in Israel möge religiöser werden. 33% traten für eine geringere Rolle der Religion in der Gesellschaft ein und 51% befürworteten die Beibehaltung der gegebenen Situation. Wurden dieselben Personen allerdings mit konkreten Fragen konfrontiert, beispielsweise hinsichtlich der Möglichkeit bzw. Notwendigkeit ziviler Eheschließungen, so zeigte sich ein modifiziertes Bild: 39% befürworteten Zivilehen, 44% lehnten sie ab und 17% waren unentschieden.[23] Die entsprechende Befragung des Jahres 1999 gibt Auskunft darüber, dass sich die Zahl der Befürworter ziviler Eheschließungen auf 49% erhöht hatte; für den Armeedienst der ultraorthodoxen *Jeschiva*-Schüler sprachen sich 86% aus (1993: 90%).[24]

Tabelle 2: Meinungsumfragen zur Religiosität israelischer Juden

Frage: Wie würden Sie sich in religiöser Hinsicht einordnen? (Angaben in %)

	1990[25]	1999[26]	2001[27]
Ultraorthodox	3	5	7
Religiös	12	12	10
Traditionell	42	35	33
Nichtreligiös	38	43	50
Antireligiös	5	5	keine Angabe
Insgesamt	100	100	100

---

21 Levy, Shlomit/Levinsohn, Hanna/Katz, Elihu 1993, S. 2. Die Umfragen wurden zwischen dem 20. Oktober und 16. Dezember 1991 durchgeführt.

22 Levy, Shlomit/Levinsohn, Hanna/Katz, Elihu 2002, S. 6.

23 Levy, Shlomit/Levinsohn, Hanna/Katz, Elihu 1993, S. 17.

24 Levy, Shlomit/Levinsohn, Hanna/Katz, Elihu 2002, S. 11a.

25 Befragung des Guttman-Instituts von August 1990 nach Levy, Shlomit/Levinsohn, Hanna/Katz, Elihu 2002, S. 1a.

26 Ebd.

27 Ha-Arez, 25. September 2001. Ähnliche Angaben enthält eine Studie des Tami-Steinmetz-Institute der Universität Tel Aviv aus dem Jahr 2000: 9% der Befragten bezeichneten sich als Charedim, 11% als Religiöse, 28% als Traditionelle und 52% als Säkulare. Die Studie wurde der Verfasserin von der Organisation Panim zur Verfügung gestellt.

Vergleicht man die Daten beider Studien des Guttman-Instituts und bezieht weitere repräsentative Umfragen der Jahre 2000 und 2001 in die Betrachtung ein, so werden folgende Trends erkennbar: Der Anteil der *Charedim* an der israelischen Bevölkerung nimmt – primär den hohen Fertilitätsraten ultraorthodoxer Frauen geschuldet – kontinuierlich zu. Dennoch liegen optische Präsenz und gesellschaftliche Einflussnahme dieser Bevölkerungsgruppe bis heute deutlich über ihrer realen Größe. Der Anteil der Orthodox-Religiösen an der jüdischen Gesamtbevölkerung bleibt offensichtlich relativ konstant. Veränderungen ergaben sich dagegen bei den beiden größten Bevölkerungsgruppen, den „Traditionellen" und den „Nichtreligiösen", wobei die Zunahme der sich als säkular bezeichnenden jüdischen Israelis offensichtlich insbesondere auf die große Zahl „russischer" Neueinwanderer zurückzuführen ist. Diese stellten in der Untersuchung des Guttman-Instituts von 1999 immerhin 13,14% (373) der 2.839 Befragten und gaben zu 71% an, nicht religiös zu sein.[28]

Wenngleich die „Säkularen" („Nichtreligiöse" und „Antireligiöse") laut Statistik zu Beginn des 21. Jahrhunderts annähernd die Hälfte der jüdisch-israelischen Bevölkerung stellen, sollte daraus nur sehr vorsichtig ein allgemeiner Säkularisierungstrend abgeleitet werden. Wie bereits angeführt, legten 1999 nur 21% der Befragten keinerlei Wert auf religiöse Vorschriften. Viele der sich als „nichtreligiös" oder „säkular" bezeichnenden Israelis fühlen sich dagegen mit großer Selbstverständlichkeit den der jüdischen Religion und Geschichte entstammenden Bräuchen verpflichtet. Hinzu kommt, dass es auch in der Gruppe der russischsprachigen Immigranten nicht wenige Jugendliche gibt, die zu verstärkter Religiosität tendieren.[29]

Ein konkreteres Porträt der religiösen bzw. traditionellen Einflüsse auf Lebensweise und Alltagskultur jüdischer Israelis zeichnet nachfolgende Befragung (Tabelle 3). Dabei ist zu beachten, dass religiöse Feste, wie *Pessach, Sukkot* oder *Chanukkah*, auch durch säkulare Juden begangen werden, diesen die religiösen Inhalte jedoch nur zum Teil bekannt sind und von ihnen die entsprechenden rituellen Vorschriften kaum eingehalten werden.

Die zitierten Erhebungen führen zu dem Schluss, dass die jüdisch-israelische Bevölkerung hinsichtlich ihrer religiösen bzw. weltanschaulichen Position keine homogene Einheit bildet. Da die Zuordnungskriterien zu den Gruppen und die entsprechenden Identitäten offensichtlich fließend sind, spricht Aviezer Ravitzky vereinfachend von einer „religiösen Orthodoxie" und einer „säkularen Orthodoxie", die beide gleich stark seien und jeweils etwa 20-25% der jüdischen Be-

---

28 Levy, Shlomit/Levinsohn, Hanna/Katz, Elihu 2002, S. 1b. Auch die am 25. September 2001 von Ha-Arez veröffentlichten Angaben entsprechen diesen Werten: 70% der Neueinwanderer charakterisierten sich danach als säkular, 25% als traditionell, 4% als religiös und 1% als ultraorthodox.

29 Vgl. Haaretz, 19. April 2000; Ha-Arez, 25. September 2001.

völkerung Israels repräsentieren.[30] Er betont, dass beide „Orthodoxien" die Kultur des Landes wesentlich stärker prägen als die in der Mitte des weltanschaulichen Spektrums stehenden traditionellen Juden. Sie werden daher als die eigentlichen Antipoden im „Kulturkampf" wahrgenommen.

Tabelle 3:   Religion und Tradition in der Alltagskultur jüdischer Israelis[31]

Eine *Mesusa* an der Eingangstür haben	98%
An der *Sederfeier* zu *Pessach* nehmen teil	85%
Zu *Chanukkah* zünden stets Kerzen an	71%
Zu *Pessach* essen kein gesäuertes Brot	68%
Zu *Jom Kippur* fasten	67%
Kein unkoscheres Essen nehmen zu sich	58%
Ein spezifisches *Schabat*mahl führen durch	55%
In irgendeiner Art und Weise feiern *Purim*	53%
Den *Schabat* stets mit dem Anzünden der Kerzen und einem Segensspruch beginnen	51%
Am *Schabat* den *Kiddusch* sprechen stets	48%
Besteck und Geschirr für milchige und fleischige Speisen trennen	44%
Eine Laubhütte zu *Sukkot* bauen	41%
Am *Schabat* nicht in der Öffentlichkeit arbeiten	41%
Auf Reisen und Autofahren am *Schabat* verzichten	27%
Regelmäßig *Tfillin* legen an (nur Männer)	26%
Jeden *Schabat* in der Synagoge beten	25%
Am *Schabat* keinen elektrischen Stromschalter betätigen	24%
Stets eine Kopfbedeckung tragen	16%
Täglich in der Synagoge beten	15%

In dem Maße, wie der Konflikt zwischen Religiösen und Säkularen mit sozioethnischen und -kulturellen Gegensätzen zusammenfällt bzw. sich einzelne Widerspruchsebenen überlappen, vertieft sich die Kluft zwischen beiden Polen. Die Kontrahenten werden in ihren Ansichten, Forderungen, Argumenten und Aktionen zudem kompromissloser. Toleranz in Glaubensfragen gilt für etwa die Hälfte der jüdischen Bürger Israels zwar als Selbstverständlichkeit; sie nimmt mit zunehmender Religiosität oder Areligiosität jedoch ab.[32]

---

30   Ravitzky, Aviezer 1999b, S. 171f.
31   Levy, Shlomit/Levinsohn, Hanna/Katz, Elihu 2002, S. 7.
32   Sagiv-Schifter, Tami/Shamir, Michal 2000, S. 5.

Profile und Wirksamkeit religiöser Parteien

Das Bekenntnis zur Religion und das Leben nach religiösen Geboten bestimmen nicht selten politisches Handeln. Seit Mitte der achtziger Jahre ist im wesentlichen von drei politischen Ausrichtungen zu sprechen, die sich in jeweils eigenen Parteien bzw. Knessetfraktionen – der nationalreligiösen Mafdal, den Parteien bzw. dem Wahlbündnis ultraorthodoxer, hauptsächlich aschkenasischer *Charedim* und der von ultraorthodoxen sephardischen Rabbinern geleiteten Schas-Partei – widerspiegeln.

Die Nationalreligiöse Partei (Mafdal) hat die Verbindung von Zionismus und jüdischer Religion auf ihre Fahne geschrieben. Sie entstand 1956 aus dem Zusammenschluss der Parteien Ha-Misrachi (Merkas Ruchani) und Ha-Poel ha-Misrachi. Beide existierten seit 1902 bzw. 1922 und bildeten den religiösen Flügel innerhalb der zionistischen Bewegung. Mafdal erkennt Israel als „jüdischen Staat" an und stellt sich das Ziel, den jüdischen Charakter des Landes zu bewahren bzw. zu stärken. Sie fordert zu diesem Zweck die Ausweitung der religiösen Gesetzgebung und die Schaffung eines entsprechend geprägten gesellschaftlichen Lebens. Als komplexe Symbolik der Partei gilt die Triade von Thora (Lehre, mosaisches Gesetz), *Erez Jisrael* (Land Israel) und *Am Jisrael* (Volk Israel). Von der Staatsgründung bis 1992 war die nationalreligiöse Fraktion Bestandteil nahezu aller israelischen Koalitionsregierungen.[33] Ihre Abgeordneten standen für eine Vielzahl religiöser Gesetze und lösten bei Dissonanzen mit den „säkularen" Parteien wiederholt Koalitionskrisen aus. Einer der Gründer der Partei war der 1999 verstorbene Josef Burg, ein gebürtiger Dresdner.

Nach 1967 gliederte sich Mafdal in das rechtsnationale Lager ein. Die Parteiführer lehnten die Rückgabe der im Sechstagekrieg eroberten palästinensischen Territorien grundsätzlich ab und unterstützten zunehmend die Siedlerbewegung. In den neunziger Jahren protestierte die Partei gegen die Anerkennung der PLO und gegen die durch das Oslo-Abkommen eingeleitete Friedenssuche. Die Rabin-Peres-Regierung attackierte Mafdal aus der Opposition heraus. 1996 trat sie in die Regierung Benjamin Netanjahu ein. Die Nationalreligiösen – bis 1977 mit zehn bis zwölf Knessetmandaten präsent – erlangten 1996 neun und 1999 lediglich fünf Parlamentssitze. Sie beteiligten sich 1999 zunächst am Kabinett Ehud Baraks, verließen die Regierung jedoch im Juli 2000 aus Protest gegen die Friedensgespräche mit den Palästinensern bzw. gegen die Kompromissbereitschaft der Avodah-Fraktion.

Jedes substantielle Zugeständnis an die Palästinenser gilt der Mafdal-Führung als „Verrat an nationalen Interessen". Mit der Übernahme des Partei-

---

33 Mafdal trat 1974 in die Regierung Jizchak Rabin ein, verließ diese jedoch 1976 aus Protest gegen die Entscheidung des Kabinetts, in den USA gekaufte Militärflugzeuge an einem *Schabat* in Israel eintreffen zu lassen.

vorsitzes durch den Siedler Effi Eitam 2002 verstärkten sich die Kräfte in der Partei, die offen für ein Groß-Israel zwischen Mittelmeer und Jordanfluss eintreten und den Transfer der Palästinenser nach Sinai und Jordanien befürworten.[34] Voraussagen, Mafdal würde damit gute Chancen haben, ihre Parlamentsfraktion deutlich zu vergrößern, erfüllten sich jedoch nur bedingt. Die Partei erlangte in den Wahlen 2003 4,2% der Stimmen und ist nunmehr mit sechs Abgeordneten in der Knesset vertreten. Wie bereits in der ersten Regierung Ariel Scharons gehört sie zum rechten Flügel der Koalition.

Die zweite religiöse Fraktion im Parlament, das Vereinigte Thora-Judentum (VTJ), wird im wesentlichen von der Partei Agudat Jisrael getragen. Diese entstand 1912 in Osteuropa als nicht- bzw. anti-zionistische Bewegung, die die Erlösung der Juden und ihre Rückführung ins „Gelobte Land" nur durch göttlichen Beschluss und nicht durch einen weltlichen Akt – die Errichtung eines jüdischen Staates – für möglich und erstrebenswert hielt. De facto akzeptierten die in Palästina ansässigen Agudah-Führer nach 1945 jedoch die Gründung Israels. Wie die Billigung des Status quo 1947 und die Mitunterzeichnung der Unabhängigkeitserklärung 1948 belegen, stellten sie sich nicht außerhalb des nationalen Konsens, sondern signalisierten ihre prinzipielle Bereitschaft zu Kompromissen. Agudat Jisrael kandidierte zu den ersten Knessetwahlen 1949 auf einer gemeinsamen Liste mit anderen religiösen Parteien und trat der Regierung Ben Gurion bei. 1952 bis 1977 befand sich die Partei – bei Parlamentswahlen wiederholt gemeinsam mit ihrem Arbeiterflügel Poalei Agudat Jisrael auftretend – in der Opposition, wurde von Menachem Begin in dessen erstes Kabinett kooptiert und war – ohne Ministerposten – bis 2003 an allen Likud-Regierungen (1977-1992, 1996-1999, 2001-2003) beteiligt.

Die Agudah-Partei bzw. -Fraktion repräsentierte lange die überwiegende Mehrheit der *Charedim*. Sie spaltete sich, als Mitte der achtziger Jahre die auf ethnischer Grundlage organisierte Schas-Partei entstand bzw. sich 1988 die Fraktion der Litauer *Jeschivot* und Belzer *Chassidim*, Degel ha-Torah (Thora-Banner), von ihr trennte. Zu den Knessetwahlen 1992 bildeten Agudat Jisrael, Degel ha-Torah, Poalei Agudat Jisrael und Rabbiner Jizchak Perez das Wahlbündnis Vereinigtes Thora-Judentum (VTJ), das sich auch an den folgenden Wahlen beteiligte und 2001 die Regierung Ariel Scharons als Koalitionspartner unterstützte. Es erzielte 1992 und 1996 jeweils vier Mandate und konnte 1999 sowie 2003 mit fünf Abgeordneten in die Knesset einziehen. Trotz parteipolitischer Betätigung im Rahmen des Nationalstaates erkennen die *Charedim* des VTJ Israel nicht als „jüdischen Staat" an, da als solcher nur ein auf der *Halacha* fußendes Gemeinwesen in Frage käme. Sie lehnen bis heute die israelische Nationalflagge und andere Staatssymbole ab, boykottieren die Feiern zum

---

34   Interview mit Effi Eitam in Musaf Ha-Arez vom 22. März 2002, S. 14-20.

Unabhängigkeitstag und protestieren gegen alle Versuche, eine säkulare Verfassung zu verabschieden.

Besondere Bedeutung im Rahmen des jüdisch-religiösen Lagers erlangte eine dritte religiöse Partei, die sephardische Hitachdut Sfaradim Schomrei Torah – Schas (Vereinigung der sephardischen Thora-Wächter). Sie zog wenige Monate nach ihrer Gründung 1983 mit vier Mandaten in die Knesset ein, war 1984-1993, 1996-2000 und 2001-2003 Mitglied von Regierungskoalitionen und stellte eine Reihe von Kabinettsmitgliedern. Ähnlich der Agudat Jisrael, an deren Spitze der „Rat der Großen der Thora" steht, werden innerparteiliche und gesellschaftspolitische Entscheidungen durch ein oberstes Rabbiner-Gremium, den „Rat der Thora-Weisen", gefällt. Als spiritueller Führer der Partei gilt Ovadja Josef, der von 1973 bis 1983 als sephardischer Oberrabbiner Israels tätig war.

Im Unterschied zum aschkenasischen VTJ erfasst Schas sowohl die Elite sephardischer Absolventen ultraorthodoxer Bildungseinrichtungen als auch eine große Gruppe traditioneller orientalischer Juden, die in der Partei ihre Interessenvertretung sehen. Hinsichtlich des Grades der Religiosität, aber auch in der Außen- und Sicherheitspolitik, existierten von Anfang an Differenzen zwischen Führung und Anhängerschaft. Nachdem Ovadja Josef 1990 eine Gesetzesauslegung veröffentlicht hatte, nach der die Aufgabe von Teilen des biblischen *Erez Jisrael* erlaubt sei, wenn dadurch Blutvergießen vermieden werden könne, galt die Schas-Führung als eine Kraft, die sich dem Verhandlungskonzept der Arbeitspartei annähere. 1992 wurde sie darum kurzzeitig in die Regierung Jizchak Rabins aufgenommen, verließ diese jedoch ein Jahr später. Nicht zuletzt unter dem Einfluss ihrer Wählerschaft entwickelte sich Schas im Verlauf der neunziger Jahre zu einer Partei der politischen „Falken". Diese Tendenz verstärkte sich deutlich im Kontext der zweiten Intifada.

Nach der Anklageerhebung und nach Schuldsprüchen gegen mehrere Schas-Abgeordnete wegen Missbrauchs von Regierungsgeldern für Parteizwecke verurteilte das Gericht mit gleicher Begründung im März 1999 den Parteiführer Arieh Deri zu vier Jahren Gefängnis. Neuer Schas-Vorsitzender wurde Eli Jischai. Die Partei beteiligte sich an der Regierungskoalition unter Ehud Barak, sorgte jedoch infolge der Sonderwünsche ihres Klientels und ihrer Führung für Regierungskrisen in Permanenz und verließ im Sommer 2000 die Koalition. Im ersten Kabinett Ariel Scharons erhielt sie 2001 fünf Ministerposten bzw. stellte sie drei stellvertretende Minister.

In der Frage nach dem Verhältnis von Staat und Religion existieren durchaus Gemeinsamkeiten zwischen Agudat Jisrael und Schas. Beide erstreben eine Ausweitung der religiösen Gesetzgebung auf alle Bereiche des täglichen Lebens, plädieren für die Zurücknahme säkularer Elemente in Staat und Gesellschaft und lehnen westliche Kultureinflüsse bzw. liberale Gesellschaftsmodelle strikt ab. Unterschiede bestehen u.a. darin, dass sich Agudat Jisrael ausschließlich an die ultraorthodoxe Gemeinde – insbesondere der *Aschkenasim* – wendet, während sich Schas als geistig-soziale Bewegung definiert, die nicht nur die *Charedim*, sondern auch die Interessen der sozial und politisch benachteiligten orientalischen Juden zu vertreten beansprucht. Im Gegensatz zum VTJ, dessen Klientel den Wehrdienst grundsätzlich ablehnt, hat die Mehrzahl der Schas-Anhänger in der Armee gedient. Sie ist durch das national-religiöse Bildungssystem gegangen bzw. während des letzten Jahrzehnts in eigenen Schulen ausgebildet worden. Schas-Vertreter anerkennen den „jüdischen Staat Israel" und arbeiten folglich auch in staatlich eingerichteten Rabbinatsgremien mit. Hebräisch wird als Umgangssprache akzeptiert und genutzt.

Tabelle 4: Religiöse Parteien in der Knesset (1992-2003)

Jahr	Partei	Absolute Stimmenzahl	Relative Stimmenzahl	Zahl der Knessetmandate
1992	Religiöse Parteien insgesamt	345.111	13,2 %	16
	Mafdal	129.663	5,0 %	6
	VIJ	86.138	3,3 %	4
	Schas	129.310	4,9 %	6
1996	Religiöse Parteien insgesamt	598.686	19,6 %	23
	Mafdal	240.272	7,9 %	9
	VTJ	98.655	3,2 %	4
	Schas	259.759	8,5 %	10
1999	Religiöse Parteien insgesamt	696.721	21,0 %	27
	Mafdal	140.304	4,2 %	5
	VTJ	125.741	3,8 %	5
	Schas	430.676	13,0 %	17
2003	Religiöse Parteien insgesamt	526.336	16,7 %	22
	Mafdal	132.370	4,2 %	6
	VTJ	135.087	4,3 %	5
	Schas	258.879	8,2 %	11

Die Knessetwahlen von Januar 2003 bzw. die folgenden Koalitionsverhandlungen erbrachten für die religiösen Parteien neue Weichenstellungen. Sowohl das Vereinigte Thora-Judentum als auch Schas sind in der zweiten Scharon-Regierung nicht vertreten. Während die aschkenasischen *Charedim* fast 10.000 Stimmen mehr als 1999 erhielten – eine Zahl, die in etwa dem natürlichen Zuwachs der Bevölkerungsgruppe entspricht –, büßte Schas über 170.000 Stimmen ein und verfügt nur noch über elf Parlamentsmandate (zuvor 17). Viele *Misrachim*, die vier Jahre zuvor der Partei Ovadja Josefs ihre Stimme gegeben hatten, kehrten zum Likud zurück. Die nationale Agenda dominierte gegenüber Partikularinteressen. Beobachter schlossen allerdings auch eine teilweise „Schasisierung" des Likud[35] nicht aus.

---

35   Ha-Arez, 8. Dezember 2002.

Wer sind die Charedim*?*

Das osteuropäische Schtetl, über Jahrhunderte Heimat vieler aschkenasischer Juden, wurde durch die Geschehnisse des ausgehenden 19. und der ersten Jahrzehnte des 20. Jahrhunderts – Pogrome, Abwanderung und Assimilation – zerrüttet. Der Zweite Weltkrieg und mit ihm die Schoah vernichteten Grundlage und Träger ultraorthodoxen jüdischen Lebens in Osteuropa. In Meah Schearim jedoch, einem Stadtviertel im Zentrum Jerusalems, und in Bnei Brak bei Tel Aviv lebt das Schtetl weiter. Das Straßenbild wird geprägt durch ultraorthodoxe Juden in mittelalterlich anmutender Kleidung – die Männer, selbst im heißen Sommer gekleidet in schwarze Kaftane, mit Schläfenlocken (*pe'ot*) und schwarzen, am *Schabat* und an Feiertagen pelzbesetzten Hüten (*Streimel*), die Frauen in langen Röcken oder Kleidern, den Kopf bedeckt mit Perücke oder Tuch. Schilder in hebräischer und englischer Sprache fordern den Besucher auf, die Traditionen der Einwohner zu respektieren und das Viertel nicht in „unzüchtiger" Kleidung zu betreten.

Die *Charedim*, die ultraorthodoxen Juden, führen bis heute ein Leben, das sich streng am jüdischen Gesetzeskodex, der *Halacha*, ausrichtet. Sie lehnen alle jüdischen Erneuerungsbewegungen der Moderne – seien es *Haskalah*, Reformbewegung oder Zionismus – ab, sprechen überwiegend Jiddisch und betrachten ihre Lebensweise als einzige Möglichkeit, das Judentum zu bewahren. Ihr der Tradition verpflichteter Habitus gilt vielen säkularen Israelis als obsolet, erinnert er doch an den wehrlosen und gebeugten, Pogromen ausgesetzten und dem Rabbiner unterworfenen Juden im osteuropäischen Ansiedlungsrayon.

Der Name Meah Schearim meint „100 Tore", wird jedoch auch von der „hundertfältigen Ernte Isaaks" (1. Buch Mose, 26,12) hergeleitet. 1875 außerhalb der Stadtmauern gegründet, war Meah Schearim bald die Heimstätte vieler seit Jahrhunderten in Palästina ansässiger Juden, vor allem aber der im 19. und 20. Jahrhundert aus religiösen Gründen zugewanderten Ultraorthodoxen aus Osteuropa. Die *Charedim* waren zunächst nicht bereit, mit den zionistischen Parteien zu kooperieren. Sie lehnten mehrheitlich ein politisches Engagement im *Jischuv* bzw. im Staat Israel ab.

Bereits das äußere Erscheinungsbild verweist darauf, dass es sich bei den ultraorthodoxen Juden keineswegs um eine homogene Gemeinschaft handelt. Neben den ethnisch-kulturellen Unterschieden zwischen aschkenasischen und sephardischen *Charedim* lassen sich innerhalb beider Gruppen zahlreiche Differenzierungen feststellen. Die aus Osteuropa stammenden ultraorthodoxen Juden leben z.B. in chassidischen Gemeinden, die häufig nach ihren Herkunftsorten benannt sind (z.B. Gurer, Wischnitzer, Belzer *Chassidim*). Die Gegenströmung zum *Chassidismus* stellen die *Mitnagdim* (Gegner) dar, die entsprechend ihrem ehemaligen geistigen Zentrum auch die „Litauer" genannt werden. Im

Vergleich zu den *Chassidim* gelten sie als „moderner"; sie sprechen häufiger Hebräisch, tragen keinen Kaftan, sondern dunkle Anzüge und modernere Hüte. Eine dritte Strömung bilden die Angehörigen der „Gottesfürchtigen Gemeinde" (*edah charedit*), die vor allem in Meah Schearim leben und jegliche Zusammenarbeit mit dem Staat ablehnen; sie zahlen weder Steuern, noch beteiligen sie sich an Wahlen. Am bekanntesten sind die – zahlenmäßig allerdings eher unbedeutenden – Anhänger der 1935 gegründeten Sekte *Neturei Karta* (Wächter der Stadt). Die Zugehörigkeit zu den verschiedenen charedischen Orientierungen und Gruppierungen drückt sich optisch erkennbar in spezifischem Habitus aus – Bart, Schläfenlocken, Farbe und Zuschnitt des Kaftan, der Strümpfe oder der Kopfbedeckung etc.

Die ultraorthodoxen Gemeinden waren und sind in ihrem Wesen zunächst „aschkenasisch"[36] und wurden maßgeblich durch das osteuropäische Judentum geprägt. Anfangs schienen auch Versuche, die nach der Staatsgründung aus orientalischen Ländern zugewanderten religiösen Juden in die charedische Gemeinschaft einzugliedern, von Erfolg gekrönt. Mittelfristig zeigte sich jedoch, dass trotz der Ausbildung sephardischer Rabbiner in aschkenasischen Bildungseinrichtungen das über Jahrhunderte gepflegte spezifische religiöse Brauchtum der Orientalen erhalten blieb. Es bildete sich eine eigene sephardische Ultraorthodoxie heraus, die – wie an anderer Stelle ausführlich beschrieben – in den achtziger Jahren gegen das aschkenasische Establishment aufbegehrte. Sie schuf eigene religiöse und politische Institutionen sowie Bildungseinrichtungen, grenzte sich zunehmend von den aschkenasischen *Charedim* ab und geriet in vielen Fragen des religiösen und weltlichen Selbstverständnisses in Gegensatz zu ihnen.

Unterschiede in der ultraorthodoxen Lebensweise existieren auch zwischen den beiden wichtigsten charedischen Zentren Bnei Brak und Jerusalem. Bnei Brak gilt als moderner und offener, Jerusalem dagegen als pluralistischer, d.h. als Wohnsitz unterschiedlichster ultraorthodoxer Gruppierungen.[37] Zu berücksichtigen ist ferner, dass sich die charedische Welt in Israel seit den fünfziger Jahren durch den Zustrom von Einwanderern verändert hat. Die Immigranten kamen zumeist als religiöse – jedoch nicht unbedingt ultraorthodoxe – Juden ins Land, dienten in der Armee, übten häufig einen Beruf aus und wurden erst im Laufe der Jahre zu *Charedim*. Ihre Söhne und Töchter dagegen wuchsen bereits in ultraorthodoxer Abgeschiedenheit auf. Nicht zuletzt diese Evolution mag, neben dem Kinderreichtum, die Zunahme von „Charedisierungs"-Trends erklären.

---

36 Friedman, Menachem 1991, S. 175.
37 Interview mit David Silberschlag am 19. April 2001 in Jerusalem.

Der Ausbruch ultraorthodox aufgewachsener und erzogener – zumeist junger – Frauen und Männer aus der charedischen Gemeinschaft und ihre Erfahrungen mit der Moderne interessieren nicht nur den Soziologen, sondern wurden wiederholt als Motiv biographischer Editionen oder problemorientierter Filmproduktionen aufgegriffen. Zuverlässige Daten existieren allerdings nicht. Ihre Zahl dürfte jedoch deutlich unter der von Juden liegen, die die säkulare Welt verlassen und als *chosrim be-tschuvah* („mit einer Antwort Zurückkehrende") Teil der ultraorthodoxen Gemeinden werden. Der israelische Publizist Ilan gibt an, dass im Zeitraum von 1990 bis 1999 43.173 Personen, davon 37,36% Frauen, letzteren Weg wählten.[38] Der Staat fördert derartige Trends, indem er allein im Jahr 1999 27,1 Mill. NIS für die Eingliederung, Ausbildung und Betreuung von Personen zur Verfügung stellte, die sich als Erwachsene der ultraorthodoxen Welt zuwandten.[39]

Politisierung der Ultraorthodoxie

Ein bedeutender Teil der *Charedim* zeigt seit den achtziger Jahren zunehmendes Interesse am öffentlichen Leben. Davon zeugen die verstärkte Beteiligung an Knesset- und Munizipalwahlen wie auch Versuche, politische Entscheidungen auf kommunaler Ebene bzw. in der Regierung zu beeinflussen. Im Juni 2003 wurde zum ersten Mal in der Geschichte Israels ein ultraorthodoxer Jude, Rabbiner Uri Lupoliansky, zum Bürgermeister Jerusalems gewählt. Der Vertreter des Vereinigten Thora-Judentums (VTJ) erhielt 51,39% der abgegebenen Stimmen. Erstmals verfügen die religiösen Parteien mit 18 von 31 Sitzen zudem über die Mehrheit im Jerusalemer Stadtrat. Nicht wenige Beobachter fragten sich, ob die Wahlergebnisse jerusalemspezifisch oder symptomatisch für Israel und wo die Gründe für die Achtungserfolge ultraorthodoxer religiöser Kräfte zu suchen seien.

Die Ursachen für die Politisierung der *Charedim* sind zweifellos breit gefächert; innere und äußere Gegebenheiten bedingen einander und überlagern sich. Primäre Anstöße für den Bedeutungszuwachs entsprangen vor allem den sich verändernden Existenzbedingungen der ultraorthodoxen Gemeinschaften, bedingt durch Akzentverschiebungen in der israelischen Gesellschaft wie im regionalen und globalen Umfeld. Besondere Bedeutung erlangten sozio-ökonomische Faktoren.[40]

Infolge hoher Geburtenraten verzeichnen die *Charedim* einen absoluten und relativen Bevölkerungszuwachs, der höher als in den meisten anderen

---

38 Ilan, Shahar 2000, Grafik 3b.
39 Ebd., Grafik 8c.
40 Vgl. Friedman, Menachem 1993, S. 185.

Gesellschaftssegmenten ausfällt. Während die natürlichen Zuwachsquoten in der gesamten jüdischen Bevölkerung Israels beispielsweise zwischen Anfang der achtziger und Mitte der neunziger Jahre von 2,8 auf 2,5 absanken, erhöhten sie sich bei den *Charedim* im selben Zeitraum von 6,5 auf 7,6.[41] Obwohl exakte Zahlenangaben fehlen, gehen Schätzungen für das Jahr 2000 davon aus, dass die Zahl der Ultraorthodoxen zwischen 530.000 und 545.000 Personen liegen dürfte.[42] David Silberschlag, ein aschkenasischer *Charedi*, der mit dem Zentralamt für Statistik zusammenarbeitet, mehrere Jahre als Berater des Jerusalemer Bürgermeisters Ehud Olmert für Angelegenheiten der ultraorthodoxen Gemeinde tätig war und 1996 den Wahlkampf für Benjamin Netanjahu in dieser Bevölkerungsgruppe führte, schätzte im Frühjahr 2001 ihre Zahl sogar auf etwa 600.000, davon 450.000 unter 20 Jahren.[43]

Die charedischen Familien, deren Familienoberhäupter häufig kein berufliches Einkommen aufweisen, werden mehrheitlich den unteren Strata der Gesellschaft zugerechnet. Der Prozentsatz der Kinder aus dem ultraorthodoxen Milieu, die in der Statistik als „arm" geführt werden, wuchs zwischen 1981 und 1995 von 14% auf 56%.[44] Mit zunehmender Personenzahl erhöht sich die Abhängigkeit der Gemeinden von staatlichen Fördergeldern. Um jedoch finanzielle Zuwendungen zu erlangen, ist verstärktes politisches Engagement erforderlich.

Die Alimentierung der *Charedim* ist keine neue Erscheinung. Im Schatten des Wohlfahrtsstaates und durch diesen geschützt, entwickelte sich bereits in den ersten Jahrzehnten nach der Staatsgründung ein separates ultraorthodoxes Gemeinwesen mit eigenständigem sozialen Netz und Bildungswesen. Letzteres umfasst Kindergärten für Jungen und Mädchen bis zum Alter von fünf Jahren, nach Geschlechtern getrennte Schulen für Fünf- bis Dreizehnjährige, Talmudschulen (*jeschivot*) für Knaben im Alter von 13-16 Jahren und von 17 Jahren bis zur Heirat, teilweise in eine Lehrerausbildung mündende Gymnasien für Mädchen (*Beit Ja'akov*) und Colleges (*kolelim*) für verheiratete Männer, deren Tätigkeit zeitlebens auf das Studium religiöser Schriften beschränkt ist.[45] Menachem Friedman, Professor an der Bar-Ilan Universität und einer der profundesten Kenner der israelischen ultraorthodoxen Gemeinschaft, spricht davon, dass die *Charedim* bereits Ende der sechziger Jahre im wesentlichen als „*society of scholars*" zu charakterisieren waren.[46]

Bedeutend erweitert wurde der ultraorthodoxe Bildungszweig nach dem Eintritt der Agudat Jisrael in die Regierung Menachem Begin 1977. In den

---

41   Ilan, Shahar 2000, Grafik 2c.
42   Ebd., S. 317f.
43   Interview mit David Silberschlag am 19. April 2001 in Jerusalem.
44   Ha-Arez, 28. März 2001.
45   Schiffer, Varda 1999, S. 2.
46   Friedman, Menachem 1993, S. 187.

folgenden zwei Jahrzehnten expandierten die durch den Staat finanzierten religiösen Bildungs- und Sozialeinrichtungen. Wurden 1980 noch 46.292 Schüler in *Jeschivot* ausgebildet, so waren es 1997 bereits 192.802[47] und im Dezember 2001 – 221.300.[48] Die staatlichen Gelder für den aschkenasisch-ultraorthodoxen Schulzweig stiegen von 640 Mill. NIS 1996 auf 891 Mill. NIS 1999 an.[49] Durchschnittlich zahlte der Staat im Jahr 2001 pro *Jeschiva*-Schüler monatlich 700 NIS.[50]

Die innenpolitischen Aktivitäten von Agudat Jisrael erbrachten nicht nur eine stete Vergrößerung staatlicher Zuwendungen; sie trugen auch zur Politisierung des „Rates der Großen der Thora" bei und setzten neue Akzente im Wahlkampf. Zunehmend erhöhte sich der Stellenwert sozialer Herausforderungen. David Silberschlag, der sich als „permanenten Wähler" der aschkenasischen ultraorthodoxen Partei bezeichnet, berichtete im Jahr 2001 aus seiner Erfahrung: „Bei den letzten zwei oder drei Wahlkämpfen zeigte sich, dass sich vieles verändert hat. [...] Früher konnte man der ultraorthodoxen Gemeinde sagen: ‚Wir haben das *Schabat*gesetz und das Abtreibungsgesetz durchgesetzt'. Bei den letzten Wahlen war davon kaum noch die Rede. Man sagte vielmehr, wir werden euch Wohnraum beschaffen und Klassenzimmer für die Schulen. Der ganze Wahlkampf hat sich verändert. Die Existenzfragen wurden so stark, dass sie das Thema der Gesetzesänderungen völlig verdrängt haben."[51] Bereits in der Zeit Menachem Begins sei „ein neuer *Charedi* entstanden, den es interessiert, was die Gesellschaft von ihm denkt".[52]

Zu den Faktoren, die die Politisierung der *Charedim* zusätzlich stimulierten, gehören in nicht geringem Maße Veränderungen im politischen System Israels. Seit Mitte der siebziger Jahre bildete sich die Dominanz zweier Blöcke (Likud versus Arbeitspartei) heraus, zwischen denen die religiösen Parteien als Mehrheitsbeschaffer standen und im Parlament und Kabinett häufig das „Zünglein an der Waage" darstellten. Die von der Knesset 1992 beschlossene Direktwahl des Premierministers, mit deren Hilfe der Einfluss religiöser Parteien auf die Politik gemindert werden sollte, zeitigte gegenteilige Wirkung. Der Wähler konnte sich bei den Urnengängen 1996 und 1999 nunmehr für den Kandidaten entscheiden, unter dessen Führung er die nächste Regierung sehen wollte, und hatte darüber hinaus die Option, seine Stimme der Partei seiner Wahl zu geben. Im Ergebnis entstand ein stark fragmentiertes Parteiensystem, in dem der Ver-

---

47 Swirski, Shlomo/Konur, Etti/Yecheskel, Yaron 1998, S. 20.
48 Jerusalem Post, 18. Dezember 2001.
49 Ilan, Shahar 2000, Grafik 7a.
50 Jerusalem Post, 18. Dezember 2001.
51 Interview mit David Silberschlag am 19. April 2001 in Jerusalem.
52 Vortrag von David Silberschlag am 28. März 2001 im Museum Tel Aviv.

tretung von ethnischen, säkularen, insbesondere jedoch auch religiösen Gruppeninteressen höhere Bedeutung zukam als zuvor.

Nicht zuletzt die Erfolgsgeschichte der weitgehend orientalischen Schas-Partei hat dazu beigetragen, dass sich das Selbstbewusstsein ultraorthodoxer Juden erhöhte. Während der neunziger Jahre zunehmend im Zentrum öffentlichen Interesses stehend, erkannten und nutzten die *Charedim* die Möglichkeit, über Knesset, Munizipalräte und andere Institutionen den gesellschaftlichen Diskurs über das Verhältnis von Staat und Religion mitzubestimmen bzw. ihre spezifischen Interessen durchzusetzen.

Neue Infragestellungen und provozierende Herausforderungen entsprangen der „russischen" demographischen Revolution sowie der Zuwanderung von nicht-ultraorthodoxen „Angelsachsen". In dem Maße, wie sich säkulare Trends verstärkten bzw. Reform- und konservatives Judentum Bedeutung erlangten, erhöhten die *Charedim* ihre politische Aktivität. Sie bekämpften jede Veränderung des Status quo zugunsten der nichtjüdischen Bevölkerung bzw. suchten der Zunahme des jüdischen Pluralismus entgegenzuwirken. Entscheidungen des Obersten Gerichts in konkreten Sach- und Verfahrensfragen lehnten sie nicht nur strikt ab, sondern betrachten sie – wie auf der Demonstration von 250.000 *Charedim* im Februar 1999 in Jerusalem artikuliert – als unzulässige Einmischung des Staates in religiöse Belange.

Spezifische Wirkungen zeitigten die Umbrüche in den internationalen Gegebenheiten – Globalisierungstrends und Wirtschaftsverflechtungen, veränderte Markt- und Kaufinteressen, interkulturelle Begegnung und Medienrevolution. Sie beschleunigten die Verwestlichung bzw. Amerikanisierung der israelischen Gesellschaft und ließen Wertekonflikte aufbrechen, die in konservativen Kreisen als Infragestellung des jüdischen Charakters Israels perzipiert wurden. Viele dem ultraorthodoxen Lager nicht zuzurechnende Juden unterstützten daher Bemühungen der religiösen Kräfte, den Verwerfungen und Entfremdungstendenzen in der Gesellschaft durch Betonung des Jüdischen und strengere Befolgung religiöser Vorschriften zu begegnen. Lebensweise und Kultur der *Charedim* gelten nicht wenigen Israelis als Alternative zum säkularen Lebensstil, als Möglichkeit, jüdische Tradition zu bewahren, und als Barriere gegen die Verwandlung Israels in einen Staat „wie jeder andere". Insbesondere die religiös-konservativ orientierte Familie wird als stabile Bastion und sicherer Hort jüdischer Identität beschworen.

Die Welt der Ultraorthodoxen übt zudem auf nicht wenige traditionell denkende Israelis eine gewisse Anziehungskraft aus, da sie die *Charedim* als selbstsicher und von der Richtigkeit ihrer Lebenswelt überzeugt wahrnehmen. Die säkularen oder religiös indifferenten, weltlich orientierten Juden gelten demgegenüber als selbstsüchtig und in ihren politischen Positionen schwankend. Die unter Intellektuellen heftig diskutierte Frage, ob der israelische Staat zugleich jüdisch und demokratisch sein könne, ist für den *Charedi* beispielsweise nicht nachvollziehbar; für ihn sind die jüdischen Werte, insbesondere die Vorschriften der *Halacha*, der allein gültige Maßstab.

Zur Stärkung der *Charedim* und ihres kollektiven Lebensstils haben nicht zuletzt politische Entfremdungstrends und Individualisierungstendenzen unter säkularen Juden beigetragen. So machten bei den Jerusalemer Bürgermeister-wahlen im Juni 2003 weniger als die Hälfte der säkularen Einwohner der Stadt, jedoch 70% der ultraorthodoxen Juden von ihrem Wahlrecht Gebrauch. Das bisherige Bild von den sozialpolitisch aktiven *„Achusalim"* und den politikfer-nen, vorwiegend auf die Gruppe und die Familie orientierten *Charedim* scheint durch die Entwicklung des letzten Jahrzehnts zunehmend auf den Kopf gestellt.

Abgrenzung oder Öffnung der charedischen Lebenswelten

In den neunziger Jahren zeichneten sich in der aschkenasischen ultraorthodo-xen Gemeinde zwei gegenläufige Tendenzen ab. Einerseits verstärkte sich die strenge Abgrenzung von der nichtorthodoxen Welt; andererseits ließen die in der Gesellschaft verlaufenden Modernisierungsprozesse die *Charedim* nicht unberührt. Zu den auf eine „freiwillige Ghettoisierung" gerichteten Trends gehört die Errichtung neuer separater Wohngebiete, in denen sich – wie zum Beispiel in Beitar Elit und Emanuel (Siedlungen in der Westbank) – nicht nur Handel und Versorgung, sondern auch Feuerwehr und Rettungsdienste in den Händen von Ultraorthodoxen befinden. Das Bemühen, die fest gefügte Klei-derordnung nicht zu verändern, schuf für Außenstehende schwer nachvollzieh-bare Situationen. Die religiösen Schaufäden beispielsweise dürfen bis heute nicht maschinell hergestellt, sondern müssen per Hand gefertigt werden. Im Gegensatz dazu öffneten in Jerusalem wie in Bnei Brak Geschäfte ihre Pforten, die Luxuskleidung und moderne Perücken zu horrenden Preisen anbieten. Es entstand „eine Schicht ultraorthodoxer Yuppies".[53]

Im Unterschied zu früheren Jahren entnehmen die *Charedim* ihre Informa-tion über die „äußere" Welt heute fast ausschließlich der ultraorthodoxen Presse. Säkulare Zeitungen und Zeitschriften, israelische und internationale Belletristik oder das Fernsehen gelten als Quellen der Verderbnis für die Jugend. Sie werden abgelehnt bzw. boykottiert. Dagegen haben Videorecorder und – nach dem Golfkrieg von 1991 – das Radio Einzug in die Familien gehalten. Insbesondere die charedische Mittelschicht gehört zu den Lesern der neu ge-gründeten parteiunabhängigen Wochenzeitungen Ha-Mischpachah (Die Fami-lie) oder Ba-Kehilah (In der Gemeinde). In den Blättern werden nicht selten Themen reflektiert, die bis vor kurzem noch tabu waren, seien es die Eingliede-

---

53   Sheleg, Yair 2000, S. 139.

rung von *Charedim* in den Arbeitsprozess oder die Nominierung ultraorthodoxer Kandidaten für öffentliche Ämter. Der „Kulturwandel" signalisiert, dass eine hermetische Abschließung gegenüber der Außenwelt nicht mehr möglich ist

Auch die ausschließliche Nutzung des Jiddischen als Kommunikationsmittel im täglichen Leben lässt sich nicht ohne weiteres beibehalten. Der moderne *Charedi* bewegt sich zumindest zweisprachig. Viele hebräische Slangausdrücke – wie z.B. *chaval al ha-sman* („Schade um die Zeit" bzw. „Völlig klar!") – oder moderne Begriffe wie *midrachah* (Bürgersteig), *machschev* (Computer) u.a. sind inzwischen in die jiddische Umgangssprache eingeflossen. Außerhalb der Gemeinde, beispielsweise im Kontakt mit Behörden, kann auf das moderne Hebräisch nicht verzichtet werden.

Als neue Tendenz auffällig sind Inlandreisen ultraorthodoxer Familien anlässlich religiöser Feiertage. Beliebte Ziele sind nicht mehr nur die mit der Religion verbundenen Plätze oder religiöse Siedlungen, sondern auch „moderne Ressorts", wie der See Genezareth, der Hermon, das Tote Meer oder der Negev. Derartige Vergnügungen, bis in die achtziger Jahre noch einer kleinen Oberschicht der *Charedim* vorbehalten, werden nunmehr von relativ breiten ultraorthodoxen Bevölkerungskreisen wahrgenommen. Sie sind notwendigerweise mit Kontakten zur nicht-charedischen Welt verbunden und dürften insbesondere bei jüngeren Familienmitgliedern Fragen auslösen, die mit dem Lebensstil der „anderen" verbunden sind.

Die Separation der Geschlechter – nach dem Muster des osteuropäischen Schtetl – wie auch die Heiratsvermittlung sind nach wie vor verbreitet. Die heranwachsende Tochter verlässt das Haus der Eltern erst mit der Hochzeit. Neu eingerichtete Zentren für misshandelte Frauen in Meah Schearim und Bnei Brak verweisen jedoch darauf, dass familiäre Stellung und individuelles Selbstbewusstsein der ultraorthodoxen Frau Veränderungen unterworfen sind. Die Tatsache, dass Rabbiner die von ihren Ehemännern vergewaltigten oder geschlagenen Frauen häufiger als zuvor an die Polizei verweisen, anstatt sie zu bedingungslosem Gehorsam zu ermahnen, bezeichnet Silberschlag als „eine Minirevolution".[54]

Zu den bedeutsamsten Neuerungen dürften die Einführung von Computern und der Gebrauch von tragbaren Telefonen zählen. Der traditionell gekleidete, mit dem Handy operierende *Charedi* gehört bereits zum gewohnten Straßenbild Jerusalems oder Bnei Braks. Die Nutzung moderner Medien entspringt einerseits den innerisraelischen Konsumangeboten und Kommunikationszwängen, hängt andererseits jedoch auch mit zunehmenden Kontakten zu den in ihrem Lebensstil zumeist freizügigeren Ultraorthodoxen des Auslands zusammen. Bereits 1998 soll der Anteil der mit einem Computer ausgestatteten ultraortho-

---

54 Vortrag von David Silberschlag am 28. März 2001 im Museum Tel Aviv.

doxen Haushalte 39% betragen und damit 2% über dem israelischen Durchschnitt gelegen haben.[55] Obwohl der Zugang zum Internet für den privaten Gebrauch strikt abgelehnt wird und nur in öffentlichen Einrichtungen erfolgt, arbeiten mit ihm bereits 9,1% der *Charedim*,[56] nicht selten in Ausübung grenzüberschreitender Handelsaktivitäten (z.B. in der Diamantenindustrie).

Der Siegeszug der elektronischen Datenverarbeitung und -übermittlung verändert die ultraorthodoxe Gemeinschaft. Er bietet Männern und vor allem auch Frauen neue Berufsmöglichkeiten, ohne sie direkten Kontakten mit der nicht-orthodoxen Welt auszusetzen. Im Jahr 2002 absolvierten beispielsweise etwa 1.600 ultraorthodoxe Juden, davon etwa ein Drittel Frauen, Kurse in Tätigkeitsbereichen, die keinesfalls als „klassische charedische Berufe" gelten, da sie keinen religiösen Bezug aufweisen.[57]

Staatliche Einrichtungen und zivilgesellschaftliche Organisationen fördern die „Produktivierung" der *Charedim*. Dennoch ist der Prozentsatz derjenigen, die nicht ausschließlich im Studium der heiligen Schriften ihre Lebensaufgabe sehen und einer normalen Berufstätigkeit nachgehen wollen, nach wie vor relativ gering. Der Soziologe Menachem Friedman glaubt gleichwohl einen Trend zur Bildung neuer Eliten zu erkennen. Zugleich verweist er darauf, dass nicht wenige Rabbiner die vorsichtige Öffnung der charedischen Welt mit der Forderung nach stärkerer Abschottung beantworten.[58]

Symbiose ultraorthodoxer und nationalistischer Werte

Zwischen ultraorthodoxer Orientierung und politischer Parteinahme bestehen offensichtlich direkte Verbindungen. Die Politisierung der *Charedim* in den neunziger Jahren wurde z.B. nicht zuletzt durch den Verhandlungsprozess mit den Palästinensern, verantwortet durch die als „säkular" empfundene Rabin-Peres-Regierung und fortgesetzt durch Ehud Barak, beschleunigt. Religiöse Juden gehören häufiger als Säkulare zu den Gegnern politischer Kompromissformeln. Sie betrachten die Aufgabe von Teilen *Erez Jisraels*, somit also auch der 1967 besetzten palästinensischen Gebiete, als Sakrileg. Umfragen des Tami Steinmetz Center for Peace Studies der Universität Tel Aviv ergaben im Januar 1998 eine weitgehende Kohärenz zwischen rechtsextremistischen, nationalistischen und ultraorthodoxen Auffassungen. Ausnahmslos alle befragten *Charedim* verstanden sich als der politischen Rechten zugehörig.[59]

---

55   Sheleg, Yair 2000, S. 144.
56   Interview mit David Silberschlag am 19. April 2001 in Jerusalem.
57   Ha-Arez, 29. Dezember 2002.
58   Ebd.
59   Tami Steinmetz Center for Peace Research 1998, S. 3.

Andere Umfragen aus den neunziger Jahren zeigen die Ultraorthodoxen in ihrem Verhältnis zu den arabischen Bürgern des Landes als die am wenigsten demokratische bzw. tolerante Gruppe.[60] Zur Politisierung im Schatten der Al-Aksa-Intifada gehört auch die Initiative ultraorthodoxer Journalisten im März 2002, vom Wehrdienst freigestellte *Charedim* aufzufordern, angesichts der schwierigen Sicherheitslage des Landes die generellen Bedenken hinsichtlich des Armeedienstes hintan zu stellen und sich als Freiwillige zu melden.[61]

Als neue Tendenz mag das Aufkommen der *Chardalim* (*charedim le'umijim* – nationale Ultraorthodoxe) – die sich verstärkende Symbiose von Nationalismus und ultraorthodoxem Glaubensbekenntnis – gewertet werden. Hintergründe sind einerseits die „Charedisierung" der Siedlerbewegung, andererseits die zunehmende Verbreitung nationalistischer Auffassungen über die ultraorthodoxen Bildungseinrichtungen. Mosche Lissak verweist darauf, dass sich junge *Jeschiva*-Schüler zunehmend für Fragen der Außen- und Sicherheitspolitik interessieren und im Umfeld der Wahlen von 1996 und 1999 – noch bevor die religiösen Autoritäten eine Entscheidung getroffen hatten – mit dem Kandidaten des Likud, Benjamin Netanjahu, sympathisierten. Seiner Auffassung nach entspringen die Motive der *Chardalim*, mit einer nicht-orthodoxen Partei wie dem Likud zusammenzuarbeiten, nicht mehr nur dem Ziel, staatliche Zuwendungen für ihre Bildungseinrichtungen zu erlangen. Mit Blick auf die nationalen Gegebenheiten und landesweiten Konfrontationen nehmen sie vielmehr zunehmend Partei gegen die „Tauben" und für die „Falken".[62] Ideell beziehen sie sich nicht selten auf die Rabbiner Avraham Jizchak Ha-Cohen Kook und dessen Sohn Zvi Jehuda Kook[63] bzw. stehen sie der konservativ-nationalistischen Gesellschaftsprogrammatik der *Gusch Emunim*-Bewegung nahe. Als Hochburgen der *Chardalim* gelten die Jerusalemer Vororte Kirjat Mosche und Har Bracha sowie die Siedlungen in der Westbank Jis'har und Beit El.

---

60 In einer Umfrage von 1992 erklärten 76% der *Charedim*, 56% der Religiösen, 43% der Traditionellen und 28% der Säkularen, nur die Juden hätten ein Recht auf *Erez Jisrael*. Perez, Nachschon 2001, S. 87. Meinungsbefragungen von 1994/95 besagten, dass 70% der *Charedim*, 48% der Religiösen und Traditionellen und 34% der Säkularen eine niedrige Toleranzbereitschaft aufwiesen. Ebd., S. 88. Vgl. auch Ilan, Shahar 2000, S. 54.
61 www.haaretz.co.il/hasite/objects/pages/Print Article.jhtml?itemNo=137991 (6. März 2002).
62 Lissak, Moshe 2000, S. 142.
63 Avraham Jizchak Ha-Cohen Kook (1865-1935) wanderte 1904 in Palästina ein und wurde 1921 erster Oberrabbiner der aschkenasischen Gemeinde. In seinen Schriften verband er zionistisches und religiöses Gedankengut und betonte insbesondere die Zentralität Palästinas für jüdisches Denken. Sein Sohn, Zvi Jehuda Kook (1891-1982), gilt als geistiger Mentor der Siedlerbewegung.

Die „sephardische Revolution"

In den siebziger Jahren brachen innerhalb der charedischen Gemeinschaften Widersprüche zwischen den ethnisch unterschiedlichen Gruppen auf. Die in aschkenasisch dominierten *Jeschivot* ausgebildete Elite frommer orientalischer Juden sah sich von der Wahrnehmung maßgeblicher religiöser, sozialer oder politischer Aufgaben und Funktionen weitgehend ausgeschlossen. Ihre Sprecher waren weder in der Knessetfraktion der Agudat Jisrael noch im rabbinischen Führungsgremium der Partei vertreten. Als Antwort gründeten sephardische *Charedim* in Jerusalem und peripheren Entwicklungsstädten mit vorwiegend traditionsgebundener orientalisch-jüdischer Bevölkerung separate religiöse und soziale Einrichtungen.[64] Die Herausbildung einer eigenen politischen Repräsentation war nur noch eine Frage der Zeit.

Seit 1992 besteht die Gruppe der *Charedim* in der Knesset mehrheitlich aus Parlamentariern der „Vereinigung der Sephardischen Thora-Wächter – Schas". Im Unterschied zur Agudat Jisrael wendet sich Schas nicht ausschließlich an die ultraorthodoxe Gemeinschaft, sondern sucht breitere Bevölkerungskreise anzusprechen. An ihrer Spitze stehen *Charedim* aus dem islamischen Kulturkreis. Der spirituelle Führer der Partei – Ovadja Josef – stammt aus Bagdad und der langjährige Vorsitzende, Arieh Deri, wurde 1959 in Marokko geboren. Die Zahl ultraorthodoxer Anhänger von Schas, zu denen nicht wenige Personen zählen, die der säkularen Welt den Rücken kehrten und zum Glauben „zurückfanden", wird auf etwa 60.000 geschätzt.[65] Angaben, wonach es keine orientalisch-jüdische Familie ohne einen „Rückkehrer" gäbe[66], sind schwer überprüfbar. Interessant ist jedoch, dass zwei der 1999 ins Parlament gewählten Abgeordneten der Partei aus nicht-charedischen Familien stammten und sich erst als Erwachsene dem ultraorthodoxen Lebensstil verschrieben. Einer der im Parlament vertretenen Schas-Abgeordneten – Amnon Cohen – ist in den siebziger Jahren aus Buchara nach Israel eingewandert und hat Russisch als Muttersprache.[67]

Die Mehrheit der Anhänger und Wähler von Schas sind orthodox-religiöse und traditionelle *Misrachim* – Juden aus Nordafrika, Westasien und anderen islamisch dominierten Regionen. Wenn man berücksichtigt, dass bei den Knessetwahlen 1999 und 2003 für die Partei 430.676 bzw. 258.879 Stimmen abgegeben wurden, so kann die Zahl der nicht-charedischen Schas-Wähler durchaus auf mehrere Hunderttausend geschätzt werden. Es handelt sich einerseits um orientalische Juden, die für einen dem jüdischen Gesetz verpflich-

---

64 Friedman, Menachem 1991, S. 177f.
65 Bick, Etta 2001, S. 59.
66 Ebd., S. 55.
67 Gespräch mit Dima Ladishensky, Mitarbeiter im Büro des Knessetabgeordneten Roman Bronfman, am 2. Mai 2000 in Jerusalem. Cohen wurde 2003 wiedergewählt.

teten Staat eintreten, andererseits um *Misrachim*, die mit ihrem Votum vor allem gegen die aschkenasische Dominanz protestieren wollen. Sie gehörten nach 1977 mehrheitlich zunächst zum Wählerpotenzial des Likud. In der Knessetwahl 1981 unterstützten sie die vornehmlich durch marokkanische Juden gegründete Partei Tami, die die gesellschaftliche Gleichstellung der *Misrachim* als Hauptziel in ihre Wahlplattform aufgenommen hatte. Ab Mitte der achtziger Jahre betrachteten sie Schas als ihre Interessenvertreterin und religiös-politische Heimat.

Der Schriftsteller und Politologe Sami Schalom Chetrit verweist darauf, dass der – irreführende – Begriff *sfaradi* in der Selbstbezeichnung der Partei offensichtlich bewusst als religiöser und kultureller Bezugspunkt zum Judentum des westlichen Mittelmeerraumes gewählt wurde. Er bezweifelt, dass dieser Geschichtsbezug die Mehrheit der Schas-Sympathisanten auf lange Sicht befriedigen kann. Annähernd 200.000 Wähler hätten mit ihrer Stimmabgabe 1999 nicht sagen wollen „Ich bin ein ultraorthoxer *Sfaradi*", sondern „Ich bin ein unabhängiger *Misrachi*".[68] Den Frust der aufbegehrenden und selbstbewußten *Misrachim* im Verhältnis zu den dominanten Aschkenasim fasste Parteisprecher Jizchak Sudri im Juni 2000 – unmittelbar bevor Schas die Regierungskoalition Baraks aufkündigte – in die Worte: „An dem Tag, an dem wir diese Regierung verlassen, werden wir den Befreiungstag der *Misrachim* verkünden. Es wird unser ‚Tag des Bodens' sein. [...] Es wird der Tag der Befreiung von aschkenasischer Vorherrschaft sein."[69]

Die „sephardische Revolution" – der Aufstieg der *Misrachim* – vollzieht sich auf mehreren Ebenen. Zunächst suchen die sephardischen Rabbiner ihre Auslegung jüdischer Religiosität und Existenz als die einzig richtige gegenüber den Auffassungen der aschkenasischen Thora-Gelehrten durchzusetzen und zu verbreiten. Ihre Forderung, „die alte Herrlichkeit wiederherzustellen"[70], beinhaltet die Besinnung auf die eigenständige religiöse Tradition. Zugleich soll die Rückkehr zu den „guten alten Zeiten", in denen sich das sephardische Judentum auf dem Höhepunkt seines Glanzes und Einflusses befand, beschworen werden. Die seit den neunziger Jahren auf vielen Wahlplakaten zu findende Formel kann auch als Absicht gedeutet werden, die sephardische Dominanz über religiöse jüdische Angelegenheiten zurückzuerobern.[71] Aaron Willis geht

---

68 Chetrit, Sami Shalom 2000, S. 59.

69 Ha-Arez, 15. Juni 2000. Der „Tag des Bodens" wird seit 1976 jährlich von den arabischen Bürgern Israels mit Demonstrationen und Kundgebungen begangen. Im Zitat wird er als Synonym für Proteste gegen das israelische Establishment benutzt.

70 *Lehachsir atarah le-joschana* – „die Krone (der Thora) zurückbringen" wird von Neugart mit „Die alte Herrlichkeit wiederherstellen" übersetzt. Chetrit gibt den Satz wider als „bringing back the crown (of the Thora) to the (good) old days" (Chetrit, Sami Shalom 2000, S. 57). Gemeint ist offensichtlich, die alte „Herrlichkeit" bzw. „Herrschaft" wiederherzustellen.

71 Ebd., S. 57f.

z.B. davon aus, dass Schas in der Lage sein könnte, die nationalreligiöse Mafdal als Sprecherin der Religiösen zu ersetzen, wenn es darum geht, das Verhältnis von Staat und Religion neu zu definieren.[72]

Obwohl sephardische Rabbiner – wie ihre aschkenasischen „Kollegen" – die *Halacha* als das Grundgesetz gesellschaftlichen Lebens betrachten, stehen sie der Moderne in der Regel offener und kompromissbereiter gegenüber und finden daher auch in nicht-charedischen Kreisen größere Resonanz. Adina Bar-Schalom, die älteste Tochter Ovadja Josefs, lebt beispielsweise in Tel Aviv in säkularer Umgebung. Die gelernte Modedesignerin schickte ihre Tochter zum Studium an die Universität Tel Aviv und eröffnete am 26. Februar 2001 ein College für ultraorthodoxe Frauen und Mädchen. In einem Hintergrundgespräch betonte sie: „Bildung ist der Schlüssel zum Erfolg. Das trifft für Mädchen und Frauen genauso zu wie für Männer." Ihr Vater habe sie in ihrem Anliegen unterstützt und ihr den Rücken gestärkt. Angriffe in der ultraorthodoxen Presse gegen ihr Projekt habe er mit den Worten kommentiert: „Was soll das, wir leben doch nicht vor 300 Jahren!"[73]

Nahezu alle Knessetabgeordneten von Schas haben in der israelischen Armee gedient – zum Teil freilich verkürzt oder in speziellen Einheiten. Unabhängigkeitstag und *Jom ha-Sikaron*, der Gedenktag für die in israelischen Kriegen Gefallenen, werden von ihnen ohne Vorbehalt oder ideellen Abstrich begangen. Auch in der Kleidung zeigen sich Unterschiede. Nicht Kaftan, sondern dunkler Anzug und Krawatte charakterisieren das Outfit des sephardischen Rabbiners oder Parlamentsabgeordneten. Viele Frauen verzichten auf die Perücke und verbergen ihr Haupthaar unter einem Hut.

Die Einsicht, dass die Wandlungen in der Gemeinschaft eine unausweichliche Realität widerspiegeln, bedeutet für die ultraorthodoxen Rabbiner allerdings nicht, auch nur einen Schritt von den religiösen Vorschriften abzugehen. Die Frontstellung gegen Assimilierungs- und Säkularisierungstendenzen bleibt – schon im Eigeninteresse – zentrales Anliegen der sephardischen *Charedim*. Dabei verschieben sich mitunter die Sichten und Vergleiche. Empörung in der israelischen Öffentlichkeit rief im Dezember 2001 z.B. die Bemerkung des israelischen Gesundheitsministers und Schas-Abgeordneten Nissim Dahan hervor, nicht die Schoah, sondern die Assimilierung von Juden an die – nichtjüdische – Lebenswelt sei die größte Katastrophe in der Geschichte des Judentums.[74]

Hauptgründe für die gesellschaftliche Resonanz von Schas, insbesondere in der orientalisch-jüdischen Bevölkerung, sind der Protest gegen soziale Diskriminierung und die populistischen Vorschläge der Partei zu deren Überwindung. Vor allem im Bildungssektor wird versucht, die Abhängigkeit vom aschkenasi-

---

72 Willis, Aaron 1992, S. 3.
73 Hintergrundgespräch mit Adina Bar-Schalom am 1. Mai 2001 in Tel Aviv.
74 Ha-Arez, 30. Dezember 2001.

schen Establishment zu durchbrechen. David Tal, 1999 bis 2003 Mitglied des Knessetausschusses für Arbeit und Wohlfahrt, umriss das Problem in einem Hintergrundgespräch wie folgt: „Es gibt zu meinem Bedauern noch Schulen, die überhaupt nicht bereit sind, *Sephardim* aufzunehmen, oder wenn sie es tun, dann nur einen bestimmten Prozentsatz – 5 oder 10%, maximal 15%, um die aschkenasisch-jüdische Dominanz zu erhalten. Als wir diese anhaltende Diskriminierung sahen, haben wir uns erhoben und die Partei gegründet."[75]

Obwohl Schas als ethnische Partei und soziale Bewegung der orientalischen Juden in den aschkenasischen Parteien ihre politischen Gegner sieht, sind ihre Politiker offensichtlich bei den israelischen Sozialdemokraten in die Lehre gegangen. Tal betonte, Schas habe aus den Erfolgen der historischen Mapai gelernt und nach deren Vorbild ein eigenes Schulsystem, eigene Konsumgenossenschaften und eine eigene Krankenkasse aufgebaut. Von besonderer Bedeutung ist die 1985 gegründete Dachorganisation *El ha-Ma'ajan* (Zur Quelle), die sich der „Förderung der traditionellen Werte des religiösen Judentums in Israel und in der Diaspora", der „Pflege jüdischen religiösen Lebens" und der „Erziehung der Jugend zum Judentum und zur Religiosität" verschrieben hat.[76] Sie widmet sich der Unterstützung armer und sozial schwacher *Misrachim* bzw. kinderreicher Familien und gründete Altersheime, medizinische Einrichtungen und Geschäfte, in denen lebensnotwendige Güter zu Großhandelspreisen erworben werden können. Die soziale Komponente in der Wirksamkeit von Schas trug dazu bei, dass die Partei bei den Knessetwahlen 1999 vor allem in Jerusalem und in den von hoher Arbeitslosigkeit gezeichneten Entwicklungsstädten erfolgreich war.[77] Durch ihre Präsenz in mehreren Regierungen gelang es ihr, beträchtliche öffentliche Zuwendungen auf sich zu ziehen. So erhöhten sich die staatlichen Gelder für das Bildungsnetz *Ma'ajan ha-Chinuch ha-Torani* zwischen 1990 und 1999 von 12,5 Mill. NIS auf 137,3 Mill. NIS.[78]

---

75 Interview mit David Tal am 8. Mai 2001 in der Knesset in Jerusalem.

76 *Takanon El ha-Ma'ajan* (Statut von El ha-Ma'ajan); im Rascham Amutot (Amt zur Registrierung von gemeinnützigen Organisationen) registriert unter 58-009-040-5; die Organisation bezeichnete sich bei ihrer Gründung am 11. September 1985 als *Keren Chinuch , El ha-Ma'ajan'* und benannte sich am 4. Mai 1988 um in *El ha-Ma'ajan Keren Chinuch le-Moreschet Jahadut Sfarad* (El ha-Ma'ajan – Bildungsfonds [zur Pflege] des Vermächtnisses des sephardischen Judentums); das Statut wurde wiederholt - so im Mai 1988, im Dezember 1993 und im März 2000 - verändert.

77 Schas wurde in 30 Orten stärkste Partei, u.a. in Jerusalem mit 17,3%, in Beerscheva mit 22,7%, in Aschdod mit 21,3%, und in Netivot, das landesweit die höchste Arbeitslosenrate aufwies, mit 43,5%. Jediot Acharonot, 20. Mai 1999.

78 Ilan, Shahar 2000, Abb. 6b.

Bildungsimpulse á la Schas

In den von Schas geleiteten Schulen wird besonderer Wert auf Kenntnisse über das orientalisch-jüdische Geistesleben in Geschichte und Gegenwart gelegt. Dazu Tal: „Als ich in die Schule ging, habe ich etwas über Chaim Nachman Bialik, Schaul Tschernichowski, Chaim Hasas und S. I. Agnon gelernt. Sie kamen alle aus Europa. Ich habe jedoch nichts über Jehuda Halevy, Ibn Gabirol und Ibn Esra und auch nichts über Schalom Schabasi aus dem Jemen oder andere gehört, obwohl es ganz außergewöhnliche Dichter aus dem Orient gab."[79]

Einen hohen Stellenwert besitzt für Schas die Pflege religiösen Brauchtums und spiritueller Traditionen. Während die aschkenasische Ultraorthodoxie das Judentum in erster Linie als „Religion der Schrift" versteht und sein Überleben in der Moderne auf die exakte Befolgung der schriftlich überlieferten Quellen zurückführt, ist die Religiosität der *Misrachim* stärker – wenngleich nicht ausschließlich – auf eine volkstümliche, in hohem Maße auf die Familie zentrierte Gläubigkeit ausgerichtet.[80] Die Revitalisierung entsprechender religiöser Traditionen wurde von den betreffenden Bevölkerungskreisen zustimmend aufgenommen und nachgelebt. Pilgerfahrten zu den Gräbern berühmter Rabbiner, z.B. zum Grab von Schimon Bar Jochai in Meron, sind zu einer religiösen „Modeerscheinung" geworden, an der sich Zehntausende beteiligen. In diesem Sinne ist der Erfolg von Schas nicht nur als Rebellion gegen die Moderne, sondern auch gegen das religiöse aschkenasische Wertesystem zu verstehen. Vielfach trat an die Stelle traditionalistischer oder auch modernistischer Rationalität der Hang zu Spiritualismus, Mystizismus und Aberglauben.

Rabbiner wie Ovadja Josef verstanden es, dem Bedürfnis der *Misrachim* nach gleichberechtigter Integration in die Gesellschaft zu entsprechen und dabei an die ursprüngliche Identität anzuknüpfen. Sie vermochten es, religiös motivierten orientalischen Juden den Stolz auf ihre Traditionen und die verloren geglaubte Würde zurückzugeben. Tal suchte diesen Sachverhalt folgendermaßen zu erklären: „Die *Misrachim* und auch die Araber, aus deren Welt wir schließlich kommen, messen der Ehre große Bedeutung bei. Ich denke, die Ehre hat bei uns größeres Gewicht als bei den *Aschkenasim*. Das Vermächtnis der Vorfahren, des Elternhauses und insbesondere des Vaters zu ehren, hat bei den *Sephardim* beispielsweise einen höheren Stellenwert als bei Menschen aus anderen Ländern."[81]

Anders als Agudat Jisrael definiert sich Schas nicht als antizionistisch, sondern betont vielmehr: „Wir sind die wahren Zionisten"[82]. Von ihren Gegnern

---

79 Interview mit David Tal am 8. Mai 2001 in der Knesset in Jerusalem.
80 Sheleg, Ya'ir 2000, S. 192.
81 Interview mit David Tal am 8. Mai 2001 in der Knesset in Jerusalem.
82 Dayan, Arye 1999, S. 9.

werde die Partei, um sie ihrer Legitimität und ihres Ansehens zu berauben, als „nichtzionistisch" bezeichnet.[83] Sie vermittle ihren Anhängern ein auf dem orthodoxen Judentum basierendes orientalisches Identitätsgefühl, das sich nicht gegen die Ziele des Zionismus, sondern einzig gegen dessen säkulare Definition richte. Nicht zuletzt durch diese „Klarstellung" gelang es Schas, große Unterstützung in einer Wählerschaft zu finden, die zunächst ein treues Klientel des zionistischen Likud darstellte. Laut Tal sei alles eine Frage der Definition: „Wenn man sagt, Zionismus ist nur Bialik und Altermann und Tschernichowski, dann bin ich kein Zionist. Aber wenn Zionismus bedeutet, nach *Erez Jisrael* zu kommen, sich hier anzusiedeln, die Thora zu studieren, das Vermächtnis unserer Väter zu bewahren, die Pflichten der Thora zu erfüllen, hier einen Staat zu errichten, der für alle gut sorgt, auch für die nichtjüdischen Minderheiten, einen Staat, der prinzipiell auf den Grundwerten des Judentums basiert, dann bin ich der glühendste Zionist."[84]

Das Selbstbewusstsein der *Misrachim* hat sich durch die Erfolge der Schas-Partei in den neunziger Jahren sichtbar erhöht. Auch die aschkenasischen *Charedim* blieben davon nicht unbeeinflusst. David Silberschlag, dessen Vater aus Deutschland und dessen Mutter aus dem Elsass stammen und beide der Schoah durch illegale Einwanderung nach Palästina zu entrinnen vermochten, vertritt z.B. die Meinung, Schas habe die charedische Gemeinschaft durch Abspaltung der sephardischen Rabbiner zwar geschwächt, zugleich jedoch das Selbstbewusstsein der *Charedim* insgesamt gestärkt. Er spricht von einer „wirklichen Revolution", die Schas in den Entwicklungsstädten vollbracht habe.[85] Der Knesset-Abgeordnete David Tal will die „sephardische Revolution" sogar auf die ganze Gesellschaft bezogen wissen. Er betont, dass noch nicht alle gesellschaftlichen Ziele erreicht seien. „Es gibt noch drei Festungen, die wir nicht genommen haben. Das sind das Kommunikationssystem, die wissenschaftlichen Einrichtungen und die Justiz. Wenn also von Revolution gesprochen wird, so muss gesagt werden, dass sie erst vollendet sein wird, wenn wir auch diese drei Bastionen erstürmt haben."[86]

Fronten und Themen im „Kulturkampf"

In politischen Disputen und akademischen Streitgesprächen wird für die Auseinandersetzungen zwischen säkularen und religiösen Juden seit Beginn der

---

83 Vgl. Willis, Aaron 1992, S. 4.
84 Interview mit David Tal am 8. Mai 2001 in der Knesset in Jerusalem.
85 Interview mit David Silberschlag am 19. April 2001 in Jerusalem.
86 Interview mit David Tal am 8. Mai 2001 in der Knesset in Jerusalem.

neunziger Jahre häufig der Begriff *milchemet tarbut* (Kulturkampf) benutzt.[87] Im Mittelpunkt der Kontroversen steht die Frage, wie das Verhältnis von Staat und Religion künftig gestaltet werden soll. Am Streit beteiligen sich mit z.T. extrem konträren Standpunkten sowohl Einzelpersonen als auch politische Parteien, zivilgesellschaftliche Organisationen und religiöse bzw. staatliche Institutionen. Das Spektrum der Disputanten reicht von Bürgern, die die Religion als Relikt der Vergangenheit ablehnen und ihre jüdische Identität vor allem über das Nationale – über die historische „Schicksalsgemeinschaft" und die jüdische Kultur – definieren, bis zu jenen, die der Meinung sind, das Judentum werde ohne religiöse Grundlage verschwinden, und daher die strikte Befolgung der religiösen Vorschriften und Pflichten als einzige Überlebenschance ansehen.

Zwischen beiden Polen befindet sich eine große Gruppe von Bürgern, die das religiöse Bekenntnis zwar als Privatangelegenheit betrachten, die enge Verknüpfung von Religion und Volk jedoch als gegeben ansehen. Sie lehnen Israel als säkularen Staat und gleichermaßen die Trennung von Staat und Religion ab und befürworten statt dessen einen jüdischen Nationalstaat, der sich nicht zuletzt durch religiöse Symbole, Feiertage und spezifisches Brauchtum von der Umwelt abhebt. Ihrer Meinung nach seien Legislative und Exekutive durchaus berechtigt, Entscheidungen in religiösen Fragen zu treffen. Religiösen Instanzen wird ein Mitspracherecht in staatlichen Belangen zugestanden.

Nicht unwesentlich wird der „Kulturkampf" auf parlamentarischer Ebene zwischen den religiösen Parteien und dem „säkularen Lager" ausgetragen. Beim Versuch, die seit 1999 in der Knesset vertretenen Parteien in das säkular-religiöse Spektrum einzuordnen, ergibt sich sehr bald das Problem, dass der Riss mitunter quer durch die Parteien geht bzw. dass einige Wahlplattformen keine Aussagen über das Verhältnis von Staat und Religion enthalten. Der Politologe Benjamin Neuberger unterteilt das nichtreligiöse Lager in Parteien, die einen pragmatischen oder einen radikalen Säkularismus vertreten.[88] Folgt man dieser Klassifizierung, so gehören der ersten Gruppe die Arbeitspartei (Avodah) und die bis 2003 im Parlament vertretenen Parteien der Neueinwanderer Jisrael ba-Alijah, Mifleget ha-B'chirah ha-Demokratit und Jisrael Beitenu, der zweiten Gruppe dagegen Schinui, Merez und die arabisch-jüdische Chadasch an. Für eine Trennung von Staat und Religion sprach sich 1999 in ihrem Wahlprogramm auch die arabische Partei Balad aus. Radikal-religiöse Standpunkte vertreten dagegen die ultraorthodoxen Parteien Vereinigtes Thora-Judentum und Schas sowie die nationalreligiöse Mafdal, während sich Likud, Ichud Le'umi

---

87 *Milchemet tarbut* heißt wörtlich „Kulturkrieg" und wird im Englischen mit *cultural war* oder *culture war* wiedergegeben. Der mitunter genutzte deutsche Begriff hat seinen Ursprung in der Auseinandersetzung zwischen Staat und katholischer Kirche in Preußen und Deutschland zwischen 1871 und 1887.

88 Neuberger, Benjamin 1997b, S. 208.

und Am Echad weitgehend pragmatisch-zentristisch für den Erhalt des Status quo einsetzen.

In den Plattformen und Kampagnen anlässlich der Knessetwahlen 1999 wurde die jeweils andere Seite im Kulturkampf nicht selten heftig attackiert. So sah sich Schinui in einem Kampf „gegen religiösen Zwang, gegen die Versuche der Rabbiner, Israel in einen *Halacha*-Staat zu verwandeln, gegen die Erpressung der *Charedim* und gegen ihre Drückebergerei hinsichtlich des Armeedienstes". „Wir sind für eine aufgeklärte liberale Gesellschaft", hieß es weiter in der Wahlplattform, „in der jeder Bürger nicht nur Religionsfreiheit genießt, sondern auch frei von der Religion ist".[89] Das Vereinigte Thora-Judentum setzte dem entgegen: „Unsere Ziele richten sich auf die Tätigkeit und den Kampf für die weitere Existenz des Volkes Israel als jüdisches Volk. Zu unserem Bedauern gibt es in Israel Parteien, die die über Generationen gewahrte Kette unserer Existenz als jüdisches Volk zerreißen wollen. Sie beabsichtigen, uns in ein Gemeinwesen zu verwandeln, das von seinen Wurzeln losgelöst ist. Sie wollen uns zu einer kosmopolitischen liberalen Gesellschaft ohne Vergangenheit und folglich ohne Zukunft machen."[90]

Hatte bis in die achtziger Jahre die Politik der Zugeständnisse in der Öffentlichkeit den Eindruck eines ausgewogenen Kräfteverhältnisses zwischen Säkularen und Religiösen vermittelt, belegen die Kontroversen des letzten Jahrzehnts, dass beide Antipoden zunehmend die Vorherrschaft in der Gesellschaft zu erringen trachten. Die Politisierung der *Charedim* einerseits und das Streben der westlich orientierten „säkularen Yuppies" nach „Normalität" andererseits setzten Alarmzeichen und schienen den eigenen Lebensweg zu gefährden. Auf beiden Seiten lautet die Alternative: „*Hem o anachnu*" (sie oder wir).

Die Kontroversen konzentrieren sich auf drei Wirkungsfelder – auf die Forderung religiöser Kreise, die gesamte jüdische Bevölkerung zur Einhaltung des religiösen Pflichtenkanons zu veranlassen; auf das Bestreben der *Charedim*, durch mehr Zuwendungen des Staates ihren Lebensstil aufrechtzuerhalten bzw. ihre Subkultur zu stärken; und auf Versuche, die seit Staatsgründung anhaltende Debatte über jüdische Identität und Personenstandsfragen mit Hilfe des Gesetzgebers zu entscheiden.[91]

Gegenseitiges Misstrauen und Militanz in den Auseinandersetzungen haben sich während der neunziger Jahre wesentlich verstärkt. Im April 2000, somit vor Ausbruch der Al-Aksa-Intifada, vertraten 50% der Israelis die Auf-

---

89 Ha-Tnuah le-Jahadut Mitkademet be-Jisrael: Mah mezi'im lach/lecha? Maz'ei ha-miflagot ha-mitmodedot ba-b'chirot la-knesset ha-15 be-nose dat u-medinah (Was wird dir vorgeschlagen? Die Wahlplattformen der Parteien, die zur 15. Knesset kandidieren, zur Frage des Verhältnisses von Religion und Staat), o. O. 1999, S. 21f.

90 Ebd., S. 9.

91 Don-Yehija, Eliezer 1997, S. 35f.

105

fassung, dass sich das Verhältnis zwischen Religiösen und Säkularen während der vergangenen fünf Jahre verschlechtert habe; 70% bezeichneten die Auseinandersetzung als „Kulturkampf".[92] Im September desselben Jahres gaben 66% der Befragten an, sie hielten eine militante Eskalation des Konflikts zwischen beiden Gruppen für durchaus denkbar und wahrscheinlich.[93]

Zu einem mit viel „Zorn und Eifer" ausgetragenen Schlagabtausch führte Ende der neunziger Jahre die Absicht der Staatsmacht, die generelle Befreiung der *Jeschiva*-Schüler vom Wehrdienst aufzuheben. Die noch von David Ben Gurion vor Staatsgründung getroffene Festlegung, nach der ultraorthodoxe Juden, um sich dem Studium der Thora widmen zu können, vom Dienst in der Armee zu befreien seien, war für den Mapai-Politiker kein Problemfall; sie betraf zu jener Zeit lediglich etwa 400 Personen. Die wachsende Zahl von erwachsenen *Jeschiva*-Studenten – 1967 noch 5000, 1991 bereits 21.975[94] und 1999 etwa 30.400[95] – Menschen also, die in der Mehrheit nicht bereit waren, gesellschaftliche Pflichten zu übernehmen, jedoch durch den Staat alimentiert wurden, führte zum Umdenken und zu Protesten in der säkularen Bevölkerung.

Angesichts der öffentlichen Debatte mit sich verhärtenden Frontstellungen beschloss das Oberste Gericht im Dezember 1998, die Befreiung vom bzw. die Einberufung zum Militärdienst für *Jeschiva*-Studenten innerhalb eines Jahres zu klären und die angestrebte Kompromissformel per Knessetbeschluss zu legalisieren. Die daraufhin unter Leitung des Juristen und ehemaligen Präsidenten des Obersten Gerichts, Zewi Tal, eingesetzte Kommission unterbreitete am 13. April 2000 den Vorschlag einer Interimsregelung; er wurde jedoch sowohl von den säkularen als auch von den religiösen Parteien abgelehnt.[96] Nach der Direktwahl Ariel Scharons zum Ministerpräsidenten wurde die vom Obersten Gericht verlangte Beschlussfassung für zwei Jahre ausgesetzt. Im Juli 2002 bestätigte die Knesset schließlich das so genannte „Tal-Gesetz" für eine „Erprobungszeit" von fünf Jahren.[97] Es wurde am 2. Februar 2003 in Kraft gesetzt; seine Umsetzung erscheint mit Blick auf die neue Regierungskoalition allerdings ungewiss.

---

92   Ha-Zofeh, 6. April 2000.
93   Maariv, 19. September 2000.
94   Neuberger, Benyamin 1994, S. 117.
95   Ilan, Shahar 2000, S. 114. Gabi Butbul, Vorsitzender einer Vereinigung, die sich die Eingliederung von Charedim in das Berufsleben zur Aufgabe gestellt hat, gab im Juni 2003 die Zahl von *Jeschiva*-Studenten, die älter als 18 Jahre waren, mit über 80.000 an. Ha-Arez, 18. Juni 2003.
96   Tal-Report bzw. „Tal-Gesetz" sehen vor, dass ein *Jeschiva*-Student mit dem 23. Lebensjahr in ein Entscheidungsjahr eintritt und sich in dessen Verlauf festlegt, ob er künftig arbeiten oder religiöse Studien betreiben will. Wenn er sich für die Beendigung des *Jeschiva*-Studiums entschließt, muss er entweder vier Monate Militärdienst oder ein Jahr Zivildienst ableisten.
97   Alon, Gideon: Tal Law deferring draft for yeshiva students passes 51-41, www.haaretzdaily.com/ hasen/objects/pages/PrintArticleEn.jhtml?itemNo=190056 (24. Juli 2002).

Das Tauziehen um das Gesetz ist symptomatisch für das politische Kräfteverhältnis, für den Umgang mit dem Status quo und für die politische Kultur in Israel: Der Oberste Gerichtshof fasst einen bindenden Beschluss; die Legislative beruft eine Kommission, die einen Kompromissvorschlag erarbeitet; in der Knesset fehlt die Mehrheit für eine entsprechende Entscheidung; der Problemfall wird auf Eis gelegt; eine gesellschaftliche Herausforderung bleibt über Jahre unbeantwortet und unerledigt.

Das säkulare Lager zeigte sich im konkreten Fall in der Lage, Forderungen zu artikulieren und dafür die Zustimmung des Obersten Gerichts zu erlangen. Aufgrund der starren Positionen der religiösen Parteien sowie der pragmatisch-kompromissbereiten Haltung des national-konservativen Flügels jedoch wurde eine Pattsituation herbeigeführt bzw. in einer konkreten Frage ein gesellschaftliches Vakuum geschaffen. Der Tal-Report ist nicht das einzige Gesetzesvorhaben, für dessen Verabschiedung sich die Knesset als überfordert erwies.

Zu einem weiteren Casus Belli im „Kulturkampf" wurde die per Gesetz festgelegte Definition „Wer ist Jude", verbunden mit der Auseinandersetzung um Konversion, Rückkehrgesetz und Veränderungen im Familienrecht. Eine Studie des Tami Steinmetz Center von April 2000 kam zu dem Ergebnis, dass 30% der israelischen Juden das Rückkehrgesetz in seiner gegenwärtigen Form ablehnen. Zu den heftigsten Gegnern gehörten freilich nicht die säkularen Linken, sondern vor allem orthodoxe und ultraorthodoxe Juden. Ihre Kritik richtete sich darauf, dass Neueinwanderern angeblich zu schnell die Staatsbürgerschaft und das Wahlrecht zuerkannt würden. Die säkularen Gegner des Gesetzes erklärten ihrerseits, dass die juristischen Vorgaben undemokratisch seien und die nichtjüdischen Bevölkerungsgruppen in Israel diskriminieren würden.[98]

In den anhaltenden Diskussionen meldeten sich auch Vertreter des Reform- und des konservativen Judentums zu Wort, deren Rabbiner in Personenstandsangelegenheiten bis heute nicht im Lande tätig sein dürfen. Sie errangen im Februar 2002 einen ersten Sieg. Das Oberste Gericht beschloss, in Israel vorgenommene Übertritte zum Judentum seien auch dann gültig, wenn sie nicht nach orthodoxem Ritus erfolgt seien. Der aschkenasische Oberrabbiner Meir Lau, auf sein spezifisches Machtmonopol pochend, konterte jedoch sofort: Die Identitätskarten der auf diese Weise zum Judentum Übergetretenen seien im Falle eines Antrags auf Eheschließung in Israel wertlos; die entsprechenden Personen würden nur im Landesregisteramt, nicht jedoch im Rabbinat und im Einwanderungsministerium als Juden geführt.[99] Auch der damalige Innenminister Eli Jischai, zugleich Vorsitzender von Schas, bezweifelte die Rechtmäßigkeit

---

98   Sheleg, Yair: 30 percent want Law of Return changed, Haaretz, 4. April 2000.
99   Ha-Arez, 20. Februar 2002.

der Entscheidung des Obersten Gerichts.[100] Betroffen von der ungeklärten Identitätslage sind vor allem Israelis, die in der Statistik als Personen „ohne Religionszugehörigkeit" geführt werden, somit 250-300.000 Neueinwanderer, die von den rabbinischen Behörden nicht als Juden anerkannt werden.

Zuspitzungen im Verhältnis von Religion und Politik

Einen optisch und verbal informativen Höhepunkt erlebte der „Kulturkampf" während der Wahlkampagne 1999. Merez ließ in einem Fernsehspot eine Netanjahu-Puppe nach den Klängen einer Klezmer-Band ultraorthodoxer Minister tanzen; Schinui-Führer Josef (Tomy) Lapid legte nach, indem er die „orthodoxen Geschäftemacher, die mit Hilfe politischer Manipulation das israelische Volk zu spalten suchen", attackierte.[101] Die russischsprachige Version des Wahlspots von Jisrael ba-Alijah *„Misrad ha-pnim pod Schas-kontrol? Njet! Misrad ha-pnim pod nasch kontrol!"* (Das Innenministerium unter Schas-Kontrolle? Nein! Das Innenministerium unter unsere Kontrolle!) geriet in der israelischen Bevölkerung zum geflügelten Wort.

Auch die politischen Vertreter der ultraorthodoxen Parteien ließen es nicht an Deutlichkeit in ihren Angriffen auf die Säkularen fehlen. So erklärte Schas-Führer Deri: „Es gibt eine Gruppe im Staat Israel, die glaubt, das Land gehöre ihr […]. Diese Gruppe hat entschieden, einen säkularen Staat zu errichten, in dem es verboten ist, Thora, Judentum und *Schabat* auch nur zu erwähnen. Sie nehmen uns unsere Jugendlichen zu Hunderttausenden, trennen sie von ihren Familien und den Rabbinern und rauben ihnen ihre Seele."[102] Der geistig-religiöse Führer der Schas-Partei, Ovadja Josef, erklärte gar, die Immigrantenpartei Jisrael ba-Alijah brächte „Ungläubige aus Russland und aus der Hölle" nach Israel.[103] Der damalige Parteivorsitzende Arieh Deri nutzte seine Verurteilung wegen finanzieller Unregelmäßigkeiten zu Angriffen auf das israelische Rechtssystem. Er trat erst nach den Wahlen von seinen Ämtern zurück. Die „säkularen Eliten" in Israel beschuldigte er, ihm einen unfairen Prozess gemacht zu haben. In der Geschichte des Landes habe es bisher – mit Ausnahme der Prozesse gegen Eichmann und Demaniuk[104] – kein derart hartes Gerichts-

---

100 Ha-Arez, 21. Februar 2002.
101 Haaretz, 7. Mai 1999.
102 Haaretz, 29. April 1999.
103 Jerusalem Post, 17. Mai 1999.
104 Der Ukrainer Iwan Demaniuk wurde im Februar 1986 wegen des Verdachts auf Verbrechen gegen das jüdische Volk, wegen Kriegsverbrechen und Verbrechen gegen die Menschlichkeit, begangen insbesondere im Vernichtungslager Treblinka, vor ein israelisches Gericht gestellt, letztlich jedoch nicht verurteilt, da seine Identität nicht zweifelsfrei nachgewiesen werden konnte.

verfahren wie gegen ihn gegeben.[105] Nach seiner Haftentlassung behauptete Deri, er sei verurteilt worden, weil die „traditionelle misrachische Kultur, die seit Gründung des Staates erfolgreich unterdrückt worden war, zu erwachen begann". Das habe das Gefühl erzeugt, die säkulare europäisch-aschkenasische Kultur sei bedroht. Somit habe es sich nicht um ein juristisches Verfahren, sondern im wahrsten Sinne des Wortes um „Kulturkampf" gehandelt.[106]

Die Auseinandersetzungen blieben nicht auf den Wahlkampf beschränkt. Der wechselseitige Austausch von Verdächtigungen und Beschimpfungen wurde zum Bestandteil des politischen Lebens im Lande und der „Streitkultur" im Parlament. So bezeichnete der Knessetabgeordnete des Vereinigten Thora-Judentums, Schmuel Halpert, im November 1999 die nichtjüdischen Einwanderer aus der ehemaligen Sowjetunion als „Fünfte Kolonne, die für den Staat ein nationales Sicherheitsproblem" darstelle.[107] Rabbiner David Benisri von Schas ging noch weiter. Er erklärte, dass eine weitere Million Einwanderer aus den GUS-Staaten einem „geistigen Holocaust" gleich käme.[108] Auf einer Demonstration von Schas-Anhängern in Beit Schemesch, gerichtet gegen die Eröffnung von Geschäften, die nichtkoschere Waren, u.a. Schweinefleisch, im Angebot hatten, wurde im November 1999 lautstark „Russen raus!" skandiert. Die Antwort der Neueinwanderer lautete: „Schas – das ist die jüdische Hamas!"[109] Der Skandal in Beit Schemesch endete mit formalen gegenseitigen Entschuldigungen. Ähnliche Eskalationen an anderen Orten blieben nicht aus.

Obwohl sich Schas als „zionistische" Partei bzw. Bewegung versteht, richteten sich die verbalen Angriffe aus dem säkularen Lager wesentlich stärker gegen sie als gegen die nichtzionistischen aschkenasischen Parteien der Ultraorthodoxie. Grund dafür mag vor allem das Bestreben der sephardischen Rabbiner sein, die gesamte Gesellschaft nach ihren Vorstellungen zu verändern. „Schas ist nicht israelisch", behauptete Josef Parizky, Knessetabgeordneter von Schinui. „Es handelt sich hier um eine militante, ignorante und zynische Gang, die die Mechanismen der demokratischen Gesellschaft nutzt, um die Politik der Regierung zu pervertieren und den Staat in den Abgrund zu stürzen. Sie wollen nicht mit uns leben und zusammenarbeiten. Sie sind daran interessiert, die Gesellschaft zu kontrollieren."[110]

Intensität und Aggressivität der verbalen Attacken haben unterschiedliche Ursachen. Die Schas-Bewegung steht für die Säkularen nicht nur weltanschau-

---

105 Jerusalem Post, 29. April 1999.

106 Interview mit Arieh Deri, Haaretz Magazine, 4. Juli 2003, S. 11.

107 Jerusalem Post, 10. November 1999.

108 Jerusalem Post, 24. November 1999.

109 Bender, Arieh: Schas – Chamas jehudi (Schas – Der jüdische Hamas), in: Maariv, 22. November 1999, S. 3.

110 Ha-Arez, 25. August 2000, zit. nach MEMRI, Special Dispatch No. 126 – Israel, www.memri.org/sd/SP12600.html (20. Januar 2002).

lich auf der anderen Seite der Barrikade im „Kulturkampf". Sie repräsentiert für sie auch die sich zahlenmäßig ständig vergrößernde Gruppe der *Misrachim*, die politisch aktiv und umfassender als alle Parteien oder Bewegungen der Vergangenheit die Dominanz der *Aschkenasim* in Frage stellt. Innerhalb eines Jahrzehnts hat Schas die politische Landschaft wesentlich verändert und religiöse orientalische Juden von der Peripherie ins Zentrum des politischen Geschehens geführt.

Die Fronten verhärteten sich wiederholt auch infolge unglücklich formulierter und sofort als verbale Provokation perzipierter Vergleiche und Verdächtigungen. Als Ovadja Josef die Opfer des Holocaust in Europa als Reinkarnationen jener bezeichnete, die gesündigt bzw. andere zu Sünden verleitet hätten und zurückgekommen seien, um zu büßen, rief das in den Medien massenhaften Protest hervor.[111] Josef korrigierte sich zwar öffentlich. Seine Äußerungen – in ähnlicher Form bereits früher von ultraorthodoxen Rabbinern verlautbart – gingen jedoch als Ausdruck misrachischer Ignoranz und Arroganz gegenüber dem Schicksal europäischer Juden in deren kollektives Gedächtnis ein.

„Säkulare Reform" und Intifada

Nach dem Scheitern der Nahostgespräche von Camp David im Sommer 2000 initiierte Ministerpräsident Barak eine innenpolitische Kampagne, mit der er sich insbesondere der Unterstützung seiner säkularen Wählerschaft und eines großen Teils der Neueinwanderer versichern wollte. Seine „säkulare Reform" bzw. „zivile Revolution" zielte darauf ab, Israel als „modernen Staat des 21. Jahrhunderts" weiterzuentwickeln, ohne dabei auf den jüdischen und zionistischen Charakter des Gemeinwesens zu verzichten.[112] Verschiedenen Umfragen zufolge unterstützte die Mehrheit der israelischen Bürger Baraks Plan, sah er doch eine Reihe von Erleichterungen im Alltag vor, seien es die Zulassung des öffentlichen Verkehrs oder die Öffnung von Geschäften am *Schabat*, seien es zivile Eheschließungen oder andere Maßnahmen.[113]

Vertreter der drei in der Knesset vertretenen religiösen Fraktionen protestierten verständlicherweise gegen das Vorhaben Baraks; sie riefen zu einer

---

111 Vgl. Jediot Acharonot, 7. August 2000; Ha-Arez, 7. u. 15. August 2000; Jerusalem Post, 11. August 2000.

112 Main Points of Prime Minister Ehud Barak's Civil-Social Agenda, Jerusalem, September 11, 2000. Communicated by the Prime Minister's Media Advisor. Jediot Acharonot erklärte den Plans Barak folgendermaßen: „Am Freitag haben Meinungsumfragen ergeben, dass die Arbeitspartei die Wähler davonlaufen. Am Sonntagmorgen entdeckten die Bürger Israels, dass sie eine säkulare Revolution haben. [...] Eine Revolution á la Barak." Jediot Acharonot, Ha-Musaf le-Schabat, 25. August 2000.

113 Jerusalem Post, 15. September 2000.

Massendemonstration in Jerusalem gegen die „säkulare Revolution" auf.[114] Zwei Wochen vor Ausbruch der Al-Aksa-Intifada formulierte Jediot Acharonot: „Die großen Gegensätze in Israel spielen sich heute nicht mehr auf der Ebene Sozialismus versus Kapitalismus oder Frieden versus *Erez Jisrael*, sondern auf der Ebene des Gegensatzes zwischen Religiösen und Säkularen ab."[115]

Wenngleich die Israelis mehrheitlich nicht an einen grundsätzlichen Wandel in der Innenpolitik glaubten, schien eine Zuspitzung des „Kulturkampfes" unausweichlich. Wenige Tage später jedoch besuchte Ariel Scharon mit großem Polizeiaufgebot den Tempelberg in Jerusalem. Das politische Geschehen wurde in den Folgemonaten in andere Geleise geleitet. Das Verhältnis von Staat und Religion und die Pläne einer „säkularen Revolution" schienen auf Eis gelegt.

Teils offen, teils unterschwellig wurde der „Kulturkampf" dennoch weitergeführt. Er nahm auf staatlicher und parlamentarischer Ebene – bei der Verteilung von Ressorts in beiden Scharon-Regierungen, bei Abstimmungen in der Knesset über den Haushalt und bei der Entscheidung über die Umsetzung der Vorschläge der Tal-Kommission – sowie in Fragen des täglichen Lebens vielfältig konkrete Formen an. Als Illustration sei auf Diskussionen verwiesen, die sich Ende Mai 2001 entzündeten, als während einer Hochzeitsfeier der Versailles-Saal in Jerusalem infolge statischer Mängel einstürzte und mehrere Dutzend Gäste unter sich begrub. Rabbiner Re'uven Levy, der die jüdische Trauung durchgeführt hatte, meinte in einem Interview gegenüber der Zeitung Kol Ha-Ir, das Unglück sei darauf zurückzuführen, dass bei der Party unverheiratete Frauen und Männer zusammen getanzt hätten. Seine Worte schockierten die Öffentlichkeit, standen jedoch in Übereinstimmung mit der unmittelbar zuvor geäußerten Ermahnung des charedischen Knessetabgeordneten Meir Porusch (VTJ), der Grund für das Unglück sei darin zu suchen, „dass wir uns nicht so verhalten, wie es uns vorgeschrieben ist".[116]

Seit September 2000 stehen in Israel die Sicherheitsproblematik und das israelisch-palästinensische Verhältnis im Vordergrund des innenpolitischen Agierens und Reagierens. Der Widerspruch zwischen säkularen und religiösen Juden verlor vorübergehend an Brisanz. Waren Ende September 2000 noch 54% der jüdischen Staatsbürger der Meinung, die tiefste Kluft in der Gesellschaft bestehe zwischen Säkularen und Ultraorthodoxen, so vertraten ein Jahr später nur noch 27% diese Auffassung.[117] Laut einer Umfrage der israelischen Reformbewegung von November 2001 waren dennoch 61% der Befragten besorgt über das Verhältnis zwischen religiösen und säkularen Juden im Land; 75% gaben an, die religiösen Parteien verfügten über zu viel Einfluss in der

114 Jediot Acharonot, 29. September 2000.
115 Jediot Acharonot, 13. September 2000.
116 Ha-Arez, 1. Juni 2001; Jediot Acharonot, 1. Juni 2001.
117 Maariv, 14. September 2001.

Knesset.[118] Im Wahlkampf des Jahres 2003 – insbesondere im harten Schlagabtausch zwischen Schas und Schinui – zeigte sich, dass der „Kulturkampf" um den künftigen Charakter des Staates und der Gesellschaft keine zeitweilige Erscheinung ist, sondern ein grundsätzliches und langfristig wirkendes Widerspruchsgeflecht in sich birgt, das bei Konfliktberuhigung und erhöhtem Sicherheitsgefühl verstärkt wieder aufbrechen dürfte.

Daniel Tropper, Direktor der Organisation „Gescher", die sich seit Ende der sechziger Jahre bemüht, die Kluft zwischen säkularen und religiösen Juden zu überbrücken, verweist auf die Komplexität der innergesellschaftlichen Entwicklung und auf die Langlebigkeit von Ursachen, die dem „Kulturkampf" zugrunde liegen: „Israel entwickelt sich in zwei Richtungen. In der Öffentlichkeit, denke ich, erscheint es weniger religiös, in der Privatsphäre jedoch wird es religiöser. [...] Die Traditionellen und die Religiösen werden mehr. Das hängt auch mit Schas und anderen Faktoren zusammen. Andererseits ist das öffentliche Leben viel freizügiger als früher. Es gibt die Annahme, dass alles nur in eine Richtung geht, aber das glaube ich nicht. Das eigentliche Problem liegt darin, dass jeder glaubt, die andere Seite werde stärker und gewinne. Darin liegt die Grundlage des Kulturkampfes."[119]

Kompromissansätze für einen neuen Gesellschaftsvertrag

Die sich über Jahre hinziehenden öffentlichen Auseinandersetzungen zwischen Säkularen und Religiösen führten zu unterschiedlichen Reaktionen. Zunächst wurde die Unvereinbarkeit beider Seiten im „Kulturkampf" deutlich. Vertreter der Antipoden, der ultraorthodoxe Rabbiner Jisrael Eichler[120] wie der weltliche Schriftsteller Joram Kaniuk[121], erklärten sarkastisch, die einzige Chance für eine friedliche Trennung von religiösen und säkularen Juden läge in der Gründung zweier Staaten – eines Staates Jehuda mit Jerusalem als Hauptstadt und eines Staates Israel an der Mittelmeerküste um die Metropole Tel Aviv.

Auf Regierungsebene wurde versucht, die als unvereinbar erscheinenden Gegensätze durch eine Politik des Dialogs und der Kompromisse zu überbrücken. Der Minister für Diaspora-Angelegenheiten, Rabbiner Michael Melchior, organisierte im Frühjahr 2000 mehrere interne und öffentliche Gesprächsrunden zu diesem Thema. Ihm ging es zunächst darum, das Feld möglicher Kompromisse zu sondieren und um Verständnis und Akzeptanz für die jeweils „anderen" zu werben.

---

118 Jerusalem Post, 11. Dezember 2001.
119 Interview mit Daniel Tropper am 10. Mai 2001 in Jerusalem.
120 Jediot Acharonot, 19. Januar 1998. Eichler ist seit Januar 2003 Knessetabgeordneter des Vereinigten Thora-Judentums.
121 Kaniuk, Yoram: Gott schütze uns vor den Religiösen! *Die Zeit*, 15. August 1997, S. 35f.

Potenzielle Partner für eine „Versöhnung" bzw. für einen Brückenschlag im „Kulturkampf" sind zunächst säkulare und traditionelle Juden, die an der Erhaltung der jüdischen Spezifik Israels interessiert sind und vor allem die rasche Amerikanisierung des Landes mit Sorge betrachten, aber auch viele der modernen Entwicklung aufgeschlossen gegenüberstehende *Charedim*. Bereits Ende der siebziger und Anfang der achtziger Jahre unterbreiteten Persönlichkeiten, wie Aluf Har-Even, Chanan Porat oder Rabbiner Israel Rosen, den Vorschlag, einen neuen Gesellschaftsvertrag zwischen Religiösen und Säkularen abzuschließen. Er solle die herangereiften Fragen regeln und das Status-quo-Abkommen von 1947 ersetzen.

Das erste umfassende Dokument wurde 1985 von der religiösen Kibbuzbewegung verschiedenen Rabbinern zur Begutachtung bzw. als Diskussionsgrundlage vorgelegt, wegen deren grundsätzlicher Vorbehalte jedoch zurückgezogen. In den neunziger Jahren wuchs das Erfordernis, der sich zuspitzenden Herausforderung mit konkreten Antworten zu begegnen und ein Ausufern des „Kulturkampfes" zu verhindern. Seither wurden mehrere Initiativen ergriffen, die auf neue Kompromissformeln im Verhältnis von Staat und Religion abzielten. Von Interesse sind insbesondere der Vorschlag des Mafdal-Abgeordneten Nachum Langenthal und die Empfehlung der Kibbuzbewegung aus dem Jahr 2000 sowie das Gavison–Meidan-Dokument von 2001.

Langenthal unterbreitete sein Papier Anfang 2000 dem Knessetkomitee für Verfassungsfragen als Gesetzesentwurf. Sein Vorschlag enthielt Festlegungen über die Einhaltung des *Schabat*, über Heirat und Scheidung, religiöse Dienstleistungen, Rabbinatsgerichte, die Vermittlung jüdischer Kulturtradition in den Schulen und die Schaffung eines Rates, der als Diskussionsforum und beratendes Gremium für Regierung und Obersten Gerichtshof fungieren sollte.[122] Während in einigen Fragen – beispielsweise bei den Vorschriften über rituelle Speisegesetze (*kaschrut*) und über die Konversion zum Judentum – die bisherigen Regelungen beibehalten werden sollten, schlug Langenthal auch eine Reihe von Neuerungen vor: Am *Schabat* sollten kulturelle Einrichtungen geöffnet und öffentliche Verkehrsmittel zugelassen werden, Geschäfte und gesellschaftlich-staatliche Institutionen dagegen – wie bisher – geschlossen bleiben. Personen, die sich nicht religiös trauen lassen können (z.B. ein *Cohen* mit einer geschiedenen Jüdin oder Staatsbürger, deren jüdische Identität bisher nicht anerkannt wird), müssten die Möglichkeit einer zivilen Eheschließung mit Hilfe eines neu zu schaffenden „zivilen Amtes" erhalten. Gleichermaßen seien in Israel zivile Scheidungen zu ermöglichen. Die Entscheidung über eine religiöse oder zivile Bestattung sollte der jeweiligen Familie vorbehalten bleiben. Langenthals Vor-

---

122 Haza'at chok schel chaver ha-knesset Nachum Langenthal (Gesetzesvorschlag des Knessetmitglieds Nachum Langenthal), Jerusalem 2000, S. 11 (unveröffentlichtes Material, der Verf. zur Verfügung gestellt von Eliezer Don-Yehiya, Bar-Ilan University).

stoß, der u.a. auch „Armeedienst für alle" vorsah, stieß auf große Zustimmung. Der Vorsitzende des zuständigen Knessetkomitees, Amnon Rubinstein, sprach von einem „Schritt historischer Tragweite".[123]

Nicht weit genug ging der skizzierte Vorschlag den Vertretern der Kibbuzbewegung, die einen Gegenentwurf vorlegten. Da die Mehrheit der Juden in Israel und der Diaspora sich nicht als religiös definiere bzw. ihre Religiosität nicht primär durch die *Halacha* bestimmt sehen wolle, so die Kibbuz-Vertreter, sei die Status-quo-Regelung von 1947 von vornherein „schlecht sowohl für die Religiösen als auch für die Säkularen" gewesen.[124] Der „Kulturkampf" drohe nunmehr das Volk zu spalten. Er gefährde das zionistische Werk. Um Gefahr abzuwenden, müsse man sich im Interesse des gemeinsamen Ziels – der Entwicklung Israels als eines jüdischen und demokratischen Staates – verständigen.

Das Projekt der Kibbuznikim sah u.a. die Einführung einer Fünf-Tage-Arbeitswoche vor. Damit solle der *Schabat* als Ruhetag durchgesetzt und möglichst von Handelsgeschäften frei gehalten werden. Sportliche und kulturelle Wochenendaktivitäten sollten jedoch erlaubt und sogar gefördert werden. Das Recht des Individuums auf Arbeit dürfe durch den Staat nicht beschnitten werden. Insbesondere sei zwischen Tätigkeiten, die vom Staat finanziert werden, und privater Arbeit zu unterscheiden. Die Entscheidung über die Zulassung öffentlicher Verkehrsmittel am *Schabat* sei den Munizipalräten in den betreffenden Ortschaften bzw. Regionen zu überlassen. Parallel zu den rabbinischen Institutionen sollten zivile Gremien geschaffen werden, die es jedem Bürger erlauben, selbstbestimmt Personenstandsangelegenheiten auf religiöser oder ziviler Basis zu regeln. Die Rabbinatsgerichte könnten durchaus über einen autonomen Status verfügen, müssten jedoch – wie die Zivilgerichte – dem Justizministerium unterstellt werden. Für den Umgang mit der Wehrpflicht sollten für alle Teile der Bevölkerung gleiche Kriterien gelten. Parallel zum Dienst in der Armee oder in Einrichtungen, die Thora-Studium und militärische Ausbildung verbinden (*jeschivot hesder*), seien Möglichkeiten eines Zivildienstes zu schaffen. Das Dokument ging davon aus, dass die grundsätzlichen Meinungsverschiedenheiten zwischen Religiösen und Säkularen nur mittel- oder langfristig ausgeglichen werden könnten.

Interessant waren die von den Vertretern der religiösen Kibbuzbewegung vorgelegten Interpretationen: Die „Religion Israels" sei (von Gott) nicht gegeben, um „zu spalten" oder einen Kompromiss zu schließen; sie verlange vielmehr die freie Entscheidung jedes Menschen. Ein freiwilliger Gesellschaftsver-

123 Jediot Acharonot, Ha-Musaf le-Schabat, 11. Februar 2000, S. 22.
124 Ha-zewet ha-bein-tnuati le-gibusch amanah meschutefet le-datijim we-chilonijim: Haza'ah le-amanah jehudit meschutefet (Forum zur Erarbeitung eines gemeinsamen [Gesellschafts-] Vertrags zwischen Religiösen und Säkularen: Vorschlag für einen gemeinsamen jüdischen Vertrag), 2000, S. 3 (unveröffentlichtes Material, der Verf. zur Verfügung gestellt durch Tova Ilan, Ha-Kibbuz ha-Dati).

trag sei daher jedem religiösen Zwang vorzuziehen. Da jedoch Widerstand von Kräften zu erwarten sei, die entweder den demokratischen oder den jüdischen Charakter Israels ablehnten, müsse die Unabhängigkeitserklärung zur Grundlage aller Entscheidungen gemacht werden.[125] Wie der Gesetzesentwurf Langenthals befürwortete auch das Papier der Kibbuzbewegung die Schaffung eines öffentlichen Gremiums, das aus Religiösen und Säkularen bestehen, die anstehenden Fragen erörtern und konkrete Lösungsvorschläge unterbreiten solle.

Das Gavison-Meidan-Dokument

Den bisher detailliertesten Vorschlag, wie der erstarrte Status quo von Staat und Religion verändert werden könne, enthält das Gavison-Meidan-Dokument von 2001. Das Papier wurde von Israel Harel, dem ehemaligen Vorsitzenden des Siedlerrates *Moezet Jescha*, initiiert und kam mit Unterstützung des Shalom-Hartman-Instituts bzw. des Yitzhak Rabin Centers zustande.[126] Im Papier werden zunächst die gegensätzlichen Positionen der säkularen Professorin Ruth Gavison und des ultraorthodoxen Rabbiners Jaakov Meidan gegenüber gestellt, um aus beiden einen Kompromissvorschlag abzuleiten. Die Konsensformeln beschränken sich auf Rückkehrrecht und Staatsbürgerschaft, Eheschließung und Scheidung sowie Regelungen zum *Schabat*. Als Jude wird definiert, wer eine jüdische Mutter oder einen jüdischen Vater hat oder zum Judentum übergetreten ist und eine jüdische Lebensweise – nach der *Halacha* oder nach Gemeindebräuchen – führt bzw. wegen seines Judentums verfolgt wird. Er darf keiner anderen Religionsgemeinschaft angehören.[127]

Eine Heiratserlaubnis sollte Männern und Frauen erteilt werden, die unverheiratet sind, das gesetzlich vorgeschriebene Mindestalter erreicht oder überschritten haben und nicht miteinander verwandt sind.[128] Entsprechende Bescheinigungen solle der Staat ausstellen. Jeder, der über ein derartiges Dokument verfüge, könne frei entscheiden, ob er sich durch einen zivilen Staatsangestellten oder einen Befugten seiner Religionsgemeinde trauen lassen wolle. Scheidungen könnten gleichermaßen zivil oder religiös ausgeführt werden. Die Gerichte sollten verpflichtet werden, die Gleichberechtigung der Geschlechter zu achten; ausgenommen seien Rabbinatsgerichte, die weiterhin nach ihren Satzungen entschei-

---

125 Ebd., S. 5.

126 Gavison, Ruth/Meidan, Jaakov: Masad le-amanah chevratit chadaschah bein schomrei mizvot wechofschijim be-Jisrael (Grundlage für einen neuen Gesellschaftsvertrag zwischen Orthodoxen und Freigläubigen in Israel), Jerusalem 2001, unveröffentlichtes Material.

127 Ebd., S. 174. Nach orthodoxer Vorschrift wird bisher nur als Jude anerkannt, wer eine jüdische Mutter hat oder nach orthodoxem Ritus zum Judentum übergetreten ist.

128 Damit entfiele nicht nur die Einschränkung, dass ein Cohen keine geschiedene Frau heiraten darf, auch Eheschließungen zwischen Juden und Nichtjuden würden ermöglicht.

den dürften.[129] Der *Schabat* solle gesetzlicher Ruhetag bleiben. Restaurants und Vergnügungsstätten dürften geöffnet sein, müssten die Lärmbelästigung jedoch auf ein Minimum beschränken. Einer begrenzten Anzahl an Lebensmittelläden, Tankstellen und Apotheken solle das Recht zugesprochen werden, auch am *Schabat* geschäftlich tätig zu sein. Der öffentliche Verkehr sei nach Bedarf zu regeln, d.h. könne auf die Bedürfnisse der Bevölkerung – beispielsweise durch den Einsatz von Minibussen – ausgerichtet werden.

Die vorgestellten Entwürfe für einen neuen Gesellschaftsvertrag bzw. für die Neuregelung des Verhältnisses von Staat und Religion machen deutlich, dass die dringendsten Problemfälle im Personenstandsrecht (Heirat und Scheidung) liegen bzw. die Festlegungen über den *Schabat* (insbesondere den öffentlichen Verkehr und die Ladenöffnungszeiten) betreffen. Während die z.Zt. gültigen Festlegungen über den gesetzlichen Ruhetag seit Jahren vielfältig übertreten werden[130] und der Gesetzgeber somit nur gefordert ist, das Recht den Gewohnheiten anzupassen, wird die Reform des Familienrechts zu einem zwingenden, zugleich jedoch schwierig zu bewältigenden Erfordernis. Voraussetzung für entsprechende Schritte dürfte ein breiter Kompromiss der realitätsorientierten und reformwilligen politischen Kräfte sein.

Der Reformverweigerung, dem Beharrungsvermögen und dem politischen Einfluss der religiösen Parteien, insbesondere der Ultraorthodoxie, ist es anzulasten, dass alle Kompromissvorschläge bisher Makulatur blieben. Dennoch wird nach weiterer Annäherung gesucht. Ein Beispiel für die Aktualität der skizzierten Probleme sind die Anfang April 2003 durch Jedidia Stern, Jura-Professor an der Bar-Ilan Universität in Ramat Gan, unterbreiteten Kompromissformeln zur Veränderung des Status quo. Stern spricht sich für öffentlichen Verkehr am *Schabat* und zivile Eheschließungen aus, möchte das Verbot, Geschäfte am jüdischen Ruhetag sowie an den Feiertagen zu tätigen, jedoch aufrechterhalten. Im Monopol der Orthodoxie in Personenstandsfragen meint er eine Beeinträchtigung der Menschenrechte zu erkennen. Weit davon entfernt, die religiöse Lebensweise in Frage zu stellen, sondern im Gegenteil an deren Erhalt und Festigung auf freiwilliger Basis interessiert, befürwortet Stern daher neue Festlegungen, die die Freiheit des Individuums nicht einschränken.[131]

Ohne Realisierungschance ist in Israel z.Zt. die von der „säkularen Orthodoxie" geforderte Trennung von Staat und Religion. Sie würde einen grundsätzlichen Eingriff in den israelischen Geschichts- und Gesellschaftskonsens be-

---

129 Ebd., S. 177.
130 Einem Bericht der Jerusalem Post von Januar 2002 zufolge erledigen 32% der jüdischen Bürger Israels Einkäufe am *Schabat* (Jerusalem Post 1. Januar 2002). Der Report des Guttman-Instituts von 2002 sagt aus, dass 41% der Israelis am *Schabat* zum Baden fahren oder sich sportlich betätigen, 35% durch das Land reisen und 17% Einkäufe in Shopping Malls tätigen. Levy, Shlomit/Levinsohn, Hanna/Katz, Elihu 2002, S. 8.
131 Ha-Arez, 2. April 2003.

deuten und eine neue Runde im „Kulturkampf" zwischen Säkularen und Religiösen einleiten. Weder die öffentliche Meinung noch die politische Kräftebalance sind reif für derartige grundsätzliche Weichenstellungen.

Aus Anlass des 50. Jahrestages der Gründung des Staates Israel schrieb Josef Burg, über 40 Jahre Knessetmitglied und langjähriger Innen- und Religionsminister Israels: „Die Diskussion über Juden, Judentum und Judenstaat wird das Schicksalsthema an der Wende des 20. Jahrhunderts sein, eine Brücke oder eine Kluft zwischen den Juden der Diaspora und den Juden Israels."[132] Die Worte Burgs sind trotz des wieder militant ausgetragenen zugespitzten israelisch-palästinensischen Konfliktes nicht überholt. Die Zukunft des jüdischen Staates wird nicht zuletzt von der inneren Stabilität und von weitsichtigen politischen Entscheidungen zur Begegnung kurz-, mittel- und langfristiger Infragestellungen endogenen wie exogenen Charakters abhängen – Entscheidungen, die auch von den säkularen, reformorientierten oder konservativ-religiösen Flügeln der Diaspora mitgetragen werden können.

---

132 Burg, Josef 1998, S. 123.

Transformation des politischen Systems

Die Besonderheiten der israelischen Demokratie – das Fehlen einer Verfassung, der seit 1948 während Ausnahmezustand und ein ausgeprägter Parteienpluralismus – gehen auf die Entstehungsgeschichte des Landes zurück. Die bereits in der Vorstaatszeit geschaffenen Institutionen setzten den Rahmen, innerhalb dessen sich das politische System des jungen Staates formierte. So wurde der die Zionistische Weltorganisation prägende und vom Parlament des *Jischuv* (*Asefat ha-Nivcharim*) bestätigte Parteienproporz beibehalten. In einigen Fragen beeinflusste auch der britische Parlamentarismus Struktur und Funktionsweise der politischen Institutionen des Landes, beispielsweise hinsichtlich der kollektiven Verantwortung der Regierung gegenüber dem Parlament.

Hinzu kam, dass sich Israel lange im Kriegszustand mit seinen arabischen Nachbarn befand und sich in seiner demographischen Komposition schnell veränderte. Beide Gegebenheiten beeinflussten seit Staatsgründung nicht nur generell die israelische Existenz, sondern auch konkret die politische Kultur. Sie bilden einen Erklärungsansatz für den im Vergleich mit anderen Gesellschaften hohen Politisierungsgrad der Bevölkerung. Der Avodah-Politiker Yossi Beilin bezeichnete 1992 „die Identifizierung mit einer Partei" als „Teil des Selbstverständnisses jedes Israelis".[1] Als charakteristisch für das Land benannte er die Existenz und Legitimität von Lobbygruppen wie der Histadrut, der Armee oder verschiedener Unternehmerverbände, die mit Hilfe ihrer Vertreter Einfluss auf politische Entscheidungen zu nehmen suchten.[2]

---

1   Beilin, Yossi 1992, S. 193.
2   Vgl. ebd., S. 242ff.

Auswirkungen des Sechstagekrieges auf das politische System

Die Ausgestaltung des politischen Systems im Staat Israel erfolgte in drei Etappen – 1948 bis 1967, 1967 bis 1992 und 1992 bis zur Gegenwart. Kennzeichnend für den ersten Zeitabschnitt waren die Dominanz einer Partei bzw. eines Parteienblocks in einem Mehrparteiensystem[3] und die zentrale Rolle des Staates (*mamlachtijut*). Die sozialdemokratische Mapai bestimmte die Innen-, Außen- und Sicherheitspolitik. Sie brachte eine starke politische Elite hervor, bestehend vor allem aus *Aschkenasim*, die in der Vorstaatszeit nach Palästina eingewandert waren. Über zweieinhalb Jahrzehnte wurde ihr Machtmonopol durch demokratische Wahlen bestätigt. Es gelang der Partei allerdings zu keinem Zeitpunkt, im Parlament eine absolute Mehrheit zu erlangen. Sie war vielmehr gezwungen, Koalitionen mit kleineren Parteien einzugehen. Die Politik der Zugeständnisse, von den Politologen Gabriel Sheffer und Peter Medding als *consociational arrangement* bzw. *consociational model* bezeichnet,[4] basierte insbesondere auf der historischen Übereinkunft mit den religiösen Parteien. Sie diente dazu, die in der Regierung vertretene nationalreligiöse Fraktion in die Politik einzubinden, und garantierte damit politische Stabilität, öffentliche Unterstützung und Mehrheit bei Abstimmungen im Parlament.

Mit dem Junikrieg von 1967 trat das politische System in eine qualitativ neue Entwicklungsphase ein. Im Vorfeld des Krieges wurde erstmals das lange gültige Prinzip aufgegeben, kein Kabinett unter Einbeziehung der am rechten bzw. linken Rand des politischen Spektrums stehenden Parteien zu bilden. Die von Ben Gurion kreierte und fast zwei Jahrzehnte beibehaltene Formel lautete: „Ohne Cherut und Maki". Die Positionen hinsichtlich der Kommunistischen Partei (Maki) blieben unnachgiebig; bündnisfähig erschien bald jedoch die Cherut unter Vorsitz Menachem Begins. Am 1. Juni 1967 berief das Parlament eine Regierung der nationalen Einheit unter Levy Eschkol, in der auch das bürgerlich-konservative Lager vertreten war. Begin wurde Minister ohne Geschäftsbereich.

Nach Ende des Sechstagekrieges wirkte die Errichtung der Militärherrschaft in den von Israel okkupierten Territorien gravierend auf die israelische Demokratie zurück. Das Entstehen eines separaten Mechanismus für die Verwaltung der palästinensischen Gebiete und die sich in den Folgejahren unter Siedlern organisierende jüdische Untergrundbewegung schwächten die Zentralregierung.[5] In der Politik zeichneten sich Divergenzen hinsichtlich der besetzten Territorien ab; die Gesellschaft spaltete sich in „Falken" und „Tauben". Diese

---

3   Yonathan Shapiro spricht von einem „dominant party system", das er mit den politischen Systemen in Nachkriegsitalien und Japan vergleicht; Shapiro, Yonathan 1993, S. 75. Auch Arian konstatiert, dass es sich um ein „dominant party political system" handelt; Arian, Asher 1998a, S. 142.
4   Sheffer, Gabriel 1999, S. 150; Medding, Peter Y. 1999, S. 172.
5   Vgl. Galnoor, Itzhak 1993, S. 100.

Trends stellten den nationalen Konsens in Frage und führten zur Polarisierung im Parteiensystem. Erstmals seit Staatsgründung entwickelte sich eine starke parlamentarische Opposition, die die Regierungspartei von rechten Positionen her attackierte und sie schließlich 1977 aus der Macht verdrängte.

In den folgenden zwei Jahrzehnten war das israelische Mehrparteiensystem durch die Rivalität zweier großer Parteienblöcke – des sozialdemokratischen Maarach und des national-konservativen Likud – gekennzeichnet.[6] Die durch den Wähler geschaffene Pattsituation führte in den achtziger Jahren wiederholt zu Einheitsregierungen, in denen beide Blöcke vertreten waren und zeitweilig (1984-1988) sogar alternierend den Premier und den Außenminister stellten. Die im internationalen Vergleich seltene Konstellation erschwerte die Regierungstätigkeit, führte zeitweilig jedoch auch zur Annäherung von Likud und Arbeitspartei auf außenpolitischem Gebiet und in der Wirtschaftspolitik. Die beiden Massenparteien, deren Programme zunächst ideologisch geprägt gewesen waren, wurden zunehmend zu pragmatisch operierenden Wahlparteien, die insbesondere um die Wählerschaft im Zentrum des politischen Spektrums, jedoch auch um Zustimmung in zunächst marginalen Bevölkerungskreisen warben. Die „Phase liberaler korporativer Arrangements"[7] war mit der Schwächung des Parteiensystems und mit dem Entstehen außerparlamentarischer Interessengruppen verbunden.

Trotz Dominanz der beiden großen Parteien und eines Trends zur Mitte existierte in den siebziger und achtziger Jahren im Parlament aufgrund der niedrigen Sperrklausel von nur einem Prozent eine größere Gruppe von Splitterparteien, die unproportional großen Einfluss auf die Regierungspolitik nehmen konnten. Insbesondere religiöse Parteien, die von 1977 bis 1992 in allen Regierungen vertreten waren, spielten bei Koalitionsbildungen und in der Entscheidungsfindung der Exekutive eine wichtigere Rolle als je zuvor.

Auswirkungen auf das politische System hatten nicht zuletzt sozioethnische Spannungsverhältnisse. Vor allem die *Misrachim* entwickelten sich nach 1967 zu einem ernst zu nehmenden politischen Faktor. Die sich überlagernden ethnischen, sozialen und weltanschaulichen Widersprüche konnten in der Politik nicht unberücksichtigt bleiben. Bernard Susser, Politologe an der Bar-Ilan Universität, betont in diesem Zusammenhang, dass sich Israel nach dem Sechstagekrieg von einem Land, das durch einander kreuzende Konfliktlinien (*cross-cutting cleavages*) charakterisiert war, zu einem Staat sich überlagernder Konfliktlinien (*overlapping cleavages*) entwickelte.[8] Bekannte sich vor

---

6   Benyamin Neuberger spricht von der Dominanz einer Partei für die Jahre 1948 bis 1969 und von einer Übergangsphase 1973 bis 1977. Die folgenden Jahre bis 1996 bezeichnet er als „Zwei-Blöcke-System" (*ma'arechet du-guschit*). Neuberger, Benyamin 1997b, S. 241.

7   Sheffer, Gabriel 1999, S. 156ff.

8   Susser, Bernard 1998, S. 254f.

1967 ein jüdischer Bürger zu einer konkreten Partei, so war nicht sofort erkennbar, welcher sozialen Schicht oder ethnischen Gruppe er entstammte. Nach dem Junikrieg jedoch gehörten liberale und säkulare *Aschkenasim* mit höherer Bildung und mittlerem oder höherem Einkommen mehrheitlich dem Lager der links im politischen Spektrum angesiedelten „Tauben" an, während religiöse *Misrachim* mit geringem Einkommen und niedrigem Bildungsgrad in der Regel dem Rechtscamp der „Falken" zuzuordnen waren.

Die Verschiebungen im politischen Spektrum der jüdischen Bevölkerungsmehrheit wurden begleitet durch den 1967 einsetzenden Palästinisierungsprozess der arabischen Bürger Israels, verbunden mit zunehmendem politischen Engagement. Die 1975 per Gesetz verfügten Direktwahlen für das Amt des Bürgermeisters erhöhten z.B. die Wirkungsmöglichkeit der arabischen Minderheit auf munizipaler Ebene. Eine logische Folge war die Gründung arabischer Parteien, die in den achtziger Jahren auch in der Knesset eine aktivere Rolle zu spielen begannen.

Die innergesellschaftlichen Differenzierungen nach dem Krieg von 1967, gepaart mit neuen Herausforderungen an die Politik, ließen somit eine in stärkerem Maße pluralistische Gesellschaft entstehen. Zugleich intensivierten sich politische, weltanschauliche und ethnisch-kulturelle Spannungen, die der Staat mit den bisherigen Arrangements nicht mehr kanalisieren und unter Kontrolle halten konnte. Die Koalitionsregierungen verloren den Charakter stabiler, berechenbarer Politikgrößen; unter dem ständigen Druck kleinerer Parteien stehend, waren sie in ihrer Handlungsfähigkeit deutlich eingeschränkt.

Reformschub der neunziger Jahre

Den Höhepunkt der sich anbahnenden Instabilität erlebte das politische System im Jahr 1990, als erstmals eine Regierung durch Misstrauensvotum zu Fall gebracht wurde. Der als *targil masriach* („stinkendes Manöver") in die israelische Geschichte eingegangene Vorgang verwies auf die überproportional große Rolle religiöser Parteien. Die Stimmenthaltung von fünf Abgeordneten der Schas-Partei hatte es Schimon Peres ermöglicht, die unter Ministerpräsident Jizchak Schamir (Likud) 1988 gebildete Einheitsregierung zu stürzen. Es gelang Peres nicht, ein Kabinett unter seiner Leitung zu formieren. Seine Versprechungen gegenüber den religiösen Parteien wurden jedoch in der Öffentlichkeit bekannt und lösten Zweifel am israelischen Parlamentarismus aus. In einer Umfrage von Mai 1990 sprachen sich folgerichtig 89% der Befragten für eine Änderung des Wahlsystems aus; 60% erklärten, mit der Tätigkeit der Knesset unzufrieden zu sein.[9]

---

9   Bogdanor, Vernon 1993, S. 90.

Das Fiasko der Regierungsbildung von 1990 ließ eine Reform des politischen Systems unabdingbar erscheinen. In den folgenden Jahren wurden aufgrund öffentlichen Drucks und per Knessetbeschluss weitreichende Veränderungen eingeleitet. Zu den ersten Maßnahmen gehörte ein im Februar 1991 verabschiedetes Gesetz, nach dem ein Abgeordneter beim Verlassen seiner Partei oder nach seinem Misstrauensvotum gegen die eigene Fraktion nicht in eine andere Parlamentsfraktion überwechseln durfte. Um Knessetmitglied zu bleiben, musste er vielmehr eine neue Partei gründen. Es war ihm zudem verwehrt, ein Ministeramt zu bekleiden; seine alte Partei durfte ihn nicht mehr als Kandidat für Neuwahlen aufstellen.[10] Für den Zustand des parlamentarischen Systems war kennzeichnend, dass die neue Festlegung in nur geringem Maße zur Disziplinierung der Abgeordneten beitrug. Sie erhöhte während der laufenden Legislaturperiode vielmehr die Zahl der im Parlament vertretenen Fraktionen. Am 14. Oktober 1991 beschloss die Knesset daraufhin, die Sperrklausel auf 1,5 Prozent anzuheben. Auch diese Entscheidung blieb deutlich unter den in westeuropäischen Staaten üblichen Standards und vergab die Möglichkeit, Wählerstimmen zu bündeln.

Für die in vierjährigem Abstand stattfindenden Knessetwahlen wurde ein im März 1992 verabschiedetes Gesetz bedeutsam, mit dem alle politischen Parteien verpflichtet wurden, schriftliche Programme bzw. Wahlplattformen vorzulegen und sich im Falle ihres Einzugs in die Knesset an diese zu halten – ein schwer zu verwirklichender und nur selten eingehaltener Wahrhaftigkeitskodex.[11] Bereits im August 1986 hatte das Abgeordnetenhaus zudem beschlossen, dass keine Partei kandidieren dürfe, die nicht Israel als Staat des jüdischen Volkes anerkenne, gegen den demokratischen Charakter des Staates auftrete oder rassistisch agiere. Die Festlegung war zunächst darauf gerichtet, den erneuten Einzug der rassistischen Kach-Partei Meir Kahanes ins Parlament zu verhindern. Wie Parlamentsdebatten der Folgejahre belegen, wurde mit ihrer Hilfe zunehmend versucht, die politische Wirksamkeit arabischer Abgeordneter einzuschränken bzw. die Kandidatur arabischer oder jüdisch-arabischer Parteien zu verhindern (z.B. Progressive Liste für Frieden 1988).[12]

Die israelische Demokratie veränderte sich in den neunziger Jahren somit hinsichtlich ihrer normativen wie auch verfahrensmäßigen Festlegungen. Viele Politik- und Sozialwissenschaftler des Landes sind sich darin einig, dass die Inkraftsetzung der neuen Gesetze als Zäsur in der Reform des politischen Sys-

---

10 Arian, Asher/Shamir, Michal 1995, S. 12.
11 Sprinzak, Ehud/Diamond, Larry 1993, S. 2.
12 Auch im Vorfeld der Knessetwahl 2003 standen sowohl jüdische als auch arabische Kandidaten auf dem Prüffeld; neben dem jüdischen ehemaligen Kach-Aktivisten Baruch Marsel mussten sich die arabischen Kandidaten der Parteien Balad bzw. Chadasch, Asmi Bischara und Achmed Tibi, der Wahlkommission stellen. Unter Berufung auf das Recht auf freie Meinungsäußerung sprach sich der Oberste Gerichtshof letztlich jedoch gegen die beantragten Verbote aus.

tems gewertet werden kann. Gideon Doron, Professor für Politikwissenschaft an der Universität Tel Aviv, spricht beispielsweise vom Übergang eines nichtliberalen zu einem liberalen Demokratiemodell und gleichzeitig vom Wechsel konventioneller Parteipolitik zu einer durch Einzelpersönlichkeiten geprägten parlamentarischen Demokratie.[13] Uri Ram fügt dem hinzu, dass sich die lange an europäische Standards angelehnte politische Kultur Israels zunehmend amerikanisiere.[14] Die politischen Reformen des letzten Jahrzehnts kündeten somit nicht nur vom generellen gesellschaftlichen Wandel; sie setzten auch neue Akzente für das politische Leben.

Primaries und Direktwahl des Premierministers

Bedeutsam für die Ausgestaltung der israelischen Demokratie wurde die Einführung des Primaries-Systems, die Festlegung der Reihenfolge von Kandidaten auf Wahllisten durch kollektives Votum der Parteimitglieder. Einen noch größeren Stellenwert erlangten das Gesetz über die Direktwahl des Premierministers und die Annahme zwei weiterer Grundgesetze. Die 1992 eingeleitete zweite Phase des politischen Wandels führte allerdings nicht zu der angestrebten parlamentarischen Stabilität. Sie förderte vielmehr die Fragmentierung der Parteienlandschaft und die Diskontinuität in der Regierungstätigkeit. Letztlich entstand ein zersplittertes Multiparteiensystem, das jede Entscheidungs- und Kompromissfindung erschwerte und wiederholt sowohl die Arbeit der Legislative als auch der Exekutive blockierte. Wurde durch den Wähler im Zeitraum von 1948 bis 1992 nur einmal – 1977 – durch Sturz einer Regierung eine „politische Wende" (*mahapach*) herbeigeführt, so erfolgten im folgenden Jahrzehnt auf diesem Wege vier Regierungswechsel.

Einen nicht unbedeutenden Aspekt der Demokratisierung stellte das aus den USA übernommene Prinzip dar, in parteiinternen Vorwahlen (*primaries*) die Kandidatenlisten für Parlamentswahlen aufzustellen. Bereits 1977 durch die Demokratische Bewegung für Veränderung (Dasch) eingeführt, wurden Primaries insbesondere in der Arbeitspartei als Mittel verstanden, die Parteistrukturen transparenter zu gestalten, basisdemokratische Elemente zu stärken und das innerparteiliche Leben zu erneuern. Die erste entsprechende Abstimmung im Februar 1992, an der sich ca. 70% der Avodah-Mitglieder beteiligten, verhalf z.B. Jizchak Rabin zum Sieg über seinen langjährigen Konkurrenten Schimon Peres. Zuvor waren die Kandidatenlisten durch Auswahlkomitees bzw. seit den achtziger Jahren durch das Zentralkomitee aufgestellt worden. Beide Systeme hatten *protekziah* (Protektion) zum politischen Schlüsselwort werden

---

13 Doron, Gideon 1996, S. 35.
14 Ram, Uri 1998b, S. 29.

lassen und einzig die Position der Politbürokratie gestärkt. Da nunmehr die Parteimitglieder über den Listenplatz entschieden, verringerte sich die Möglichkeit der Vetternwirtschaft. Der Abgeordnete musste sich dem Plenum seiner Partei – nicht nur der Parteispitze – gegenüber verantworten und Rechenschaft über die von ihm im Parlament geleistete Tätigkeit ablegen, wollte er wieder aufgestellt werden. Die Regelung schuf noch nicht den „gläsernen Abgeordneten", erhöhte jedoch die Durchsichtigkeit der Abgeordnetentätigkeit und schwächte zugleich den Parteiapparat. Die Avodah-Erfahrung machte Schule. 1996 begannen auch Likud, Merez und Zomet, Primaries durchzuführen. Die anderen Parteien behielten ihr bisheriges – wenig demokratisches – Auswahlsystem bei.

Benjamin Netanjahu und Ehud Barak erbrachten den Nachweis, dass die Primaries auch Anwärtern ohne langjährige Parteikarriere die Chance boten, relativ schnell in Spitzenpositionen zu gelangen. Beide lösten in ihrer jeweiligen Partei Autoritäten aus der Gründergeneration ab; beide suchten einen neuen Führungsstil durchzusetzen. Charisma, Redegewandtheit und Medienwirksamkeit wurden wichtiger als ideologische Überzeugungen. In der verbalen Stilistik der Politiker trat an die Stelle des „Wir" zunehmend das „Ich". Pate standen zweifellos Auswahl und Wahlkampf von Kandidaten in den USA und bedingt in Westeuropa.

Der Amerikanisierungstrend widerspiegelte sich nicht nur in der übersteigerten Präsentation des Spitzenkandidaten, sondern auch in der per Gesetz vergrößerten Machtfülle und erweiterten Kompetenz des Ministerpräsidenten. Im April 1992 beschloss die Knesset eine Ergänzung zum Grundgesetz „Die Regierung". Sie legte fest, dass der Ministerpräsident künftig parallel zur Wahl des Abgeordnetenhauses mit direktem Votum durch das Volk bestimmt werden sollte. Einen Kandidaten für das Amt des Premiers dürfe jede im vorangegangenen Parlament mit mindestens zehn Mandaten vertretene Partei oder eine Initiative von mindestens 50.000 wahlberechtigten Bürgern nominieren. Der Vorgeschlagene sollte das Alter von 30 Jahren erreicht haben und den Spitzenplatz auf der Kandidatenliste einer zur Wahl zugelassenen Partei einnehmen.

Hatte bis dahin der Staatspräsident dem neu gewählten Knessetmitglied, das die besten Aussichten auf Bildung einer Koalitionsregierung nachwies – i.d.R. dem Vorsitzenden der größten Parlamentsfraktion – die Regierungsbildung angetragen, so fiel diese Aufgabe nunmehr dem direkt vom Volk gewählten Premier zu, unabhängig davon, ob hinter ihm die zahlenmäßig stärkste Fraktion im Parlament stand. Allerdings musste er seine Regierung durch eine absolute Mehrheit, zumindest also durch 61 Knessetmitglieder, bestätigen lassen, d.h. sich – wie bisher – in der Lage zeigen, eine hinreichend breite Koalitionsregierung zu präsentieren. Für den Fall, dass ihn zwei Drittel der Abgeordneten abwählten, er zurückträte oder wegen eines Vergehens mit einfacher

Mehrheit durch die Knesset seines Amtes enthoben würde, sollte in einer gesonderten Volksabstimmung ein neuer Premierminister gewählt werden. Eine gleichzeitige Neuwahl der Knesset war vorgesehen, wenn sie dem Premier mit mindestens 61 Stimmen das Vertrauen entzöge, sie sich selbst auflöse oder sie die vom Ministerpräsidenten vorgeschlagene Regierung ablehne. Bei Verlust der parlamentarischen Mehrheit sollte der Premier das Recht haben, mit Zustimmung des Staatspräsidenten die Legislative aufzulösen und Neuwahlen zu initiieren.

Das zentrale Anliegen der Gesetzesänderung bestand darin, durch das direkte Votum für den Ministerpräsidenten die Regierungsbildung zu forcieren und Pattsituationen – wie 1984 und bedingt 1988 – zu vermeiden. Die Stellung des Premiers sollte neu definiert, seine Macht und exekutiven Befugnisse sollten erhöht und die Handlungsfähigkeit der Regierung verbessert werden. Zugleich war beabsichtigt, den Einfluss kleiner Parteien auf die Politik zu verringern. In der neuen Regelung vermischten sich Elemente des Präsidialregimes mit den generellen Charakteristika einer parlamentarischen Demokratie.

Das so genannte „parladentiale System"[15] veränderte drastisch das Verhältnis zwischen Parlament und Regierung. Es schränkte die repräsentative Demokratie und die Souveränität des Parlaments ein und verlieh dem Premierminister bisher nicht gekannte Entscheidungsvollmachten. War dieser im Kabinett zuvor *primus inter pares* gewesen, so wurde er nunmehr in die Lage versetzt, unisono wichtige Entscheidungen zu treffen. Die in anderen Präsidialregimes übliche verfassungsmäßige Definition der Befugnisse des Regierungschefs unterblieb jedoch ebenso wie die Festschreibung grundlegender Bürgerrechte. Das neue Wahlsystem blieb somit ein Torso – eine Situation, die das Land an den Rand der Unregierbarkeit führen sollte.

Auf Grundlage des neuen Gesetzes wurden 1996 und 1999 gleichzeitig Wahlen zur Knesset und zum Amt des Premierministers durchgeführt. Den „Höhepunkt der Entmonopolisierung des Parlaments"[16] bildete die erstmals in der Geschichte Israels unabhängig von der Parlamentswahl stattfindende Direktwahl des Ministerpräsidenten am 6. Februar 2001, die Ariel Scharon in das Amt des Ministerpräsidenten katapultierte.

Die Reformen waren zu einem Zeitpunkt eingeleitet worden, da das politische System nur noch bedingt funktionsfähig war und eine Umgestaltung dringend erforderlich schien. Die Ergebnisse des folgenden Jahrzehnts entsprachen jedoch in nur geringem Maße den Absichten der Initiatoren. Sie erwiesen sich letztlich als kontraproduktiv und führten dazu, dass sich die Knesset am 7.

---

15   Neuberger, Benyamin: Keine Verfassung, aber zahlreiche „Grundgesetze", *Parlament*, 27. März 1998, S. 11.
16   Hänsel, Lars 2001, S. 128.

März 2001 für die Rückkehr zum alten Wahlverfahren aussprach.[17] Im Unterschied zum früheren System behielt der Ministerpräsident allerdings das Recht, in Einverständnis mit dem Staatspräsidenten die Knesset aufzulösen und Neuwahlen auszuschreiben. Hinzu trat ein konstruktives Misstrauensvotum.

Die Direktwahl des Ministerpräsidenten gehört heute zum Erfahrungsschatz israelischer Politikgestaltung. Das Für und Wider des Modells und die Gründe seines Scheiterns wurden vielfältig erörtert. Es wurde festgestellt, dass Autonomie und Befugnis des Premiers durch die Interimsregel zwar gestärkt worden waren, das Parlament jedoch viel von seiner legislativen Wirkungsmöglichkeit eingebüßt hatte. Die Schwierigkeit, stabile Koalitionen zu bilden, gefährdete die Demokratie. Darüber hinaus förderten die neuen Gegebenheiten den autoritären Führungsstil des Premiers bzw. störten die Interaktion zwischen ihm und seiner Partei. Direkt vom Volke gewählt, fühlte er sich kaum noch an das politische Programm seiner Fraktion oder Partei gebunden. Infolge seiner Machtfülle konnten seine individuellen Politikvorstellungen bzw. sein subjektiver Führungsstil weitaus mehr zur Geltung kommen als bei den Ministerpräsidenten der Vergangenheit.[18] Nicht zuletzt die Subjektivierung der Politik und die Kluft zwischen Premier und Partei führten 2001 zur Abwahl Ehud Baraks.

Die verringerte Parteiloyalität wirkte sich auf den Wähler aus. Die Möglichkeit, sich nicht mehr allein für eine Partei, sondern gleichzeitig für eine Person entscheiden zu können, förderte zudem Wechselbereitschaft und Stimmensplitting. Trotz zunehmender Politikverdrossenheit blieb die Wahlbeteiligung allerdings relativ hoch. Sie lag 1996 bei 79,5% und 1999 bei 77,2%. Die Mitgliedschaft in den Parteien nahm dagegen rapide ab. Repräsentativen Umfragen zufolge waren 1969 noch 18%, 1996 dagegen nur noch 9% der jüdischen Israelis in politischen Parteien organisiert.[19]

Durch die Wahlreform von 1992 wurde nicht – wie beabsichtigt – die Rolle der kleinen Parteien bei der Regierungsbildung minimiert, sondern vielmehr vergrößert und aktiviert. Die jedem Wähler zugestandene Möglichkeit, zwei Wahlentscheidungen zu treffen, fügte den beiden dominanten Fraktionen – Arbeitspartei wie Likud – große Stimmenverluste zu. Sie führte gleichzeitig zu einer Fragmentierung und Ethnisierung der Parteienlandschaft. Repräsentierten 1992 in der Knesset lediglich drei Fraktionen mit insgesamt elf Abgeordneten sogenannte ethnische Gruppen, so waren es 1996 bereits fünf Parteien mit 30 Mandaten und 1999 gar sieben Parteien mit 43 Abgeordneten. Bis 1988 hatten die sozialdemokratische und die national-konservative Fraktion zusammen

---

17 Eine repräsentative Erhebung von November 2000 sagte aus, dass nur 30% der Befragten das 1992 inaugurierte Wahlsystem für besser hielten, jedoch 59% eine Rückkehr zum alten System befürworteten. Ha-Arez, 26. November 2000.

18 Vgl. Korn, Dani 1998, S. 18.

19 Arian, Asher 1998a, S. 160f; Sheffer, Gabriel 1999, S. 159.

etwa zwei Drittel der Parlamentssitze eingenommen; 1999 dagegen stellten sie nur noch 37,5%.

Insbesondere die Arbeitspartei, die die Reform des politischen Systems mit besonderer Vehemenz vorangetrieben hatte, musste letztlich den Preis für deren Unvollkommenheit zahlen. Als 1996 erstmals ein Ministerpräsident direkt gewählt wurde, stellte sie die größte Fraktion im Parlament; ihr Kandidat, Schimon Peres, jedoch verfehlte das Mehrheitsvotum des Volkes und musste das Amt des Premiers seinem politischen Rivalen, Benjamin Netanjahu vom Likud, überlassen. 1999 stand der direkt gewählte Ministerpräsident Ehud Barak zwar an der Spitze der größten Knessetgruppierung; diese war jedoch mit 26 Abgeordneten die kleinste Fraktion, die jemals eine israelische Regierungskoalition geführt hatte. Schwierigkeiten bei der Regierungsbildung und wiederholte Krisen im Kabinett waren vorprogrammiert. Eine der ersten Maßnahmen stellte daher 1999 die Änderung des Grundgesetzes „Die Regierung" durch Knessetbeschluss dar. Die Anzahl der Kabinettsmitglieder wurde erhöht, um mehr politische Gruppierungen in die Exekutive einzubeziehen und eine tragfähige Regierungskoalition zu ermöglichen. Der Erfolg blieb letztlich jedoch aus. Als Barak am 10. Dezember 2001 seinen Rücktritt bekannt gab, standen nur noch 30 der 120 Knessetabgeordneten hinter seiner Regierung.

Der Premierminister konnte sich durch das neue Wahlgesetz nicht aus der Abhängigkeit von kleinen Parteien lösen. Mehr als zuvor war er auf die religiösen Fraktionen angewiesen. Das breite Spektrum der an der Koalition beteiligten Gruppierungen führte zudem zu Regierungsvereinbarungen, die kaum noch die Handschrift der führenden Partei erkennen ließen und der Politikverdrossenheit der Wähler Vorschub leisteten. Als Ausgleich und Gegengewicht wurde – zumindest verbal – versucht, dem in den Grundgesetzen nicht verankerten Referendum des Volkes einen Platz im politischen System zu schaffen. In dem Maße, wie die Wahlreformen sowohl die Legislative als auch die Exekutive schwächten, erhöhte sich die Rolle der Judikative – insbesondere des Obersten Gerichtshofes (*Bagaz*).[20] Das wiederum schuf eine neue Ebene der Auseinandersetzungen um den Staat und die Demokratie.

Konturen einer „konstitutionellen Revolution"

Im März 1992 hatte die Knesset zwei neue Grundgesetze „Freiheit der Berufsausübung" und „Menschenwürde und Freiheit" verabschiedet.[21] Während das erste die Freiheit des Berufs und der wirtschaftlichen Tätigkeit garantieren sollte, beinhaltete das zweite das Recht des Individuums auf Eigentum, Privat-

---

20 Zur Rolle des Obersten Gerichtshofes (Bagaz) vgl. Lahav, Pnina 1993; Barak, Aharon 1998.
21 Ausführlich zu beiden Gesetzen siehe Gross, Aeyal M. 1998.

leben und Postgeheimnis sowie die Freiheit der Ein- und Ausreise. Beide Gesetze wurden als wichtige Schritte zur Verabschiedung einer Verfassung angesehen, wenngleich sie – umfassend – weder die klassischen Menschen- und Bürgerrechte enthielten noch bestehende Gesetze und Verordnungen außer Kraft setzten, die erkennbar im Widerspruch zur Würde und Freiheit des Menschen stehen. Die vorgesehene Verabschiedung weiterer *Basic Laws* blieb zudem aus. So fehlen nach wie vor Grundgesetze über Presse-, Religions- Meinungs- und Versammlungsfreiheit sowie über das Streik- und Demonstrationsrecht. Zentraler Bezugspunkt für die genannten Grundrechte – ebenso wie für die formale Gleichheit der Bürger des Landes – ist bisher kein *Basic Law*, sondern die Unabhängigkeitserklärung von 1948.[22]

Die neuen Grundgesetze und deren Ergänzungen wurden in der Knesset mit einfacher Mehrheit verabschiedet. Als das Gesetz „Menschenwürde und Freiheit" zur Abstimmung stand, war weniger als die Hälfte der Knessetmitglieder anwesend. Es definiert Israel als einen „jüdischen und demokratischen Staat"[23] – eine Formulierung, die 1994 auch in einen Zusatz zum Gesetz über die „Freiheit der Berufsausübung" aufgenommen wurde und seither kontroverse Diskussionen über Charakter und Grenzen israelischer Demokratie provoziert hat.

Lediglich von symbolischer Bedeutung war die ebenfalls 1992 verabschiedete Ergänzung zum Grundgesetz „Die Knesset". Mit ihr wurde der durch das Parlament während des Unabhängigkeitskrieges 1948 ausgerufene und bis heute anhaltende Ausnahmezustand auf maximal ein Jahr begrenzt. Das Ergänzungsgesetz ist seit 29. Mai 1996 in Kraft, bewirkte bisher jedoch lediglich, dass der Ausnahmezustand jährlich um weitere 12 Monate verlängert wird.

Der Präsident des Obersten Gerichtshofs, Aharon Barak, charakterisierte die Annahme der neuen Grundgesetze euphorisch als „Verfassungsrevolution".[24] In der Tat bildeten sie einen wichtigen Schritt in Richtung auf eine Verfassungsreform, wurden doch erstmals in einem zentralen Gesetz Rechte des Individuums juristisch festgeschrieben und somit neue legale Standards geschaffen. Auch der Weg für die juristische Kontrolle der Legislative wurde geebnet.[25] Reuven Hazan von der Hebräischen Universität Jerusalem bezeichnete z.B. als wichtigste Veränderung, dass es nicht länger der Knesset obliege, über Men-

---

22 Folgende Grundgesetze (Basic Laws) wurden von der Knesset bisher verabschiedet: Knesset (1958, 10 Ergänzungen, Festlegung über Direktwahl des Ministerpräsidenten 1991), Böden (1960), Staatspräsident (1964), Regierung (1968, 1992 und 2001 neu verabschiedet), Wirtschaft des Staates (1975), Militär (1976), Jerusalem, Hauptstadt Israels (1980), Gerichtswesen (1984), Staatskontrolleur (1988), Berufsfreiheit (1992, 1994 Neuformulierung, damit Gesetz von 1992 außer Kraft gesetzt), Menschenwürde und Freiheit (1992, Ergänzung 1994).

23 www.knesset.gov.il/laws/special/eng/basic3_eng.htm.

24 Aharon Barak sprach von einer „constitutional revolution in the Israeli legal and political system". Zit. nach Don Yehiya, Eliezer 1999b, S. 95.

25 Aronoff, Myron J. 2000, S. 92.

schen- und Bürgerrechte zu entscheiden, sondern dass die Judikative zum unumstrittenen Souverän in dieser Frage erklärt wurde.[26] Zugleich erhielt das Oberste Gericht die Möglichkeit, bei parlamentarischen Aktivitäten zu intervenieren. Nicht zuletzt wurde ihm eine wichtige Rolle bei der Entscheidung zuteil, politische Parteien oder einzelne Personen von der Kandidatur bei Knessetwahlen auszuschließen, wenn sie nicht demokratischen Normen genügten. De facto übernahm der *Bagaz* damit die Funktion eines Verfassungsgerichtes.[27] Er wurde „zur normativen Richtschnur der israelischen Gesellschaft".[28]

In dem Maße, wie der Stellenwert des Obersten Gerichtshofes für die Schlichtung gesellschaftlicher Gegensätze und Streitfragen wuchs, wurde er in das Verhältnis von Staat und Religion einbezogen. Wiederholt traf er Entscheidungen, die einerseits Widersprüche minimieren halfen, andererseits jedoch zu Protesten führten und die Spannungen in der Gesellschaft erhöhten. Die neue Tendenz, über Petitionen an das Oberste Gericht zu erlangen, was mit Hilfe der Knesset nicht erreichbar scheint, birgt somit ein hohes Konflikt- und Risikopotenzial in sich. Knessetsprecher Avraham Burg illustrierte die seit der Staatsgründung erfolgten Verschiebungen in der Gewaltenteilung mit Blick auf das legislative Verfahren im Jahre 1952 folgendermaßen: „Wenn heute die Knesset etwa darüber zu entscheiden hätte, Wiedergutmachungszahlungen aus Deutschland zu akzeptieren oder nicht, käme die Diskussion im Parlament zu keinem Ende, da die Sache dem Obersten Gerichtshof zur Entscheidung vorgelegt würde."[29]

Die herausragende Rolle des Obersten Gerichts im Rahmen der Judikative als dritter Säule der israelischen Demokratie stieß wiederholt auf harsche Kritik, insbesondere seitens des konservativen Lagers. Knessetsprecher Reuven Rivlin (Likud) äußerte sich, direkt den Vorsitzenden des Obersten Gerichts, Aharon Barak, ansprechend, in einer Diskussionsrunde im Haus des Staatspräsidenten am 22. Mai 2003 beispielsweise dahingehend, dass die „Verfassungsrevolution" einem „Putsch" gleichkomme, der die israelische Demokratie in ihren Grundlagen erschüttere. In einem Interview mit der Tageszeitung Ha-Arez wiederholte er zwei Wochen später diesen Vorwurf. Er betonte, dass die von Aharon Barak in der vergangenen Dekade verantworteten Urteile illegal seien, da mit ihnen die Judikative über Legislative und Exekutive gestellt würde. Der *Bagaz* habe beispielsweise zugelassen, dass Asmi Bischara für die Knessetwahlen 2003 kandidierte, obwohl die Knesset mehrheitlich einen gegenteiligen Beschluss gefasst hatte. Das Gericht gefährde auf diese Weise nicht nur zionistische und nationale Werte, sondern die Demokratie selbst. Das 1992 verabschiedete Ge-

---

26   Hazan, Reuven H. 1997, S. 2f.
27   Sprinzak, Ehud/Diamond, Larry 1993, S. 1.
28   Burg, Avraham 2000, S. 16.
29   Ebd.

setz „Menschenwürde und Freiheit" habe den Bürgern Israels keine gleichen Rechte zugesprochen, sondern klar zwischen den Rechten der (jüdischen) Bevölkerungsmehrheit und der (nichtjüdischen) Minderheit unterschieden.[30] Universale Rechte dürften keinen Vorrang gegenüber nationalen Intentionen erlangen.

Die öffentlich ausgetragene Kontroverse zwischen Reuven Rivlin und Aharon Barak fand Widerhall. „Nur eine Konsens-Verfassung kann uns vor uns selbst retten", titelte beispielsweise eine mehrfach geschaltete halb- bzw. ganzseitige Annonce des Israel Democracy Institute in der Tageszeitung Ha-Arez.[31] Zugleich verstärkten sich Bestrebungen konservativer Abgeordneter, den *Bagaz* durch ein Verfassungsgericht zu ersetzen, in dem alle Segmente der israelischen Bevölkerung vertreten sein müssten und das demzufolge kein juristisches Fachgremium darstellen könne, sondern als verlängerter Arm der Legislative fungieren sollte.

Umbrüche in der Parteienlandschaft

Israel verfügte stets über ein Mehrparteiensystem, das bisher mindestens 14 (1961) und höchstens 31 (1981 und 1999) zur Knessetwahl zugelassene Parteien umfasste. In das Parlament zogen niemals weniger als zehn, höchstens jedoch 15 Parteien bzw. Parteienblöcke ein.[32] Nicht selten kam es bereits unmittelbar nach der Wahl zu Spaltungen oder Vereinigungen von Wahlblöcken bzw. Parteien, so dass die Zahl der Knessetfraktionen zu Beginn und am Ende einer Legislaturperiode nur selten übereinstimmte.

Die politischen Reformen der neunziger Jahre kleideten den israelischen Parteienstaat in ein neues und zunehmend bunteres Gewand. Das ideologisch geprägte Rechts-Links-Kontinuum wurde abgelöst von einer Vielzahl neuer Parteien, die sich mit ihren Forderungen jeweils an eine spezifische Klientel wandten. Auch die etablierten Parteien wandelten sich in Programmatik und Mitgliedschaft. Das für die ersten Jahrzehnte gültige viergliedrige Raster der zionistischen Parteienlandschaft – ein sozialdemokratisches und ein konservativ-nationales Wahlbündnis neben einer militant-nationalistischen und einer religiösen Parteiengruppierung – war auf die 1999 bzw. 2003 gewählte 15. und 16. Knesset nicht mehr anwendbar, wie die Vielfalt der Knessetfraktionen ausweist:

---

30   Interview mit Reuven Rivlin, Haaretz Magazine, 5. Juni 2003, S. 10.
31   Ha-Arez, 20. Juni 2003; 24. Juni 2003. Vgl. Website des Israel Democracy Institute www.idi.org.il.
32   Harris, Michael/Doron, Gideon 1999, S. 17.

Tabelle 5: Ergebnisse der Knessetwahlen 1999 und 2003

Fraktion	Charakterisierung	Sitze 1999	Sitze 2003
Jisrael Achat (Ein Israel)	Bündnis von Arbeitspartei (Avodah), Gescher (David Levy) und Meimad (liberal-religiöse Gruppierung)	26	
	2003 nur Avodah und Meimad		19
Likud (Einigung)	Konservativ-nationalistisch	19	38
Schas (Sephardische Thora-Wächter)	Ethnische ultraorthodoxe Partei, Mitgliedschaft vorwiegend traditionelle orientalische Juden	17	11
Merez	Links-liberal	10	
	2003 mit Einwandererpartei Mifleget ha-B'chirah ha-Demokratit (Partei der demokratischen Wahl)		6
Jisrael ba-Alijah[33]	Partei von Einwanderern aus GUS-Staaten	6	2
Schinui (Veränderung)	Antiklerikal-liberale Partei	6	15
Mifleget ha-Merkas (Zentrumspartei)	Mitte-Rechts-Orientierung	6	–
Mafdal (National-Religiöse Partei)	Religiös-nationalistisch, Siedlerpartei	5	6
Vereinigtes Thora-Judentum (VTJ)	Ultraorthodox, vorwiegend aschkenasische Juden	5	5
Vereinigte Arabische Liste – Demokratische Partei (VAL)	Bündnis Arabischer Demokratischer Partei (Mada) und Islamischer Bewegung	5	2
Jisrael Beitenu (Israel ist unser Zuhause)	Nationalistisch-konservative Partei von GUS-Einwanderern 2003 nicht separat kandidierend	4	
Ichud Le'umi (Nationale Vereinigung = Cherut, Moledet, T'kumah)	Nationalistische Rechte	4	
	2003 ohne Cherut, aber mit Jisrael Beitenu		7
Chadasch (Demokratische Liste für Frieden und Gleichheit)	Von der Kommunistischen Partei Israels geführtes Bündnis mit überwiegend arabischer Mitgliedschaft	3	3
Balad (National-Demokratischer Bund)	Arabisch-national (Asmi Bischara)	2	3
Am Echad (Ein Volk)	Gewerkschaftlich orientierte Partei des Histadrut-Vorsitzenden Amir Perez	2	3

Das Parteienspektrum Israels lässt sich nur bedingt nach herkömmlichen sozialpolitischen Kriterien überschaubar darstellen. Das lange gültige Rechts-, Mitte-, Linksraster wurde in den letzten Jahrzehnten auf die Haltung zum israelisch-palästinensischen Grundverhältnis übertragen. Dem Lager der „Linken" (*machaneh ha-smol*) werden die in der Friedensfrage moderaten und kompromissbereiten Parteien, Politiker und Staatsbürger („Tauben") zugeordnet, während der Begriff „Rechts" für das nationale Lager (*machaneh le'umi*) steht

---

33 Unmittelbar nach der Wahl 1999 spaltete sich ein liberal-sozialdemokratisch orientierter Flügel unter Roman Bronfman (Mifleget Ha-B'chirah ha-Demokratit) ab; 2003 schloss sich die Partei nach Bekanntwerden der Wahlergebnisse dem Likud an.

und die Befürworter der „harten Hand" im Konfliktaustrag („Falken") meint, die in nur geringem Maße bereit sind, errungene territoriale Positionen zugunsten eines politischen Kompromisses aufzugeben. Nach ihren Haltungen im „Kulturkampf" können Parteien auch in ein säkulares und ein religiöses Lager eingeteilt oder mit Blick auf Programm, Mitgliedschaft und hauptsächliches Wählerpotenzial als ethnische Interessenvertretungen unterschiedlicher Couleur charakterisiert werden.

Ist in politischen Auseinandersetzungen von *anachnu* (wir) und *hem* (sie) die Rede, so weist das Personalpronomen zumeist auf die individuelle Zugehörigkeit des Akteurs (oder des Widersachers) zu einem bestimmten ethnischen oder politischen Segment der Gesellschaft hin. Die Standortbestimmung impliziert die Möglichkeit, dass sich einzelne Interessenlagen überlappen oder dass ein Platz zwischen den politischen Polen eingenommen wird. Beispielsweise setzte die 1999 gegründete Zentrumspartei bewusst auf Vermittlung und Ausgleich zwischen den divergierenden gesellschaftlichen Kräften bzw. suchte sie eine Parteinahme möglichst zu vermeiden.

Die Parteienlandschaft der neunziger Jahre war ein Ergebnis des geänderten Wahlsystems und gleichzeitig des Einflusses internationaler Entwicklungen. Die in allen Industriestaaten zu beobachtende Herausbildung von Informations- und Erlebnisgesellschaften[34], gepaart mit dem Trend zu Individualisierung und Konsumdenken, verringerte die soziale und nationale Solidarität und erschütterte damit wichtige Grundlagen für die Existenz von Massenparteien. Die international wie auch in Israel zunehmende Politikverdrossenheit bzw. die damit verbundenen Krisen im politischen System waren und sind gekennzeichnet durch sinkende Identifikation des Bürgers mit einzelnen Parteien, durch geringeres Vertrauen in politische Institutionen und Politiker, durch Wählerfluktuation und Kampf um die politische Mitte sowie durch die wachsende Rolle der Medien. Wie in westeuropäischen Demokratien suchen in Israel neue – nicht selten populistische – Parteien die Gunst des Wählers zu erlangen. Ihr Spektrum reicht von erklärt ethnischen Parteien über politische Zusammenschlüsse, die sich für Umwelt-, Frauen- oder Rentnerbelange einsetzen, bis zu obskuren Parteien, die die Gleichberechtigung des Mannes oder den straffreien Konsum leichter Drogen fordern.

Die innenpolitische Auseinandersetzung wurde in Israel von Wahl zu Wahl zunehmend US-amerikanischen Standards angepasst. Marktstrategien wurden auf den Wahlkampf umgemünzt und amerikanische Medienberater, für die das Entertainment wichtiger als die zu vermittelnde Botschaft war, eingestellt. Nicht mehr politische Inhalte bestimmten die Auseinandersetzung zwischen den Parteien, sondern weitaus stärker das Bemühen, den Gegner moralisch zu

---

34   Vgl. Schulze, Gerhard 1993.

disqualifizieren und den eigenen Kandidaten als einzige Alternative aufzubauen. Dementsprechend prägten politische Skandale immer häufiger die Wahlkampagnen. Die Amerikanisierung der Wahlkämpfe, durch Gideon Doron als *politics of images*[35] charakterisiert, erreichte auch die religiösen Parteien.

Avodah und Likud im Widerstreit

Die Wahlergebnisse der neunziger Jahre verdeutlichen – wie bereits dargelegt – den Niedergang der beiden großen Parteiblöcke (Avodah und Likud). Hatte die Sozialdemokratie 1992 noch ein Drittel der Parlamentssitze errungen, so umfasste die von ihr geführte Fraktion 1999 noch knapp 22% aller Knessetmandate. Der Likud, 1992 mit 32 Sitzen im Parlament vertreten, erlangte 1999 lediglich 19 Knessetsitze (16%). Da beide Parteien die zunehmende Wechselbereitschaft der Wähler in Rechnung stellen mussten, orientierten sie sich gleichermaßen auf die politische Mitte. Für die Arbeitspartei bedeutete das, langjährige Programmziele zurückzunehmen, z.B. nicht mehr primär soziale Marktwirtschaft und wirtschaftlichen Pluralismus zu propagieren, sondern die Privatisierung staatlicher und gewerkschaftseigener Betriebe zu unterstützen. Sie konnte dabei inhaltliche Anleihen bei europäischen sozialdemokratischen Parteien bzw. bei der Demokratischen Partei Bill Clintons aufnehmen. Auch der Likud trat für die weitere Liberalisierung der Wirtschaft ein, versprach in Konkurrenz zur Avodah jedoch, sich verstärkt sozialen Fragen zuzuwenden.

Die Arbeitspartei hatte über Jahrzehnte mit der links von ihr stehenden Mapam kooperiert. Nach einer Phase getrennter Politik 1984 – 1990 betrachtete sie in den neunziger Jahren die linksliberale Merez – Nachfolgerin von Mapam – als „natürlichen Verbündeten" und nahm sie 1992 nach dem Wahlsieg Jizchak Rabins als Koalitionspartner ins Kabinett auf. Aus politisch-taktischen Überlegungen forcierte sie in den Folgejahren jedoch nicht die Zusammenarbeit mit den Linken, sondern gründete 1999 mit der vom Likud abgespaltenen Fraktion Gescher (Brücke) unter David Levy und mit der liberal-religiösen Partei Meimad das Bündnis Jisrael Achat (Ein Israel). Der neue Zusammenschluss symbolisierte den während des letzten Jahrzehnts vor sich gegangenen innerparteilichen Wandel. Ehud Barak, Sieger in den Primaries und später in der Direktwahl zum Ministerpräsidenten, hatte bereits im Dezember 1998 die Arbeitspartei als „wahre Zentrumspartei" bezeichnet. Es verwundert nicht, dass er als Kabinettschef das Bündnis mit Merez relativ schnell löste, um – zumindest auf Zeit – die religiösen Parteien ins Regierungsboot zu holen.

Bezüglich der Nahostpolitik dominierte sowohl in der Avodah als auch beim Likud das Begriffspaar „Sicherheit" und „Frieden". Beide Parteien durch-

---

35   Doron, Gideon 1996, S. 35.

liefen in den neunziger Jahren einen deutlichen – vorübergehend produktiven – Paradigmenwandel. Die Arbeitspartei befürwortete die Madrider Friedenskonferenz und sprach sich 1992 für einen „territorialen Kompromiss in Übereinstimmung mit den Resolutionen des UN-Sicherheitsrates 242 und 338" aus. Einen Rückzug auf die Grenzen von 1967 lehnte sie ab; der Kompromiss sollte durch die „Schaffung sicherer, anerkannter und einvernehmlich festgelegter Grenzen" abgestützt werden.[36] Ihr Dreistufenprogramm sah eine Interimsvereinbarung über palästinensische Selbstverwaltung in den besetzten Gebieten und die endgültige Festlegung der Ostgrenze Israels vor; es reichte bis zur Vision „eines neuen Nahen Ostens".[37] Der erstmals geforderte Siedlungsstopp versprach, frei werdende Finanzmittel für die Lösung sozialer Probleme im Lande nutzen zu können. Er sollte zugleich das zeitweilig getrübte Verhältnis zur US-Administration bzw. zu anderen wichtigen Verbündeten und damit die internationale Reputation Israels verbessern. Die Anerkennung der PLO, die Vereinbarungen von Oslo und der Abschluss des Friedensvertrages mit Jordanien in der Regierungszeit Jizchak Rabins ließen die Partei zur zentralen Kraft im Lager der verständigungsbereiten „Tauben" werden.

Auch innerhalb des Likud setzten sich zeitgleich pragmatisch operierende Kräfte durch. Geschockt durch das demographische Menetekel eines binationalen israelischen Staates schienen sie sich auf die Realitäten des Oslo-Abkommens einzustellen und vom „Groß-Israel"-Konzept abzurücken. Die Annexion der Westbank und des Gazastreifens stand nicht im Vordergrund ihrer Politik. Kompromisse in der Jerusalemfrage dagegen wurden weiterhin strikt ausgeschlossen. Der 1996 gewählte Likud-Vorsitzende Benjamin Netanjahu vereinbarte im Januar 1997 mit den Palästinensern zwar das Hebron-Abkommen und stimmte damit der bedingten Räumung eines weiteren Teils von „Judäa und Samaria" zu, forcierte zugleich jedoch die Siedlungspolitik im Westjordangebiet. Die Errichtung eines souveränen Palästinenserstaates schloss er kategorisch aus.

Die Partei der Arbeit erlitt einen existentiellen personalen Verlust, als am 4. November 1995 ihr Vorsitzender, Ministerpräsident Jizchak Rabin, auf einer Friedenskundgebung von einem jüdischen Fanatiker erschossen wurde. Nicht wenigen Beobachtern der nahöstlichen Szene gilt der „Präsidentenmord von Tel Aviv" als eigentliches Datum für das Ende der Friedenssuche. Die Avodah vermochte es nicht, die ihr kurzzeitig zufließenden Sympathien in Politik umzumünzen. In der Nach-Rabin-Zeit – insbesondere auch während der Legislaturperiode Netanjahus 1996-1999 – zeigte sie sich hinsichtlich des Verhandlungsprozesses zunehmend unentschlossen. Als größte Oppositionspartei war

---

36   Ikarei emdot ha-Avodah me-toch hachlatot ha-we'idah ha-5. (Hauptpositionen der Partei der Arbeit auf Grundlage der Beschlüsse des 5. Parteitages), Tel Aviv 1992, S. 2.

37   Ebd., S. 3f.

sie nicht bereit, stärkeren Druck auf die Regierung auszuüben, um der Durchsetzung der von Parteiführer Schimon Peres verkündeten Vision eines Neuen Nahen Ostens zum Erfolg zu verhelfen bzw. die These „Sicherheit durch Frieden" in der israelischen Bevölkerung politikfähig zu machen. Das Wahlprogramm von 1999 betonte vielmehr Positionen, die auch für das „nationale Lager" akzeptabel waren: Jerusalem sollte israelisch bleiben; eine Rückkehr zu den Grenzen vom 4. Juni 1967 und die Stationierung einer palästinensischen Armee jenseits der Grenzen Israels wurden ausgeschlossen; die Mehrheit der Siedlungen sollte unter israelischer Hoheit verbleiben.

Ende der neunziger Jahre hatte sich somit der jahrzehntelange Gegensatz zwischen den „Tauben" der Arbeitspartei und den „Falken" des Likud deutlich verringert. Die Programme beider Parteien hatten sich angenähert; sie waren weitgehend entideologisiert und nahmen – von amerikanischer Seite eingefordert – Kompromisse in Kauf. Nach der Regierungsübernahme Ehud Baraks 1999 veränderten sich vorübergehend die politischen Parameter. Die Vorschläge der israelischen Verhandlungsdelegation in Camp David und Taba im Sommer 2000 bzw. Januar 2001 standen nur noch bedingt in Übereinstimmung mit dem Wahlprogramm der Avodah von 1999. Insbesondere die Bereitschaft, einen Teil der Siedlungen aufzulösen, bei der Grenzziehung einem Gebietsaustausch zuzustimmen und den Status von Jerusalem zu verhandeln, bedeutete den Bruch bisheriger Tabus, war jedoch weder in der Avodah noch in der Knesset durch erklärte Mehrheiten abgesichert.

In der parteipolitischen Orientierung spielten Fragen nach der künftigen innergesellschaftlichen Entwicklung Israels eine wichtige Rolle. Deutliche Unterschiede zeigten sich zwischen Arbeitspartei und Likud beispielsweise im Herangehen an das Verhältnis von Staat und Religion. Die diesbezügliche Wahlpropaganda der Avodah war primär auf säkulare Juden gerichtet, die eine Regierungsbeteiligung der religiösen Parteien ablehnten und die ultraorthodoxen *Jeschiva*-Schüler zum Wehrdienst heranziehen wollten. In der Wahlplattform wurde die Wehrpflicht der *Charedim* als „Gebot der Stunde" bezeichnet.[38] Zugleich betonte die Arbeitspartei, dass sie keinesfalls antireligiös sei. Durch die Aufnahme von Meimad in das Wahlbündnis Jisrael Achat signalisierte sie ihre Bereitschaft, Zugeständnisse gegenüber der religiösen jüdischen Wählerschaft einzugehen. Der Versuch, auf diese Weise neben den Stammwählern weitere Bevölkerungskreise anzusprechen, war dennoch nur bedingt erfolgreich. Die „säkulare Orthodoxie" unter den Wählern sprach sich für Parteien aus, die ihre Positionen konsequenter als die Arbeitspartei zu vertreten schienen – entweder für Merez oder für Schinui. Traditionellen Juden dagegen schien Baraks Kompromissbereitschaft ohnehin nicht ausreichend zu sein.

---

38   Ha-Tnuah le-Jahdut Mitkademet be-Jisrael 1999, S. 11.

Anders als die Avodah machte der Likud aus seiner grundsätzlichen Bereitschaft kein Hehl, im Falle des Wahlsieges und einer Regierungsbildung mit den religiösen Parteien zu kooperieren. Er betonte die Notwendigkeit religiöser Bildung und sicherte umfassende Unterstützung für den Ausbau der religiösen Schulzweige zu. Das wahltaktische Entgegenkommen verhinderte jedoch nicht, dass die Partei 1999 – vorübergehend – einen großen Teil ihrer Wähler verlor; diese bevorzugten das religiöse „Original" und wechselten zu Schas über.

Bedeutungszuwachs „kleiner" Parteien

Neben den beiden „Volksparteien" spielten in den neunziger Jahren – wiederum gefördert durch das neue Wahlsystem – parlamentarische Interessenvertretungen spezifischer Bevölkerungsgruppen eine bedeutende Rolle. Insbesondere das Gewicht religiöser und ethnischer Parteien nahm deutlich zu. Von 1984 bis 1999 vergrößerte sich die Wählerschaft der drei religiösen Parteien – Mafdal, VTJ und Schas – z.B. von 206.170 (9,9%) auf 696.721 (21%); die Zahl der Parlamentsabgeordneten erhöhte sich von 12 auf 27. Allerdings konnte – wie an anderer Stelle bereits ausgeführt – weder von einem homogenen Block der Religiösen noch von einem gleichzeitigen Bedeutungszuwachs aller drei Parteien gesprochen werden. Der nationalreligiöse Flügel als Hauptstütze der Siedlerbewegung verlor vorübergehend an Prestige. Das Vereinigte Thora-Judentum blieb auf das Wählerpotenzial der aschkenasischen *Charedim* beschränkt. Die neue Qualität politischen Engagements der religiösen Orthodoxie widerspiegelte sich dagegen vor allem im Bedeutungszuwachs von Schas, die 1999 mit 17 Knessetabgeordneten zur drittgrößten Parlamentsfraktion aufstieg. In ihrem Schatten konnten die beiden anderen Parteien ihre Forderung verstärken, die Status-quo-Vereinbarung und damit die religiöse Rechtssprechung in Personenstandsfragen zu bewahren bzw. auszudehnen.

Die Entwicklung von Schas gehört zu den augenfälligsten Neuerungen im israelischen Parteiensystem der neunziger Jahre. Die Bildung einer Koalitionsregierung ohne Schas war sowohl für Netanjahu (1996) als auch für Barak (1999) oder Scharon (2001) nicht mehr möglich. Das verstärkte Auftreten orientalisch-jüdischer *Charedim* in der israelischen Öffentlichkeit und Politik gab nicht nur dem „Kulturkampf" neue Nahrung, sondern wirkte sich auch in mehrfacher Hinsicht auf das Parteienspektrum aus. Die israelische Linke, insbesondere Merez, nutzte die Furcht vor zunehmendem religiösen Zwang. Sie aktivierte ihre Anhänger und propagierte als Antithese zum *Halacha*-Staat das Modell eines säkularen, westlich orientierten Gemeinwesens. Auch die Gründung der antiklerikalen Partei Schinui und deren Wahlerfolge 1999 und 2003 waren in nicht geringem Maße der politischen Aktivität von Schas geschuldet.

Neben der „sfardischen Revolution" veränderten „russische" Parteien die politische Landschaft. Die Stimmen der Neueinwanderer aus der ehemaligen Sowjetunion – im Februar 2001 bereits 18,3% der Wahlberechtigten – beeinflussten seit 1992 nicht unwesentlich den Ausgang der Knessetwahlen. Begünstigt durch das Gesetz über die Direktwahl des Ministerpräsidenten, votierten sie mit ihrer zweiten Stimme vorwiegend für Parteien, die sich als Interessenvertreter russischsprachiger Israelis anboten. 1999 bis 2003 waren drei Neueinwandererparteien mit divergierender politischer Orientierung im Parlament vertreten. Ihren Repräsentanten war bewusst, dass sie sowohl in der Auseinandersetzung zwischen „Tauben" und „Falken" als auch bei Entscheidungen über die Wirtschafts- und Sozialpolitik und nicht zuletzt bei Koalitionsverhandlungen ein gewichtiges Wort mitzureden hatten.

Die bereits 1996 gegründete und auf Anhieb ins Parlament gelangte Jisrael ba-Alijah[39] unter Führung von Nathan Scharanski suchte sich zunächst als Partei der Mitte zu profilieren. Sie gehörte den Regierungskoalitionen unter Netanjahu, Barak und Scharon an. Die 1999 von ihr abgespaltene Fraktion Mifleget ha-B'chirah ha-Demokratit (Partei der demokratischen Wahl) unter Roman Bronfman positionierte sich dagegen als Partei der russischen „Tauben". Sie sympathisierte mit dem linken Flügel der israelischen Sozialdemokratie und schloss sich Ende 2002 Merez an. Jisrael Beteinu (Israel ist unser Zuhause) unter dem ehemaligen Likud-Mitglied Avigdor Liebermann schließlich verbündete sich mit der radikalen Rechten. Die Parteiführung setzte auf die mit ihrer Situation in Israel unzufriedenen Neueinwanderer. Sie suchte mit populistischen Äußerungen – man könne „kein Vertrauen in Israels Rechtssystem" setzen, Israel sei zum „Polizeistaat" verkommen etc. – auch Einwohner der Entwicklungsstädte, Siedler in der Westbank und Teile der Orthodoxie anzusprechen.

Bedeutsame Veränderungen vollzogen sich in der Interessenvertretung arabischer Bürger. Die Zunahme des nationalen Selbstbewusstseins, insbesondere in der jungen Generation, widerspiegelte sich während der neunziger Jahre in stärkerer Anteilnahme und aktiverer Beteiligung am politischen Geschehen. Hatten die arabischen Wähler bis 1992 noch mehrheitlich für zionistische Parteien, vor allem für die Arbeitspartei, gestimmt, sprachen sie sich 1996 mit 66,6% und 1999 mit 69,5% für arabische Parteien aus.[40] Deren Hauptforderung lautete, Israel solle seinen Anspruch, als jüdischer Nationalstaat alle Juden der Welt zu vertreten, aufgeben und „ein Staat für alle seine Bürger" werden. Bei den Wahlen von 1999 gelangten drei Parteien mit zehn Abgeordneten in die Knesset, die nahezu ausschließlich arabische Anhänger und Wähler repräsen-

---

[39] Jisrael ba-Alijah kann übersetzt werden als „Israel im Aufstieg", zugleich aber auch als „Israel in Einwanderung".

[40] Frisch, Hillel 2001, S. 154. Der Trend setzte sich auch 2003 fort; 71,6% der Wähler gaben ihre Stimme arabischen Parteien bzw. Chadasch.

tierten.[41] Symptomatisch für die im arabischen Sektor nach wie vor dominierenden patriarchalischen Strukturen und Denkweisen ist, dass die erste und bislang einzige palästinensische Frau nicht über eine arabische Liste, sondern als Abgeordnete der linkszionistischen Merez ins Parlament einzog. Insgesamt wurden 1999 13 der 120 Mandate durch israelische Staatsbürger palästinensischer Nationalität besetzt.

Der knappe Rekurs auf die neunziger Jahre weist aus, dass sich das israelische Parteiensystem innerhalb eines Jahrzehnts gravierend veränderte. Der Wandel verdeutlichte den Übergang von einer relativ geschlossenen politischen Gemeinschaft mit tradierter Parteienstruktur zu einer offenen, fragmentierten und dynamischeren postmodernen Gesellschaft, in der jedes gesellschaftliche Segment über eine eigene politische Prioritätenfolge und Agenda verfügte. An die Stelle des zionistischen Konsens, auf den sich zuvor jede Regierung in Grundsatzentscheidungen stützen konnte, trat eine israelspezifische Mehrheitsdemokratie, die sich für die Exekutive als schwer regierbar erwies. Der Einflussverlust beider großer Parteien war begleitet von der Etablierung ethnischer Parteien, dem Aufstieg religiöser Parteien sowie verstärkter Repräsentanz arabischer Bürger im Parlament. Das bereits 1998 prophezeite „Ende der Parteien"[42] blieb freilich aus; es ist in absehbarer Zeit nicht zu erwarten und wohl eher als verbale Provokation denn als realistische Prognose zu verstehen.

Neue Akzente: Knessetwahlen 2003

Die 2003 praktizierte Rückkehr zum alten Wahlsystem bewirkte erneut bedeutsame Verschiebungen in der innenpolitischen Kräftebalance. Neben den Korrekturen im politischen System beeinflussten nunmehr jedoch die Al-Aksa-Intifada bzw. die angespannte Sicherheitslage jede Entscheidungsfindung der Wähler. Der Likud konnte ob seiner militanten Begegnung palästinensischer Selbstmordattentate bzw. seiner kompromisslosen Politik gegenüber der Palästinensischen Autonomiebehörde einen deutlichen Stimmenzuwachs erzielen. Er zog mit 38 Sitzen (29,4% der Stimmen) in die Knesset ein.

Obwohl Israel seit der Amtsübernahme Ariel Scharons 2001 nicht sicherer geworden war, sich die wirtschaftliche Lage dramatisch verschlechtert hatte und insbesondere die Arbeitslosigkeit anstieg, kam der Wahlsieg Scharons nicht überraschend. Die allgemeine Unsicherheit im Lande und die Angstkomplexe in der Bevölkerung in Anbetracht des bevorstehenden Irakkrieges nutzend, gelang

---

41 Die Vereinigte Arabische Liste erhielt fünf Sitze; die Demokratische Front für Frieden und Gleichheit (Chadasch) verfügte 1999-2003 über drei Mandate, davon wurde eines von einer jüdischen Israelin wahrgenommen; der National-Demokratische Bund (Balad) errang zwei Sitze, spaltete sich jedoch noch 1999 in zwei Einmann-Fraktionen auf.

42 Korn, Dani 1998.

es dem Likud, die Zahl seiner Parlamentssitze zu verdoppeln und eine Fraktionsstärke zu erreichen, die während des letzten Jahrzehnts unvorstellbar gewesen war. Nach der Weigerung der Avodah, in eine große Koalition einzutreten, kam im Februar 2003 ein Kabinett, bestehend aus Likud, Schinui, Ichud Le'umi und Mafdal, zustande, das als die „rechteste, nationalistischste, die extremste und die kriegerischste Regierung"[43], die Israel jemals besaß, in die Geschichte eingehen dürfte.

Die 18 Monate während Beteiligung der Arbeitspartei unter Benjamin Ben Elieser und Schimon Peres an der Scharon-Regierung der nationalen Einheit, vor allem jedoch der weitgehende Verzicht auf eigene Politikangebote, hatten sich für die Sozialdemokratie in der Knessetwahl 2003 katastrophal ausgewirkt. Viele Bürger empfanden die Partei kaum noch als existent. Ihr Austritt aus der Regierungskoalition erfolgte zu spät. Der neue Parteivorsitzende, Amram Mizna, suchte sich durch ein Alternativprogramm in der Nahostfrage – sofortige Wiederaufnahme von Verhandlungen mit der Palästinensischen Autonomiebehörde bzw. unilateraler Abzug aus den besetzten palästinensischen Gebieten und Räumung von Siedlungen – vom Likud abzusetzen. Sein friedenspolitischer Ansatz war jedoch selbst in der eigenen Partei heftig umstritten und in der Bevölkerung nicht mehrheitsfähig. Desillusioniert legte Mizna im Mai 2003 das Amt als Avodah-Vorsitzender nieder. Auch der Vorsitzende der linksliberalen Merez, Jossi Sarid, zog – allerdings noch am Wahlabend – die Konsequenzen aus dem Debakel seiner Partei, die lediglich 5,2% der Stimmen erhalten und damit vier Mandate verloren hatte. Hatten sich viele Wähler in der Vergangenheit für Merez insbesondere wegen deren antiklerikaler Haltung entschieden, so votierten sie nunmehr für die Partei Schinui, deren Vorsitzender Josef (Tomy) Lapid eine zwar gemäßigte, jedoch unnachgiebig erscheinende Haltung im israelisch-palästinensischen Konflikt propagiert hatte.

Sollte sich – wie mehrmals angekündigt – in absehbarer Zeit in Israel eine neue linke Opposition aus Avodah, Merez und Teilen der Kibbuzbewegung formieren, so wird es Zeit und Anstrengung erfordern, das bis in die achtziger Jahre behauptete Patt zum Likud wiederherzustellen. Reale Veränderungen in der israelischen Politik sind somit zunächst kaum von der „Linken", sondern eher von Differenzen bzw. Differenzierungen im „nationalen Lager" zu erwarten. Nicht ausgeschlossen ist unter bestimmten innen- und außenpolitischen Bedingungen eine erneute Weichenstellung in Richtung auf eine große Koalition.

Zu den Verlierern der Wahl 2003 gehörten die religiösen und ethnischen Parteien. Da der Wähler – wie bis 1992 üblich – nur einen Stimmzettel abgeben konnte, votierte er seltener für die Partei, die seine spezifischen Gruppen-

---

43 Avnery, Uri: Wählen Sie eine Karte, Gusch Schalom, 2. März 2003, zit. nach *Israel & Palästina*, No. 71, S. 7.

interessen zu vertreten vorgab, sondern zog er dieser nicht selten eine „nationale Entscheidung" vor. Im Ergebnis verkleinerte sich die Schas-Parlaments-fraktion von 17 auf 11 Mandate. Die Einwandererpartei Jisrael ba-Alijah schrumpfte von sechs auf zwei Abgeordnete und schloss sich unmittelbar nach den Wahlen dem Likud an, den ohnehin 30% der „russischen" Einwanderer (1999 lediglich 5,3%) gewählt hatten. Jisrael Beitenu und Mifleget ha-B'chirah ha-Demokratit waren bereits während des Wahlkampfes in größeren Parteien aufgegangen. Die 16. Knesset verfügt somit über keine Neueinwandererpartei mehr. Das wirft die Frage auf, ob ethnische Interessenvertretungen eine zeitlich begrenzte Erscheinung im jüdischen Parteienspektrum darstellen. Sind die Wahlen 2003 lediglich Ausdruck zeitweiliger, durch die Intifada bewirkter oder verstärkter Trends oder belegen sie bereits langfristige Integrationstendenzen? Die Antwort bleibt künftigen Wahlgängen überlassen.

Einen deutlichen Schwund an Vertrauen in das parlamentarische System und die demokratischen Institutionen signalisierte die geringe Wahlbeteiligung der arabischen Bevölkerung. Bei den Knessetwahlen am 28. Januar 2003 blieb über ein Drittel der arabischen Bürger der Wahlurne fern.[44] Erneut zogen zwar drei arabische Parteien in die Knesset ein; sie verfügen jedoch nur noch über acht Mandate. Die von der Kommunistischen Partei Israels geführte Chadasch-Fraktion umfasst erstmals seit ihrer Gründung keinen jüdischen Abgeordneten. Da über „nichtarabische" Parteien nur ein drusischer Abgeordneter (Likud) den Sprung ins Parlament schaffte, ist die arabische nationale Minderheit in der Legislative deutlich unterrepräsentiert.

Der „Gewinner" der Wahl im Januar 2003 war – neben dem Likud – die säkulare Partei Schinui, die mit 15 statt bisher sechs Sitzen zur drittgrößten Fraktion aufstieg. Sie vertritt einen bedeutenden Teil der aschkenasischen Mittelschicht, die sich durch den zunehmenden politischen Einfluss der *Charedim*, vor allem jedoch der Schas-Partei, in ihrem Lebensstil beeinträchtigt fühlt und für eine „säkulare" Regierung votierte. Der Eintritt von Schinui in die Regierung und der sinkende Einfluss der Einwanderparteien bewirkten, dass in der zweiten Scharon-Regierung erstmals seit Jahren kein *Charedi* und nur wenige *Misrachim* und Neueinwanderer zu finden sind.

Formierung zivilgesellschaftlicher Strukturen

Eine bedeutende Ebene politischen Engagements stellen in Israel zivilgesellschaftliche Organisationen dar. Ihre explosionsartige Entwicklung in den neunziger Jahren stand zweifellos in Zusammenhang mit gesamtgesellschaftlichen

---

44 Während sich 1996 77% und 1999 75% der arabischen Staatsbürger Israels an den Knessetwahlen beteiligten, gaben 2003 lediglich 64% ihre Stimme ab.

Wandlungen. Während 1982 lediglich 3000 gemeinnützige Vereinigungen (*amutot*) existierten, waren im Jahr 2000 bereits über 30.000 Verbände im Innenministerium registriert.[45] Mit Recht kann davon gesprochen werden, dass sich neben Parteiensystem und Staatsmacht eine breitgefächerte dritte Ebene gesellschaftlicher Interessenwahrnehmung und demokratischer Mitbestimmung formierte, die zunehmend auch das politische Geschehen beeinflusst.

Wie die Keime der Staatsmacht und viele Vorläufer der Parteien wurzelt die Herausbildung zivilgesellschaftlicher Strukturen in der Vorstaatszeit. Sowohl unter dem britischen Mandat als auch während der ersten zwei Jahrzehnte nationalstaatlicher Existenz waren gemeinnützige Vereine und Organisationen jedoch weitgehend an politische Parteien gebunden. Bis Ende der sechziger Jahre stellten sie kein nennenswertes Gegengewicht zur zentralen Rolle des Staates (*mamlachtijut*) bzw. zur dominanten Ideologie des zionistischen „Kollektivismus" dar. Ihre Aufgabe beschränkte sich darauf, die jüdische Bevölkerung entsprechend den Zielen der politischen Führung zu mobilisieren. Die Zivilgesellschaft war somit weitgehend „Teil der nationalen Bestrebungen"[46]. Der Soziologe Uri Ben Eliezer charakterisiert die fünfziger und sechziger Jahre in diesem Sinne als eine Periode, in der der Staat das „Pioniertum" definierte und die Menschen zu bewegen suchte, die übergreifenden und verbindenden sozialen und nationalen Ideale zu gesellschaftlicher Realität werden zu lassen. Aus dem Pionier der Vorstaatszeit wurde in diesem Prozess ein „Technokrat", eingebunden in eine konkrete Partei bzw. in den nationalen Konsens. Für eine Zivilgesellschaft westlichen Musters existierten kaum Spielräume.[47]

Erst nach dem Sechstagekrieg von 1967 und nach dem Debakel des Oktoberkrieges von 1973 begann sich eine neue politische Kultur herauszubilden. Es entstanden Protestbewegungen, wie die Organisation der orientalischen Juden *Ha-Panterim ha-Sch'chorim* (Die schwarzen Panther), die Siedlerbewegung *Gusch Emunim* (Block der Treue) und die Friedensorganisation *Schalom Achschaw* (Frieden jetzt). Erstmals verliehen größere Gruppen von Israelis ihren politischen Überzeugungen und Forderungen außerhalb einer Partei Ausdruck.

Die Konstituierung zivilgesellschaftlicher Akteure und außerparlamentarischer Opponenten hatte sowohl weltanschaulich-politische als auch sozioökonomische Gründe. Der Anstieg des Lebensstandards nach dem Junikrieg war für die jüdische Bevölkerung mit einem Trend zur Individualisierung verbunden. Private Interessen erlangten zunehmend den Vorrang gegenüber kollektiven nationalen Zielen. Obwohl die zionistische Programmatik nach wie vor die politische Agenda der Regierung bestimmte, verlor der ursprünglich zwischen Staatsmacht und Bürgern geschlossene Pakt, der die Stärkung Israels und die

---

45   Ben-Eliezer, Uri 1999, S. 54.
46   Yishai, Yael 1998, S. 149.
47   Ben-Eliezer, Uri 1998b, S. 380.

Herausbildung des „neuen Israeli" zum Ziel hatte, an Bedeutung. Nach dem überwältigenden militärischen Sieg von 1967 schien die Notwendigkeit zu schwinden, kollektiv gegen den äußeren Feind zusammenzustehen. Innenpolitische Divergenzen verstärkten sich. Sie führten zur Infragestellung und schließlich zur Ablösung der Arbeitspartei, die während dreier Jahrzehnte das politische Geschick des Landes bestimmt hatte.

In den siebziger und achtziger Jahren verstärkte sich somit die Kluft zwischen Staat und Gesellschaft. Die Wahlniederlage der Avodah (1977) und der Libanonkrieg (1982) trugen zu weiterer Gründung von zivilgesellschaftlichen Organisationen bei, die sich nicht dem Staat bzw. politischen Parteien verpflichtet fühlten, sondern sich bewusst den kollektivistischen Ideen entgegenstellten. Das politische Establishment zeigte sich zunächst nicht bereit, die neue Tendenz zu akzeptieren. Die Behörden verweigerten den neugegründeten *Amutot* die Anerkennung und suchten deren Beteiligung am politischen Kräftespiel zu minimieren. Yael Yishai, eine der ersten israelischen Wissenschaftlerinnen, die sich umfassend mit der Formierung zivilgesellschaftlicher Strukturen im Land beschäftigte, spricht für diese Phase davon, dass „der Staat seine Macht gegenüber der Zivilgesellschaft durchsetzte".[48] Erst 1980 wurde ein Gesetz über die Registrierung öffentlicher Vereine und gemeinnütziger Organisationen (*Law of Amutot*) verabschiedet. Es befreite eingetragene Vereine von der Steuerpflicht, ermöglichte es ihnen, Vermögen anzuhäufen und gab ihnen das Recht, als öffentliche Körperschaft vor Gericht aufzutreten.

In dem Maße, wie sich seit den achtziger Jahren amerikanische und westeuropäische Einflüsse auf die israelische Gesellschaft verstärkten und während des folgenden Jahrzehnts die äußere Existenzbedrohung nachließ, eröffneten sich den außerparlamentarischen Organisationen günstigere Wirkungsbedingungen. Bedeutsam für das Entstehen und die Tätigkeit zivilgesellschaftlicher Verbände wurde das Gesetz über die Direktwahl des Ministerpräsidenten, das zu einer Fragmentierung der Parteienlandschaft führte, das parlamentarische System schwächte und – als Reaktion auf diese Erosion der Staatsmacht – die Bedeutung nichtstaatlicher Institutionen erhöhte.

Wirkungsfelder außerparlamentarischer Organisationen

Das Spektrum der gemeinnützigen Organisationen, Vereine und Gruppierungen widerspiegelt das der israelischen Gesellschaft inhärente Mosaik unterschiedlicher Interessen und Identitäten. Es folgt weitgehend den multiethnischen, religiös-kulturellen, weltanschaulich-politischen und sozio-ökonomischen Widerspruchsachsen des Landes bzw. den entsprechenden Herausforderungen an die

---

48   Yishai, Yael 1998, S. 155.

israelische Gegenwart und Zukunft. Israelische Sozialwissenschaftler, die sich mit der Erforschung des „Dritten Sektors" befassen, unterscheiden die Organisationen weniger nach ihrer Mitgliedschaft als vielmehr nach gesellschaftlichen Tätigkeitsfeldern:

Tabelle 6: Zivilgesellschaftliche Organisationen 1991-1998[49]

Hauptfeld gesellschaftlicher Tätigkeit	1991		1994		1998	
	Anzahl	%	Anzahl	%	Anzahl	%
Kultur/Erholung	2.067	12,4	2.741	12,6	3.886	13,5
Bildung/Wissenschaft	3.284	19,6	4.048	18,5	5.284	18,3
Gesundheit	245	1,5	331	1,5	425	1,5
Sozialhilfe	2.194	13,1	2.859	13,1	3.782	13,1
Umwelt	62	0,4	93	0,4	143	0,5
Entwicklung/Wohnqualität	922	6,0	1.265	6,0	1.591	6,0
Bürgerrechte	657	3,9	963	4,4	1.354	4,7
Philanthropie	2.597	15,5	3.201	14,7	3.972	13,8
Internationale Aktivität	215	1,0	270	1,0	359	1,0
Religion	3.490	20,9	4.847	22,2	6.493	22,5
Berufsverbände	543	3,2	675	3,1	887	3,1
Andere	452	2,7	533	2,4	672	2,3
Insgesamt	16.728	100,0	21.826	100,0	28.885	100,0

Die Gesamtschau zivilgesellschaftlicher Strukturen während der neunziger Jahre lässt eine deutliche Zunahme in allen Wirkungsbereichen erkennen. Die Autoren der Statistik betonen jedoch, dass weniger als die Hälfte der eingetragenen Vereine tatsächlich aktiv waren. Als „aktiv" bezeichnen sie Organisationen, die sich nicht nur registrieren ließen, sondern auch der Gesetzesvorschrift Genüge tun und regelmäßig einen Jahresbericht an das Steueramt übermitteln.

Aussagen über zivilgesellschaftliche Aktivitäten können somit nicht an der Zahl der Organisationen gemessen werden, sondern sollten sich an der öffentlichen Resonanz ihres Wirkens orientieren. Ein weiteres Problem quantitativer Wertungen und Einordnungen stellt die Klassifizierung der *Amutot* in obiger Statistik dar. Organisationen, die Bildungsaktivitäten im religiösen Sektor durchführen, könnten beispielsweise sowohl unter der Rubrik „Bildung" als auch „Religion" geführt werden. Der Jerusalemer Soziologe Eliezer Jaffe gibt in dem von ihm herausgegebenen „Israel Guide to Nonprofit and Volunteer Organizations" insgesamt 62 Kategorien gesellschaftlicher Tätigkeit an. Er führt in

---

49 Gidron, Benjamin/Katz, Hagai/Bar, Michal 2000, S. 16. Die leichten Ungenauigkeiten in den Prozentzahlen entsprechen der zitierten Quelle; sie ergaben sich offensichtlich beim Auf- und Abrunden der Einzelpositionen, beeinträchtigen jedoch keinesfalls die Gesamtaussage der Statistik.

detaillierter Form 353 Organisationen auf, von denen 191 in zumindest drei verschiedenen Hauptbereichen wirken.[50]

Die Akzeptanz ethnischer Diversität, während der neunziger Jahre bereits Bestandteil der *political correctness*, wurde zum starken Impuls für die Ausprägung der israelischen Zivilgesellschaft. Sie förderte die Formierung von Organisationen, die die kulturellen, sozialen und politischen Interessen jeweils einer spezifischen Bevölkerungsgruppe artikulierten. Insbesondere die *Misrachim* gründeten Verbände mit dem Ziel, ihren Zusammenhalt zu festigen und ihre Gruppeninteressen gegenüber dem Establishment zu vertreten. Neben den durch Schas ins Leben gerufenen gemeinnützigen Vereinen[51] existiert eine Vielzahl von Landsmannschaften – Juden aus Marokko, Ägypten, Jemen, Tunesien, Afghanistan, Irak oder Iran –, die teils landesweit, teils in bestimmten israelischen Regionen bzw. einzelnen Orten tätig wurden. Jüngeren Datums sind Vereinigungen der „neuen *Misrachim*", die sich bewusst als Gegenpol zu den religiös orientierten bzw. traditionsgebundenen orientalisch-jüdischen Vereinen konstituiert haben. Als Beispiel sei *Keschet Demokratit Misrachit* (Demokratische Orientalische Regenbogenfraktion) genannt.

Eine Parallele zu den misrachischen Vereinen und Landsmannschaften bilden die zahlreichen nichtstaatlichen Organisationen „russischer" Neueinwanderer – Klubs, Bildungseinrichtungen, Jugend- und Veteranenvereine, Studenten- und Berufsverbände. Die „russischen" *Amutot*, die zunächst das Ziel verfolgten, die Neuankömmlinge mit Wissen über Israel, über ihre Rechte und Pflichten als Staatsbürger sowie über jüdische Kultur, Religion und Geschichte zu informieren, verwandelten sich bald in Interessenvertretungen, mit deren Hilfe die Immigranten sich bewusster am politischen und gesellschaftlichen Leben zu beteiligen suchten. Allein die Dachorganisation „Zionistisches Forum" umfasst annähernd 60 Vereinigungen russischsprachiger Neueinwanderer. Nichtjüdische russische Einwanderer, die mit ihren (jüdischen) Familienangehörigen nach Israel gelangten, jedoch nicht beabsichtigen, zum Judentum überzutreten, gründeten ebenfalls Vereine, mit deren Hilfe sie ihre spezifischen Probleme, Wünsche und Forderungen artikulieren.

Auch die äthiopischen Einwanderer begannen sich Mitte der neunziger Jahre zu organisieren. 1993 gründeten Aktivisten der *American Association for Ethiopian Jews* die „Israelische Vereinigung äthiopischer Juden". Die Organisation, die sich erst zu einer selbständigen Einrichtung israelischer Bürger entwickeln musste, richtet ihre Aktivitäten vor allem auf die „volle und schnelle Integration der äthiopischen Juden in die Mitte der israelischen Gesellschaft". Mit Hilfe von Medienkampagnen, Konferenzen und Demonstrationen suchte sie

---

50   Jaffe, Eliezer D. 1999, S. 17-23.
51   Vgl. Abschnitt: Die „sephardische Revolution", S. 98-101.

die Aufmerksamkeit der Öffentlichkeit auf die Situation der *Beita Israel* zu lenken und der Entwicklung einer „schwarzen sozialen Unterschicht" zu begegnen.[52] Wie sie betrachten auch andere Einwandererorganisationen, so z.B. die „Studentenvereinigung äthiopischer Juden", *Fidel – The Association for Education and Social Integration of Ethiopian Jews in Israel* oder das „Juristische Hilfszentrum äthiopischer Einwanderer", die Erhöhung des Bildungsstandes der Äthiopier als wichtigen Schlüssel zu Integration und Gleichstellung.

In der Formierung und zunehmend selbst bestimmten Aktivität zivilgesellschaftlicher Organisationen im arabischen Sektor widerspiegelt sich vor allem gewachsenes Selbstbewusstsein – resultierend aus demographischen Veränderungen, dem Generationswechsel und dem internationalen Prestigezuwachs für den palästinensischen Faktor. So erhöhte sich die Zahl öffentlicher Vereine und Gesellschaften mit ausschließlich arabischer Mitgliedschaft zwischen 1990 und 1999 von 180 auf 656. Im Jahr 2003 existieren in der arabisch-palästinensischen Bevölkerungsgruppe über 1000 Organisationen, die sich mehrheitlich als kommunale Hilfsvereine mit Fragen der Gesundheitsfürsorge, Kultur, Sport, Bildung und Jugendarbeit beschäftigen oder als politische und juristische Interessenvertretung der arabischen Minderheit gegenüber dem israelischen Establishment wirken. Zu den bekanntesten gehören das 1996 gegründete *Legal Center for Arab Minority Rights in Israel – Adalah* und das in Nazareth ansässige kommunale Zentrum *Ahali*. Einen jüdischen Direktor und einen arabischen Stellvertreter hat die Organisation *Sikkuy* (*The Association for the Advancement of Civic Equality*), die als eines ihrer Hauptziele die Gleichstellung der arabischen Bürger Israels bezeichnet. Asad Ghanem, Dozent an der Universität Haifa und zugleich Ko-Direktor von *Sikkuy*, wertete zivilgesellschaftliche Aktivitäten im arabischen Sektor vor allem als Ergebnis jahrzehntelanger Enttäuschung und Frustration: „Die Menschen haben langsam begriffen, dass sie nichts vom jüdisch-zionistischen Staat zu erwarten haben. Also schaffen sie sich ihre eigenen alternativen politischen und Sozialleistungssysteme."[53]

Unübersehbar hat in den neunziger Jahren innerhalb der palästinensischen Bevölkerung Israels auch die islamische Bewegung an Einfluss gewonnen; sie initiierte den Bau von Moscheen, Bildungs- und Rehabilitationszentren, Kindertagesstätten oder Sporteinrichtungen und mobilisierte auf diese Weise ihre Mitglieder und Sympathisanten für die Teilnahme an freiwilligen Aktivitäten. Während ihre Gründungen zumeist über eine relativ stabile materielle Basis verfügen, leiden säkulare Frauenorganisationen, die sich für Veränderungen im Status der arabischen Frau sowohl in der Familie als auch in der Gesellschaft einsetzen, unter gravierenden finanziellen Existenzproblemen.

---

52 Unveröffentlichtes Material, der Verfasserin im Mai 2001 zur Verfügung gestellt durch *The Israel Association for Ethiopian Jews*.
53 Jerusalem Post, 16. Februar 2001.

Ein bedeutsames Feld öffentlicher Aktivitäten im jüdischen Bevölkerungs-sektor ist mit dem Verhältnis von Staat und Religion, mit der Debatte über Identitätsmuster und mit dem Streit um das künftige Israel verbunden. Es exis-tiert eine kaum noch überschaubare Zahl zivilgesellschaftlicher Organisationen, die sich mit jüdischer Identität oder mit der religiösen bzw. säkularen Ausfor-mung der Gesellschaft befassen. Viele der Vereinigungen, häufig den religiösen Parteien nahe stehend und auf kommunaler Ebene wirkend, treten für die Be-wahrung des ultraorthodoxen Lebensstils ein. Aber auch religiöse Frauengrup-pen, Zentren des Reform- und konservativen Judentums sowie Einrichtungen und Vereine, die eine Minderung von Spannungen zwischen religiösen und säkularen Juden anstreben, wurden aktiv.

Als Beispiel für die Verknüpfung von Religion und Politik im Tätigkeitsbild einer zivilgesellschaftlichen Organisation sei auf das „Zentrum für das Studium von Thora und Demokratie" verwiesen. Es entstand nach der Ermordung des israelischen Premierministers Jizchak Rabin und verfolgt das Anliegen, „reli-giöses Denken und religiöse Symbole mit der Verpflichtung gegenüber demo-kratischen und bürgerlichen Werten zu verbinden".[54] Die Gründer des Zentrums hatten beobachtet, dass sich seit den Abkommen von Oslo insbesondere reli-giöse Juden wegen der drohenden Aufgabe von Teilen des biblischen *Erez Jisra-el* in einem inneren Konfliktzustand befanden. Sie beschlossen daher, sich ge-zielt dieser Personengruppe anzunehmen. Ein Leitsatz ihrer Tätigkeit lautet: „Um moralisch zu sein, muss man die Rechte und die Würde des Menschen achten, die demokratischen Werte respektieren und sie umsetzen."[55]

Mit dem Anspruch, der sich verstärkenden Einflussnahme religiöser Parteien-en und Organisationen auf Gesellschaft und Politik zu begegnen, agieren in Israel Hunderte von Vereinigungen und Gruppierungen, die Segmente der sä-kularen Bevölkerung Israels repräsentieren. Sie propagieren die Vision eines aufgeklärten Staates und wehren sich gegen jeglichen religiösen Zwang. Ein interessantes Beispiel stellt die Gruppe *Am Chofschi* (Freies Volk) dar, von is-raelischen Intellektuellen nach den Knessetwahlen 1996 aus Furcht vor einer verstärkten materiellen Förderung religiöser Parteien und Vereine durch die neue Regierung unter Benjamin Netanjahu gegründet. Die Gruppe initiierte wiederholt Kampagnen zur Öffnung von Einkaufszentren am *Schabat*, dem religiösen Ruhetag; sie unterstützte diverse kommunale Aktivitäten, wie bei-spielsweise Proteste gegen das Fahrverbot in der Bar-Ilan-Strasse in Jerusalem an Sonnabenden und an jüdischen Feiertagen oder gegen die Errichtung ul-traorthodoxer Schulen in Wohngebieten mit vorwiegend säkularer Bevölkerung. *Am Chofschi* interveniert auch, wenn Kinder und unmündige Jugendliche gegen

---

54 New Israel Fund 1999, S. 18.
55 Ebd., S. 19.

den Willen ihrer Eltern zur Erfüllung religiöser Gebote angehalten werden. Als wichtige Aufgabe betrachtet die Vereinigung ihren Protest gegen den Missbrauch politischer Macht durch religiöse Parteien sowie deren überdimensionale Alimentierung durch die Regierung. Eine andere Ebene des „Kulturkampfes" repräsentiert die bereits 30 einzelne Verbände und Gruppierungen umfassende Dachorganisation *Forum for Free Choice of Marriage*. Schwerpunkt ihres Engagements liegt in der Gleichstellung israelischer Staatsbürger, mehrheitlich Neueinwanderer, die von rabbinischen Gremien nicht als Juden anerkannt werden. Das Forum setzt sich für zivile Eheschließungen ein und organisierte beispielsweise im Juni 2003 eine fiktive öffentliche Trauung in Tel Aviv, um auf das Problem aufmerksam zu machen.

Ein relativ neues Phänomen zeigt sich im Wirken von Organisationen, die sich den pluralistischen, humanistischen und demokratischen Werten des Judentums verschrieben haben und jüdische Identität unter diesem Aspekt stärken wollen. Ein Ergebnis derartiger Initiativen war 1998 die Gründung der Organisation *Panim* (Antlitz), die sich mit Fragen jüdischer Identität befasst und sich zu einem Dach von annähernd 100 Einzelorganisationen entwickelte. Die Aktivitäten von *Panim* richten sich darauf, „Bedingungen zu schaffen, unter denen unterschiedliche Bevölkerungsgruppen und Gemeinschaften leben und ihre jüdische Identität wahren können", „jüdische Renaissance und religiösen Pluralismus zu fördern" und Bildungsaktivitäten zur „jüdischen Wiedergeburt" durchzuführen.[56] Die Organisatoren von *Panim* riefen Konferenzen und Dialoggruppen ins Leben, die das Ziel haben, identitätsstiftend zu wirken und die Teilnehmer zu einer gemeinsamen Sprache zu führen, damit sie einen möglichst großen Einfluss auf die Gestaltung der israelischen Gesellschaft ausüben können.[57]

Eine weitere zivilgesellschaftliche Strukturebene entspringt dem Streit um das künftige Schicksal der besetzten palästinensischen Territorien. Die betreffenden Kontroversen verstärkten sich während der ersten Intifada und spitzten sich wiederholt im Zusammenhang mit dem Oslo-Prozess zu. Neu für die Auseinandersetzungen des letzten Jahrzehnts ist, dass die Zahl außerparlamentarischer Organisationen an beiden Polen des politischen Spektrums schnell anwuchs, wobei insbesondere Siedlerorganisationen (z.B. die „Vereinigung der Rabbiner für das Volk und das Land Israel") ob ihrer Militanz auf sich aufmerksam machten. Besonders aktiv und wenig kompromissbereit zeigte sich seit Beginn des Oslo-Prozesses der „Rat der Siedler von Judäa, Samaria und Gaza" (*Moezet Jescha*).

---

56 Jaffe, Eliezer D. 1999, S. 581f.
57 Panim for Jewish Renaissance in Israel: Directory of Jewish Renaissance in Israel, May 2000, S. 133.

Das Lager der Friedensaktivisten beeinflusste in den neunziger Jahren die politische Landschaft Israels dagegen in geringerem Maße als noch ein Jahrzehnt zuvor. Die Verhandlungen über beidseitig getragene Regelungen lagen in staatlicher Hand und schienen – so die Sicht Mitte der neunziger Jahre – auf einem guten Weg. Dennoch entstanden neben den bereits existierenden Gruppen neue Organisationen, die sich dem israelisch-palästinensischen Frieden verschrieben, den Dialog mit den Palästinensern in den besetzten Gebieten suchten bzw. innerhalb Israels für einen Friedensschluss warben. Wie die Initiativgruppe *Four Mothers*, die den Abzug der israelischen Armee aus Südlibanon forderte, oder das *Forum of Berieved Parents* (Eltern, die ihre Kinder verloren haben) zeigten, erwuchs Friedensengagement nicht selten aus frisch erfahrener individueller oder familiärer Tragik. Impulse für einen Friedenskonsens kamen auch von neu etablierten Forschungseinrichtungen und *think tanks*, wie dem Peres-Friedenszentrum, dem Rabin-Center oder der Stiftung für wirtschaftliche Zusammenarbeit ECF.

Während der ersten Monate der Al-Aksa-Intifada waren es vor allem Organisationen der „radikalen" Linken, wie *Gusch Schalom*, *Coalition of Women for a Just Peace* oder *New Profile*, die ernsthafte Friedensschritte, u.a. die Rücknahme der Siedlungen, forderten. Seit Frühjahr 2001 tritt auch die größte israelische Friedensorganisation, *Schalom Achschaw*, mit verstärkten Aktivitäten wieder an die Öffentlichkeit. Sie sieht die Siedlungstätigkeit in den besetzten Gebieten als Haupthindernis für einen Friedensschluss mit den Palästinensern und organisiert Protestdemonstrationen gegen den militanten Gewalteinsatz der Regierung in der Westbank und im Gazastreifen.

Die Auseinandersetzung über soziale Fragen, Demokratienormen, Rechtsstaatlichkeit und Genderproblematik rückte seit Beginn des Friedensprozesses und dem erneuten Aufflammen der Intifada zeitweilig in den Hintergrund. Dennoch ist seit den neunziger Jahren eine deutliche Zunahme von Aktivitäten auf diesen Gebieten zu verzeichnen. Bedeutung erlangten u.a. Organisationen, die sich generell oder problembezogen sozialer Fragestellungen annehmen, diese in die Öffentlichkeit bringen (Adva Center) und den Betroffenen umfassende Rechtsberatung bzw. konkrete Unterstützung geben (z.B. *Workers' Hotline* oder *Yedid*). Ähnlich agieren zivilgesellschaftliche Organisationen, die durch juristische Vorstöße auf Missstände in der Gesellschaft aufmerksam zu machen suchen und den Stellenwert rechtlicher Normen im öffentlichen Bewusstsein zu erhöhen trachten (z.B. *Movement for Quality Government in Israel*). Internationale Impulse und Aufmerksamkeit führten dazu, dass nichtstaatliche Organisationen, die sich für die Einhaltung der Menschen- und Bürgerrechte sowohl in Israel als auch in den besetzten Gebieten einsetzen und als „watch dogs" gegenüber der Regierung fungieren (*ACRI*, *Be-Zelem*, *Rabbis for Human Rights* u.a.), verstärkt in der Öffentlichkeit wahrgenommen werden.

In Israel existieren heute mehr als 90 Frauenorganisationen. Als Vereinigung unabhängiger Frauengruppen und Bürgerinitiativen wirkt das 1984 gegründete „Frauennetzwerk" (*Schdulat ha-Naschim*). Mehrere Frauenorganisationen richten ihre Hauptaktivitäten auf Probleme, die mit dem israelisch-palästinensischen Konflikt und der Situation in den besetzten Gebieten in Zusammenhang stehen. Hierzu zählen Friedensgruppen wie „Frauen in Schwarz" oder *Bat Schalom* (Tochter des Friedens), aber auch die Siedlerorganisation *Naschim be-Jarok* (Frauen in Grün) auf der anderen Seite der Barrikade. Für das Recht religiöser Frauen, gleichberechtigt mit den Männern an der Klagemauer beten zu dürfen, setzt sich die Gruppe „Frauen an der Klagemauer" ein. Darüber hinaus existieren mehrere feministische Menschenrechtsorganisationen sowie eine größere Zahl von Schwulen- und Lesbenvereinigungen.

In Europa seit langem präsente Umweltschutzorganisationen und Ökologiegruppen spielen dagegen noch eine marginale Rolle. Vereinigungen, wie *Israel Union for Environmental Defense*, *Green Action* und das „Israelische Wirtschaftsforum für Umweltschutz", initiierten in den neunziger Jahren zwar wiederholt Kampagnen zum Schutz der Umwelt und konnten dabei auch begrenzte Erfolge erringen; ökologische Aktionen werden von der israelischen Öffentlichkeit jedoch nach wie vor zumeist als „Luxus" betrachtet, den sich das Land erst erlauben könne, wenn ein dauerhafter Frieden in der Region hergestellt sei.

Spezifik und Perspektive der israelischen Zivilgesellschaft

Formierung und Ausgestaltung der israelischen Zivilgesellschaft werden durch internationale Wirkungsfaktoren zwar beeinflusst, sind in hohem Maße jedoch durch die Spezifik des Landes geprägt und nur bedingt mit Entwicklungen in den bürgerlichen Demokratien Westeuropas oder Nordamerikas vergleichbar. So gehört zur Besonderheit Israels, dass die meisten zivilgesellschaftlichen Organisationen bisher auf ethnischer oder religiöser Grundlage organisiert sind und partikulare Gruppeninteressen bedienen. Nur wenige Vereinigungen zählen Juden und Araber oder *Aschkenasim* und *Misrachim* annähernd paritätisch zu ihren Mitgliedern.

Parallel zueinander haben sich zwei Zivilgesellschaften (eine jüdische und eine arabische) herausgebildet.[58] Wenngleich beide – zumindest hinsichtlich ihres jeweiligen Einzugsbereichs, ihrer Programmatik und ihrer inneren Struktur – noch weitgehend getrennt voneinander existieren, entwickelten sich doch erste Formen der Kooperation. Der Erfolg bzw. Misserfolg gemeinsamer jüdisch-arabischer Vereinigungen war und ist an die Höhen und Tiefen des Friedenspro-

---

58 Vgl. Doron, Gideon 1996.

zesses gebunden. Ansätze für binationale Organisationen verbreiterten sich im Gefolge der Vereinbarungen von Oslo; seit dem vorläufigen Scheitern der Friedenssuche finden sie auf beiden Seiten geringere Resonanz bzw. abwartende Skepsis.

Der Evolution zivilgesellschaftlicher Strukturen in Israel lagen und liegen miteinander kooperierende, z.T. jedoch auch konkurrierende oder einander ausschließende Ursachen, Interessen und Ziellinien zugrunde: Als bürgernahe Diversifizierung des Systems der parlamentarischen Demokratie bzw. der Herrschaft und Konkurrenz politischer Parteien stellen die zivilgesellschaftlichen Organisationen zunächst und vor allem eine Bekräftigung, Ergänzung und Ausweitung der Demokratie, nicht selten jedoch auch ein Korrektiv undemokratischer Traditionen im politischen System bzw. aktueller Verstöße gegen die Demokratie dar. Als Strukturelemente einer modernen Bürgergesellschaft nehmen die Vereinigungen zahlreiche Aufgaben und Pflichten wahr, denen die staatlichen Einrichtungen nicht oder ungenügend nachkommen. In ihnen verbinden sich – mit zum Teil komplizierten Ausprägungen und Interaktionen – generelle oder partikulare gesellschaftliche Anliegen mit individuellen Interessenlagen der jeweiligen Akteure (Selbstverwirklichung, Verfügung über Spendenmittel, Schaffung von Arbeitsplätzen u.a.).

Israelische außerparlamentarische Organisationen sind vital an Grenzen überschreitender Kooperation, insbesondere mit Organisationen gleichen Profils im Ausland, interessiert. Daraus erwächst ein eigenständiges breit gefächertes Feld internationaler Beziehungen unterhalb der staatlichen Ebene, nicht zuletzt auch auf dem Gebiet materieller Existenz und finanzieller Zuwendungen. Nicht zu übersehen ist beispielsweise, dass als wichtigste Finanzierungsquelle der jüdischen bzw. binationalen zivilgesellschaftlichen Vereinigungen zahlreiche Stiftungen und Organisationen auftreten, die in Nordamerika und Westeuropa beheimatet sind. Finanziell gefördert wird die Arbeit israelischer *Amutot* darüber hinaus durch Regierungsbehörden (z.B. Ministerien für Bildung oder für Eingliederung der Neueinwanderer) sowie durch private jüdische Spender aus dem In- und Ausland.

Die Wirksamkeit der gemeinnützigen Vereinigungen wurde zum festen Bestandteil israelischer Innenpolitik – auch wenn Uri Ben Eliezer einschätzt, dass sich Israel zwar zu einer Gesellschaft von Bürgern (*chevrah schel esrachim*), noch nicht jedoch zu einer Zivilgesellschaft (*chevrah esrachit*) entwickelt habe.[59] Im Mittelpunkt aller zivilgesellschaftlichen Aktivitäten stehe noch der Bürger, nicht die Veränderung der Gesellschaft insgesamt. Diese Wertung wird durch die Zielstellung der meisten auf die Interessen des Individuums bzw. einzelner Gruppen ausgerichteten Vereinigungen belegt. Zugleich lässt sich

---

59 Ben-Eliezer, Uri 1999, S. 88.

nicht übersehen, dass jüdische und arabische *Amutot* entstanden sind, die den Staat als Ganzes zu reformieren trachten und qualitativ neue Relationen zwischen Staat, Parteien und zivilgesellschaftlich organisiertem Bürgerinteresse anstreben. Diskussionen über individuelle Bürger- und Menschenrechte sowie über Gruppeninteressen, Verfassungsgrundsätze und Rechtsstaatlichkeit oder über Transparenz politischer Entscheidungen und öffentliche Kontrolle wurden zum Bestandteil des politischen Lebens.

Ihren vorläufigen Höhepunkt hatte die skizzierte Entwicklung in den „friedlichen" neunziger Jahren. Einen schweren Rückschlag erlitt sie, als mit dem Ausbruch der Al-Aksa-Intifada die Sicherheitsproblematik wieder zum dominierenden Thema aufstieg und innergesellschaftliche Widersprüche aus dem öffentlichen Bewusstsein verdrängt wurden. Die zweite Intifada hat insbesondere die Tätigkeit zivilgesellschaftlicher Organisationen, die Kooperationsstrukturen zwischen Israelis und Palästinensern aufbauten und zu diesem Zweck eine Vielzahl von *people-to-people*-Projekten ins Leben riefen, erschwert bzw. nahezu unmöglich gemacht. Betroffen sind auch Vereinigungen, die sich dem innerisraelischen Dialog zwischen jüdischer Mehrheit und arabisch-palästinensischer Minorität verschrieben hatten. Viele binationale Friedensgruppen stellten – aufgrund ausbleibender Sponsoren, geringer Erfolge und zunehmender Desillusionierung bzw. wachsenden Misstrauens gegenüber den bisherigen Partnern – ihre Arbeit ein. Konkretes Krisenmanagement trat an die Stelle mittel- und langfristiger Programme. Es entstanden jedoch auch neue *grassroots* Organisationen, die gegen die Regierungspolitik protestieren und Antworten auf die neue Situation suchen. Abzusehen ist, dass im Streit um die Ausweitung oder Einschränkung der Demokratie im Lande die zivilgesellschaftlichen Organisationen eine bedeutende Rolle spielen, das Wechselverhältnis der politischen Kräfte beeinflussen und die Entscheidungen über die Zukunft der israelischen Gesellschaft mitgestalten werden.

Globalisierung, Wirtschaftsreform und sozialer Wandel

Die für den Übergang in die „Zweite Republik" markanten demographischen Veränderungen wie auch der Wandel im politischen System und in den Determinanten der Außenpolitik gingen mit wirtschaftlichen und sozialen Transformationen einher. Zu den gravierenden endogenen Impulsen traten außenwirtschaftliche Anpassungszwänge an die neuen globalen Gegebenheiten. Sie modifizierten die Strukturen der israelischen Wirtschaft, erweiterten die Rahmenbedingungen für den Außenhandel und wirkten sich maßgeblich auf den Arbeitsmarkt und das Sozialgefüge aus. Die ersten fünf Jahrzehnte staatlicher Existenz summierend, konstatierte Michael Shalev von der Hebräischen Universität Jerusalem, nichts habe sich in Israel dramatischer verändert als die Wirtschaft und die Prämissen staatlicher Wirtschaftspolitik.[1]

Entwicklungsetappen der nationalen Ökonomie

Die Sprünge und Etappen israelischer Wirtschaftsentwicklung entsprechen nur bedingt den Zäsuren im innen- und außenpolitischen Geschehen. Als Einschnitte nennen Ökonomen zumeist nicht den Sechstagekrieg von 1967 oder den Regierungswechsel von 1977, sondern den Oktoberkrieg von 1973 mit seinen Folgen und – als Startpunkt in die nächstfolgende Etappe – den *Emergency Economic Stabilization Plan* (EESP) 1985.[2] Ofira Seliktar, Professorin am Graetz College in Philadelphia, charakterisiert beispielsweise die zweieinhalb Jahrzehnte nach der Staatsgründung als eine erste Phase, in der dem Staat die zentrale Rolle bei der Schaffung neuer Wirtschaftsstrukturen zukam, um die militärischen und demographischen Herausforderungen zu bewältigen.[3] Trotz wiederholter Krisen (z.B. 1952/53 und 1965-1967) entwickelte sich die Wirt-

---

1 Shalev, Michael 2000, S. 129.
2 Vgl. Landau, Pinchas 1993, S. 63; Seliktar, Ofira 2000, S. 205 u. 210.
3 Vgl. Seliktar, Ofira 2000, S. 205.

schaft in der nationalen Aufbauetappe insgesamt positiv. Das Bruttosozialprodukt (GNP) stieg jährlich um durchschnittlich 10%.

Der nachfolgende Zeitraum (1973 bis 1985) – von Seliktar mit „Vom Sozialismus zum Populismus" überschrieben[4] – war durch Instabilität, ein geringeres Wirtschaftswachstum (unter 2%), galoppierende Inflation und steigende Arbeitslosigkeit gekennzeichnet. Er beinhaltete weitreichende, in der Regierungszeit der Arbeitspartei eingeleitete, nach Machtantritt des Likud (1977) forcierte Maßnahmen, die das Ende des „Wohlfahrtsstaates" einleiteten.[5] Der private Wirtschaftssektor wurde gefördert, die Liaison staatlicher, gewerkschaftlicher und privater Unternehmen mit einheimischen und ausländischen Banken erreichte eine neue Qualität, ökonomische Aktivitäten in den besetzten Gebieten – seit 1977 stärker als zuvor auf Angliederung der Westbank, des Gazastreifens und der Golanhöhen an das Wirtschaftsleben im Kernland gerichtet – nahmen zu.

Die retardierenden Trends wurden aufgefangen und variiert durch die nach 1973 ansteigenden Transferleistungen aus den USA und Westeuropa. Hatten diese im Zeitraum von 1962 bis 1972 lediglich etwa 4% des israelischen Bruttosozialprodukts betragen, so erreichten sie zwischen 1973 und 1979 einen Umfang von bis zu 13,6%.[6] Internationale Rezessionserscheinungen, verringerte Immigration und das Libanondebakel führten zu Wirtschaftseinbrüchen und -krisen. 1984 kletterte die Inflationsrate vorübergehend auf 445%; mit 4.500 US-Dollar erreichte Israel eine im internationalen Vergleich extrem hohe Pro-Kopf-Verschuldung. Die Regierung sah sich gezwungen, den wirtschaftlichen Notstand auszurufen.

Eine Trendwende bewirkte 1985 der mit Unterstützung der USA konzipierte und durch amerikanische Finanzhilfen geförderte „Notstandsplan zur Stabilisierung der Wirtschaft".[7] Er orientierte auf die freie Marktwirtschaft und beinhaltete weitreichende Umstrukturierungen. Dazu gehörten die Schließung ineffektiver staatlicher und gewerkschaftseigener Betriebe, die Kürzung staatlicher Subventionen, erhöhte Steuern, schärfere Devisenkontrollen und die drastische Reduzierung von Ausgaben der öffentlichen Hand. Das Reformprogramm zielte darauf ab, den Umfang des öffentlichen Sektors zu minimieren und gleichzeitig die zentrale Rolle des Staates in Wirtschaftsangelegenheiten zurückzunehmen. Es stellte Weichen für eine generelle Transformation der israelischen Ökonomie und schuf neue Voraussetzungen für die umfassende Eingliederung des Landes in die Weltwirtschaft, insbesondere für den Ausbau der

---

4   Ebd.
5   Vgl. Doron, Abraham/Kramer, Ralph M. 1991.
6   Aharoni, Yair 1998, S. 133.
7   Emergency Economic Stabilization Plan (EESP). Vgl. Shafir, Gershon/Peled, Yoav 2002, S. 232ff.

Handels- und Wirtschaftsbeziehungen zu den Vereinigten Staaten und zu Westeuropa.[8]

Die Anerkennung der qualitativen Zäsuren von 1973 und 1985 darf zwei für die israelische Wirtschaft bedeutsame Einschnitte nicht außer Acht lassen – den Junikrieg von 1967 und die 1989/90 mit Ende des Kalten Krieges beginnenden internationalen, regionalen und innergesellschaftlichen Umbrüche. Bereits unmittelbar nach dem Sechstagekrieg hatte die Regierung Maßnahmen zur schrittweisen wirtschaftlichen Integration der okkupierten Gebiete eingeleitet. Den mageren „Jahren der Mäßigung" (*mitun*) zwischen 1965 und 1967 folgten – nicht zuletzt vor dem Hintergrund des militärischen Erfolgs – die „fetten Jahre" erneuter wirtschaftlicher Prosperität, die als „Höhepunkt des Wachstums des Kapitalismus" unter Ägide der Arbeitspartei[9] in die israelische Geschichtsschreibung eingingen. Der Aufschwung endete abrupt, als das Land 1973 durch den Jom-Kippur-Krieg in eine schwere Wirtschafts- und Gesellschaftskrise gestürzt wurde. Dennoch verflocht sich in den folgenden Jahren und Jahrzehnten die israelische mit der palästinensischen Wirtschaft, begleitet durch Siedlungstätigkeit und Ausbau der Infrastruktur in den besetzten Territorien, Nutzung der palästinensischen Arbeitskraft im Kernland und Aneignung der natürlichen Ressourcen der Westbank (z.B. des Wassers).

Auch hinsichtlich der das Staatsbudget in hohem Maße belastenden Militärausgaben stellte das Jahr 1967 eine Zäsur dar. Hatten diese zuvor nur etwa 10% des Bruttosozialprodukts betragen, so erhöhten sie sich in den Folgejahren auf über 20%.[10] Gleichzeitig trugen die militärischen Erfolge wie auch der Stopp französischer Waffenlieferungen nach dem Sechstagekrieg maßgeblich dazu bei, die israelische Wirtschaft auf die Eigenproduktion militärischer Güter zu orientieren. Die Militärindustrie wurde zum Hebel für technische Innovation und modernes Management. Bereits 1976 erbrachte sie 17% und 1985 gar 25% der israelischen Industrieexporte (außer Diamanten).[11]

Das Ende der systemaren Bipolarität in den internationalen Beziehungen, die regionalen Kräfteverschiebungen im Gefolge des Golfkrieges 1990/91 und der Beginn der nahöstlichen Friedenssuche öffneten Israel die Tore zu neuen Märkten. Das Land durchbrach seine außenpolitische Isolierung und konnte eine deutliche Zunahme ausländischer Investitionen verbuchen. Die Inflationsrate sank deutlich unter die Werte der achtziger Jahre. Das Tourismusgeschäft belebte sich. Zugleich setzten sich die bereits in den vorangegangenen Jahren begonnenen Veränderungen in der Exportstruktur beschleunigt fort. Der Anteil

---

8   Ein ebenfalls 1985 unterzeichnetes Freihandelsabkommen ermöglichte Israel den zollfreien Verkauf seiner Waren in den USA.
9   Weiss, Schevach 1979, S. 59.
10   Vgl. Shafir, Gershon/Peled, Yoav 2002, S. 234.
11   Vgl. ebd., S. 137.

landwirtschaftlicher Erzeugnisse am Export ging deutlich zurück. Hatte er 1984 noch 9% betragen, so lag er im Jahr 2000 nur noch bei 2,2% aller Ausfuhren.[12] Der Export von Produkten des Hightech-Bereichs dagegen erhöhte sich zwischen 1990 und 2000 von 2,28 Mrd. auf 11,12 Mrd. US-Dollar (20,8% bzw. 38,4% aller industriellen Exportprodukte).[13] Stimuliert wurden die Außenwirtschaftsbeziehungen durch das im November 1995 unterzeichnete und am 1. Juni 2000 in Kraft getretene Assoziierungsabkommen mit der Europäischen Union, das Israel weitreichende Vergünstigungen gewährt. 1999 wurde Israel zudem in das Wissenschafts- und Entwicklungsprogramm der EU aufgenommen.

Die Wirtschaftsentwicklung wurde nicht zuletzt durch die Absorption der Einwanderer aus den GUS-Staaten beeinflusst. Die „russische" Massenalijah, finanziell gestützt durch internationale jüdische Fonds, stärkte die israelischen Potenziale in Wissenschaft und Technik, führte zu einem Aufschwung im Bauwesen und im Dienstleistungssektor, schuf vorübergehend neue Arbeitsplätze und stimulierte die Binnenmarktnachfrage bzw. die Kaufkraft der Bevölkerung. Mitte der neunziger Jahre wies die israelische Wirtschaft im internationalen Vergleich hohe Wachstumsraten auf. Der jährliche Zuwachs des Bruttoinlandprodukts lag 1994 bei 6,8% und 1995 bei 7,1%. Er war damit höher als Vergleichswerte in den USA oder Großbritannien.[14]

Die schnelle Transformation Israels von einem Agrarland zu einem modernen Industriestaat, zum „Silicon Valley des Nahen Ostens"[15], widerspiegelte sich in der Alltagskultur und im Konsumverhalten der Bürger. Ein aus Anlass des 50. Jahrestags des jüdischen Gemeinwesens publizierter Aufsatz brachte den Wandel auf folgenden Hauptnenner: „Der Normal-Israeli von heute ist kein Pionier, der von Zitrushain zu Zitrushain reitet. Ebenso wenig wohnt er in einer armseligen Immigranten-Hütte und beweint sein schweres Leben. Vielmehr ist „der Israeli" – wenn die Verallgemeinerung einmal statthaft ist – ein Städter, der in einer leistungsfähigen Volkswirtschaft sein Auskommen findet und die gängigen Segnungen ebenso wie die Nachteile der modernen Zivilisation sein eigen nennt."[16] Als Beleg für die Richtigkeit dieser Charakteristik sei die private Nutzung moderner Kommunikationsmittel angeführt: Israel galt – bezogen auf die Bevölkerungszahl – bereits Ende der neunziger Jahre als Land mit dem höchsten Anteil an Mobiltelefonen. Anfang 2000 verfügten darüber hinaus 41,4% aller israelischen Haushalte über einen Personal Computer; 20,6% wa-

---

12 Statistical Abstract of Israel, No. 37 (1986), S. 220; Statistical Abstract of Israel, No. 52 (2001), S. 16-18.
13 Statistical Abstract of Israel, No. 52 (2002), S. 16-17f.
14 Indikatorim ikarijim le-hitpatchut ha-meschek, 1997, S. 1; vgl. Zilberfarb, Ben-Zion 1996, S. 1.
15 Seliktar, Ofira 2000, S. 197.
16 Struminski, Wladimir: Umbrüche, Veränderungen und Herausforderungen ohne Ende, *Parlament*, 27. März 1998, S. 15.

ren mit einem Modem ausgestattet und hatten somit Zugang zum Internet. Die Zahl der Internetnutzer wurde für Ende 2000 bereits mit 1,5 Millionen angegeben, d.h. auf 25% der Staatsbürger geschätzt.[17]

„Modellbeispiel wirtschaftlicher Liberalisierung"

Die Veränderungen im Wirtschaftsleben Israels während des letzten Jahrzehnts des 20. Jahrhunderts schöpften ihre Vitalität aus vier parallel verlaufenden bzw. sich miteinander verquickenden, jedoch unterschiedlich zu gewichtenden Grundprozessen – der internationalen Globalisierung, der Liberalisierung der Wirtschaft, der Massenalijah und dem nahöstlichen Friedensprozess. Die israelischen Antworten auf die neuen Herausforderungen – insbesondere das 1985 kreierte Stabilisierungskonzept – waren dennoch nicht unikal. Sie lehnten sich an die neoliberale Politik Margaret Thatchers und Ronald Reagans an und folgten damit internationalen Trends. Die effektive Bekämpfung der Stagflation und die Anpassung an global wirkende Konkurrenzmechanismen bildeten zugleich wichtige Voraussetzungen für dringend benötigte Finanzhilfen aus Übersee. Die spezifische israelische Wirtschaftssituation, gekennzeichnet durch die enge Verflechtung von privatem, gewerkschaftseigenem und staatlichem Sektor, hohe Militärausgaben und die mit keinem anderen Land vergleichbare Einwanderungsrate, erschwerte eine rasche und stringente Verwirklichung des Stabilisierungsprogramms. Die Umstrukturierung der Wirtschaft verlief zögerlich und ist bis heute nicht vollends bewältigt.

Die Liberalisierung des Kapitalmarktes und die Privatisierung staatlicher und gewerkschaftseigener Unternehmen veränderten das Verhältnis von Staat und Wirtschaft bzw. das Wechselspiel von Ökonomie und Politik. Solange die Arbeitspartei die Regierungstätigkeit bestimmt und über ein eigenes Wirtschaftsimperium verfügt hatte, spielte der Staat die zentrale Rolle in allen wirtschaftspolitischen Entscheidungen. Die Politik, insbesondere die Sicherheitspolitik, hatte das unbestrittene Primat gegenüber der Wirtschaft. Die 1985 eingeleiteten Stabilisierungsmaßnahmen waren – noch im Rahmen des überkommenen Systems – zunächst darauf ausgerichtet, die Wirtschaft zu effektivieren. Der bürokratische Apparat wurde verkleinert und politische Entscheidungen orientierten sich stärker als zuvor am wirtschaftlichen Nutzen. Zu den gesellschaftlichen Implikationen der neuen Wirtschaftsstrategie gehörte, dass sich der Einfluss der sozialdemokratischen Führung auf die Politik verringerte; ihr schrittweiser Rückzug aus der Wirtschaft führte zur Herausbildung neuer Eliten.

---

17 Musaf ha-Arez, 8. Juni 2000, S. 48.

Eine unmittelbare Folge des Wirtschaftsumbaus war die Schrumpfung des staatlichen Sektors. Repräsentierte dieser Mitte der achtziger Jahre noch 160 Groß-Unternehmen, die 10% des Bruttoinlandprodukts erbrachten und etwa 5% des Arbeitskräftepotenzials erfassten,[18] so erwirtschaftete er 1998 nur noch 3,5% des Bruttoinlandsprodukts bzw. beschäftigte er knapp 3% aller Arbeitnehmer. Im Jahrzehnt zwischen 1986 und 1996 wurde Staatsbesitz im Wert von 3,6 Mrd. US-Dollar und im Zeitraum von 1997 bis 1999 nochmals in Höhe von annähernd 4,5-5,0 Mrd. US-Dollar veräußert. Käufer der Staatsanteile waren Israels große Banken sowie Chemie- und Telekommunikationskonzerne.[19]

Der Staat spielte bei den Eigentumstransaktionen die federführende Rolle.[20] Obwohl sich sein Gewicht in der Wirtschaft stetig verringerte, nimmt er zu Beginn des 21. Jahrhunderts weiterhin großen Einfluss auf politisch und strategisch wichtige Wirtschaftsbereiche, insbesondere auf die Rüstungsindustrie. Auch die tatsächliche bzw. symbolische Bedeutung der staatlich verantworteten Strom- und Wasserversorgung, die als Ausdruck nationaler Souveränität gilt, hat sich angesichts der anhaltenden Spannungssituation in der Region erhöht. Kurz- und mittelfristig ist somit nicht damit zu rechnen, dass grundlegende Entscheidungen im Wirtschaftsleben getroffen werden, ohne die von der Regierung definierten politischen bzw. nationalen Interessen als übergeordnete Orientierungsgrößen zu berücksichtigen.

Tabelle 7: Wirtschaftliche Entwicklung 1992-2001[21]
(Veränderung in Prozent zum Vorjahr)

Jahr	1992	1993	1994	1995	1996	1997	1998	1999	2000	2001
Bruttoinlandprodukt	6,6	3,4	6,8	7,1	4,5	3,3	2,7	2,6	6,4	-0,6
Privatkonsum pro Kopf der Bevölkerung	4,1	4,6	6.4	4,6	2,6	1,4	1,8	0,6	3,8	0,9
Regierungsausgaben	0,2	4,6	0,1	1,8	5,5	1,8	2,4	3,1	1,1	2,9
Export an Waren und Dienstleistungen	13,7	10,5	12,6	10,1	5,0	8,0	6,6	11,6	23,9	-11,0
Import an Waren und Dienstleistungen	8,9	14,2	10,9	8,6	7,6	3,3	1,7	14,8	12,2	-4,4
Investitionen	6,7	1,8	13,3	9,1	8,8	-0,9	-3,6	0,4	1,1	-6,6

Die seit 1985 durchgeführten Reformen gelten insgesamt als erfolgreich. Amerikanischen Wirtschaftsexperten zufolge wurde Israel durch sie zu einem „Modellbeispiel für wirtschaftliche Liberalisierung und erfolgreiche Einstellung auf

---

18 Baudot-Trajtenberg, Nadine 1994, S. 7.
19 Maschke, Manuela 2000, S. 7.
20 Michael Shalev stellt die These auf, dass die Regierung sich 1985 gezwungen sah, das Notstandsprogramm einzuführen, weil die Wirtschaftskrise sowohl die Legitimität als auch die wirtschaftliche Existenz des Staates bedroht habe. Shalev, Michael 1999, S. 127.
21 Indikatorim ikarijim le-hitpatchut ha-meschek, Dezember 1997, S. 1; Indikatorim ikarijim le-hitpatchut ha-meschek, Dezember 2001, S. 1; www.cbs.gov.il/israel_in_figures/indict1e_mar02.htm (26. Juni 2003).

Globalisierung und technologischen Wandel"[22]. Die Jahre 1994 und 1995 waren allerdings nicht nur durch den Liberalisierungsprozess, sondern auch durch die Kompromisse von Oslo und Washington gekennzeichnet. Zieht man in Betracht, dass die anfänglich hohe Wachstumsrate 1996 bereits wieder auf 4,5% und 1997 auf 3,3% sank, geschuldet nicht zuletzt dem Stillstand im Friedensprozess nach der Wahl Benjamin Netanjahus zum Ministerpräsidenten, so liegt die Vermutung nahe, dass sich – neben globalen Trends und Zwängen – auch die Erfolge bzw. Misserfolge in den israelisch-palästinensischen Verhandlungen indirekt oder direkt auf die Wirtschaft auswirkten. Die These wird durch die Wirtschaftsdaten der Jahre 2000 und 2001 gestützt: Die Wachstumsrate erhöhte sich zunächst auf 6,4%, um nach erneutem Ausbruch der Intifada auf -0,5% abzufallen. 2002 setzte sich der Trend verstärkt fort; das Bruttoinlandprodukt ging um 1,1% zurück.[23] Es scheint somit angebracht, das Wechselverhältnis von Wirtschaftsreform und Friedensdividende einer eingehenden Betrachtung zu unterziehen.

Stabilisierung und Friedensdividende

Vor Beginn der Osloer Gespräche hatten Wirtschaftsexperten und weitsichtige Politiker die Hoffnung geäußert, dass Friedensbeziehungen mit der arabischen Welt den regionalen Markt für Israel öffnen und die einheimische Wirtschaft stimulieren würden. Zu den Vordenkern gehörte Jossi Beilin, der 1982 mit anderen jungen Intellektuellen der Arbeitspartei den Kreis *chug maschov* (Feedback Circle) gegründet hatte. In den neunziger Jahren waren es wiederum die „Young Blazers", die die Oslo-Vereinbarungen mitinitiierten bzw. befürworteten und eine Verbindung zwischen Liberalisierung und Friedensprozess herzustellen suchten. Sie sprachen sich für eine enge Verflechtung von Wirtschafts- und Friedenspolitik aus und forderten Israels Integration in den regionalen Markt.

Zu den Neuerungen gehörte, dass sich erstmals in der Geschichte des Landes eine *business community* herausbildete, die das Profitinteresse über zionistische Werte stellte und aus pragmatischen Erwägungen die „Friedenswirtschaft" unterstützte.[24] Dov Lautman, Präsident der Manufacturers' Association und Vorsitzender des Koordinierungsbüros israelischer Wirtschaftsorganisationen[25], betonte beispielsweise im Frühsommer 1992, dass das Haupthindernis

22   Shalev, Michael 2000, S. 129.
23   Globes, 2. Januar 2003.
24   Shafir, Gershon/Peled, Yoav 2002, S. 231.
25   Shafir/Peled charakterisieren das "Coordinating Bureau of the Economic Organizations" als "broad-based association of Israeli business organizations that includes, in addition to the Manufacturers' Association of Israel, the Federation of Chambers of Commerce, as well as the umbrella organiza-

für ausländische Investitionen die regionale Instabilität sei; nur eine effektive Wirtschaftspolitik, die an Fortschritte in den Friedensgesprächen gekoppelt sei, könne ausländische Investoren anziehen.[26] Auch Schimon Peres überschrieb ein Kapitel seines Buches über den „neuen Nahen Osten" mit dem ambitiösen und programmatischen Titel „Von der Konfrontationswirtschaft zur Friedensökonomie".[27]

Eine der strategischen Überlegungen, die den Friedensprozess der neunziger Jahre ins Leben riefen bzw. ihm für mehrere Jahre Vitalität verliehen, bestand somit darin, politische Hindernisse für die Integration Israels in die Weltwirtschaft und den regionalen Markt aus dem Weg zu räumen. In dem Maße, wie Israel international akzeptiert werde und ein hohes Maß an wirtschaftlicher Stabilität nachweise, böte es ein interessantes Feld für Investitionen – so die hoffnungsvollen Erwägungen und Erwartungen.

Den Wirtschaftsaufschwung der neunziger Jahre ausschließlich als Ergebnis der Friedensdividende zu werten, würde der Realität nicht gerecht. Wie Ben-Zion Zilberfarb belegt, erhöhten sich die Wachstumsraten bereits zwischen 1990 und 1992, d.h. *vor* Beginn des Friedensprozesses.[28] Die von ihm daraus abgeleitete Schlussfolgerung, die Prosperität der israelischen Wirtschaft sei in erster Linie durch die Einwanderung aus der ehemaligen Sowjetunion und nicht durch Minderung der regionalen Spannungen bewirkt worden, scheint dennoch einseitig. Einleuchtender ist die Annahme, die palästinensisch-israelischen Verhandlungen und die regionalen Kontaktnahmen seien zeitlich parallel zu den innerisraelischen Liberalisierungs- und Modernisierungsanstrengungen und zur Massenalijah erfolgt und hätten beachtliche Synergieeffekte geschaffen. Liberalisierung, Anpassung an die Globalisierung, Friedensprozess und der massenhafte Zustrom hoch qualifizierter Einwanderer hätten danach die israelische Wirtschaft gleichermaßen stimuliert und stabilisiert. Ihr Zusammenspiel bzw. ihre Wechselwirkung lassen sich nicht zuletzt am Beispiel amerikanischer Finanzhilfen verdeutlichen.

Nach erfolgreicher Einführung des Stabilisierungsplans leistete die US-Administration jährliche Finanzhilfen an Israel, deren Höhe – 1,8 Mrd. US-Dollar für militärische Zwecke und 1,2 Mrd. Dollar für wirtschaftliche Belange – alle vorherigen Zuwendungen übertraf. Sie wurden zudem nicht mehr als Kredite, sondern als Schenkungen gegeben. Als die israelische Regierung 1990 um eine weitere Kreditbürgschaft mit der Begründung ersuchte, damit die Kosten für die Eingliederung der Neueinwanderer decken zu wollen, machte die Re-

---

tions of building contractors, banks, private farmers, life-insurance companies, the self-employed, diamond manufacturers, hotels, etc.". Ebd., S. 253.

26   Ha-Arez, 17. Juni 1992. Zit. nach ebd., S. 253.
27   Peres, Schimon 1994, S. 126.
28   Zilberfarb, Ben-Zion 1996, S. 2.

gierung unter George Bush Sr. deren Bewilligung von dem israelischen Zugeständnis abhängig, die Siedlungtätigkeit in den besetzten Gebieten einzufrieren. Erst nach Beginn des Friedensprozesses 1993 wurde die erbetene zusätzliche Finanzhilfe in Höhe von zehn Milliarden US-Dollar für den Zeitraum von sechs Jahren gewährt; sie trug maßgeblich zur Deckung des israelischen Zahlungsbilanz- und Handelsdefizits bei.

Bedeutsam für die Umsetzung des Stabilisierungsplanes von 1985 wurden drastische Kürzungen des Militärbudgets. Diese hätten ohne das Friedensabkommen mit Ägypten (1979), ohne amerikanisches „Schutzschild"[29] und ohne weitgehenden Rückzug aus dem Libanon nicht bewerkstelligt werden können. Hatten die Verteidigungsausgaben zwischen 1967 und 1973 noch 20% und zwischen 1973 und 1976 über 30% des Bruttosozialprodukts betragen, so wurden sie seitens der Regierung der nationalen Einheit Mitte der achtziger Jahre auf 15-19% reduziert. Die Tendenz setzte sich nach Ende der ersten Intifada fort. 1991 und 1993 lag das Verteidigungsbudget unter 10% des Bruttosozialprodukts.[30] Die negative Wirtschaftsbilanz der Jahre 2001, 2002 und 2003 wiederum erklärt sich zumindest teilweise aus der Erhöhung des Militärbudgets nach Ausbruch der zweiten Intifada.[31]

Die Friedensdividende des Oslo-Prozesses übertraf zunächst die Erwartungen. 1995 investierten ausländische Unternehmen zwei Milliarden US-Dollar im Lande. Israelischen Angaben zufolge war die Summe doppelt so hoch wie die gesamten Auslandsinvestitionen der achtziger Jahre.[32] Die Inflationsrate lag mit 8,1% (1995) und 10,6% (1996) deutlich unter der des vorangegangenen Jahrzehnts. Die Beruhigung des regionalen Umfelds wirkte sich auch positiv auf den Fremdenverkehr aus. Die israelischen Einnahmen aus dem Tourismus stiegen im Zeitraum 1992-1995 um über 55% auf ca. elf Milliarden US-Dollar.

Das Ende des Kalten Krieges und die Aufwertung Israels durch den nahöstlichen Friedensprozess veränderten den internationalen Stellenwert des jüdischen Staates. Von Beginn der Madrider Konferenz im Oktober 1991 bis Herbst 1995 nahmen 62 Staaten volle diplomatische Beziehungen zu Israel auf. Die Normalisierung der Beziehungen zu Osteuropa und zur Dritten Welt war mit einer Ausweitung der Handelskontakte verbunden. Israelische Exporte in die Sowjetunion hatten 1990 lediglich einen Wert von 4,9 Mill. US-Dollar erreicht; fünf Jahre später lieferte Israel nach Russland Waren im Wert von 259,6 Mill. Dollar. Die Exporte nach Ungarn, Polen, Bulgarien, der Slowakei und in die

---

29 Das „Amerikanisch-israelische Memorandum der Verständigung zur strategischen Kooperation"
    wurde am 30. November 1981 von Caspar Weinberger und Ariel Scharon unterzeichnet.
30 Vgl. Inbar, Efraim 1998, S. 78.
31 Die Sicherheitsausgaben des Jahres 2001 waren um 5,5 Mrd. NIS höher als geplant. Maariv, 10.
    Januar 2002.
32 Vgl. Hofmann, Sabine 1996, S. 193.

Tschechische Republik standen 1995 in Höhe von 162,1 Mill. Dollar (1996 – 204,5 Mill. Dollar) zu Buche. Auch der Warenaustausch mit Indien, Japan und mehreren Staaten Südostasiens nahm neue Dimensionen an. 1995 war Japan – noch vor der Bundesrepublik Deutschland – vorübergehend zum zweitgrößten Handelspartner Israels aufgestiegen.

Als sichtbaren Erfolg der neuen progressiven Außenhandels- und Wirtschaftspolitik verbuchte die israelische Regierung 1992 bis 1996 jährliche Exportsteigerungen zwischen 12 und 14 Prozent. Nach Vereinbarungen mit den EFTA-Staaten, Finnland, Island, Norwegen, Schweden, Österreich, der Schweiz und Liechtenstein, die am 1. Januar 1993 in Kraft traten, konnte Israel als weiteren Erfolg am 20. November 1995 ein Assoziierungsabkommen mit der Europäischen Union unterzeichnen. 1996 wurden Freihandelsabkommen mit Kanada, der Türkei, der Slowakei und der Tschechischen Republik geschlossen.

Die Öffnung der israelischen Wirtschaft zum Weltmarkt und die transnationalen Handelsbeziehungen waren stets durch den primären und sekundären arabischen Boykott[33] eingeschränkt gewesen. Diese Situation änderte sich nach der Konferenz von Madrid 1991. Die beginnenden multilateralen Friedensgespräche, das Engagement der Europäischen Union im Raum Israel/Palästina und die verstärkte israelisch-europäische Kooperation im Mittelmeergebiet, aber auch die Herstellung offizieller Kontakte zu einer Reihe arabischer Staaten wirkten sich positiv aus.[34] Die Verbindung von effektiver Wirtschaftspolitik und Friedensverhandlungen machte Israel zu einem attraktiven Investitionsland für ausländisches Kapital.

Die Wirtschaftskontakte zu arabischen Staaten hatten zunächst eine vorwiegend politische Dimension, waren jedoch auch ökonomisch von Belang. Sie implizierten die Möglichkeit, den regionalen Markt für den Absatz israelischer Waren zu öffnen und perspektivisch die Versorgung des Landes mit dringend benötigten Rohstoffen – insbesondere Erdöl und Bauxit – zu sichern. Die Entscheidung der Länder des Golfkooperationsrates und Jordaniens, den Boykott zu beenden, wirkte über die bilateralen Beziehungen hinaus. Die Wirtschaftskonferenzen der Staaten des Nahen und Mittleren Ostens sowie Nordafrikas in Casablanca 1994 bzw. Amman 1995 stellten z.B. neue Weichen für die israelisch-arabischen Handelsbeziehungen – auch wenn die Realität zunächst hinter den Erwartungen zurückblieb. Am 14. August 1995 hob Jordanien alle Gesetze auf, die wirtschaftliche Kontakte mit Israel verboten. Ende Oktober desselben Jahres unterzeichneten Vertreter beider Staaten einen Handelsvertrag. In ihm wurde u.a. festgelegt, dass das Haschemitische Königreich israelische Produkte

---

33   Die Staaten der Arabischen Liga boykottierten Unternehmen, die Handelsbeziehungen mit Israel unterhielten (primärer Boykott), setzten jedoch auch Firmen auf eine „Schwarze Liste", die mit diesen Einrichtungen kooperierten (sekundärer Boykott).

34   Vgl. Hofmann, Sabine 1996, S. 192-218.

künftig in arabischen Ländern vertreiben dürfe. Eine Reihe von Joint Ventures wurde in Angriff genommen. Auch die Handelsbeziehungen mit Ägypten, insbesondere auf touristischem Gebiet, entwickelten sich Mitte der neunziger Jahre positiv. Die Mehrzahl der israelisch-arabischen Kooperationsprojekte befand sich allerdings noch im Planungsstadium. Erneute Spannungen im israelisch-palästinensischen Verhältnis verzögerten in der Folgezeit die Finanzierung multilateraler Projekte. Für die Vision eines „gemeinsamen Marktes im Nahen Osten"[35] fehlten nach wie vor wichtige politische Voraussetzungen.

Wirtschaftspolitik an der Schwelle zum 21. Jahrhundert

Mit der Ermordung Rabins im November 1995 und der Wahl Netanjahus 1996 zum israelischen Ministerpräsidenten kamen die Friedenssuche bzw. der Verhandlungsprozess weitgehend zum Stillstand. Regionale Kooperationsvorhaben wurden teilweise eingefroren. Die im Herbst 2000 beginnende zweite Intifada beinhaltete für Israel nicht nur sicherheitspolitisch neue Infragestellungen; sie beeinträchtigte auch die nationale Wirtschaft. Wenngleich für das Jahr 2001 israelische Exporte in arabische Staaten noch 128 Mill. US-Dollar und Importe aus diesem Raum 67 Mill. US-Dollar erwirtschafteten,[36] wurde die erstrebte Erhöhung des Handelsvolumens nunmehr zu einem unrealistischen Ziel. Die zeitweilige Wiederbesetzung der palästinensischen Gebiete 2002 durch die israelische Armee führte in arabischen Staaten vielmehr zu der lauthals vorgetragenen Forderung, den Wirtschaftsboykott gegenüber Israel zu reaktivieren.[37] Auch die Handelsbeziehungen zwischen Israel und den Staaten der Europäischen Union, z.B. Lieferungen militärischer Güter oder die Abnahme von Produkten aus den besetzten Territorien, wurden von den israelisch-palästinensischen Spannungen überschattet.

Von den Rückschlägen im Friedensprozess nicht betroffen schien zunächst die israelische Hightech-Industrie. Sie beschäftigte 1999 etwa 100.000 Arbeitskräfte, konnte auf ein jährliches Exportwachstum von 15% verweisen und stellte 25% des israelischen Exports.[38] Israel galt und gilt weltweit als eines der wichtigsten Zentren für Software-Forschung, -Entwicklung und -Produktion. Bereits Anfang 2000 wiesen israelische Wirtschaftswissenschaftler jedoch darauf hin, dass die Muttergesellschaften ihren Sitz zumeist im Ausland hätten, die israelischen Steuerregelungen und ein hohes Maß an Bürokratie weitere Investitionen erschwerten und die Hochtechnologie zu wenig auf andere Indus-

---

35   Peres, Schimon 1993, S. 267.
36   Globes, 6. März 2002.
37   Vgl. u.a. Ha-Arez, 13. Mai 2002.
38   Lifshitz: Study: High-tech industry has begun to flee from Israel, Haaretz, 25. April 2000.

triezweige Israels ausstrahle. Obwohl sie dem Hightech-Sektor ein weiteres jährliches Wachstumspotenzial von 10% bescheinigten und bei Eintreten dieser optimistischen Erwartung einen Anstieg auf 45% des israelischen Exports prognostizierten, warnten die Spezialisten vor überzogenen Erwartungen. Die Industrie beginne bereits, aus Israel zu fliehen, so ihre Befürchtung; der Schaden werde spätestens in ein bis zwei Jahren spürbar sein.

Die Experten behielten Recht. Schon die Jahre 2001 und 2002 belegten eine fortgesetzte Schrumpfung des wichtigen Wirtschaftsbereichs. Zu den Folgen gehören die Schließung mittlerer Unternehmen bzw. die Entlassung von Angestellten in großem Umfang. Die Zukunft der israelischen Hightech-Industrie wird von internationalen Indikatoren abhängen, in hohem Maße jedoch auch durch politische Stabilität und die konsequente Fortsetzung der Liberalisierungsmaßnahmen beeinflusst werden.

Die nach dem Scheitern des Oslo-Prozesses und nach Rückkehr zum Primat der Sicherheitspolitik gegenüber wirtschaftlichen Interessen aufbrechenden Krisenerscheinungen in Israel sind in erheblichem Maße das Resultat regionaler Entwicklungen und selbst verantworteter politischer Entscheidungen. Gleichermaßen stehen sie in einem Wechselverhältnis zur anhaltenden Rezession in den USA, in Japan und Westeuropa. Globalisierung und Liberalisierung haben der israelischen Wirtschaft größere Freiräume und Wachstumsimpulse geschaffen, sie zugleich jedoch durch umfassende Verflechtung mit internationalen Ökonomien abhängiger und verwundbarer gemacht. Zentrale Stabilisierungsmaßnahmen werden zudem durch den inzwischen fortgeschrittenen Rückzug des Staates aus wichtigen Wirtschaftsbereichen erschwert.

Das ambivalente Verhältnis von Politik und Ökonomie im Umfeld der zweiten Intifada verweist auf den im Vergleich zu anderen entwickelten Industriestaaten geringen politischen Einfluss der nationalen *business community*. Ausdruck dessen ist nicht zuletzt die Zusammensetzung der Knesset, in die 1999 lediglich zwei Geschäftsleute gewählt wurden. Der Finanzausschuss des Parlaments wurde in den Jahren 2001 bis 2003 durch einen Vertreter der ultraorthodoxen Fraktion des Vereinigten Thora-Judentums geleitet. Die Ergebnisse der Parlamentswahlen von 1996, 1999 und 2003 sind ein Indiz dafür, dass in der israelischen Politik und für den israelischen Wähler die realen oder subjektiv perzipierten Sicherheitsfragen stets Priorität vor wirtschaftlichen Erfordernissen und sozialen Erwägungen hatten. Vor dem Hintergrund dieser Erfahrung ist zu befürchten, dass die konsequente Fortsetzung der Wirtschaftsreform in überschaubarer Zeit keinen vorderen Platz auf der Agenda israelischer Regierungen einnehmen wird.

Trotz der Rückschläge in den Jahren 2001 und 2002 bleiben die positiven Trends der neunziger Jahre für das Verhältnis von Politik und Wirtschaft zukunftsweisend. Das Stabilisierungsprogramm von 1985 hatte die Wirtschaft stimuliert und ihre internationale Wettbewerbskraft erhöht. Der Liberalisierungs- und Effektivierungsprozess wurde durch eine achtbare Friedensdividende sowie den Zustrom hoch qualifizierter Arbeitskräfte gestärkt. Das traditionelle Primat der Sicherheitspolitik schien vorübergehend zu Gunsten von Wirtschaftsinteressen modifizierbar. Nach vorn gerichtet bedeutet diese Erfahrung, dass ein produktives Verhältnis von Wirtschaft und Politik und, damit verbunden, eine Verbesserung der Wirtschaftssituation voraussetzen, die regionalen Beziehungen zu stabilisieren, die israelisch-palästinensische Gewaltspirale zu beenden und ein aktives Friedensengagement beider Konfliktparteien zu erreichen – eine gemeinsame Interessenlage somit, die in Israel wie unter Palästinensern freilich nur langsam das nationale Selbstverständnis bestimmt und bisher kaum in adäquates politisches Handeln umschlägt.

Histadrut – ein multifunktionaler Arbeitnehmerverband

Die israelische Gewerkschaftsorganisation Histadrut symbolisierte jahrzehntelang den zionistischen Pioniergeist. Geleitet von sozialistischem bzw. sozialdemokratischem Gedankengut und beseelt von der Idee, durch körperliche Arbeit nicht nur die anormale jüdische Sozialstruktur der Diaspora zu verändern, sondern sich auch ein Recht auf Palästina zu erwerben, spielten osteuropäische Einwanderer der zweiten und dritten *Alijah* eine zentrale Rolle bei der jüdischen Besiedlung des Landes. Sie gründeten 1920 in Haifa den Gewerkschaftsbund *Ha-Histadrut ha-Klalit schel ha-Ovdim ha-Ivrijim be-Erez Jisrael* (Allgemeine Organisation der jüdischen Arbeiter in Palästina), der zum gewichtigen Machtinstrument des zionistischen Arbeiterflügels im *Jischuv* wurde und nach Staatsgründung bedeutenden Einfluss auf die gesellschaftliche Entwicklung Israels nahm. Als „Architekt, Baumeister und Wegbereiter"[39] der Histadrut gilt David Ben Gurion. Er hatte die Organisation bis 1935 geleitet und wurde 1948 zum ersten israelischen Ministerpräsidenten gewählt.

Der Verband war von Anbeginn nicht nur eine gewerkschaftliche Interessenvertretung der Arbeitnehmer. Bereits in der Zeit des britischen Mandats übernahm er wichtige Aufgaben bei der Eingliederung jüdischer Neueinwanderer, bei der „Eroberung der Arbeit und des Bodens", beim Schutz neu angelegter Siedlungen, in der Gesundheitsbetreuung, beim Aufbau eines eigenen Schulwesens und bei der Schaffung und Entwicklung kultureller Einrichtungen. Als Bestandteil der zionistischen Bewegung schuf er wichtige Voraussetzungen für die israelische Staatlichkeit. Bereits 1930 waren in der Histadrut 25.400 Personen, d.h. 74% aller jüdischen Arbeiter Palästinas, organisiert. Arabischen

---

39   Ha-Enziklopedijah ha-Ivrit (Hebräische Enzyklopädie), Band 9, Tel Aviv 1958, S. 55.

Landesbewohnern war es allerdings erst ab 1959 erlaubt, in die Gewerkschaft einzutreten.

Dem jüdischen Einwanderer half die Organisation bei der Suche nach einem Arbeitsplatz. Sie sicherte ihren Mitgliedern feste Mindestlöhne zu und trat seit 1926 für den Achtstundentag ein. Bereits 1940 schloss sie Lohnvereinbarungen ab, die eine Bindung des individuellen Einkommens an den Preissteigerungsindex vorsahen und die Grundlage für den bis heute in Israel gültigen direkten Inflationsausgleich legten.

Neben der gewerkschaftlichen Aufgabe, die Rechte und Interessen der Arbeitnehmer wahrzunehmen und zu verteidigen, übernahm die Organisation mit der 1923 gegründeten Holdinggesellschaft *Chevrat ha-Ovdim* früh eine unternehmerische Funktion. Sie beeinflusste die wirtschaftliche Entwicklung des *Jischuv*, indem sie in politisch bedeutsamen, für das Privatkapital jedoch ungenügend attraktiven Bereichen investierte. Gemäß dem Selbstverständnis der Arbeiterzionisten sollte der Histadrut-Sektor zu einer Keimzelle sozialistischer Wirtschaft werden. Er umfasste sehr bald landwirtschaftliche Kooperativen (Kibbuzim und Moschavim), das Bauunternehmen *Solel Boneh*, die Wohnungsbaugesellschaft *Schikun Ovdim*, den Industriekonzern *Kur* (Koor), die Arbeiterbank (*Bank ha-Poalim*), die Wasserwerke *Mekorot*, die Großhandelsgesellschaft *Tnuvah* sowie die Busunternehmen *Egged* und *Dan*.

Einige der von der Histadrut in der Mandatszeit wahrgenommenen Aufgaben – z.B. Verteidigung und Bildung – wurden nach 1948 durch den Staat übernommen. Dennoch änderten sich die Strukturen der Gewerkschaft zwischen 1920 und 1994 kaum. 1990 wirkten unter dem Dach der Histadrut 39 Einzelgewerkschaften, die eine Mischform aus Berufsverbänden und Industriegewerkschaften – ohne Finanz- und Tarifautonomie – darstellten und zwischen 2.000 und 200.000 Mitgliedern umfassten.[40] Die gewerkschaftseigene Krankenkasse *Kupat Cholim* versorgte etwa 70% der israelischen Bürger. Ihre Leistungen waren an die Mitgliedschaft in der Histadrut und an die Zahlung entsprechender Beiträge gebunden. Die Zahl der gewerkschaftlich organisierten Israelis stieg dadurch zeitweise bis auf 1,8 Millionen (1994).

Mitte der siebziger Jahre befand sich die Histadrut auf dem Höhepunkt ihres wirtschaftlichen und gesellschaftlichen Einflusses. Sie kontrollierte etwa 25% der israelischen Wirtschaftsunternehmen, zählte nahezu alle Arbeitnehmer zu ihren Mitgliedern, war in die meisten Lohnverhandlungen und Rahmenkollektivverträge zwischen Arbeitgebern und Arbeitnehmern involviert und erhielt vom Staat hohe Subventionen für ihre wirtschaftlichen Aktivitäten und Dienstleistungen.[41] Nach der Regierungsübernahme durch den Likud 1977 de-

---

40   Maschke, Manuela 2000, S. 2.
41   Grinberg, Lev Luis/Shafir, Gershon 2000, S. 103

monstrierte sie weiterhin ihre organisatorische und ökonomische Stärke in Form machtvoller Streiks und Kundgebungen. Die durch sie verantwortete Massendemonstration am 1. Mai 1980 gegen die Wirtschaftspolitik der neuen Regierung gilt als eine der größten politischen Aktionen in der Geschichte Israels.

Solange Histadrut und Regierung durch die Avodah geführt wurden, waren wirtschaftliche und politische Macht eng miteinander verflochten. Der Niedergang des Arbeitnehmerverbandes setzte folgerichtig in dem Moment ein, in dem die Sozialdemokratie ihre Rolle als dominante Partei im politischen System einbüßte. Der bürgerliche Likud zeigte sich nach der Regierungsübernahme kaum daran interessiert, die Machtdomäne seiner politischen Konkurrentin weiterhin durch Subventionen zu stärken. Er veranlasste den Stopp des Transfers von Geldern aus dem gewerkschaftlichen Rentenfonds in die histadruteigenen Betriebe.[42] Israelische Wirtschaftswissenschaftler werten diese Entscheidung als folgenreich, sind sich jedoch darin einig, dass erst die mit dem Stabilisierungsprogramm (EESP) von 1985 eingeleitete Liberalisierungspolitik es vermochte, die gemeinwirtschaftlichen Unternehmen in eine existentielle Krise zu führen.[43]

Fehlender Professionalismus, erstarrte bürokratische Strukturen und ausbleibende Subventionen machten die Histadrut in der Folgezeit zum „prominentesten Opfer"[44] der auch von der Führung der Sozialdemokratie befürworteten Wirtschaftsreformen. Darüber hinaus verhinderten ideell-psychologische Aspekte – Stolz auf die historischen Erfolge, das Beharren auf „bewährten" Strukturen und die Hoffnung auf die baldige Rückkehr der Arbeitspartei an die Macht – eine Modernisierung bzw. strukturelle Reorganisation des Gewerkschaftsverbandes. Die enge parteipolitische Verflechtung zwischen Histadrut- und Avodah-Führung erschwerte den Übergang zur geforderten demokratischen Transparenz. Sie leistete vielmehr Vetternwirtschaft und Korruption Vorschub. In der Öffentlichkeit war die Organisation längst zum Symbol eines „zentralistischen Bürokratieapparates mit undurchsichtigen parteipolitischen Verbindungen"[45] geworden.

---

42 Der Rentenfonds der Histadrut war über Jahrzehnte für Investitionen in gemeinwirtschaftlichen Betrieben eingesetzt worden; der 1980 durch den Likud veranlasste Abbruch dieser Transfers wurde auch während der erneuten Regierungsbeteiligung der Avodah (Koalitionen der nationalen Einheit 1984-1990) nicht rückgängig gemacht.

43 Grinberg, Lev Luis/Shafir, Gershon 2000, S. 104.

44 Ebd., S. 126.

45 Maschke, Manuela 2000, S. 3.

Transformation des gewerkschaftlichen Sektors

1990 hatte die israelische Sozialdemokratie – Avodah plus Mapam – noch annähernd zwei Drittel der bei den Wahlen zum Histadrutkongress abgegebenen Stimmen für sich verbuchen können.[46] 1994 dagegen ging erstmals eine unabhängige Liste unter dem Avodah-Mitglied Chaim Ramon, einem ehemaligen Parteifunktionär, als Sieger aus den Wahlen hervor. Das Ergebnis war symptomatisch für den einsetzenden Transformationsprozess. Ramon, dessen Bündnis mit 47% der abgegebenen Stimmen die Arbeitspartei (33%) eindeutig auf den zweiten Platz verdrängte, benannte die Organisation in *Ha-Histadrut ha-Klalit ha-Chadaschah schel ha-Ovdim* (Neue Allgemeine Vereinigung der Arbeitnehmer) um und verlegte ihren Hauptsitz von Tel Aviv nach Jerusalem. Mit der Wahl Ramons endete ein wichtiges Kapitel in der Gewerkschaftsentwicklung und in der durch die Sozialdemokratie geschriebenen Geschichte Israels. Über das Wirtschaftsimperium der Histadrut hatte die Avodah nicht nur politischen, sondern auch direkten wirtschaftlichen Einfluss auf die Geschicke des Landes genommen. Ramon setzte nunmehr den Schlusspunkt, indem er die „Entflechtung" bzw. Auflösung des Wirtschaftskonglomerats der Gewerkschaft einleitete. Die Aufgaben der Organisation beschränkte er auf den unmittelbar gewerkschaftlichen Bereich. Die Zahl der im Histadrut-Apparat Angestellten wurde von 3.500 auf 1.350 reduziert.

Von Bedeutung für die „Erneuerung" der Histadrut wurde die durch Ramon in seiner Funktion als Gesundheitsminister im Kabinett Rabin eingeleitete Privatisierung des Gesundheitswesens. Die 1993 beschlossene und am 1. Januar 1995 in Kraft getretene Einführung der gesetzlichen Kranken- und Rentenversicherung trennte die Krankenkasse *(Kupat Cholim)* von der Gewerkschaftsorganisation. Das Ergebnis für die Histadrut war ein dramatischer Mitgliederschwund. Hatte die Gewerkschaft bereits seit Jahren pro annum etwa zwei Prozent ihrer Mitglieder verloren, so verringerte sich die Mitgliederzahl nunmehr auf ein Drittel.[47]

Ramons Nachfolger, Amir Perez, verlegte den Hauptsitz der Histadrut wieder nach Tel Aviv zurück. Auch er war bestrebt, den Einfluss politischer Parteien auf die Histadrut zu minimieren. Ursprünglich Avodah-Mitglied, verließ er 1999 die Partei, um mit einer eigenen Liste – Am Echad (Ein Volk) – zu den Knessetwahlen zu kandidieren. Die geringen Stimmengewinne – Perez' Liste zog 1999 mit zwei und 2003 mit drei Abgeordneten ins Parlament ein – symbolisierten das drastisch gesunkene Ansehen der Gewerkschaft und deren Verlust an

---

46 Bei den Wahlen zum 16. Histadrutkongress 1990 erhielten die Partei der Arbeit 55,03% und die Mapam 9,0% der Stimmen, während der Likud nur 27,38% der Stimmen erringen konnte.

47 Für 1994 war in offiziellen Statistiken noch von 1,8 Millionen Mitgliedern (Arbeitnehmer und Ehepartner) die Rede. Im Oktober 1995 dagegen gab Chaim Ramon deren Zahl nur noch mit 650.423 an. Vgl. Arian, Asher 1998a, S. 48.

Glaubwürdigkeit. 2002 waren noch 550.000 israelische Bürger in der „Neuen Histadrut" organisiert.[48]

Während der neunziger Jahre durchlief die Organisation somit einen Umformungsprozess von einem „multifunktionalen Arbeitnehmerverband zu einer gewerkschaftlichen Interessenvertretung im eigentlichen Sinn".[49] Noch bevor der Privatisierungsprozess staatlicher Firmen seinen Höhepunkt erreichte, wurden nahezu alle gewerkschaftseigenen Unternehmen geschlossen oder veräußert. Zahlreiche historisch zwar bedeutsame, wirschaftlich jedoch nicht mehr konkurrenzfähige Betriebe – wie *Kur*, *Schikun Ovdim*, *Hasneh* – standen Ende der achtziger Jahre ohnehin vor dem Bankrott. Im August 1997 wurde auch die *Bank ha-Poalim*, zu diesem Zeitpunkt das größte Geldinstitut Israels, privatisiert.

Der sinkende Stellenwert der Histadrut war nicht nur den staatlichen Maßnahmen geschuldet. Er resultierte in starkem Maße auch aus der Strukturkrise, die der Modernisierung der israelischen Wirtschaft, insbesondere des Industriesektors, entsprang. Spezialisten gilt die Entwicklung des 1944 gegründeten gewerkschaftseigenen Industriekonzerns *Kur* als Paradebeispiel für die Umbrüche in der Wirtschaft. Das Unternehmen umfasste Mitte der achtziger Jahre über 100 Industriebetriebe, etwa 100 Handelsgesellschaften und 50 im Finanz- und Dienstleistungssektor tätige Firmen. Es war der größte israelische Exporteur von Industrieprodukten und gleichzeitig einer der größten Arbeitgeber (etwa 30.000 Arbeitnehmer). 1986 noch als hoch effektives Unternehmen gerühmt, wurde 1987 offenkundig, dass *Kur* Schulden in Höhe von 1,4 Mrd. US-Dollar angehäuft hatte. Nach mehrjährigen Umstrukturierungen, dem Verkauf von Liegenschaften und unprofitablen Einrichtungen sowie der Entlassung von ca. 40% der Arbeitskräfte – 4% der zivilen Arbeitskräfte Israels – stellte sich das Unternehmen schließlich als multinationaler Hightech-Konzern vor, der 1997 Geschäfte in Höhe von 12,6 Mrd. US-Dollar tätigte und 1998 45% seiner Produkte exportierte.[50] Diese Entwicklung wurde nicht zuletzt durch die Friedensdividende des Oslo-Prozesses ermöglicht. So profitierte *Kur* beispielsweise von den intensivierten bzw. neu aufgenommenen Handelsbeziehungen zu Ägypten und Jordanien.

Der positive Trend hielt nicht an. Bereits in den Jahren 1998 bis 2001 musste das Unternehmen einen deutlichen Rückgang seiner Gewinne verbuchen. Unter der Überschrift „Schluss mit der Privatisierung" veröffentlichte Ha-Arez im Juni 2001 einen Artikel, der sich mit der Krise des *Kur*-Konzerns befasste und in der Aussage mündete, die Privatisierung habe letztlich nur den Investoren, nicht jedoch der Bevölkerung gedient. Nun müsse die Regierung

---

48   Ha-Arez, 6. Mai 2002.
49   Maschke, Manuela 2000, S. 1.
50   Alle Angaben nach Shafir, Gershon/Peled, Yoav 2002, S. 245ff.

dem krisengeschüttelten Unternehmen erneut mit Steuergeldern aus den roten Zahlen helfen.[51]

Der Niedergang der Histadrut – einst Symbol für soziale Gerechtigkeit, solidarisches Miteinander und nationale Wirtschaftskraft – blieb nicht ohne Auswirkungen auf die politische Kultur Israels. Er trug dazu bei, dass sich der politische und gesellschaftliche Einfluss der Arbeitspartei weiterhin verringerte. Die über Jahrzehnte gepflegten Symbole und Traditionen der Arbeiterorganisationen (Maidemonstration, rote Fahne, Internationale u.a.) wurden – nicht zuletzt aus Rücksichtnahme auf die antisozialistische Einstellung vieler Einwanderer aus der ehemaligen Sowjetunion – ad acta gelegt. An die Stelle zionistischer Narrative, die vor allem das Wohl des Staates zum Inhalt hatten, trat ein Wertesystem, das sich an Privatbesitz, individuellem Gewinnstreben, Konsumdenken und Markteffizienz orientierte und von einer verstärkten Amerikanisierung der Gesellschaft begleitet war. Die eng mit der Arbeitspartei verbundenen Eliten wurden im Wirtschaftsleben durch eine politisch neutrale *business community* abgelöst. Im Geschäftsleben setzte sich – durchaus konträr zur „hemdsärmeligen" Alltagskultur Israels – die „Generation der Blazers" durch.

Die „Neue Histadrut" unter Amir Perez suchte ihre Aufgabe als Interessenvertreterin der Arbeitnehmer verstärkt wahrzunehmen. Mit der Androhung und Durchführung umfassender Streiks in einzelnen Wirtschaftsbereichen, insbesondere im öffentlichen Dienst (Einrichtungen des Bildungswesens, Flugabfertigung, Zollbehörden, Post und Müllabfuhr etc.), gelang es ihr wiederholt, die Wirtschaftskreisläufe und den Servicesektor empfindlich zu stören und gesellschaftliche Aufmerksamkeit zu erlangen. Die Regierung kam vor der Verabschiedung des Notstandsbudgets im Frühjahr 2003 z.B. nicht umhin, der Gewerkschaft nach langwierigen Verhandlungen Zugeständnisse zu offerieren. Angesichts der allgemeinen wirtschaftlichen Krisensituation blieben die Erfolge der Gewerkschaftler jedoch begrenzt.

Das sozialistische Experiment Kibbuz

Besonders augenfällig widerspiegelt sich der Wandel der israelischen Gesellschaft in der demographischen, wirtschaftlichen und ideellen Transformation des kollektiven Siedlungswerks. Beeinflusst von utopisch-sozialistischen Ideen und beseelt durch zionistische Agrar-Romantik begannen jüdische Zuwanderer aus Osteuropa bereits während der ersten Jahrzehnte des 20. Jahrhunderts im „Lande der Väter" genossenschaftlich organisierte landwirtschaftliche Siedlungen – Kibbuzim und Moschavim – zu errichten. Die zionistischen Politiker sahen in ihnen die produktive Möglichkeit, trotz geringer finanzieller Ressourcen

---

51   Alexander, Esther: Dai la-hafratah (Schluss mit der Privatisierung), Ha-Arez, 12. Juni 2001.

den Boden dauerhaft in Besitz zu nehmen, die Einwanderer wehrhaft in Palästina zu verwurzeln und den körperlich tätigen „neuen" Menschen, den *Chaluz* (Pionier), zu formen. Die Gemeinschaftssiedlungen veränderten nicht nur die demographischen und wirtschaftlichen Strukturen des Landes; sie nahmen auch bedeutenden Einfluss auf die institutionelle und soziale Ausgestaltung des *Jischuv* und später des Staates Israel.

Der erste Kibbuz – Degania – wurde 1909/10 am Südufer des Sees Genezareth gegründet.[52] Bis 1945 entstanden nahezu 100 weitere Genossenschaften mit ca. 37.000 Bewohnern (6,7% der jüdischen Bevölkerung Palästinas).[53] Zum Zeitpunkt der Staatsgründung stellten die Kibbuzim nahezu die Hälfte aller jüdischen Ansiedlungen im Land.

Die Kibbuz-Mitglieder verstanden sich als „integraler Teil der Arbeiterbewegung" bzw. als „Pioniere des nationalen Neubeginns". Sie definierten als ihr Ziel „die Errichtung einer sozialistischen Gesellschaft, die auf wirtschaftlicher und sozialer Gleichheit basiert".[54] Privateigentum und Lohnarbeit waren verpönt. Anstehende Arbeiten verrichteten die Kibbuznikim nach dem Rotationsprinzip. Die Ergebnisse bzw. Erlöse der gemeinsamen Tätigkeit wurden unter den Mitgliedern gleich verteilt. Beschlüsse fasste nur die Vollversammlung. Die Mahlzeiten wurden gemeinsam im Speisesaal eingenommen. Auch die Kindererziehung oblag jahrzehntelang der Gemeinschaft, z.B. in Form von Kinderhäusern.

Im Unterschied zu den sozialistischen Kibbuzim gaben die Moschavim – der erste Moschav (Nahalal) entstand 1921 im Jesre'el-Tal – individuellen Bedürfnissen und Interessen größeren Raum. Privateigentum wurde in ihnen nicht grundsätzlich abgelehnt. Die Mitglieder erhielten gleich große Parzellen, die sie eigenständig bewirtschafteten. Der Maschinenpark allerdings gehörte der Kooperative. Auch Einkauf und Vermarktung der Produkte wurden kollektiv geregelt. 1949 lebten 22.900 israelische Bürger (3,3% der jüdischen Bevölkerung Israels) in Moschavim und 1.500 (0,2%) in *Moschavim schitufijim*[55], einer Mischform von Kibbuz und Moschav.[56] Während die Kibbuzim nach der Staatsgründung in ihrer demographischen Komposition wie auch im politischen Selbstverständnis weitgehend homogen blieben, nahmen die Moschavim in den fünfziger Jahren zahlreiche Einwanderer aus Nordafrika auf. Mit dem Wandel der Mitglieder änderte sich auch ihre politische Orientierung.

Die Kibbuzbewegung spielte nicht nur für die Landnahme und für die Entwicklung neuer Siedlungsformen eine wichtige Rolle. Sie brachte auch einen

---

52 Als Gründungsdaten werden 1909 (erste Ansiedlung) oder 1910 (offizielle Gründung) angegeben.
53 Krüger, Michael 1982, S. 53.
54 Kibbutzstatuten der Vereinigten Kibbutzbewegungen, zit. nach Heinsohn, Gunnar 1982, S. 157.
55 Der *Moschav schitufi* basiert – wie der Kibbuz – auf kollektivem Landbesitz sowie gemeinschaftlicher Produktion und Vermarktung, gesteht jedoch dem Individuum größere Freiheiten (Wohnung, Kindererziehung, individuelle Vergütung etc.) zu.
56 Wolffsohn, Michael/Bokovoy, Douglas 2003, S. 413.

bedeutenden Teil der aschkenasischen sozialistisch-zionistischen Elite hervor, die über Jahrzehnte die Geschicke des Staates lenkte. So waren ein Drittel der Mitglieder des ersten israelischen Kabinetts, einschließlich des Premierministers, und ein Fünftel der 1949 gewählten Knessetabgeordneten Kibbuzmitglieder.[57] Integraler Bestandteil der Kibbuzkultur war der Gedanke des Selbstschutzes bzw. die allgemeinere Idee der Wehrhaftigkeit. Bereits vor der Staatsgründung stellten die Kibbuznikim einen hohen Anteil der Mitglieder paramilitärischer Einheiten (*Haganah* und *Palmach*). Diese Tradition setzte sich nach 1948 in den Eliteeinheiten der israelischen Armee fort. Stellvertretend für Kibbuzmitglieder, die hochrangige Militärs und zugleich bedeutende Politiker waren, seien Israel Galili und Jigal Allon genannt. Das Sicherheitsdenken widerspiegelte sich nicht zuletzt in der geographischen Logistik. Von Anfang an schuf die Labour-Regierung wehrhafte Kollektivgenossenschaften in strategisch wichtigen Grenzregionen Israels und – nach 1967 – in den besetzten arabischen Gebieten, vor allem auf dem Golan und im Jordantal.

Die Gemeinschaftssiedlungen beeinflussten die Herausbildung einer neuen weltlichen jüdischen Kultur und Bildung. Sie entwickelten eigene Traditionen, die primär sozialistisch geprägt waren. Religiöses Brauchtum wurde abgelehnt oder säkular verfremdet, seien es Feiern anlässlich der Geburt, Beschneidung, *Bar* bzw. *Bat Mizwah*, Hochzeit oder Trauer, seien es gemeinsam begangene traditionelle Feste, etwa der Sederabend zu Pessachbeginn. Das Leben im Kibbuz formte und prägte darüber hinaus nicht wenige israelische Künstler – Musiker, Dichter, Schriftsteller, Maler und Bildhauer. Zu den national wie international bekanntesten Persönlichkeiten, die aus dem Kibbuz hervorgingen, gehören u.a. die Schriftsteller Nathan Schacham und Amos Oz, die Kinderbuchautorin Fania Bernstein, die Dichter Nathan Jonathan und Abba Kovner sowie die bildenden Künstler Schmulik Katz und Jechiel Schammai.

Entmythologisierung, Marginalisierung und Anpassung

Der Kibbuz, von Martin Buber 1949 noch als Experiment benannt, das nicht gescheitert sei[58], musste sich seit der Staatsgründung mehrfach neuen Existenzbedingungen stellen. Er durchlief einen komplizierten und schmerzhaften Prozess der Entmythologisierung und der schrittweisen Marginalisierung. Die ideelle Auseinandersetzung mit dem Marxismus, die die israelische Linke zu Beginn der fünfziger Jahre, u.a. im Gefolge des antisemitischen Prager Slansky-Prozesses, führte, die Masseneinwanderung aus islamischen Ländern und das Wirken von Avodah-Funktionären, die weniger auf sozialistische Ziele denn auf Machtbe-

---

57   Gavron, Daniel: Communal Change, *Jerusalem Post Magazine*, 10. November 2000, S. 14.
58   Siehe Bowes, Alison M., 1990, S. 85.

172

hauptung und technologischen Fortschritt orientiert waren, ließen den Stellenwert der Gemeinschaftssiedlungen wie auch der Kibbuzideologie in der Gesellschaft sinken. Bereits in den sechziger und siebziger Jahren dominierten Armeegeneräle, Geschäftsleute und Universitätsprofessoren die gesellschaftliche Popularitätsskala vor den Kibbuznikim. Werte wie „Selbstaufopferung, Genügsamkeit, Beschränkung des Individuums und Identifizierung mit der Gruppe"[59] wurden ebenso wie der Grundsatz der Gleichheit und das Ideal der körperlichen Arbeit zunehmend durch das Streben nach Effizienz und Wirtschaftlichkeit bzw. durch das Primat individueller Selbstverwirklichung abgelöst.

Tabelle 8: Entwicklung der Bevölkerung in Kibbuzim und Moschavim (absolut und in % der jüdischen Bevölkerung)[60]

Jahr	Kibbuz- Einwohner	in %	Moschav- Einwohner	in %
1949	53.700	7,80	24.400	3,50
1961	77.000	3,98	124.200	6,42
1972	89.500	3,33	130.400	4,85
1981	113.600	3,42	152.800	4,60
1992	125.800	2,96	170.700	4,02
2000	117.000	2,26	206.400	3,98
2001	114.900	2,17	212.900	4,03

Um im Konkurrenzkampf der Wirtschaftssektoren und der Exportorientierung bestehen zu können, beschränkten sich viele Kibbuzim bald nicht mehr auf die Landwirtschaft. Sie errichteten Industriebetriebe bzw. Serviceunternehmen und stellten Lohnarbeiter ein.[61] Der Produktivität, vor allem jedoch den Verteilungsprinzipien geschuldet, lag der Lebensstandard der Kibbuzmitglieder bis Ende der siebziger Jahre noch im „oberen Drittel des Konsum-Niveaus der israelischen Bevölkerung"[62]. In den folgenden zwei Jahrzehnten jedoch sank er drastisch ab und befand sich bald deutlich unter dem der aschkenasischen Stadtbevölkerung. Parallel zum Abschwung verringerte sich die Attraktivität der Gemeinschaftssiedlungen. Hatten die Kibbuzbewohner 1949 noch 7,8% der jüdischen Bevölkerung gestellt, so waren es 1992 lediglich 2,9%. In absoluten Zahlen allerdings lässt sich bis Beginn der neunziger Jahre noch ein geringfügiges Wachstum nachweisen.

---

59 Maron, Stanley 1999, S. 71.
60 Unter „Moschavim" wurden hier auch *Moschavim schitufijim* erfasst. Alle Angaben nach div. Jahrgängen des Statistical Abstract of Israel.
61 Bereits 1954 waren 2.500 Lohnarbeiter eingestellt worden; das waren 8% aller in den Kibbuzim Beschäftigten. Ende der sechziger Jahre hatte sich die Zahl der Lohnarbeiter auf 5.500 bis 5.800 (8,5-9,2% aller Beschäftigten) erhöht, davon waren 14% in der Landwirtschaft und 4% im Dienstleistungssektor tätig. Vgl. Barkai, Haim 1982, S. 31f.
62 Ebd., S. 20.

Zur Krise der Kibbuzbewegung trugen hausgemachte Infragestellungen bei. Zwistigkeiten innerhalb des sozialistisch-zionistischen Parteienspektrums führten z.B. zu einem komplizierten Verhältnis von Einheit und Vielfalt. Zeitweilig existierten mehrere Rahmenorganisationen. Am bedeutendsten wurden die 1927 gegründeten Verbände *Ha-Kibbuz ha-Me'uchad* (Achdut ha-Avodah/Mapai) und *Ha-Kibbuz ha-Arzi* (Ha-Schomer ha-Za'ir/Mapam), ferner die 1951 entstandene Organisation *Ichud ha-Kvuzot we-ha-Kibbuzim* (Mapai) und die 1980 aus *Ichud* und *Ha-Kibbuz ha-Me'uchad* hervorgegangene Vereinigte Kibbuzbewegung *Takam*[63] (Arbeitspartei). Darüber hinaus gründeten Anhänger der Partei Ha-Poel ha-Misrachi 1935 die Vereinigung *Ha-Kibbuz ha-Dati* (Religiöser Kibbuz), deren Mitglieder landwirtschaftliche Tätigkeit mit religiöser Pflichterfüllung zu verbinden trachteten. Ende 1997 gehörten der unter dem Schirm der Arbeitspartei stehenden Organisation *Takam* 161 Kibbuzim mit 69.500 Mitgliedern, dem linkssozialistischen *Ha-Kibbuz ha-Arzi* 84 Siedlungen mit 37.000 Mitgliedern und der religiösen Kibbuzorganisation 22 Kommunen mit 9.800 Mitgliedern an.[64] Die Auflösung der Mapam als eigenständiger Partei und die Nivellierung ideologischer Unterschiede führten im Herbst 2000 zur Bildung der einheitlichen säkularen Kibbuzorganisation *Ha-Tnuah ha-Kibbuzit*; nur die religiöse Kibbuzbewegung bewahrte ihre Eigenständigkeit.[65]

Trotz spürbaren Rückgangs des Kibbuz-Wertesystems, etwa der Verpflichtung zu Egalität und Kollektivität, und trotz Herausbildung einer Leitungshierarchie, die weniger ideologisch geprägt war, sondern pragmatische Antworten auf die neuen Herausforderungen suchte, galt der Kibbuz noch in den siebziger Jahren als „warme sozialistische Oase in rauer kapitalistischer Umwelt". Amos Oz charakterisierte ihn als „ein soziales System, das trotz seiner Nachteile weniger schlecht und weniger grausam ist als alle anderen, die ich gesehen habe." Der Kibbuz sei auch an der Jahrhundertwende noch in der Lage, die interessantesten Antworten auf die Frage zu geben, „wie sich innerhalb einer materialistischen, entfremdeten, wettbewerbsorientierten und unpersönlichen Wirklichkeit eine Gemeinschaft geistigen Dialogs führen lässt, mit gegenseitiger Bürgschaft und Intimität".[66]

Die Niederlage der Sozialdemokratie in den Knessetwahlen 1977 und der Libanonkrieg 1982, der die Arbeitspartei und die Mapam bereits in der parlamentarischen Opposition sah, führten zur partiellen Mobilisierung und zu verstärktem politischen Engagement der Kibbuznikim. Auch in den folgenden

---

63 *Takam – Ha-Tnuah ha-Kibbuzit ha-Me'uchedet* (Vereinigte Kibbuzbewegung).
64 Ha-Daf ha-Jarok, 30. Dezember 1999, S. 9.
65 Die entsprechenden Beschlüsse hatten *Takam* und *Ha-Kibbuz ha-Arzi* bereits 1999 getroffen; sie wurden am 18. Oktober 2000 durch die Schaffung der gemeinsamen Organisation *Ha-Tnuah ha-Kibbuzit* Realität. Vgl. Jerusalem Post Magazine, 10. November 2000.
66 Zit. nach Oved, Yaakov 1999, S. 30.

Jahrzehnten und bis zur Gegenwart blieben die Kollektivsiedlungen Hort links-sozialistischen Gedankengutes, Impulszentren sozial betonter Gesellschaftspro-grammatik und Heimat einer großen Zahl israelischer Friedensaktivisten.

Die Befriedigung gesellschaftlicher bzw. individueller Bedürfnisse des Ein-zelnen auf egalitärer Basis hing stets von den wirtschaftlichen Möglichkeiten der Gemeinschaft ab. Wie die Histadrut, unter deren Dach sich die Kibbuzbe-wegung gestellt hatte, wurde auch das Werk der Gemeinschaftssiedlungen durch die 1985 eingeleiteten Wirtschaftsreformen in den Grundlagen erschüt-tert. Die Abwertung der israelischen Währung, die Anhebung des Zinssatzes und das vorübergehende Absinken der Kaufkraft erhöhten schnell den zu die-sem Zeitpunkt bereits auf fünf bis sechs Milliarden US-Dollar geschätzten Schuldenberg der Kibbuzim. Sie stellten das bis dahin relativ sichere Leben der Kollektive in Frage. Rückwirkend schätzt der Kibbuz-Forscher Daniel Gavron ein: „Der Todesstoß wurde den Kibbuzim 1985 versetzt, als die Regierung der nationalen Einheit drastische Maßnahmen einführte, um der jährlichen Inflati-onsrate von 400% Herr zu werden."[67]

Die durch die Regierung verhängte Kreditsperre, mit der Investitionen in der Gemeinwirtschaft weitgehend verhindert wurden, insbesondere jedoch der generell sinkende Stellenwert der Landwirtschaft für die israelische Ökonomie zeitigten weitere Negativwirkungen. Zwischen 1985 und 1993 ging der Anteil der Agrarwirtschaft am Nettoinlandprodukt von 4,9% auf 2,4% zurück.[68] 65% der Einnahmen der Kibbuzim jedoch stammten Anfang der neunziger Jahre noch aus landwirtschaftlicher Tätigkeit bzw. aus der mit ihr verbundenen Pro-duktion (30% Tier- und Pflanzenproduktion, 10% Verarbeitung von Nahrungs-mitteln, 25% Herstellung von Geräten und Maschinen). Ein Drittel der Ein-künfte resultierte bereits aus anders orientierten Industrien, aus Dienstleistun-gen und aus dem Fremdenverkehr.

Die finanzielle Krise paarte sich mit sozialen Infragestellungen und ideellen Meinungsverschiedenheiten. Zum sinkenden Einfluss der Sozialdemokratie kamen gesamtgesellschaftliche Modernisierungstrends, die die Abwanderung der jüngeren Generation in die Städte förderten. Überalterung der Kibbuzbevöl-kerung[69] und Beeinträchtigung des Lebensstandards waren die Folge. Die Zweifel an der Funktions- und Lebensfähigkeit des Kibbuz wuchsen. Unter dem Motto, einen „neuen Kibbuz" zu schaffen, wurden gravierende strukturelle Veränderungen eingeleitet.

---

67 Gavron, Daniel: Communal Change, The Jerusalem Post Magazine, 10. November 2000, S. 14. Vgl. Gavron, Daniel 2000.

68 Maron, Stanley 1995, S. 5.

69 Laut Ha-Arez vom 30. Juni 2000 betrug das Durchschnittsalter der Kibbuz- und Moschavmitglieder 1999 52 Jahre, während es bei der jüdischen Bevölkerung im Landesdurchschnitt bei 30 Jahren lag.

Strukturelle Umgestaltungen im kollektiven Siedlungswerk

Das im Mai 1996 - noch vor den Knessetwahlen - von der Regierung verabschiedete Sanierungsprogramm für die Kibbuzwirtschaft beinhaltete zunächst einen Schuldenerlass des Staates in Höhe von vier Milliarden NIS. Es verhinderte den jähen Bankrott vieler Kibbuzim und machte den Weg frei für drastische Strukturveränderungen. In den Folgejahren verstärkte sich die Orientierung auf Touristik- und Dienstleistungsbereiche, insbesondere auf den Inlandtourismus. Der Staat ermöglichte nunmehr den Verkauf landwirtschaftlich nicht mehr genutzter Böden und förderte die Herausbildung neuer regionaler Organisations- und Siedlungsformen.

Drei Generationen - die ideell hoch motivierte, sozialistisch inspirierte und kollektiv orientierte Gründergeneration; deren Kinder, die individuelle Werte und das Leben in der Familie bereits über kollektive Interessen stellten; und die durch Mediengesellschaft und Konsumdenken geprägten Enkel - haben die Kibbuzidee verwirklicht und wurden durch sie geformt. Insbesondere die dritte Generation verwandelte nunmehr die Genossenschaft aus einer landwirtschaftlichen Kommune in eine Kooperative, die vorwiegend von industrieller Produktion, Fremdenverkehr und Dienstleistungen lebt.

Das Kibbuztor, das die Kollektivsiedlung über Jahrzehnte von der übrigen Gesellschaft abgegrenzt hatte, wurde weit geöffnet. Seit Ende der neunziger Jahre kann zu Recht von realen Auflösungstrends bzw. von der schrittweisen Umwandlung des Kibbuz in eine „normale" dörfliche Ansiedlung gesprochen werden. Dem widerspricht nicht, dass eine Reihe der Gemeinschaftssiedlungen - zumindest partiell - an den überkommenen, über Jahrzehnte bewährten Werten festhält. Die Ablösung ideologischer Prägungen oder kollektiver Lebensformen hinkt häufig den wirtschaftlichen Umbrüchen und Neuorientierungen hinterher.

Der Einzug der freien Marktwirtschaft in das Kibbuzleben zog die unterschiedliche Entlohnung der Mitglieder und die Bezahlung bisher unentgeltlich in Anspruch genommener Dienstleistungen nach sich. Soziale Unterschiede, lange kaum spürbar, brachen auf und wurden institutionalisiert. Die ungleiche finanzielle Ausstattung der Siedlungen vertiefte die Kluft zwischen Mitgliedern armer und reicher Kommunen. Eine Studie von September 2000 sagt aus, dass zu diesem Zeitpunkt das Durchschnittseinkommen in 108 von 280 Kibbuzim bereits unterhalb der Armutsgrenze lag.[70] Die Differenzierungen resultieren nicht nur aus der finanziellen Notlage vor allem kleinerer Siedlungen; sie hängen auch mit individuellen Konstellationen, beispielsweise mit der Überalterung, zusammen. 90% der Kibbuzmitglieder im Rentenalter erhalten z.B. keine staatliche Rente und sind auf die Hilfe von Familienangehörigen angewiesen,

---

70 Vered Levy-Barzilai: A vision of poverty, Haaretz, 15. September 2000.

wenn sie den Kibbuz verlassen und ein neues Leben beginnen wollen. Der wirtschaftliche Strukturwandel geht zudem mit akuter oder verdeckter Arbeitslosigkeit einher. So betrug 1998 die durchschnittliche wöchentliche Arbeitszeit im Kibbuz lediglich 19,8 Stunden (im Landesdurchschnitt 42 Stunden). 16% der Kibbuzmitglieder waren arbeitslos, ohne einen Anspruch auf staatliche Unterstützung geltend machen zu können.[71]

Die Kibbuzleitungen versuchen, der schwierigen wirtschaftlichen Situation durch Verkauf von Boden bzw. durch Errichtung neuer Wohnsiedlungen zu begegnen.[72] Sie stellen den Trend bei Städtern, aufs Land ziehen zu wollen, ebenso in Rechnung wie das Erfordernis, die anormale Alterspyramide in den Dörfern auszugleichen. Ein im Juni 2000 von der Knesset verabschiedetes Gesetz, mit dem vier Millionen Dunam (400.000 ha) Grund und Boden aus dem Staatsbesitz entlassen und der Verkauf von Ländereien an Privatpersonen ermöglicht wurden, stieß in der israelischen Gesellschaft dennoch nicht nur auf Zustimmung. Insbesondere orientalische Juden, wie die Mitglieder der Organisation *Keschet Demokratit Misrachit*, bezeichneten das staatliche Vorgehen als unrechtmäßig. Sie reichten Klage beim Obersten Gericht ein, da die Übertragung von Bodenrechten auf die Kibbuzim die mehrheitlich nach Staatsgründung zugewanderten *Misrachim* benachteilige; in Galiläa befänden sich z.B. 62,3% des Landes unter der Jurisdiktion vorwiegend aschkenasischer Regionalverwaltungen, die nur 6% der Bevölkerung der Region repräsentierten.[73] Große Teile des Grund und Bodens hätten bis 1948 zudem arabischen Eigentümern gehört. Die staatlich geförderte Übergabe des Landes in Privathand lasse arabische Ansprüche völlig unberücksichtigt.[74]

Die unterschiedlich motivierten Siedlungsaktivitäten, nicht zuletzt die Schaffung von „Zwillingssiedlungen" oder die Errichtung regionaler Schulen und Bildungszentren, führen zwangsläufig zur Vermischung der Bevölkerung. Galt der Kibbuz lange als Synonym für das linke säkulare aschkenasische Bevölkerungssegment, so nehmen in ihm zunehmend *Misrachim* und Neueinwanderer, traditionell lebende Juden, aber auch orthodox-religiöse Familien ihren Wohnsitz. Arabische Bürger Israels dagegen wurden bisher nur in wenigen Ausnahmefällen in die Kommunen aufgenommen.

Die demographischen und sozio-kulturellen Wandlungen schlugen sich nicht nur in der Alltagskultur, sondern auch im politischen Verhalten nieder. Der Kibbuz wählt nicht mehr ausschließlich links, sondern gibt einen Teil seiner

---

71 Ha-Arez, 16. Mai 2000.
72 Ha-Arez vom 27. April 2000 nennt beispielsweise 19 Kibbuzim in Obergaliläa, die durch den Bau neuer Zwillingssiedlungen nicht nur ihr Budget aufbessern, sondern auch zur Verjüngung der Bevölkerung beitragen wollen.
73 Ha-Arez, 20. Juli 2001.
74 Vgl. Ha-Arez, 23. Juni 2000.

Stimmen dem „nationalen Lager". So votierten bei den Knessetwahlen 2003 72,5% der Kibbuznikim zwar noch für Avodah oder Merez; 7,8% entschieden sich jedoch bereits für Schinui und 6,9% für den Likud. In den Moschavim wird der politische Wertewandel noch deutlicher. Hier wählten nur 28,9% die israelische „Linke", 32,5% jedoch Likud, 12,2% Schinui und 8,6% Schas.[75]

Die Transformation der Kollektivsiedlungen in primär kommunale und wirtschaftliche Einheiten wird von der Mehrheit der Mitglieder als einziger Weg betrachtet, sich den Realitäten der Marktwirtschaft bzw. den gesellschaftlichen Modernisierungsprozessen anzupassen. Untersuchungen aus dem Jahr 1999 besagen, dass zu diesem Zeitpunkt nahezu die Hälfte der Kibbuzmitglieder begrenzte Veränderungen befürwortete. Jeweils ein Viertel sah strukturelle Umgestaltungen bzw. ein grundsätzliches Abgehen von bisherigen Prinzipien als erforderlich an. Nur eine winzige Minderheit lehnte jeglichen Wandel ab. Sie forderte, zu den ursprünglichen Idealen kollektiven Zusammenlebens zurückzukehren.[76] Eine Befragung junger Kibbuznikim (im Alter von 24-29 Jahren) erbrachte als Ergebnis, dass sie sich vor allem mit dem Ort und seinen Bewohnern verbunden fühlten; die Kibbuzideologie dagegen schien ihnen nicht mehr zeitgemäß. In überwiegender Mehrheit sprachen sie sich dafür aus, die individuelle Unabhängigkeit des Einzelnen zu fördern, zugleich jedoch zu versuchen, demokratische Strukturen und ein hohes Niveau gegenseitiger Verantwortung und Solidarität zu bewahren.[77]

Zu Beginn des 21. Jahrhunderts haben die Gemeinschaftssiedlungen in ihrer ursprünglichen Form aufgehört zu existieren. Diese pauschale Wertung schließt mit ein, dass sich einzelne Kommunen im alten Gewande, jedoch mit neuem Inhalt erhalten haben und ihren spezifischen *way of life* zu bewahren suchen.[78] Diskutiert wird neben der Umwandlung von Kibbuzim in Moschavim die Schaffung von Gemeinschaften, deren Besitz zwar privatisiert ist, in denen leistungsabhängige Löhne gezahlt und die nicht mehr zentral geleitet werden, die jedoch weiterhin einen gewissen Grad an Kooperation und Zusammengehörigkeitsgefühl aufweisen. Als Trend zeichnet sich die Verwandlung von Kibbuzim in *jischuvim kehilatijim* (community settlements) ab. Die offizielle Auflö-

---

75 http://info.jpost.com/C002/Supplements/Elections2003/results_sections.html (25. April 2003). Asher Arian gibt an, dass 1996 10,0% der Kibbuznikim Benjamin Netanjahu und 89,9% Schimon Peres wählten. Während 1992 noch 19,4% der in Kooperativen – Kibbuzim und Moschavim – lebenden Bevölkerung für Merez und 44,4% für die Arbeitspartei votierten, waren es 1996 nur noch 15,3 bzw. 41,4%. Dagegen hatte sich der Anteil der für die Nationalreligiöse Partei abgegebenen Stimmen von 6,5% auf 9,4% erhöht. Arian, Asher 1998a, S. 310.

76 Pavin, Avraham 1999, S. 67.

77 Avrahami, Arsa 1999, S. 18f.

78 Ein Beispiel für den Versuch, zeitgemäße Neuerungen einzuführen, jedoch die sozio-ökonomischen Prinzipien des klassischen Kibbuz zu bewahren, stellt der lose Verbund *Serem schitufi* (Gemeinschaftsströmung) dar, der etwa 20 wirtschaftlich prosperierende Kibbuzim umfasst.

sung der Kommune ist in diesem Fall mit der Parzellierung des Grund und Bodens, mit der Eintragung der Häuser und zugehöriger Grundstücke auf die Namen ehemaliger Mitglieder und mit der Auszahlung einer Mindestrente an ältere Menschen verbunden.

Trotz unübersehbarer Veränderungen wird der Kibbuz nicht als gescheitertes sozialistisches Experiment in die Geschichte eingehen. Er trug wesentlich zum Aufbau und zur Stabilisierung der jüdisch-israelischen Gesellschaft bei und hat den Zusammenbruch des „real existierenden Sozialismus" sowjetischer Prägung in Europa um mehr als ein Jahrzehnt überlebt. Auch konservativen Israelis gilt er bis heute als überlegenswerte Alternative zum Leben in der Großstadt. Bei Bewahrung demokratischer Strukturen und bei produktiver Wechselwirkung von kollektiver und individueller Selbstverwirklichung wird er als Erfahrungswert einer sozial gerechteren Gesellschaft an die Generation der Urenkel weitergegeben werden.

Wandlungen im sozialen Beziehungsgeflecht des Landes

Die 1985 eingeleiteten Liberalisierungs- und Modernisierungsprozesse festigten zweifelsohne die israelische Wirtschaft bzw. erhöhten deren Wettbewerbskraft. Hatte 1980 das Bruttoinlandprodukt pro Kopf der Bevölkerung lediglich 5.612 US-Dollar betragen, so verdreifachte es sich bis 2000 auf 17.804 US-Dollar.[79] Israel stieg in die Gruppe von Ländern mit hohem Prokopfeinkommen auf und hob sich deutlich von den anderen Staaten des Mittelmeerraumes bzw. der Nahostregion ab.[80] Die Reformen effektivierten jedoch nicht nur die Wirtschaft; sie veränderten im kurzen Zeitraum von zwei Jahrzehnten grundlegend auch die Beziehungen zwischen Besitzenden und Besitzlosen bzw. zwischen Arbeitgebern und Arbeitnehmern. Sie hatten weitreichende Auswirkungen auf die soziale Grundsituation. Galt Israel Mitte der siebziger Jahre noch als Gemeinwesen mit nur geringen sozialen Disparitäten, so war es in der Rangliste entwickelter Industriestaaten zu Beginn des Jahres 2000 auf den vorletzten Platz abgerutscht.[81] Der Bericht des Zentralamts für Statistik, der Knesset im Dezember 2002 übermittelt, sagt aus, dass in der westlichen Welt nur die USA eine größere Kluft zwischen Arm und Reich aufweisen.[82]

---

79 Swirsky, Shlomo/ Konur-Ettias, Etti 2003, S. 1. Lt. Statistical Abstract of Israel (No. 52), S. 14-8, erhöhte sich das Bruttoinlandprodukt pro Kopf der Bevölkerung zwischen 1995 und 2000 von 48,747 NIS auf 72,886 NIS.

80 Das Prokopfeinkommen der EU-Staaten betrug 2000 19.896 US-Dollar; in Ägypten, Jordanien und Syrien lag es im selben Jahr bei durchschnittlich 1.458 US-Dollar. Vgl. Swirsky, Shlomo/Konur-Ettias, Etti 2003, S. 7.

81 Vgl. Jediot Acharonot, Ha-Musaf le-Schabat, 14. April 2000, S. 20.

82 Sinia, Ruth: Israel No. 2 in West in social inequality, Haaretz, 03. Dezember 2002.

Der unter Ägide der Arbeitspartei geschaffene „israelische Wohlfahrtsstaat" war durch die kapitalistische Marktwirtschaft eingeholt worden. Zugleich verteilte der Staat unproportional seine Sozialleistungen auf die einzelnen Bevölkerungsgruppen, z.B. durch besondere Förderung der Neueinwanderer.[83] Nicht zuletzt der Niedergang der Histadrut, die über Jahrzehnte ihre Mitglieder mit qualifizierten medizinischen Leistungen und günstigen Wohnungen versorgt und die Zahlung von Teuerungsausgleich, Arbeitslosengeld und Sozialzuschüssen durchgesetzt hatte, ließ das soziale Netz grobmaschiger werden. Verschiedene Autoren behaupten in diesem Zusammenhang, die Histadrut musste zunächst als Machtzentrum und *pressure group* ausgeschaltet werden, um Israel in eine wirtschaftlich effektivere, jedoch weniger von Werten sozialer Gleichheit, Solidarität und Zusammenarbeit geleitete Gesellschaft zu verwandeln.[84]

Die Liberalisierung trug maßgeblich zur Umverteilung gesellschaftlichen Reichtums von unten nach oben bei. Die privaten Kapitaleigner konnten staatliche und gewerkschaftseigene Betriebe zu günstigen Konditionen übernehmen und sich auf Kosten der Steuerzahler bereichern. Die Hauptprofiteure der Privatisierung, so der Ökonom Michael Shalev, seien „aschkenasische jüdische Männer", während als Verlierer der Umgestaltung vor allem die palästinensischen Pendler, die arabischen Bürger Israels und die an der geographischen und wirtschaftlichen Peripherie angesiedelten *Misrachim* zu benennen seien.[85] Auch die Tageszeitung Ha-Arez schrieb im Herbst 2000 unter der Überschrift „Zwei Wirtschaften für zwei Gesellschaften": „Die neue Wirtschaft verstärkt die sozialen Disparitäten, schließt den Schwachen aus und fördert den Starken. Es war niemals besser, jung, gesund und gut ausgebildet zu sein."[86] Die ökonomischen Reformen brachten somit neue Eliten hervor. Sie schufen veränderte gesellschaftliche Prioritäten und stellten eine Absage an das bis dahin gültige israelische Modell der nationalen Solidarität dar. Individualismus und Partikularismus, Besitzstreben und Konsumdenken wurden zu prägenden Gesellschaftstrends.

Die Verschiebungen in den Besitzverhältnissen und die Wandlungen in den Kapitalverwertungsbedingungen wurden zu einem Zeitpunkt forciert, da sich die Zusammensetzung der Bevölkerung – bedingt insbesondere durch die Masseneinwanderung aus den Nachfolgestaaten der UdSSR – drastisch veränderte und sich gleichzeitig bedeutsame Bewegungen in der Sozialstruktur abzeichneten. Während sich die Zahl der Beschäftigten in der Industrie z.B. verringerte,

---

83 Vgl. Doron, Abraham 2001, S. 153.
84 Ebd., S. 161; vgl. Shafir, Gershon/Peled, Yoav 2002, S. 228f.
85 Shalev, Michael 2000, S. 147.
86 Haaretz, 18. Oktober 2000 (http://2.haaretz.co.il/special/new_year/sukkot-e/330235.asp (18. Oktober 2000).

nahm sie in den Dienstleistungsbereichen und im Finanzsektor bedeutend zu. Es entstand eine neue Mittelklasse, die indessen etwa ein Drittel des Arbeitskräftepotenzials umfasst.[87] Sie absorbierte einen Teil der russischen Einwanderer, insbesondere die bereits in den siebziger Jahren ins Land gelangten Fachkräfte. Diese hatten sich indessen voll angepasst und auf die Herausforderungen des israelischen Arbeitsmarktes eingestellt.

Die nahöstliche Friedenssuche der neunziger Jahre blieb nicht ohne Auswirkungen auf die sozialen Beziehungen. Der mit ihr verbundene wirtschaftliche Aufschwung kam zunächst der gesamten Gesellschaft und damit allen Strata zugute. Er förderte primär jedoch das Unternehmertum und minderte nur sehr bedingt das soziale Gefälle. Nicht wenige israelische Firmen verlagerten die Produktion – neben Indien – nach Jordanien oder Ägypten bzw. vergaben Aufträge an palästinensische Subunternehmer. Diese Praxis führte dazu, dass beispielsweise in der Textilbranche kleinere und mittlere Betriebe geschlossen wurden, die bis dahin Angehörigen der ärmeren Schichten – vor allem *Misrachim* und Arabern – Arbeitsplätze mit minimalem Einkommen garantiert hatten. In den Entwicklungsstädten und arabischen Ortschaften erhöhte sich daraufhin die Arbeitslosenquote.

Die realen und tendenziellen Verschiebungen in den sozio-ökonomischen Disparitäten lassen sich an der zehn Einkommenskategorien umfassenden Stratifikationstabelle Israels ablesen. Die in den beiden obersten Gruppen erfassten Haushalte verfügten 1990 über 40,3% des gesellschaftlichen Gesamteinkommens; bis 2001 war ihr Anteil auf 44,8% angewachsen. In den beiden untersten Kategorien – ebenfalls 20% aller Haushalte – dagegen sank der Anteil am gesamtisraelischen Einkommen von 7,1% auf 5,1%.[88] Die wachsende Kluft zwischen Arm und Reich widerspiegelte sich auch darin, dass die Ausgaben für Kultur und Freizeit einer Durchschnittsfamilie der beiden obersten Einkommensgruppen sechsmal höher waren als die der beiden untersten Gruppen. Ähnliche Relationen wiesen die Mittel für die Ausbildung des Nachwuchses auf.[89]

Der jährliche Bericht des National Insurance Institute gibt Auskunft über die „Armutsrate". Als „unterhalb der Armutsgrenze" lebend gelten Personen, die nach Abzug von Steuern sowie Kranken- und Sozialversicherung über weniger als 50% des Monatseinkommens im Landesdurchschnitt verfügen. Diese Summe variiert nach Größe des Haushalts. Im Jahr 2000 betrug die Armutsgrenze für eine vierköpfige Familie 4.282 NIS (ca. 1000 US-Dollar), für einen

---

87   Ram, Uri 2000a, S. 227.

88   Swirski, Shlomo/Konur-Ettias 2003, S. 9.

89   Angaben der Jerusalem Post vom 25. August 2000 zufolge gab eine Durchschnittsfamilie in den obersten zwei Einkommenskategorien 7,5mal so viel Geld für die Bildung ihrer Kinder wie eine Durchschnittsfamilie der untersten beiden Einkommensgruppen aus.

Haushalt von neun Personen 7.494 NIS. Den offiziellen Angaben zufolge erhöhte sich im Zeitraum von 1990 bis 2000 der Anteil der israelischen Staatsbürger, die unterhalb der offiziellen Armutsgrenze existierten, von 16,9% auf 18,8%.[90] Die Zahl israelischer Kinder, die in Armut lebten, stieg von 23,1% (1979) auf 25,2% (2000).[91] Die Armut trifft die ethnischen Komponenten der israelischen Gesellschaft in höchst unterschiedlichem Maße, wie nachfolgende Statistik ausweist:

Tabelle 9: Soziale und nationale Zuordnung unterhalb der Armutsgrenze lebender Menschen in Israel (1994)[92]

Bevölkerungs- gruppe	Anteil der Armen in der Bev.gruppe	Anteil an armer Bev. Israels	Anteil an den Nicht- Beschäftigten des Landes	Personen mit mehr als 16 Jahren Ausbildung	Zahl der Familien- mitglieder
	(in %)	(in %)	(in %)	(in %)	(in %)
Charedim	51,4	20,3	52,0	62,5	5,7
Arabische Bürger	36,6	17,7	28,7	9,1	5,4
Neueinwanderer	19,6	13,1	27,5	24,8	3,4
Misrachim	12,5	25,2	20,5	8,4	3,9
Gebürtige Israelis	8,4	2,2	18,5	28,7	2,9
Aschkenasim	4,7	6,5	16,6	32,8	3,3

Landesweit fassbare Verarmungstrends, resultierend aus Teuerung, Abbau von Subventionen, Eigentumsverschiebungen oder Wirtschaftskrisen, werden in Israel somit im Prisma der „ethnischen Stratifikation" gebrochen. Das von Jossi Beilin 1992 gezeichnete Bild einer 400 bis 500 Personen umfassenden politischen, militärischen, wirtschaftlichen, kulturellen und akademischen Elitenspitze, in der kaum *Misrachim* zu finden seien[93], mag heute nicht mehr vollständig zutreffen; dennoch ist nicht zu übersehen, dass die orientalischen Juden mehrheitlich zu den unterprivilegierten Schichten gehören. Nach wie vor sind in der jüdischen Bevölkerung „die armen und arbeitenden Klassen vorwiegend orientalisch, die Mittelschichten – bei aschkenasischer Dominanz – ethnisch gemischt und die obere Mittelschicht sowie die Elite vor allem aschkenasisch".[94] Diese tradierte Realität ändert sich nur langsam. Der jährliche „Armutsbericht" widerspiegelt das Bild einer gleichermaßen sozial wie ethnisch gespaltenen Gesellschaft.

---

90 Arian, Asher 1998a, S. 71; Jerusalem Post, 11. Dezember 2001.
91 Jerusalem Post, 11. Dezember 2001; Ha-Arez, 11. Dezember 2001.
92 Jerbi, Iris/Levy, Gal 2002, S. 15.
93 Beilin, Jossi 1992, S. 225.
94 Smooha, Sammy 1993, S. 164.

Noch unter den Durchschnittsgehältern jüdischer Niedrigverdiener liegt das Einkommen der Mehrheit der arabischen Staatsbürger. So berichtete die Jerusalem Post im Dezember 2000, dass die Armut im arabischen Bevölkerungssegment dreimal so hoch sei wie im jüdischen Sektor.[95] Die Liste der Ortschaften mit höchster Arbeitslosigkeit führte Ende 2001 das arabische Kfar Manda in Galiläa mit 22% an, während Aschkelon mit 10% die höchste Arbeitslosenrate einer jüdischen Stadt aufwies.[96] Während Arbeitslosigkeit und Armutsrate in arabischen Kommunen und in den von *Misrachim* und Neueinwanderern bewohnten Entwicklungsstädten besonders auffällig sind, werden in den aschkenasischen Hochburgen Cholon und Ramat Gan lediglich 6,9% bzw. 7,9% der Einwohner in der Statistik als „arm" geführt.

Zu den ärmsten jüdischen Städten Israels zählen Jerusalem und Bnei Brak, die einen hohen Prozentsatz ultraorthodoxer Bevölkerung aufweisen.[97] 30% der Jerusalemer *Charedim* und 24% aller ultraorthodoxen Haushalte im Lande verfügen über ein Einkommen, das unterhalb der Armutsgrenze liegt. Dennoch betrachten sich viele der ultraorthodoxen Familien keinesfalls als arm, sondern betonen ihre gewollte Bedürfnislosigkeit. Das niedrige Einkommen resultiert zudem nicht selten aus der – i.d.R. selbst verantworteten – geringen Berufstätigkeit der ultraorthodoxen Männer, die mit 41% deutlich unter dem Landesdurchschnitt (77%) liegt.[98]

Die „ethnisch-soziale Stratifikation" der israelischen Gesellschaft birgt ein bedeutendes Konfliktpotenzial in sich. Der damalige Minister für soziale Belange und Angelegenheiten der Diaspora, Michael Melchior, gab am 18. September 2000 z.B. die Ergebnisse einer Umfrage bekannt, wonach 83% der Bevölkerung davon überzeugt seien, dass die soziale Situation in Israel zu explodieren drohe.[99] Zehn Tage später begann die Al-Aksa-Intifada. Die sozialen Disparitäten wurden im gesellschaftlichen Diskurs von der Sicherheitsproblematik überlagert. Sie verschwanden vorübergehend von der politischen Tagesordnung und erlangten selbst im Wahlkampf des Jahres 2003 keinen primären Stellenwert. Das von der zweiten Scharon-Regierung geschnürte Sparpaket wurde von der Opposition zwar heftig kritisiert, erhielt – nach geringfügigen Modifizierungen – jedoch die Zustimmung der meisten Parlamentsabgeordneten.

Ein Vergleich der sozialen Situation in Israel mit der westeuropäischer Staaten geht, trotz benannter Beeinträchtigungen und Differenzierungen, nicht unbedingt zu Ungunsten des jüdischen Staates aus. Die Implikationen der glo-

---

95   Jerusalem Post, 20. Dezember 2000.
96   Ha-Arez, 18. Februar 2002.
97   Offiziellen Angaben zufolge lebten Ende 2001 in Bnei Brak 30,7% und in Jerusalem 37,5% der Bevölkerung unterhalb der Armutsgrenze. Ha-Arez, 5. November 2002.
98   Bericht des Jerusalem Institute for Israel Studies, zit. nach Jerusalem Post, 6. April 2001.
99   Maariv, 19. September 2000.

balen Rezession, insbesondere im Hightech-Bereich, die seit Oktober 2000 instabile regionale Situation, der drastische Rückgang der Einnahmen aus dem Tourismus, die wieder gestiegenen Militärkosten u.a. Trends verschlechtern gravierend die Wirtschaftslage. Sie beeinflussen den Arbeitsmarkt wie auch die Kaufkraft der Bevölkerung und vergrößern die Schere zwischen Arm und Reich. Das überkommene soziale Netz fängt jedoch einen Teil der Negativwirkungen, die der ökonomischen Liberalisierung und gleichermaßen dem Primat der Sicherheitspolitik entspringen, noch soweit auf, dass bis heute – zumindest in der jüdischen Bevölkerung – vorrangig nicht der soziale Abstieg, sondern die Gefährdung individueller und nationaler Sicherheit durch palästinensische Selbstmordattentäter als existenziell empfunden wird.

Eine Garantie für ausbleibende soziale Auseinandersetzungen ist die positive Perzeption freilich nicht. Die zahlreichen Streiks der letzten Jahre besagen eher das Gegenteil. Israelische Sozialarbeiter verfolgen zudem mit Sorge die zunehmende Pauperisierung in Teilen der Gesellschaft. Der im Frühjahr 2003 verabschiedete Haushaltsplan beinhaltet z.B. einen deutlichen Abbau sozialer Fürsorge. Er bedroht insbesondere Bevölkerungsschichten mit minimalem Einkommen – Alleinerziehende, Rentner, Behinderte, Arbeitslose. Auch Angehörige des Mittelstands fühlen sich durch das ökonomische Notstandsprogramm vital betroffen. Lohn- bzw. Gehaltskürzungen werden mit Entlassungen einhergehen und – so die Aussage der Experten – die Zahl der Familien, die unter der Armutsschwelle leben, weiter ansteigen lassen. Für israelische Bürger dürfte es ein schwacher Trost sein, auf die Situation wirtschaftlich Abhängiger in entwickelten europäischen Staaten und in Nordamerika verwiesen zu werden, wo wirtschaftlicher Instabilität ebenfalls mit Hilfe von Reformprogrammen – und nicht selten auf Kosten der ärmeren Bevölkerungsschichten – begegnet wird.

Der aktuelle „Rückbau" des israelischen Sozialstaates impliziert die weitere Erosion gesellschaftlicher Solidarität. Er trifft insbesondere die unteren Einkommenskategorien, vor allem jedoch die kinderreichen Haushalte der *Charedim* und der arabischen Bürger. Selbst bei anhaltender Sicherheitsbedrohung kann die Zunahme sozial bedingter ethnischer Spannungen daher nicht ausgeschlossen werden. Die sozialen Disparitäten werden ein integraler Bestandteil des innerisraelischen Konfliktbogens bleiben.

Sicherheitsbedürfnis versus Paradigmenwechsel in der Nahostpolitik

Der Konflikt mit den arabischen Bewohnern der Nahostregion beeinflusst seit mehr als einem halben Jahrhundert die israelische Gesellschaft. Er prägt Innen- und Außenpolitik, Verteidigungsstrategie, politische Kultur und öffentlichen Diskurs. Die jüdische Bevölkerungsgruppe in Palästina und später im jungen Staat Israel entwickelte sich als „Volk unter Waffen". Ihre Hauptsorge galt der Sicherung des zionistischen Aufbauwerks und der Abwendung äußerer Bedrohung. Aus der Erfahrung mit dem Holocaust kamen zusätzliche Impulse für Überlebensstrategien und Sicherheitskonzepte. Die Erziehung zu Frieden und Versöhnung, zu Pluralismus und Toleranz spielte eine untergeordnete Rolle.

Dennoch nährte der zu Beginn der neunziger Jahre eingeleitete nahöstliche Verhandlungsprozess in großen Teilen der israelischen Bevölkerung Friedenshoffnungen. Sie verbanden sich mit dem Wunsch, der jüdische Staat möge sich nunmehr in eine Gesellschaft verwandeln, die weniger kriegerisch sein müsse und sich vorrangig den inneren Herausforderungen stellen könne. „Israel – ein Staat wie jeder andere" wurde zu einer hoffnungsschwangeren Erwartungshaltung.

Mehr noch als die innergesellschaftlichen Transformationen belegen der Oslo-Prozess und der mit ihm verbundene Paradigmenwechsel in der israelischen Regionalpolitik die in den neunziger Jahren vor sich gehenden Wandlungen. Die Friedenssuche erfolgte parallel zur Öffnung der Gesellschaft, zu Liberalisierungstendenzen in der Wirtschaft und zu einem Reformschub im politischen System. Das gewachsene Problembewusstsein hinsichtlich der Schwächen und Mängel der israelischen Demokratie verband sich mit der Forderung, die Palästinenserfrage konsensorientiert zu regeln. Die neuen Sichten und Herangehensweisen beinhalteten nicht nur für die Palästinenser die vage Hoffnung, das nationale Selbstbestimmungsrecht und einen eigenen Staat zu erlangen. Sie offerierten auch den Bürgern Israels die politische Option, als friedfertiger und prosperierender Nationalstaat in der Region akzeptiert zu werden und in sicheren Grenzen zu leben. Zu Beginn des letzten Dezenniums im 20. Jahrhundert öffnete sich somit ein „Fenster in die Zukunft" – eine bis dahin einmalige Chance, durch politisches Handeln und Verhandeln vom Konflikt zur Kooperation zu gelangen.

Mit der skizzierten Vision verbindet sich die Frage, wie die positive Perspektive durch die israelische Politik genutzt und wie die Bürger auf die erforderlichen Kompromisse vorbereitet wurden. Wie reagierten Eliten und Bevölkerung auf die neuen Herausforderungen? Die Versuche realistischer Politiker, auch in den Außenbeziehungen einen Strategiewechsel herbeizuführen und ein qualitativ neues Konfliktmanagement einzuleiten, werden in ihrer positiven Weite wie in ihrer politischen Begrenztheit deutlich, wenn sie mit den Erfahrungswerten, Bestimmungsfaktoren und Leitlinien israelischer Außenpolitik der vorangegangenen Jahrzehnte wie auch der Nach-Rabin-Zeit bzw. mit den ihnen zugrunde liegenden Zwängen und Interessen verglichen werden.

Leitlinien israelischer Regionalpolitik von Ben Gurion bis Schamir

Das Agieren Israels in der Region des Nahen und Mittleren Ostens ist eng mit der Sicherheitspolitik des Landes verknüpft. Das Ziel der Gründerväter des Zionismus, an den Gestaden des östlichen Mittelmeers einen jüdischen Nationalstaat zu errichten, der eine sichere Zufluchtsstätte für die verfolgten Juden der Diaspora bilden und sich zu einem Zentrum jüdischen Lebens entwickeln sollte, wurde durch die nahöstlichen Realitäten wiederholt in Frage gestellt. Die in Palästina ansässige arabische Bevölkerungsgruppe wie auch die politischen Eliten der angrenzenden Nachbarstaaten waren nicht bereit, den zionistischen Anspruch auf das Land ohne Widerspruch zu akzeptieren, da er eigenen nationalen Ambitionen zuwiderlief. Bereits die palästinensischen Aufstände der zwanziger und dreißiger Jahre des 20. Jahrhunderts ließen erkennen, dass der Konflikt zwischen jüdischer und palästinensischer Nationalbewegung um dasselbe kleine Territorium nicht einfach lösbar sein und viele Opfer kosten würde. Seit seiner Gründung befand sich der jüdische Staat zudem in permanentem Kriegszustand mit der arabischen Staatenwelt, deren Repräsentanten den UN-Teilungsbeschluss von November 1947 strikt abgelehnt hatten.

Die Erfahrungen des Unabhängigkeitskrieges von 1948/49, realistisch perzipiert als Kampf um die Existenz Israels gegen eine zahlenmäßig überlegene Streitmacht arabischer Staaten, gruben sich – verwoben mit den Traumata der Schoah – tief in das kollektive jüdisch-israelische Bewusstsein ein. Das Axiom, Israel könne sich, wolle es überleben, keine militärische Niederlage erlauben, führte zum Primat des Militärischen im jungen Staat. Die nationale Verteidigung erhielt oberste Priorität. Es bildete sich eine Festungs- und Wagenburgmentalität heraus, die das arabische Feindbild verinnerlichte und der Vision eines friedlichen Miteinanders der Staaten und Völker im Nahen Osten wenig Raum ließ.

Der strategische Imperativ, Israel müsse permanent militärische Stärke demonstrieren und eine Politik der Abschreckung führen, basierte nicht zuletzt auf dem Axiom, der jüdische Staat könne sich aufgrund der fehlenden strategischen Tiefe des Landes und der geringen Bevölkerungszahl keinen Krieg auf seinem Territorium leisten. David Ben Gurion untersetzte diese Überzeugung durch den Aufbau einer schlagkräftigen Armee und durch Bemühungen, ein militär-strategisches Bündnis mit zumindest einer der westlichen Großmächte herzustellen. Er intensivierte zunächst die Beziehungen zu Frankreich. Bereits 1955 setzten französische Waffenlieferungen ein. Zwei Jahre später – unter dem Eindruck des 1956 durch Franzosen, Briten und Israelis gemeinsam gegen Ägypten geführten Suezkrieges – sagte der französische Ministerpräsident Guy Mollet zu, den Bau des israelischen Atomreaktors in Dimona zu unterstützen. Wichtigster strategischer Partner wurden dennoch die USA, die den jüdischen Staat seit seiner Gründung politisch unterstützt und sich – insbesondere nach dem Junikrieg 1967 – für seine militärische Sicherheit verbürgt hatten. Israel stellte sich im Kalten Krieg – nach einer kurzen Phase außenpolitischer Äquidistanz – seinerseits eindeutig an die Seite der westlichen Mächte.

Von Bedeutung war das Treffen Ben Gurions mit dem deutschen Bundeskanzler Konrad Adenauer 1960 im New Yorker Waldorf Astoria Hotel. Es ging als „Markstein der formellen Aussöhnung zwischen dem jüdischen Volk, verkörpert durch den Staat Israel, und Adenauers neuem Deutschland"[1] in die Geschichte ein. Gleichzeitig ebnete es den Weg für deutsche Industrie- und Waffenlieferungen.

Ben Gurion richtete seinen Blick bei der Suche nach Verbündeten nicht nur nach Europa und Nordamerika. Er suchte der arabischen Front auch durch gute Beziehungen zu nichtarabischen Staaten der Region zu widerstehen. 1958 schloss er Geheimabkommen mit der Türkei, dem Iran und Äthiopien. Die so genannte „Randstaatenallianz" hielt mehrere Jahre und wurde durch gute Beziehungen Israels zu einer Reihe afrikanischer und asiatischer Staaten ergänzt, die in den sechziger Jahren ihre Unabhängigkeit erlangt hatten.

Trotz außenpolitischer Erfolge und des israelischen Sieges im Sechstagekrieg, der die strategische Tiefe des Landes durch Besetzung des Westjordangebietes, der Sinai-Halbinsel und der Golanhöhen bedeutend vergrößerte, blieben während der folgenden Jahrzehnte die Richtwerte des Sicherheitsdenkens – Abschreckung, Frühwarnsystem, militärische Überlegenheit, Vertrauen vor allem in die eigenen Kapazitäten[2] – gültig. Eine „Schocktherapie" für die israelische Militärdoktrin und das nationale Selbstbewusstsein vermittelte der Oktoberkrieg 1973, führte er doch die während der ersten drei Nahostkriege gefestigte Überzeugung ad absurdum, die israelische Armee sei per se unbesiegbar.

---

1   Bar-Zohar, Michael 1988, S. 386.
2   Vgl. Inbar, Efarim 1998, S. 63.

Der ägyptische Überraschungsschlag am Suezkanal schien die These zu bestätigen, Israel brauche leichter zu verteidigende bzw. durch Pufferzonen abgesicherte Grenzen. Die Forderungen nach territorialer Ausweitung bzw. nach einem „Großisrael" erhielten einen deutlichen Schub. Andererseits sah sich der jüdische Staat in der Nachkriegsphase international isoliert. Die arabische Ölwaffe verwies auf neue Möglichkeiten nichtmilitärischer Kriegsführung. Die Pattsituation des Jom-Kippur-Krieges bildete letztlich die politisch-militärische und -psychologische Basis für israelisch-ägyptische Friedensgespräche. Diese mündeten 1978 in die Verhandlungen von Camp David (I) und führten schließlich zur etappenweisen Rückgabe der 1967 besetzten Sinai-Halbinsel an Ägypten.

Auch nach Abschluss des Friedensabkommens mit Ägypten hielt das israelische Establishment an der bis dahin praktizierten Politik, insbesondere der Sicherheitspartnerschaft mit den USA, fest, wurde die Beruhigung an der südwestlichen Grenze doch durch neue Herausforderungen kompensiert. Neben den militärisch in den Konflikt involvierten Nachbarländern galten zunehmend Irak, Saudi-Arabien, Libyen und Iran als potenzielle Bedrohung. Sie wurden als Staaten wahrgenommen, deren Regierungen sich durch militante antiisraelische Propaganda auszeichneten und die hochmoderne militärische Ausrüstungen zu produzieren oder auf dem internationalen Waffenmarkt einzukaufen begannen. 1981 sprach der damalige Verteidigungsminister Ariel Scharon von drei geographischen Zonen des strategischen Interesses Israels. Er benannte als solche erstens „die Konfrontationsstaaten, die Israel unmittelbar umgeben", zweitens „andere arabische Staaten, die mit ihrem wachsenden militärischen Potenzial zu einer direkten Gefahr für Israel werden" und drittens „Staaten wie die Türkei, Iran, Pakistan und Gebiete wie der Persische Golf und Afrika, insbesondere die Staaten Nord- und Zentralafrikas".[3]

In den siebziger und achtziger Jahren schuf sich Israel eine moderne Rüstungsindustrie und begann – als Bestandteil der Politik der „Abschreckung" – ein atomares Potenzial aufzubauen.[4] 1988 schätzten amerikanische Militärexperten ein, dass die israelische Armee allen denkbaren militärischen Bündnissen arabischer Staaten überlegen sei.[5] Etwa zur selben Zeit sahen sich Regierung und militärisches Establishment mit einer neuen Gefahr konfrontiert, der mit konventionellen Waffen allein nicht mehr zu begegnen war. Im Dezember 1987 brach nahezu zeitgleich in der Westbank und im Gazastreifen die erste Intifada aus.

---

3   Jediot Acharonot, 18. Dezember 1981.
4   Bereits 1974 erklärte der israelische Staatspräsident Ephraim Katzir: „It has always been our intention to develop a nuclear potential. We now have that potential." Tartter, Jean R./Mason, Robert Scott 1990, S. 270.
5   Ebd., S. 272.

In den Grundlinien der Sicherheits- und Regionalpolitik stimmten Likud, Avodah und die an Regierungskoalitionen beteiligten kleineren Parteien über Jahrzehnte hinweg überein. So konnte sich die Regierung der nationalen Einheit während des Junikrieges 1967 ebenso auf den nationalen Konsens verlassen wie das Likud-Kabinett 1978/79 in den Friedensverhandlungen mit Ägypten. Die taktische Umsetzung gemeinsamer strategischer Ziele dagegen war nicht selten Gegenstand politischer Kontroversen, z.B. während der Libanoninvasion 1982, als die oppositionelle Arbeitspartei an die Spitze der Antikriegsbewegung trat. Auch hinsichtlich der Politik in den besetzten Gebieten – nicht zuletzt der Siedlungspolitik – vertraten die innenpolitischen Kontrahenten unterschiedliche Konzepte.

Einen ersten Impuls für den möglichen Paradigmenwechsel israelischer Sicherheitspolitik hatte es bereits 1979 mit Unterzeichnung des ägyptisch-israelischen Friedensabkommens gegeben. Dauerhafte Regelungen mit den anderen „Frontstaaten" blieben jedoch aus. Die gegensätzlichen Interessenlagen nahöstlicher Eliten, die wirtschaftlichen und geopolitischen Ansprüche der Großmächte sowie die jahrzehntelange Instrumentalisierung des Nahostkonflikts im Kontext des Kalten Krieges erwiesen sich zunächst noch als unwandelbare Größen. Es bedurfte grundlegender Veränderungen in der internationalen und nahöstlichen Kräftebalance sowie in der gesellschaftlichen Verfasstheit der regionalen Akteure, um zu Beginn der neunziger Jahre einem neuen Herangehen an den „Jahrhundertkonflikt" den Weg zu ebnen.

Neue Konstellationen und erste Resultate: Von Madrid nach Oslo

Vom 30. Oktober bis 2. November 1991 fanden in Madrid unter Schirmherrschaft der USA und der Sowjetunion Friedensgespräche über den Nahen Osten statt. Sie beendeten eine seit dem Scheitern der Genfer Friedenskonferenz 1973 nahezu 18 Jahre währende Phase multilateraler Verhandlungsabstinenz. Dem Auftakt in Madrid folgten offizielle Begegnungen zwischen Delegationen Israels, Syriens, Jordaniens und Libanons in Washington und anderen Hauptstädten.

Der Beginn von Nahostverhandlungen im Herbst 1991 war in erster Linie den Umbrüchen im internationalen Kräfteverhältnis und der Beendigung des Kalten Krieges geschuldet. Infolge des weitgehenden russischen Rückzugs aus der Region und des sich verändernden Stellenwertes, den der Nahe Osten für die Europäische Gemeinschaft, Japan und die UNO nach Beendigung der globalen Bipolarität einnahm, war das Gebiet erstmals im 20. Jahrhundert frei von zugespitzten Großmachtwidersprüchen. Den USA öffnete sich die einzigartige Chance, auf die Geschehnisse im Nahen und Mittleren Osten dominant Einfluss zu nehmen und eine „vitale Interessenzone" abzustecken.

Der zweite Golfkrieg wurde zum Experimentierfeld für die von George Bush Sr. verkündete „neue Weltordnung" und zum ersten großen Versuch, den qualitativen Wandel im internationalen Kräftespiel modellhaft gegenüber einer Region zu erproben. Gleichzeitig öffneten die militärischen und machtpolitischen Ergebnisse des Krieges ein Fenster, um den anscheinend zementierten israelisch-arabischen Gegensatz zu entspannen.

Wichtige Impulse resultierten aus Veränderungen in der arabischen Welt. Das Gewicht der arabischen Staatengruppe war infolge innerer Zerrissenheit, der Ausschaltung des irakischen Potenzials und der Positionsverluste Jordaniens, Jemens und der Palästinenser wesentlich geschwächt. Soziale und politische Zerklüftungen in und zwischen den Staaten vertieften sich. Das Zweckbündnis mit einer Reihe arabischer Führungen im Kuweitkrieg ermöglichte es den USA, verstärkt als Mittler in Erscheinung zu treten. Für Ägypten, Syrien und Saudi-Arabien wurde die Positionsbestimmung während des zweiten Golfkriegs zum Anlass und gleichzeitig zur Legitimation, den Platz in den internationalen und regionalen Beziehungen neu zu bestimmen und die Kompromisssuche der USA hinsichtlich des Nahostkonflikts – vorsichtig distanziert – mitzutragen.

Bedeutsam für das Zustandekommen der Madrider Gespräche waren politische Orientierungskämpfe im palästinensischen Lager und in Israel. Die Ende 1987 ausgebrochene Intifada und die im November 1988 durch die PLO erfolgte Proklamation des Staates Palästina hatten das palästinensische Selbstbewusstsein gestärkt und eine neue politische Identität gefördert. In den besetzten Gebieten war seit 1967 – nicht unbeeinflusst von Modernisierungsprozessen in Israel – eine neue Generation herangewachsen, die zu einem eigenständigen, zunehmend gewichtigen Element der palästinensischen Nationalbewegung mutierte und ihre Absicht bekundete, eigene Forderungen in den Kampf um nationale Selbstbestimmung einzubringen.

Die 19. Tagung des Palästinensischen Nationalrates vom September 1991 bestätigte die 1988 in Algier gefundenen Formeln, mit denen die lange negierten UN-Resolutionen 181 (II) von 1947, 242 (1967) und 338 (1973) als Verhandlungsbasis anerkannt werden konnten. Zugleich sprachen sich die Repräsentanten der Palästinenser mehrheitlich für die US-Initiative aus, eine Nahost-Friedenskonferenz einzuberufen. Sie forderten, die PLO in die Verhandlungen einzubeziehen. Entgegen den bisherigen maximalistischen Zielstellungen und irrationalen Losungen wurde erstmals eine zeitlich begrenzte Autonomie bzw. die Verwirklichung des Palästinenserstaates neben Israel in Etappen und als ein späteres Ergebnis des Friedensprozesses für akzeptierbar erachtet. An den strategischen Entwürfen und den daraus abgeleiteten taktischen Handlungsmaximen hielt die PLO-Führung weiter fest, als ihr die Teilnahme an den Nahost-Gesprächen zunächst verwehrt und sie auf eine indirekte Präsenz – Aufnahme von Vertretern der Westbank und Gazas in eine gemeinsame jordanisch-palästinensische Delegation – verwiesen wurde.

Auch die israelische Regierung kam nicht umhin, ihre Regionalpolitik den neuen Gegebenheiten anzupassen. Das Ende des Kalten Krieges ließ sie befürchten, der Stellenwert des Landes – bis dahin unverzichtbarer westlicher Bündnispartner in der Region – könne sich für die Nahost- und Weltpolitik der USA verringern. Der Schock irakischer Raketenangriffe auf Israel während des Golfkrieges und viereinhalb Jahre palästinensische Intifada führten realistische Politiker und Militärs zu der Einsicht, Israel müsse sich auf eine neue Sicherheitssituation einstellen, die mit militärischen Mitteln allein nicht mehr zu bewältigen sei. Die demographischen Trends, insbesondere das Menetekel eines binationalen – anstelle des angestrebten jüdischen – Staates, wurden nicht nur von den Führern der Sozialdemokratie als Gefahr erachtet. Auch Likud-Politiker wie Menachem Begin und Jizchak Schamir hatten letztlich davor zurückgeschreckt, das Westjordanland und den Gazastreifen – im Unterschied zu Ostjerusalem und den Golanhöhen – zu annektieren, hätte dieser Schritt doch den arabischen Faktor in der israelischen Gesellschaft bedeutend ausgeweitet.

Nicht wenige israelische Politiker ließen sich zudem von der Erwartung leiten, Israel werde, gestärkt durch die sich abzeichnende russische Massenalijah, im politischen und wirtschaftlichen Beziehungsgeflecht des „Neuen Nahen Ostens" eine dominierende Rolle – die Lokomotivfunktion des zivilisatorischen Fortschritts – spielen und wesentlich an der erwarteten Friedensdividende partizipieren. Den Ausschlag, in Friedensverhandlungen mit Jordaniern, Libanesen, Syrern und Palästinensern einzutreten, mag auf israelischer Seite jedoch die innenpolitische Situation gegeben haben. Die wirtschaftlichen und soziokulturellen Probleme sowie die offensichtliche Kriegsmüdigkeit der Bevölkerung drängten auf eine politische Lösung des Konflikts.

Zum Durchbruch in den 1991 aufgenommenen Verhandlungen kam es dennoch erst nach dem innenpolitischen Machtwechsel von 1992, als der regierende Likud-Block Jizchak Schamirs durch die von Jizchak Rabin geführte Arbeitspartei abgelöst wurde. Mit Hilfe norwegischer Wissenschaftler und Diplomaten fanden von Januar bis August 1993 15 geheime Gesprächsrunden zwischen Vertretern Israels und der PLO statt, die zu gegenseitiger Anerkennung, einem Rahmenplan für weitere Verhandlungsschritte und schließlich zum „historischen Handschlag" zwischen Jizchak Rabin und Jasir Arafat am 13. September 1993 vor dem Weißen Haus in Washington führten.

Die Anerkennung der PLO als eines politischen Verhandlungspartners stellte für Israel eine radikale Veränderung im politischen Denken und Agieren dar. Im Oktober 1988 hatten in einer repräsentativen Meinungsumfrage noch 46% der jüdischen Israelis erklärt, ihre Regierung dürfe unter keinen Umständen mit der PLO verhandeln, 22,3% hatten Gesprächen unter der Bedingung zugestimmt, dass sich die palästinensische Organisation grundsätzlich wandle, den Staat Israel anerkenne und auf Terrorakte verzichte. Nur 31,7% sprachen sich für Verhandlungen mit der PLO ohne Vorbedingungen aus.[6] Offiziell standen bis Januar 1993 Treffen mit PLO-Repräsentanten unter Strafandrohung – zu diesem Zeitpunkt freilich bereits eine antiquierte juristische Konstruktion.

Das in Oslo ausgehandelte und im September 1993 in Washington unterzeichnete Dokument (Israelisch-Palästinensische Prinzipienerklärung – DOP) enthielt die Grundsätze für die Schaffung palästinensischer Autonomie im Gazastreifen und im Gebiet um Jericho im Westjordangebiet. Zugleich wurde ein Rahmenplan[7] für die nächsten Schritte im israelisch-palästinensischen Ausgleich vereinbart. Die Losung „Land für Frieden" wurde zur tragenden Formel des Kompromissprogramms. Sie griff eine Erfahrung auf, die bereits den – durch eine Likud-Regierung verantworteten – Konsens mit Ägypten ermöglicht hatte. Fragen, die zunächst als schwer verhandel- und vereinbar erschienen, wurden an das Ende der Friedensagenda gesetzt. Dazu gehörten der endgültige Status der palästinensischen Gebiete, Grenzfestlegungen, Sicherheitsregelungen, Jerusalem, Flüchtlingsfragen und Siedlungen.

Auf Oslo I folgten weitere Vereinbarungen: das am 5. Mai 1994 in Kairo unterzeichnete Gaza-Jericho-Abkommen, das konkrete Schritte zur Umsetzung der DOP beinhaltete, ein israelisch-jordanisches Friedensabkommen (26. Oktober 1994), Vereinbarungen über die Ausdehnung der palästinensischen Autonomie (Oslo II-Abkommen vom 28. September 1995), der Abzug der israelischen Armee aus Gaza und den großen Städten des Westjordangebietes (Ende 1995) und Wahlen zur palästinensischen Selbstverwaltung – Parlament und Präsident – am 20. Januar 1996.

Meinungsumfragen verwiesen darauf, dass sowohl die Mehrheit der israelischen als auch der palästinensischen Bevölkerung den Friedensprozess unterstützte, da er ihnen als ein Versprechen an die Zukunft galt.[8] Auf israelischer

---

6   Arian, Asher/Ventura, Raphael 1989, S. 33.

7   Vereinbarter Zeitplan der Israelisch-Palästinensischen Prinzipienerklärung vom 13. September 1993:

    A. 13. Sept. 1993: Unterzeichnung der Prinzipienerklärung in Washington

    B. 13. Okt. 1993: Inkrafttreten der Prinzipienerklärung

    C. 13. Dez. 1993: Unterzeichnung des Abkommens zum Rückzug aus Gaza und Jericho

    D. 13. April 1994: Abschluss des Rückzugs der israelischen Truppen aus Gaza und Jericho

    E. 13. Juli 1994: Wahlen in den autonomen Gebieten und neue Positionierung der israelischen Armee

    F. 13. April 1996: Beginn der Verhandlungen über den endgültigen Status

    G. 13. April 1999: Inkrafttreten der Abkommen über den endgültigen Status.

8   1997 wurde erstmals eine gemeinsame Befragung zum Friedensprozess durch ein palästinensisches und ein israelisches Forschungsinstitut (Jerusalem Media and Communication Center und Tami Steinmetz Center for Peace Research der Universität Tel Aviv) durchgeführt. Es ergab, dass 68% der Palästinenser und 59% der Israelis den Oslo-Prozess unterstützten. www.tau.ac.il/peace/Peace_Index/IPPPPI/ippi.html (24. Juli 2002).

Seite erhöhte sich die Zahl der Befürworter von Verhandlungen mit der PLO bereits 1994 auf 60%; sie erreichte 1997 89%.[9] Hatten 1990 lediglich 26% die Bildung eines unabhängigen palästinensischen Staates akzeptiert, so waren es 1995 bereits 44% und 1997 gar 52%.[10] Für Friedensverhandlungen mit den arabischen Nachbarstaaten sprachen sich in den Jahren 1994 bis 1997 zwischen 51% und 66% der Israelis aus.[11] Die Umfragen verdeutlichen die Veränderungen in der öffentlichen Stimmungslage, zeigen jedoch auch, dass der Anteil der Gegner jeglichen Kompromissdenkens noch immer hoch war. Am Weg zum Frieden schieden sich die Geister.

Rückschläge und Hoffnungen im Verhandlungsprozess

Die Frage, ob eine Aussöhnung der Konfliktparteien generell möglich sei, stellte sich nicht zuletzt angesichts von Gewalttaten extremistischer israelischer und palästinensischer Friedensgegner. Am 25. Februar 1994 verübte der israelische Siedler Baruch Goldstein, Mitglied der militant-rassistischen Kach-Partei, ein Massaker in der Haram al-Chalil Moschee in Hebron. Seine Opfer waren 29 betende Muslime. Im Oktober 1994 bzw. im Januar, Juli und August 1995 führten palästinensische Selbstmordattentäter mit religiös-extremistischem Hintergrund in Netanja, Ramat Gan und Jerusalem Terroranschläge durch. Sie rissen Dutzende Israelis mit in den Tod und verletzten über hundert Passanten.

Den Höhepunkt erreichten die Störmanöver gegen die Friedenssuche am 4. November 1995. Nach einer Friedenskundgebung in Tel Aviv wurde der israelische Premierminister Rabin von einem jüdisch-religiösen Fanatiker erschossen. Wenige Minuten zuvor hatte Rabin eine Rede gehalten. Sie verdeutlichte den Paradigmenwechsel, den weitsichtige israelische Politiker und Militärs vollzogen hatten: „Ich bin 27 Jahre lang Soldat gewesen. Ich habe so lange gekämpft, wie der Frieden keine Chance hatte. Jetzt aber gibt es diese Chance, eine große Chance, und wir müssen sie ergreifen."[12]

Jizchak Rabin symbolisierte mit seinen Worten und in seinen Taten wie kein anderer israelischer Führer den Politikwandel in der ersten Hälfte der neunziger Jahre. Zu Beginn der ersten palästinensischen Intifada noch den Falken zugeordnet, kam er als verantwortlicher Staatsmann zu der Einsicht, dass zugespitzte Interessen- und Völkerkonflikte militärisch letztlich nicht lösbar seien, sondern des politischen Krisenmanagements bedürften. Er wählte – durchaus ein israelischer Patriot – den Weg des Dialogs und des Verhandelns

---

9   Arian, Asher 1997, S. 3; www.tau.ac.il:81/jcss/memo47cv.htm (30. Januar 1998).
10   Ebd.
11   Yuchtman-Ya'ar, Ephraim/Herman, Tamar/Nadler, Arieh 1995; Scheffer, Gabriel 2000, S. 85.
12   Jerusalem Report, 30. November 1995, S. 3.

und starb im Augenblick seines bewussten Einsatzes für einen Kompromissfrieden zwischen Israelis und Palästinensern.

In Israel vertieften die Schüsse auf Rabin die Kluft zwischen Befürwortern und Gegnern einer Friedensoption. Sie leiteten gleichzeitig das Ende der sozialdemokratischen Regierungskoalition ein. Die optimistische Erwartung, der fünfzigjährige Nahostkonflikt nähere sich – zumindest in seiner klassischen Ausprägung – dem Ende, wurde nach der Ermordung Jizchak Rabins und der Niederlage von Schimon Peres in den Knesset-Wahlen 1996 zunehmend wieder zum Wunschtraum.

Während der Regierungszeit Benjamin Netanjahus (1996 – 1999) wurde die Formel „Land für Frieden" durch den bereits unter Jizchak Schamir protegierten Slogan „Frieden für Frieden" ersetzt. Der neue Premier bekräftigte „das Recht des jüdischen Volkes auf *Erez Jisrael*"; er betonte den „Status von Jerusalem als der ewigen Hauptstadt des jüdischen Volkes".[13] Zu den ersten Maßnahmen seines Kabinetts gehörte am 2. August 1996 die Aufhebung des seit 1992 bestehenden Siedlungsstopps in den palästinensischen Territorien. Die israelischen Siedler erlangten Steuervorteile und Vergünstigungen bei Investitionen im Westjordanland. Die Siedlungstätigkeit erhielt erneut „nationale Priorität". Die Zahl der Siedler erhöhte sich von Anfang 1996 bis Juni 1999 von 132.900 auf 176.970.[14] Damit wurden vollendete Tatsachen geschaffen, die die Verhandlungen mit den Palästinensern extrem belasten und jede künftige Regelung der Boden- und Jerusalemfrage erschweren mussten.

Benjamin Netanjahu betonte wiederholt, dass er die Vereinbarungen der Rabin/Peres-Regierung mit den Palästinensern – von Oslo I bis Oslo II – für „schlechte Abkommen" halte, da sie für Israel eine Vielzahl von Sicherheitsproblemen heraufbeschwören würden. Offiziell hielt er dennoch an ihnen fest und unterzeichnete gemeinsam mit Jasir Arafat im Januar 1997 das Hebron-Abkommen, das die Übergabe von 80% des Stadtterritoriums an die palästinensische Autonomieverwaltung vorsah. Einige Bezirke und zentrale Straßen blieben unter israelischer Kontrolle, um die Sicherheit einer etwa 400köpfigen weitgehend extremistischen Siedlergruppe zu gewährleisten. Entgegen ihrer Wahlpropaganda hatte die Führung des Likud mit der Hebron-Vereinbarung erstmals der Räumung eines Teils von „Judäa" und „Samaria" zugestimmt.

Geringfügige Bewegung schien in den festgefahrenen Verhandlungsprozess zu kommen, als Netanjahu und Arafat am 24. Oktober 1998 in Anwesenheit des amerikanischen Präsidenten Bill Clinton und des jordanischen Königs Hussein das Abkommen von Wye-Plantation unterzeichneten. Die neuerliche Vereinbarung bestätigte vorher getroffene Verpflichtungen und legte einen exakten

---

13   Ha-Arez, 19. Juni 1996.
14   http://peacenow.org.il (03. Dezember 2000).

Zeitplan für künftige Schritte territorialer Entflechtung vor. Vier Wochen später zog sich die israelische Armee aus weiteren 2% des Territoriums der Westbank zurück. 250 palästinensische Gefangene wurden aus der Haft entlassen. Im Gegenzug annullierte der Palästinensische Nationalrat am 14. Dezember 1998 in Gaza in Anwesenheit Clintons die Israel feindlichen Passagen in der PLO-Charta. Die Tinte auf dem Papier von Wye Plantation war noch nicht getrocknet, als die israelischen und palästinensischen Verhandlungsführer bereits einander beschuldigten, ihren Verpflichtungen nicht vereinbarungsgemäß nachzukommen. Der Eintritt in die Endstatusverhandlungen wurde erneut verschoben.

Das Lavieren Netanjahus auf vielen Politikfeldern schwächte seine Position sowohl in der eigenen Partei als auch in der israelischen Öffentlichkeit. Eine Regierungskrise war die Folge. Dem Premier gelang es nicht, die einhellige Unterstützung des Kabinetts für das Abkommen von Wye Plantation zu erreichen.[15] Auch im Parlament stieß Netanjahu auf harten Widerstand, insbesondere der rechten Ablehnungsfront. Der linken Opposition, die das Wye-Abkommen prinzipiell unterstützt hatte, galten das Agieren und Taktieren des Ministerpräsidenten als blamable Politik. Sie sorgten in der Tat für Spannungen im Verhältnis zu den USA und schadeten dem internationalen Ansehen Israels. Als sich die Knesset Anfang Januar 1999 mit großer Mehrheit dafür aussprach, die turnusgemäß erst für Oktober 2000 vorgesehenen Parlamentswahlen auf Mai 1999 vorzuziehen, wurde der Beschluss vor allem als Misstrauensvotum gegenüber Netanjahu gewertet.

Hoffnung auf eine „Rückkehr zu Oslo" keimte auf, als im Mai 1999 der Kandidat der Arbeitspartei, der ehemalige Generalstabschef Ehud Barak, in direkter Wahl und mit beachtlicher Mehrheit zum neuen israelischen Ministerpräsidenten gekürt wurde. Unter Schirmherrschaft der Vereinigten Staaten von Amerika begannen erneut israelisch-palästinensische Friedensgespräche. Im September 1999 kamen Barak und Arafat überein, das Wye-River-Memorandum in die Tat umzusetzen und im folgenden Jahr mit Endstatusverhandlungen zu beginnen.

Unverständlich für viele Beobachter stellte der israelische Premierminister jedoch den Erfolg versprechenden Dialog mit den Palästinensern in den Folgemonaten hintan, um Verhandlungen mit Syrien aufzunehmen. Die Partei der Golan-Siedler „Dritter Weg" hatte bei den Knessetwahlen beachtliche Stimmenverluste hinnehmen müssen und war nicht mehr ins Parlament eingezogen. Daraus und aus der Tatsache, dass viele Siedler auf dem Golan ihm ihre Stimme gegeben hatten, leitete Barak die Erwartung ab, die israelische Bevölkerung würde mehrheitlich bereit sein, die Formel „Land für Frieden" für die Golanhöhen zu akzeptieren.

---

15 Acht Minister stimmten dafür, vier dagegen, fünf enthielten sich der Stimme.

Die syrisch-israelische Konsenssuche wurde am 15. Dezember 1999 in Washington aufgenommen. Sie endete sehr bald mit der Erklärung der syrischen Seite, keine weiteren Verhandlungen führen zu wollen, solange Israel nicht zur Anerkennung der Grenzlinien vom 4. Juni 1967 bereit sei. Angesichts dieser Haltung musste auch der von Bill Clinton beim Treffen mit dem syrischen Präsidenten Hafis al-Asad am 26. März 2000 in Genf unternommene Vermittlungsversuch fehlschlagen. Clinton hatte Asad einen neuen Verhandlungsvorschlag Baraks unterbreitet.[16] In ihm wurden die vor dem Junikrieg von 1967 bestehenden Grenzmarkierungen zwar anerkannt, jedoch Korrekturen am nordöstlichen Ufer des Tiberiassees gefordert, durch die der syrische Zugang zum größten Süßwasserreservoirs Israels abgeblockt werden sollte.[17]

Das neue israelische Positionspapier berücksichtigte neben strategischen Erwägungen offensichtlich auch Meinungsumfragen, nach denen mehr als 50% der israelischen Bürger einen vollständigen Abzug vom Golan ablehnten.[18] Das von Barak angekündigte Referendum über den Golankompromiss schien – für den Fall weiterer israelischer Zugeständnisse – von vornherein zum Scheitern verurteilt. Syrische Politiker dagegen betrachteten die Barak-Formel als Abgehen von den durch Jizchak Rabin zugesagten Konzessionen. Die Clinton-Administration, die ein israelisch-syrisches Abkommen für realistisch hielt und gewillt war, es als Druckmittel gegenüber der PLO zu nutzen, fühlte sich durch beide Seiten düpiert.

Als sich mit dem Tod Hafis al-Asads am 10. Juni 2000 das Fenster für Verhandlungen mit Syrien für absehbare Zeit zu schließen schien, entschied sich Barak für die Einlösung eines Versprechens, das er der israelischen Öffentlichkeit während des Wahlkampfes gegeben hatte. Er zog die israelische Armee am 24. Mai 2000 aus den letzten Stellungen in Südlibanon ab und realisierte damit die UN-Resolution 425. Der einseitige Truppenrückzug wurde von den Vereinten Nationen und der Weltöffentlichkeit als bedeutender Schritt in Richtung eines stabilen nahöstlichen Friedens gewertet. Auch die israelische Öffentlichkeit unterstützte Barak. Ende Mai 2000 waren nahezu zwei Drittel der Israelis der Meinung, die Entscheidung, ohne Gegenleistung und ohne vorherige Übereinkunft mit Syrien die Truppen aus dem Süden Libanons abzuziehen, sei korrekt und diene israelischen Sicherheitsinteressen. Sie sei weder als politische noch als militärische Kapitulation gegenüber den *Hizbollah*-Milizen zu werten.[19]

---

16 Vgl. Quandt, William B. 2000, S. 30 u. 40.
17 Zu den israelisch-syrischen Verhandlungen vgl. Zisser, Eyal 2001.
18 www.tau.ac.il/peace/Peace_Index/2000/English/p_jan_00_e.html (5. Juli 2002).
19 www.tau.ac.il/peace/Peace_Index/2000/English/p_may_00_e.html (5. Juli 2002).

Die Gipfeltreffen von Camp David (II) und Taba

Nach dem gescheiterten Versuch, den Konflikt mit Syrien zu bereinigen, rückten die Palästinenser wieder stärker ins Blickfeld. Im Juli 2000 begann unter Schirmherrschaft des amerikanischen Präsidenten das Gipfeltreffen von Camp David. Auf ihm wollten sich der israelische Premierminister und der Vorsitzende der Palästinensischen Autonomiebehörde über die ob ihrer Brisanz und Kompliziertheit zunächst ausgeklammerten Endstatusfragen verständigen. Die Erfolgsaussichten waren jedoch begrenzt. Bill Clinton, der den Oslo-Prozess von Anfang an begleitet und unterstützt hatte, wollte ihn noch vor Auslaufen seiner (zweiten) Legislaturperiode erfolgreich beenden. Er übte permanent Druck auf die Verhandlungspartner – insbesondere auf Jasir Arafat – aus. Ehud Barak war innenpolitisch bereits deutlich geschwächt. Seine Regierung hatte, nachdem Merez, Jisrael ba-Alijah, Mafdal und Schas die Koalition aufgekündigt hatten,[20] keine Mehrheit mehr im Parlament. Der Premier war dennoch gewillt, Erfolg oder Misserfolg in den israelisch-palästinensischen Gesprächen als schicksalhaftes Zeichen für seine weitere politische Tätigkeit zu werten. Wie der Politologe und ehemalige Generaldirektor im israelischen Außenministerium, Schlomo Avineri, sprachen ihm viele Israelis zu diesem Zeitpunkt jedoch bereits das Recht ab, „ weitreichende nationale Entscheidungen von historischer Relevanz" zu treffen.[21]

Der dritte Akteur am Verhandlungstisch, Jasir Arafat, sah sich einer zunehmend kritischen palästinensischen Bevölkerung gegenüber. Seine Unterschrift unter die Verträge von Oslo wurde von Kritikern als „ Verrat an den nationalen Zielen" gewertet. Skeptische Palästinenser verwiesen darauf, dass trotz der Abkommen erlebbare Fortschritte ausblieben, sich die sozialen und wirtschaftlichen Lebensbedingungen stetig verschlechterten, die israelische Siedlungstätigkeit unvermindert fortgesetzt wurde und die Territorien immer häufiger durch die israelische Armee abgesperrt wurden. Zudem standen viele Palästinenser der „ korrupten, ineffizienten und oft sehr repressiven und in Sachen Menschenrechte nicht sehr zimperlichen Palästinensischen Autorität"[22] distanziert oder gar ablehnend gegenüber. Arafat musste mit dem Verlust seiner Führungsposition rechnen, sollte er aus Camp David mit einem Abkommen zurückkehren, das in substantiellen Fragen, wie dem Status von Jerusalem und

---

20 Der Regierung gehörten im Juli 2000 nur noch Jisrael Achat und die Zentrumspartei mit insgesamt 30 Abgeordneten an; Verhandlungen mit den Palästinensern unterstützten allerdings auch Merez (zehn Knessetmitglieder) und die Parteien mit mehrheitlich arabischen Mitgliedern (ebenfalls zehn Vertreter).

21 Shragai, Nadav: Professor Shlomo Avineri and others slam Barak for negotiating before elections, Haaretz, 2. Januar 2001.

22 Baumgarten, Helga 2002, S. 200.

der Flüchtlingsfrage, nicht den Vorstellungen der palästinensischen Mehrheit entsprechen würde.

Den drei in Camp David nach Kompromissen suchenden Politikern fehlten somit ausreichend innenpolitische bzw. zeitliche Spielräume, um für die Zukunft beider Nahostvölker existentielle Entscheidungen treffen zu können. Im Gegensatz zu Sadat, Begin und Carter, die 1978 Camp David (I) zum Erfolg geführt hatten, mangelte es den Akteuren des Jahres 2000 zudem an Visionen, politischer Gestaltungskraft, Kompromissbereitschaft und Realitätssinn, wobei die Streitmasse von Camp David II ungleich komplizierter war als die von Camp David I.

Die konkreten Vorgänge in Camp David (II) und während der im Januar des Folgejahres fortgesetzten israelisch-palästinensischen Gespräche in Taba sind vielseitig beschrieben worden.[23] Einige Verhandlungszüge sind bis heute Gegenstand der Spekulation. Zu den Positiva der Gespräche gehörte zweifellos, dass bisherige Tabu-Themen offen diskutiert und auf Kompromissformeln hin abgeklopft wurden. Das betrifft vor allem die Jerusalemproblematik und das Schicksal der palästinensischen Flüchtlinge. Hinsichtlich der Grenzziehung wurden durch Barak – insbesondere in Taba – konkrete Angebote unterbreitet, die eine ernsthafte Grundlage für realistische Kompromisse hätten bilden können.

Die letzten Offerten des israelischen Premiers waren großzügiger als die durch seine Vorgänger unterbreiteten Vorschläge. Dennoch kam die Ablehnung Arafats nicht überraschend, waren doch viele der neuen Formeln unausgereift bzw. darauf gerichtet, die künftige palästinensische Souveränität dauerhaft einzuengen. So implizierte die vorgeschlagene Angliederung der Gebiete um Jerusalem an Israel beispielsweise die Zweiteilung der Westbank. In substantiellen Fragen kam es dennoch zu Annäherungen, wie insbesondere das so genannte Moratinos-Dokument, veröffentlicht als „Non-Paper" in der israelischen Tageszeitung Ha-Arez,[24] belegt und Teilnehmer an den Gesprächen bestätigen.

Die israelische Delegation akzeptierte danach die Grenzlinien vom 4. Juni 1967 als Verhandlungsbasis. Sie signalisierte Bereitschaft, einen palästinensischen Staat auf 94% der Westbank anzuerkennen. Grenznahe Gebiete, in denen 80% der jüdischen Siedler lebten, sollten dem israelischen Staatsterritorium angegliedert werden. Die für das Judentum bedeutsamen historischen Stätten (Hebron, Jericho) waren davon ausgenommen, d.h. sie sollten der palästinensischen Hoheit unterstellt werden. Die Palästinenser bestanden auf 96,9% des Gebiets, stimmten prinzipiell jedoch der Angliederung größerer israelischer Siedlungsblöcke an den jüdischen Staat zu. Unmittelbar an den Gesprächen Beteiligte gaben später zu Protokoll, dass sich die Expertenteams auch in schwie-

---

23   Vgl. Beilin, Yossi 2001; Sher, Gilad 2001; Indyk, Martin 2001; Quandt, William B. 2001; Hanieh, Akram 2001; Horowitz, Uri 2001; Baumgarten, Helga 2002, S. 201-215; Hacke, Christian 2000; Pappe, Ilan 2000.

24   The peace that nearly was at Taba, Haaretz, 14. Februar 2002.

rigen Fragen (z.B. Jerusalem und Flüchtlingsproblem) in ihren Positionen angenähert hätten. Nicht zuletzt die Clinton Parameters[25] dienten als Grundlage für detaillierte Diskussionen.

Die Treffen von Taba standen dennoch unter einem ungünstigen Stern. Arafats Entscheidungsfreiheit war infolge der inzwischen ausgebrochenen zweiten Intifada zusätzlich weiter eingeengt. Bill Clinton blieben nur noch wenige Tage bis zur Amtsübergabe an den republikanischen Präsidenten George W. Bush. In Israel standen Direktwahlen zum Amt des Ministerpräsidenten bevor. Clinton wie Barak verfügten als „lame ducks" weder über Zeit noch Kraft noch Geduld, um weiter zu verhandeln. Die Situation, die Kontrahenten und die Kompromissvorschläge waren offensichtlich nicht reif für einen historischen Durchbruch im Jahrhundertkonflikt.

In der Rückschau wurde der Oslo-Prozess, nach der Blockade sowohl der israelisch-palästinensischen als auch der israelisch-syrischen Verhandlungsstrecken bzw. nach Ausbruch der Al-Aksa-Intifada, mit Fragezeichen versehen bzw. als gescheitert erklärt. Die Hoffnungen Israels, durch vertragliche Vereinbarungen mit der PLO und mit den Regierungen arabischer Staaten größere Sicherheit zu erhalten, hatten sich ebenso wenig erfüllt wie die Erwartungen der Palästinenser, einen unabhängigen palästinensischen Staat annähernd in den Grenzen vom 4. Juni 1967 zu erlangen. Die letzte große Chance, den Konflikt noch im 20. Jahrhundert beizulegen, war gescheitert.

Nachwirkende Ergebnisse und Erfahrungen des Oslo-Projekts

Der 1993 in Oslo und Washington vereinbarte Zeitplan für die friedensorientierte Gestaltung des israelisch-palästinensischen Grundverhältnisses konnte nicht mehr realisiert werden. Dennoch veränderte sich in der ersten Hälfte der neunziger Jahre die politische Landkarte des Nahen Ostens. Es wurden Erfahrungen mit dem politischen Konfliktmanagement gesammelt, die für jede künftige Annäherung an Verhandlungskompromisse von Bedeutung sein dürften. Zu den neuen Realitäten gehören unterschiedlich gewichtige und strukturierte Sichten und Ergebnisse, von denen einige offensichtlich irreversibel geworden sind.

Von politischer Tragweite erwies sich zunächst die gegenseitige Anerkennung Israels und der PLO. Sie beinhaltete die palästinensische Akzeptanz israelischer Staatlichkeit in den 1948/49 geschaffenen Grenzen und die israelische Anerkennung der PLO als legitimer Vertreterin des palästinensischen Volkes und als Verhandlungspartnerin in den Friedensgesprächen. Mit der Prinzipienerklärung von Washington wurde ein Rahmen für die Kompromisssuche abgesteckt. Damit wurden erste Schritte getan, um den ein Jahrhundert andauernden Kon-

---

25   Haaretz, 31. Dezember 2000.

flikt in ein politisch geregeltes Nebeneinander zu verwandeln. Die Formel „Zwei Staaten für zwei Völker" löste auf beiden Seiten das Denken in ausschließlichen Herrschaftsansprüchen ab. Sie mündete in die Zustimmung zur politischen Teilung Palästinas.

Als zweites „historisch" zu wertendes Ergebnis der Verhandlungen kann das am 26. Oktober 1994 in Ain Avrona, drei Kilometer nördlich von Akaba und Eilat, unterzeichnete israelisch-jordanische Friedensabkommen gesehen werden. Der Friedensschluss beendete offiziell den 46jährigen Kriegszustand zwischen beiden Staaten und eine Feindschaft, die in den Zeiten des britischen Mandats, d.h. in den nahöstlichen Nachwehen des Ersten Weltkriegs, wurzelte. Nach Ägypten war Jordanien der zweite arabische „Frontstaat", der mit Israel völkerrechtlich verbindlich die Aufnahme voller diplomatischer und konsularischer Beziehungen und den Austausch von Botschaftern vereinbarte. Das Abkommen stimulierte vorübergehend die Bereitschaft weiterer arabischer Staaten, mit Israel nunmehr Frieden zu schließen bzw. ebenfalls politische Beziehungen herzustellen.

Unter der Regierung Rabin öffnete sich zeitweilig auch ein Fenster im israelisch-syrischen Dialog. Trotz des Fehlens substantieller Ergebnisse und beidseitiger Betonung der Gegnerschaft begann sich das Verhältnis zwischen beiden Staaten zu entkrampfen. Die Grenze zwischen Syrien und Israel blieb ruhig; Konfrontationen verlagerten sich in den Südlibanon. Nahezu allen in Syrien lebenden Juden wurde die Ausreise nach Israel oder in die USA gewährt. Wenngleich beide Seiten hoch um Zugeständnisse und Modalitäten pokerten, so signalisierten sie doch Kompromissbereitschaft und den Willen, zu einer Regelung zu gelangen.

Ein nicht zu unterschätzendes Ergebnis der israelisch-arabischen Konsenssuche war die Erfahrung, dass sich bei weitsichtigen Politikern wie in realistisch denkenden Teilen der Bevölkerung keimhaft eine Psychologie gegenseitiger Akzeptanz und des Miteinanders herauszubilden begann. Israelis und Palästinenser, zunehmend auch Syrer, Jordanier und Libanesen, wurden füreinander realistischer erkennbar und nahmen sich als schicksalhaft miteinander verbunden wahr. Trotz der enormen historischen Last und weiter bestehender Traumata und Syndrome verbreitete sich die Einsicht, dass der militante Konfliktaustrag letztlich in die Sackgasse führe. Sie wurde gestützt durch das Bewusstsein, dass den Herausforderungen des 21. Jahrhunderts – Globalisierung und Sicherheit, Wirtschaftsentwicklung, Wasserressourcen, Umweltbelastung u.a. – nur kollektiv begegnet werden könne.

Nach dem Abbruch der Verhandlungsrunden in Camp David und Taba wurden wiederholt Fragen nach den Verantwortlichen des Scheiterns, nach Ursachen, Wirkungen und Alternativen gestellt. Es ist nicht Anliegen dieser Studie, eine umfassende Analyse der nahöstlichen Friedenssuche nach 1991 vorzunehmen. Einige objektive Barrieren und subjektive Hürden im Bemühen um Kompromisse seien dennoch benannt. Sie können dazu beitragen, die veränderten politischen Konstellationen in Israel zu erhellen bzw. den in der israelischen wie in der palästinensischen Öffentlichkeit erfolgten Stimmungsumschwung zu erklären.

Die Gründe für die letztendliche Erfolglosigkeit des Verhandlungsmarathons sind vielgestaltig. Verwiesen sei zunächst auf die widersprüchlichen, nicht selten gegensätzlichen Interessenlagen der im Clinch miteinander liegenden Parteien, die die Konsenssuche äußerst kompliziert gestalteten. Dazu gehörten u.a. die schwer miteinander in Einklang zu bringenden israelischen und syrischen Macht- und Sicherheitsinteressen, die z.T. konträren territorialen Ansprüche bzw. Forderungen Israels, Syriens und der Palästinenser, das palästinensische Selbstbestimmungsstreben, die ungelösten Flüchtlings- und Siedlerprobleme, die sensitiven Fragen nach den Grenzen und dem Status von Jerusalem. Von Anbeginn waren die Gespräche zudem geprägt und belastet durch die höchst ungleiche Machtbasis der Dialogpartner, insbesondere die David-Goliath-Konstellation zwischen Palästinensern und Israelis. Die Asymmetrien konnten in den Gesprächen kaum zurückgenommen werden. Sie wurden vielmehr häufig genutzt, um Druckpotenziale aufzubauen.

Der Verzicht auf eindeutige Festlegungen in Grundsatzfragen – z.B. hinsichtlich des Siedlungsstopps – erschwerte die Umsetzung der Israelisch-Palästinensischen Prinzipienerklärung von 1993. Anstatt Vertrauen zu erzeugen, wurden in den Folgejahren weitere *faits accomplis* geschaffen und auf der Gegenseite Misstrauen geschürt. Die Politiker und Verhandlungsführer mussten zudem ständig Rücksicht auf die Erwartungshaltung der von ihnen vertretenen Volksgruppe nehmen. Es gelang ihnen nicht, ihrer jeweiligen Bevölkerung den Preis zu verdeutlichen, den sie im Interesse eines tragfähigen Kompromisses zu erbringen hätte. Sowohl die israelische Regierung als auch die Palästinensische Autonomiebehörde unterließen es, die Menschen zu Frieden, Kooperation und Kompromissdenken zu erziehen. Vielmehr wurden alte stereotype Feindbilder politisch aktiviert und instrumentalisiert. Die Ausklammerung der zunächst nicht lösbaren Endstatusfragen nährte überdies die Illusion, die eigentlichen Grundprobleme des Konflikts könnten letztlich entsprechend der jeweils eigenen Vorstellungen geregelt werden.

Seit 1994 wurden die Gespräche mehrfach empfindlich durch terroristische Aktionen von Verhandlungsgegnern sowohl auf israelischer als auch palästinensischer Seite gestört und an den Rand des Abbruchs gebracht. Keiner der Kontrahenten ging konsequent genug gegen extremistische Gruppen, d.h. den harten Kern der Friedensgegner, vor. Zugleich wurde die fördernde Wirkung vertrauensbildender Maßnahmen unterschätzt. Eine frühzeitige konzentrierte Freilassung der palästinensischen Gefangenen oder die selbstbestimmte Änderung der palästinensischen Nationalcharta hätten sich z.B. positiv auf Verhandlungspsychologie und -atmosphäre auswirken können. Dafür jedoch fehlten politischer Wille und innergesellschaftliche Voraussetzungen. Hinzu traten bei allen Dialogpartnern ein unterschiedliches Maß an Realitätssinn, überhöhte Forderungen an die Gegenseite u.a. subjektive Faktoren, die die Gespräche über weite Strecken belasteten.

Das Scheitern von Camp David (II) und Taba steht mit der zögerlichen und letztlich nicht vertragsgerechten Implementierung der Vereinbarungen von Oslo in direktem Zusammenhang. Es kann jedoch nicht nur darauf zurückgeführt werden. Noch Mitte August 2000, d.h. lediglich sechs Wochen vor Ausbruch der Al-Aksa-Intifada, schrieb der israelische Journalist Hirsch Goodman im Jerusalem Report: „Die Menschen in Israel wollen den Frieden; sie sind bereit, was Jerusalem betrifft, einleuchtende Kompromisse einzugehen; sie möchten, dass die Palästinenser ihre eigenen Angelegenheiten regeln, sie wollen keine zweite Intifada und möchten einfach in Ruhe leben. Sie haben sich längst mit dem Gedanken an einen palästinensischen Staat abgefunden; keiner erinnert sich mehr daran, dass Arafat ein Terrorist war, mit dem zu sprechen als kriminelle Handlung angesehen wurde; die Siedler gelten nicht länger als die Stimme der passionierten Zionisten und der Likud präsentiert sich nicht mehr als lebendige Alternative zu dem, was wir jetzt haben (Regierung Barak – d. Verf.). Dieses veränderte Verhalten hat seine Wurzeln in der Erkenntnis, dass es gesünder ist, die palästinensische Problematik auf die eine oder andere Art zu lösen, damit wir zur Besinnung kommen und uns mit dem wirklichen Problem beschäftigen können: uns selbst."[26] Bereits wenige Monate später klangen die Worte Goodmans wie ein realitätsfernes Märchen oder die Vision einer fernen Zukunft. Die sich nach dem Abbruch der Kompromisssuche zunehmend schneller drehende Gewaltspirale führte konkrete Regelungsansätze ad absurdum, machte aus Verhandlungsgegnern wieder Feinde und zerstörte viele Hoffnungen und Illusionen im israelisch-palästinensischen Verhältnis.

„Tauben" und „Falken" im Widerstreit

Die Entwicklung der neunziger Jahre belegt einen vorübergehenden Umschwung im innerisraelischen Diskurs über den Nahostkonflikt und über die Möglichkeit, israelische Sicherheit dauerhaft zu garantieren. Gerade in der Palästinenserfrage hatte lange ein weitgehender Konsens zwischen den zionistischen Parteien und Politikern existiert. Er widerspiegelte sich in der Politik der vier „No", schloss den Rückzug auf die Grenzen vom 4. Juni 1967 ebenso aus wie Verhandlungen mit der PLO, das Entstehen eines palästinensischen Staates

---

26   Jerusalem Report, 14. August 2000, zit. nach *israel & palästina*, Nr. 61, S. 25.

an der Seite Israels oder die Infragestellung des vereinigten Jerusalems als unteilbarer Hauptstadt Israels. Gegenpositionen nahmen lediglich Chadasch und die Mitte der achtziger Jahre entstehenden arabischen Parteien ein.

Dennoch war die israelische Gesellschaft in der Frage, wie mit den besetzten Gebieten konkret zu verfahren sei, seit 1967 gespalten. Der Bereitschaft der „Tauben", territoriale Kompromisse einzugehen und die nationalen Forderungen der Palästinenser teilweise zu akzeptieren, standen das Beharren der „Falken" auf israelischen Herrschaftsansprüchen in der Westbank und im Gazastreifen, auf dem Golan und in Ostjerusalem sowie die generelle Ablehnung der nationalen Rechte der Palästinenser gegenüber. Die Auseinandersetzungen wurden sowohl zwischen Parteien als auch auf der Ebene zivilgesellschaftlicher Organisationen ausgetragen. Sie verstärkten sich während der ersten Intifada und während des Oslo-Prozesses.

Kontrahenten waren die israelische „Linke", vertreten insbesondere durch Arbeitspartei und Mapam bzw. Merez, und das „nationale Lager", d.h. der konservativ-nationalistische Likud und die nationalreligiöse Mafdal, zeitweilig gestärkt durch kleinere Parteien (Zomet, T'chijah, Moledet). Die „Tauben" suchten die Besiedlung der besetzten Territorien auf strategisch wichtige Zonen zu beschränken. Sie befürworteten die Schaffung eines palästinensisch-jordanischen Staates (Jordanische Option), um dem Entstehen eines binationalen Großisrael zu begegnen. Die „Falken" dagegen betonten das Recht des jüdischen Volkes, „in ganz *Erez Jisrael*" zu siedeln. Sie setzten sich für die Festigung israelischer Herrschaft in den besetzten Gebieten ein.

Gemeinsamkeiten und Unterschiede können am Beispiel der Siedlungspolitik verdeutlicht werden. Die von der israelischen Sozialdemokratie geleiteten Regierungen ließen sich im wesentlichen vom Allon-Plan[27] leiten. Bis 1977 hatten sie auf der Sinai-Halbinsel, in der Westbank und im Gazastreifen sowie auf den Golanhöhen 95 Siedlungen angelegt, in denen ca. 10.000 Menschen lebten. Dem Plan entsprechend wurden darüber hinaus 45.000 – 50.000 israelische Bürger in neu geschaffenen Vororten Jerusalems und im Ostteil der Stadt angesiedelt. Während die Arbeitspartei davon ausging, dass ein Teil der besetzten Gebiete eines Tages zurückgegeben werden müsse, und daher zunächst

---

27 Der 1967 vom stellvertretenden Ministerpräsidenten Jigal Allon verfasste und 1968 von der Knesset als Siedlungskonzept gebilligte Plan ging davon aus, dass Frieden mit den arabischen Staaten möglich und nötig sei. In Verhandlungen müsse Israel jedoch auf verteidigungsfähigen Grenzen bestehen. Gleichzeitig müsse garantiert werden, dass der erweiterte Staat Israel auch langfristig über eine jüdische Bevölkerungsmehrheit verfüge. Um dieses Ziel zu erreichen, wurden ein 115 Kilometer langer und 20 Kilometer breiter israelischer Siedlungsstreifen am Westjordanufer sowie die Eingliederung Ostjerusalems und der Aufbau jüdischer Siedlungen an strategisch wichtigen Punkten vorgesehen. Der südliche Teil des Gazastreifens bis El-Arisch, die Ostküste Sinais von Scharm asch-Scheich bis Eilat sowie der Hauptteil der Golanhöhen sollten Sicherheitszonen bilden. Vgl. u.a. Brom, Shlomo 2001, S. 10f.

auf eine umfassende Siedlungspolitik verzichtete, verfolgte der Likud das Ziel, möglichst unumkehrbare Realitäten und juristische Tatsachen zu schaffen. In der Regierungszeit Menachem Begins wurden unter dieser Prämisse von der Knesset das Grundgesetz Jerusalem (1980) und das Gesetz über die Annexion der Golanhöhen (1981) angenommen.

Nach Rückgabe der Sinai-Halbinsel an Ägypten forcierte der Likud die israelischen Siedlungsaktivitäten im Westjordangebiet. Die Zahl der Ansiedlungen erhöhte sich bis 1984 auf 114 mit 42.000 Einwohnern; die jüdische Bevölkerung Ostjerusalems und angrenzender Vororte stieg auf etwa 60.000. In den folgenden Jahren – 1984 bis 1990 unter Regierungen der nationalen Einheit und 1990 bis 1992 unter Likud-Herrschaft – verdreifachte sich die Zahl der Siedler. Auch die fünf bedeutenden Industriezonen in den besetzten Gebieten entstanden in dieser Phase – der Barkan Industrial Park und Ariel östlich von Tel Aviv, Mischor Adumim östlich von Jerusalem, Maaleh Efraim im Jordantal und Erez im Gazastreifen.

Die Auseinandersetzungen zwischen Arbeitspartei und Likud verschärften sich, als das Kabinett Rabin 1992 die Siedlungstätigkeit in den besetzten Gebieten einfror,[28] um dadurch die durch die US-Administration zeitweilig ausgesetzte Kreditbürgschaft in Höhe von zehn Milliarden US-Dollar freizusetzen. Parallel dazu versuchte die neue Regierung, das Verhältnis zu den Palästinensern mit politisch-diplomatischen Mitteln zu regeln. Das galt der nationalistischen Rechten als Ausdruck der Schwäche. Sie orientierte auf verstärkte Landnahme und forderte zu offenem Ungehorsam für den Fall auf, dass Siedlungen geräumt werden sollten.[29]

Die prinzipielle Gegnerschaft zwischen „Falken" und „Tauben" schloss pragmatisches Herangehen an konkrete Fragen nicht aus. Auch Teile des Likud begannen sich auf eine Politik einzustellen, die nicht mehr die Herrschaft über das ganze *Erez Jisrael* beinhaltete. Scharon und Netanjahu protestierten zwar gegen die von Rabin und Arafat unterzeichneten Übereinkünfte, lehnten eine Autonomie für die Palästinenser der Westbank und des Gazastreifens jedoch nicht grundsätzlich ab.[30] Die radikale Rechte und insbesondere die Aktivisten der Siedlerbewegung dagegen hielten unverändert an dem erstrebten „Groß-Israel" in biblischen Grenzen fest. Sie attackierten die Avodah-Regierung und gleichermaßen die – aus ihrer Sicht – inkonsequente Opposition des Likud.

Bis Ende 1995 hatte sich die Zahl der israelischen Siedler auf ca. 150.000 Personen in 144 Siedlungen (ohne Jerusalem) erhöht. Die Zahlen belegen, dass auch die Rabin/Peres-Regierung Zugeständnisse gegenüber dem nationalen

---

28 Aktivitäten in und um Jerusalem sowie bereits begonnene Bauvorhaben wurden aus dem Siedlungsstopp ausgenommen.

29 Vgl. Maariv, 23. November 1993.

30 Vgl. u.a. Jerusalem Post, 20. Oktober 1993.

Lager einging und den Siedlungsstopp letztlich nicht durchsetzte. Unterschiede in der Politik der Labour-Regierung gegenüber dem Agieren des Likud werden dennoch deutlich, wenn man die Siedlungsaktivitäten Benjamin Netanjahus zwischen 1996 und 1999[31] zum Vergleich heranzieht.

Charakteristisch für die neunziger Jahre ist, dass die außerparlamentarischen Organisationen auf beiden Seiten des politischen Spektrums schnell anwuchsen und an Profil gewannen. Während das „Friedenslager" im Vergleich zu den achtziger Jahren weniger in Erscheinung trat, erhöhte sich die Militanz der Siedler. Das traf nicht nur auf die Phasen der Regierungen Rabin und Barak, sondern auch auf die Jahre 1996 bis 1999 zu, in denen der Likud in Regierungsverantwortung war. Den Hintergrund bilden generelle gesellschaftliche Trends, die sich nicht zuletzt im Gegensatz zwischen beiden außerparlamentarischen Polen widerspiegelten. Ein Rekurs auf die Geschichte der Siedlerbewegung und die Evolution der Friedensgruppen erscheint daher angebracht.

Siedlerorganisationen als pressure groups

Die israelischen Siedler in den 1967 besetzten Territorien stellten zu keinem Zeitpunkt eine homogene Gruppe dar. Ihre Wohnsitznahme auf Sinai, dem Golan, in der Westbank oder im Gazastreifen war unterschiedlich begründet. Der Anlass konnte sozialer Natur oder religiös-ideologischer Art sein, hing häufig jedoch auch mit der offiziellen Aufforderung der Regierung zusammen, die okkupierten Gebiete zu besiedeln. Dadurch sollten „Faustpfänder" bzw. vollendete Tatsachen für spätere Verhandlungen geschaffen werden. So initiierten die sozialdemokratisch geführten Regierungen Levy Eschkols und Golda Meirs landwirtschaftliche Kooperativen auf dem Golan und im Jordantal. Nicht wenige junge Israelis entschieden sich für einen Wohnsitz in den palästinensischen Gebieten, da sie hier Arbeitsplätze und vor allem billigere Wohnungen als im Kernland fanden. Einer Umfrage zufolge, die die Friedensorganisation *Schalom Achschaw* im Juli 2002 in 3.200 Siedlerhaushalten durchführte, erklärten 77% der Befragten, dass sie sich in den palästinensischen Gebieten niedergelassen hätten, um eine „höhere Lebensqualität" zu erzielen.[32]

Die neuen sozialen und politischen Realitäten bewirkten allerdings, dass im Verlauf der Jahre und Jahrzehnte auch in dieser Gruppe von Siedlern die Argumente der politischen Rechten Resonanz fanden. Die Formel, man wolle und dürfe sich aus dem „Land der Väter" nicht vertreiben lassen, fand offene Ohren. Einer Umfrage von Juni 1999 zufolge zogen beispielsweise nur 33,8% der

---

31 Wie bereits an anderer Stelle vermerkt, erhöhte sich die Zahl der Siedler von Anfang 1996 bis Juni 1999 um 33%.

32 http://www.peace-now.org/SettlerSurvey/ExecutiveSummaryEng.doc (26. Juli 2002).

Siedler in Erwägung, bei entsprechender Entschädigung durch die Regierung ihren Wohnsitz wieder innerhalb der „Grünen Linie" zu nehmen, 50% lehnten ein derartiges Ansinnen strikt ab.[33] Erst der Ausbruch der zweiten Intifada modifizierte die Haltungen. So gaben nach o.g. Umfrage von *Schalom Achschaw* im Juli 2002 mehr als zwei Drittel der Siedler (68%) an, dass sie sich einer demokratisch getroffenen Entscheidung, die Siedlungen zu räumen, beugen würden. Lediglich 6% kündigten an, sich einer derartigen Festlegung strikt zu widersetzen. Als erstrebenswerte Lösung betrachteten 59% der Befragten finanzielle Kompensationen.[34]

In ideeller Hinsicht konnte die Siedlerbewegung von Anfang an auf zwei Traditionslinien zurückgreifen – auf die durch die zionistische Arbeiterbewegung zu Beginn des 20. Jahrhunderts geprägte Losung von der „Eroberung des Bodens", die den Pioniergeist (*chaluzijut*) mit der Besiedlung des Landes verband, und auf die historisch-religiöse Begründung jüdischer Ansprüche auf Palästina (*Erez Jisrael*). Beide Argumentationsketten fanden in sozial und politisch recht unterschiedlichen Bevölkerungsgruppen Widerhall.

Die Aktivitäten der außerparlamentarischen „Falken" unter den Siedlern reichen in das Jahr 1967 zurück. Bereits wenige Monate nach Kriegsende entstand eine Bürgerinitiative, die sich für die Beibehaltung und Absicherung der israelischen Herrschaft über das gesamte *Erez Jisrael* aussprach. Die „Bewegung für Groß-Israel" (*Tnuah lemaan Erez Jisrael ha-Schlemah*) veröffentlichte im September 1967 ein Manifest, nach dem der Sieg der israelischen Armee eine neue und schicksalhafte Periode für Volk und Staat eingeleitet habe. „Das gesamte Land Israel befindet sich nunmehr in den Händen des jüdischen Volkes, und ebenso wie wir nicht befugt sind, den Staat Israel aufzugeben, ist es uns auferlegt, das zu bewahren, was uns zuteil wurde: *Erez Jisrael*."[35] Die Initiatoren der Bewegung gehörten vorwiegend dem „rechten Lager" – der Cherut-Partei – an, kamen jedoch auch aus der sozialdemokratischen Bewegung und aus liberalen Kreisen. Unter ihnen befanden sich namhafte Schriftsteller wie Nathan Alterman und S. I. Agnon.

Wenige Jahre später – im Februar 1974 – formierte sich die Bewegung *Gusch Emunim* (Block der Treue)[36], deren Anhänger in ihrer Mehrzahl der Nationalreligiösen Partei nahe standen (und stehen). Unter Berufung auf die Lehren des Rabbiners Avraham Jizchak Ha-Cohen Kook und dessen Sohnes Zvi Jehuda Kook betonten sie die Heiligkeit von *Erez Jisrael* für die Juden. Sie forderten, die besetzten Territorien faktisch und juristisch in Besitz zu nehmen und jüdische Siedlungen auch außerhalb des Allon-Plans anzulegen. Mitglieder

---

33   Ha-Arez, 14. Juni 1999.
34   http://www.peace-now.org/SettlerSurvey/ExecutiveSummaryEng.doc (26. Juli 2002).
35   Sprinzak, Ehud 1991, S. 38.
36   Vgl. Raanan, Tsvi 1980.

von *Gusch Emunim* versuchten in den Jahren 1974 und 1975 mehrmals erfolglos, gegen den Willen der Regierung in der Nähe von Nablus im Westjordangebiet zu siedeln. Beim achten Anlauf, im Dezember 1975, wurde ihr Unterfangen von Erfolg gekrönt.[37] Damit war ein Präzedenzfall geschaffen. In der Folgezeit entstanden in den besetzten Gebieten immer wieder „illegale" Siedlungen, die später durch den Staat legalisiert wurden.

Nach der Regierungsübernahme durch den Likud 1977 änderten sich die Leitlinien israelischer Siedlungspolitik zugunsten umfassender Landnahme. Dennoch befand sich *Gusch Emunim* nicht immer in Übereinstimmung mit der neuen Regierung. Die Organisation protestierte z.B. 1978 lautstark gegen die Abkommen von Camp David (I) und suchte wiederholt den Friedensprozess mit Ägypten zu stören. Von gleichen Zielen ließ sich die 1981 gegründete „Bewegung für den Stopp des Rückzugs vom Sinai" (*Tnuah le-Azirat ha-Nesigah be-Sinai*) leiten. Sie widersetzte sich der Auflösung israelischer Siedlungen auf der Halbinsel und schreckte selbst vor handgreiflichen Auseinandersetzungen mit der Regierung bzw. mit Armeeeinheiten nicht zurück. Es bildeten sich militante *pressure groups*, deren Programm darauf gerichtet war, keinen Quadratzentimeter besetzten Landes aufzugeben. Der Jerusalemer Politologe Ehud Sprinzak schätzte ein, dass sich *Gusch Emunim* zur „einflussreichsten gesellschaftlichen Bewegung der Nation mit beispielloser Bedeutung für Regierungspolitik und öffentliche Meinung"[38] entwickelt habe. Im Fahrwasser der Bewegung formierten sich weitere Organisationen, deren Existenz jedoch zumeist von kurzer Dauer war.

Die erste Intifada und mehr noch die Suche nach tragfähigen Kompromissen im Nahostkonflikt, insbesondere im israelisch-palästinensischen Verhältnis, aktivierten ab Ende der achtziger Jahre die Siedler, sahen sie durch einen Friedensschluss doch die Landnahme, das nationale Siedlungswerk und die eigene Existenz bedroht. In der Knesset konnten sie sich auf die Fraktionen von T'chijah (bis 1992) und Moledet (1988-1999) bzw. Ichud Le'umi (ab 1999) sowie auf Mafdal und Teile des Likud stützen. Daneben wirkten sie zunehmend durch Demonstrationen, Flugblattaktionen u.a. Aktivitäten direkt auf die öffentliche Meinung ein. Neue Akzente setzte in dieser Phase die zunehmende Verquickung von politischem Radikalismus und religiösem Fundamentalismus.

Als Ende 1987 die palästinensische Erhebung begann, war die Siedlerbewegung in politische Flügelkämpfe verstrickt. Die gemäßigte Fraktion, repräsentiert durch Joel Ben-Nun, sprach sich zu diesem Zeitpunkt dafür aus, ideologische Meinungsverschiedenheiten zurückzustellen und zunächst den innerisraelischen Konsens zu erneuern. Die radikalere Gruppierung um Mosche Le-

---

37   Lustick, Ian 1988, S. 46.
38   Sprinzak, Ehud 1999, S. 174.

vinger dagegen forderte von der Regierung ein härteres Vorgehen gegen die Palästinenser. Mehrere Zusammenstöße zwischen Siedlern und israelischen Soldaten schufen in der Öffentlichkeit den Eindruck, eine „jüdische Gegen-Intifada" sei im Entstehen.[39]

Neuen Herausforderungen und Orientierungszwängen sah sich die Siedlerbewegung gegenüber, als sich die israelische Regierung unter Jizchak Schamir bereit erklärte, an der Friedenskonferenz in Madrid teilzunehmen und 1993 der Oslo-Prozess eingeleitet wurde. Am 7. September 1993 protestierten daraufhin annähernd 200.000 Siedler und deren rechte Sympathisanten gegen die Regierungspolitik. Auf Flugblättern riefen sie die israelische Bevölkerung auf, die Pioniere in Judäa und Samaria nicht im Stich zu lassen. Neu entstandene außerparlamentarische Organisationen, wie *Su Arzenu* (Das ist unser Land), und der 1980 gegründete Dachverband der Siedler *Moezet Jescha* (Rat der Siedler von Judäa, Samaria und Gaza), forderten verstärkten Druck auf die Staatsmacht. Der demokratisch gewählten Regierung solle der Gehorsam verweigert werden; sie vertrete „nur eine Minderheit der jüdischen Bevölkerung, liefert unser Land den Fremden aus, opfert das Volk von Israel und verrät die jüdischen Werte".[40]

Als 1995 Dutzende Israelis durch Terroranschläge innerhalb der „Grünen Linie" getötet wurden, bezeichneten Vertreter der Siedler Premier Rabin als den Hauptschuldigen für die Anschläge. Sie verlangten den Rücktritt der „Hamas-Regierung" und die Beendigung des Friedensprozesses. Bei Demonstrationen in Jerusalem zeigten Plakate den Premierminister in Naziuniform oder mit dem Kopftuch der Palästinenser. Aus Sorge, innerer Friede und zionistischer Konsens könnten über Gebühr strapaziert werden, tolerierte die Regierung die verbalen Exzesse. Sie überließ den Rechten die Straße und verzichtete darauf, den Provokationen mit gesetzlichen Mitteln Einhalt zu gebieten. Das Ergebnis der Hasspropaganda ließ nicht lange auf sich warten. Der Premierminister befand sich bereits im Visier der Rechten und bezahlte sein Friedensengagement mit dem Leben. Der Attentäter Jigal Amir, ein 25jähriger Jurastudent, erklärte bei seiner Festnahme, er habe allein und „auf Gottes Weisung" gehandelt. Er zeigte auch später keine Reue und sagte aus, bereits mehrfach versucht zu haben, den „Verräter am jüdischen Volk" zu töten.[41]

In dem Maße, wie sich eine Regelung der Palästinenserfrage abzuzeichnen begann, engagierten sich innerhalb des „nationalen Lagers" zunehmend auch ultraorthodoxe Juden. Die „Charedisierung" der Siedlerbewegung und die Verbreitung nationalistischer Parolen in ultraorthodoxen Bildungseinrichtungen erreichten ernst zu nehmende Dimensionen. Offener Aufruhr gegen die Regierung war nichts Ungewöhnliches mehr. Die „Vereinigung der Rabbiner für das

---

39   Ebd., S. 164.
40   Kapeliuk, Amnon 1997, S. 103.
41   Ebd., S. 16.

Volk und das Land Israel" (*Ichud ha-Rabbanim lemaan Am Jisrael we-Erez Jisrael*) beispielsweise betrachtet bis heute als eines ihrer Grundprinzipien das „für alle Generationen geltende Gebot der Thora, *Erez Israel* zu erobern, zu besiedeln und zu schützen".[42] Nicht eine Krume heiligen Bodens dürfe aufgegeben werden, erklärten Vertreter der Vereinigung im Juni 2003, als die Scharon-Regierung einzelne „illegale Vorposten" mit Hilfe der Armee räumen ließ. 500 Rabbiner sprachen sich öffentlich gegen die *Road Map* des Nahost-Quartetts aus und forderten zum Widerstand auf.[43]

Bei weitem nicht alle jüdischen Bewohner der Westbank und des Gaza-streifens solidarisieren sich mit den Forderungen und Aktionen der Siedlerorganisationen. Dennoch sehen viele von ihnen im Dachverband *Moezet Jescha* ihre Interessenvertretung. Die enge Zusammenarbeit zwischen Siedlern und Vertretern sowohl der gemäßigten als auch der radikalen Rechten wird auch durch den 1999 gegründeten Nationalrat für den Golan und das Jordantal (*Moazah Le'umit lemaan ha-Golan u-Beka'at ha-Jarden*) repräsentiert. Die Organisation trat an die Stelle der bei den Knessetwahlen 1999 gescheiterten Partei „Dritter Weg". Sie verzichtete jedoch auf den Status einer Wahlpartei und ließ sich am 12. Dezember 1999 als gemeinnütziger Verein registrieren.

Politisches Engagement der Friedensbewegung

Die Entwicklung der israelischen Friedensbewegung kann mit Blick auf die zentralen Zielsetzungen und politischen Forderungen in drei Phasen unterteilt werden. Stand Ende der siebziger Jahre das Ringen um den israelisch-ägyptischen Ausgleich im Mittelpunkt, so waren die Aktivitäten in der ersten Hälfte der achtziger Jahre durch Proteste gegen die Libanoninvasion und die Forderung nach Rückzug der israelischen Armee aus dem nördlichen Nachbarstaat gekennzeichnet. Seit Beginn der ersten Intifada 1987/88 dagegen sind die Regierungspolitik in den besetzten palästinensischen Gebieten bzw. der mit der Madrider Konferenz 1991 eingeleitete nahöstliche Entspannungsprozess zentraler Gegenstand des friedensorientierten Engagements.

Die Friedensbewegung bestand stets aus heterogen zusammengesetzten Gruppen, Vereinigungen und Organisationen, von denen nicht wenige ad hoc entstanden und nur relativ kurze Zeit existierten. Viele Mitglieder engagierten sich nicht selten in mehreren Aktionsforen. Obwohl politisch dem linken Spektrum zuzurechnen, verstand sich die Mehrheit der Friedensgruppen mit vornehmlich jüdischen Mitgliedern als zionistisch. Nur kleinere Gruppierungen,

---

42 www.virtual.co.il/orgs/orgs/ichud/irindex.htm (9. November 1998).
43 Shragai, Nadav: Rabbis: No government has the right to set up a foreign state in the land of Israel. Haaretz, 24. Juni 2003.

getragen von nicht- bzw. antizionistischen Kräften, suchten israelische Bürger palästinensischer Nationalität in ihre Aktionen einzubeziehen.

Die erste zionistische Organisation, die gegen die offizielle Politik in den 1967 besetzten Gebieten auftrat – die „Bewegung für Frieden und Sicherheit" (*Tnuah lemaan Schalom u-Bitachon*) – entstand 1968 als Reaktion auf die Aktivitäten der Siedlerbewegung. Sie repräsentierte vorwiegend eine Gruppe jüdischer Intellektueller, die den Junikrieg zwar als gerechten Verteidigungskrieg Israels, „die besetzten Gebiete jedoch lediglich als Faustpfand für Friedensverhandlungen mit den arabischen Staaten und für die Lösung des palästinensischen Flüchtlingsproblems" betrachteten.[44] Entmutigt durch die geringe Resonanz in der Bevölkerung und frustriert durch die Verhandlungsabstinenz der Konfliktakteure löste sich die Vereinigung 1973 auf. Ihre Anhänger hatten dennoch „den Grundstein für eine neue Diskussion über Krieg und Frieden und den Preis, der für jede der beiden Optionen zu zahlen sei" gelegt.[45]

Zu Beginn der siebziger Jahre entstand das „Komitee für gerechten Frieden zwischen Israel und den arabischen Staaten". Mitbegründer waren Anhänger der Kommunistischen Partei Israels und der Herausgeber der Wochenschrift Ha-Olam ha-Seh, der Knessetabgeordnete Uri Avnery. 1976 folgte der „Israelische Rat für einen israelisch-palästinensischen Frieden", der sich für Verhandlungen mit den Palästinensern und bereits zu diesem Zeitpunkt für die Errichtung eines palästinensischen Staates an der Seite Israels einsetzte. Annähernd zeitgleich (1975) entstand die religiöse Friedensgruppe *Os we-Schalom* (Stärke und Frieden), deren Gründer, Uri Simon, ein Professor der Bar-Ilan Universität war. Sie suchte insbesondere jüdische Intellektuelle, die ihr Friedensengagement aus der religiösen Überzeugung ableiteten, zu aktivieren. Auch sie war als unmittelbare Reaktion auf das Wirken der Siedlerorganisation *Gusch Emunim* entstanden. Deren „Monopolstellung" in orthodox-religiösen Gesellschaftskreisen stellte sie bewusst in Frage.

1978 wurde die bis heute zu den einflussreichsten israelischen Friedensgruppen zählende Organisation *Schalom Achschaw* (Frieden jetzt)[46] gegründet. Sie förderte maßgeblich die Herausbildung zivilgesellschaftlicher Strukturen und übte, zeitweilig durchaus spürbar, öffentlichen Druck auf die Regierung aus. Gründungsimpuls war ein Schreiben von 348 Reserveoffizieren, die Premierminister Begin aufforderten, „die Straße des Friedens" zu wählen. „Eine Regierung, die einen Staat Israel in den Grenzen von Groß-Israel dem Frieden" und „die Errichtung von Siedlungen jenseits der Grünen Linie der Herstellung normaler Beziehungen in der Region" vorziehe, so schrieben die Offiziere, er-

---

44 Böhme, Jörn/Sterzing, Christian 1992, S. 15f.
45 Herman, Tamar: Israeli Peace/Conflict Resolution NGOs 1967-1998, Final Report (October 1998), Unveröffentlichtes Manuskript, Tel Aviv 1998, S. 43.
46 Vgl. Reshef, Tzaly 1996.

wecke größten Zweifel.[47] Den Militärs schlossen sich zahlreiche Akademiker und Künstler an. Ende Mai hatten den am 7. März 1978 dem Ministerpräsidenten übermittelten Brief bereits über 100.000 israelische Bürger unterzeichnet. Am 1. April desselben Jahres fand in Tel Aviv die erste große Demonstration der Bewegung mit ca. 40.000 Teilnehmern statt.

Schalom Achschaw entwickelte sich zu einer machtvollen Bewegung, die zeitweilig bis zu 200.000 Mitglieder und Sympathisanten zählte.[48] Öffentliches Aufsehen und politische Wirkung erzielten insbesondere ihre Aktionen gegen den Libanonkrieg. Den Höhepunkt bildete zweifellos nach Bekanntwerden der Massaker in den Flüchtlingslagern von Sabra und Schatila der Aufruf zu einer Protestdemonstration. Am 25. September 1982 fanden sich auf dem Platz der Könige in Tel Aviv daraufhin ca. 400.000 Israelis ein, um ihrer Friedensbereitschaft Ausdruck zu verleihen. Erstmals schienen der zionistische Konsens und das Primat des Militärischen in Frage gestellt.

1982 entstanden neue politische Gruppierungen und Organisationen, die gegen die Libanoninvasion protestierten und die Regierung aufforderten, die Soldaten zurückzuholen. Zu ihnen gehörten *Jesch Gvul* (Es gibt eine Grenze), *Chajalim Neged ha-Schtikah* (Soldaten gegen das Schweigen), *Horim Neged ha-Schtikah* (Eltern gegen das Schweigen) und die Organisation orientalischer Juden *Ha-Misrach le-Schalom* (Orient für Frieden). Die religiöse Friedensgruppe *Os we-Schalom* organisierte öffentliche Gebete für den Frieden und betonte – gemeinsam mit der 1983 gegründeten Vereinigung *Netivot Schalom* (Friedenspfade) –, dass die Kriegsführung der israelischen Regierung mit den ethischen Werten und moralischen Normen des Judentums unvereinbar sei. Sie erreichte mit dieser Argumentation Bevölkerungsgruppen, für die der säkulare *Schalom Achschaw*, der zudem seine Veranstaltungen vorwiegend am *Schabat* durchführte, keine Identifikationsmöglichkeit bot.

Nach dem 1985 erfolgten Rückzug der israelischen Armee aus den meisten Teilen Südlibanons verlor die Friedensbewegung vorübergehend an Gewicht und Profil. Sie trat erst mit der Ende 1987 ausbrechenden Intifada wieder stärker in Erscheinung. Über 50 israelische Organisationen und Institutionen befürworteten nunmehr eine politische Regelung des Nahostkonflikts und die Abtrennung der Westbank und des Gazastreifens. Mit hohem persönlichen Engagement stellten sie sich der von Verteidigungsminister Rabin geführten Politik der Unterdrückung des palästinensischen Aufstands entgegen. Insbesondere *Schalom Achschaw, Jesch Gvul* und die religiöse Friedensbewegung wurden wieder aktiv. Neue Organisationen, z.B. *Naschim be-Schachor* (Frauen in Schwarz) und der Rat für Frieden und Sicherheit (*Moazah le-Schalom u-*

---

47   Bar-On, Mordechai 1996, S. 98.
48   Ebd., S. 103.

Bitachon), entstanden. Ihre Aktivitäten trugen maßgeblich zur breiteren Akzeptanz der nationalen Rechte der Palästinenser, jedoch auch zur Verteidigung der internationalen Reputation Israels bei. Sie ließen die außerparlamentarische Opposition zu einem Machtfaktor werden und veränderten dadurch die politische Kultur des Landes.

Einen Rückschlag erlitt die Bewegung während des zweiten Golfkrieges. Viele „Tauben" kündigten ihre mehrfach bekundete Solidarität mit den Menschen in der Westbank und im Gazastreifen auf. Hatte sich *Schalom Achschaw* in einem Aufruf zum jüdischen Neujahrsfest im September 1990 noch für die Fortsetzung des Dialogs mit den Palästinensern ausgesprochen,[49] so waren wenige Wochen danach – zu einem Zeitpunkt, da irakische Raketen in Tel Aviv einschlugen, der PLO-Vorsitzende seine Verbundenheit mit Saddam Hussein kundtat und Bewohner der besetzten Gebiete die Angriffe auf Israel bejubelten – derartige Einsichten nur noch schwer zu vermitteln. Erst nach Beendigung des Golfkrieges beteiligten sich die „Tauben" wieder stärker an den Diskussionen über die Palästinenserfrage.

Die Konferenz von Madrid, die Gespräche zwischen PLO und israelischer Regierung und das israelisch-jordanische Friedensabkommen wurden von der Friedensbewegung begrüßt und unterstützt. Meinungsverschiedenheiten existierten darüber, wie weit die israelische Regierung in ihren Zugeständnissen gehen dürfe, ob ein lebensfähiger palästinensischer Staat entstehen könne und wie die israelischen Interessen zu definieren seien. Da sich nunmehr die offizielle Politik des israelisch-palästinensischen Dialogs bemächtigt hatte, verlor die Bewegung der „Tauben" weitgehend ihren Anti-Establishment-Charakter. Insbesondere in der Legislaturperiode von Jizchak Rabin und Schimon Peres (1992 – 1996) kam es kaum zu Aktionen, in denen die Regierungspolitik kritisiert oder in Frage gestellt wurde. Die Friedensbewegung versank im „Winterschlaf"[50], aus dem sie in den Jahren der Verhandlungskrise nur langsam erwachte.

Neben den benannten, unterschiedlich aktiven Bewegungen entstanden in den neunziger Jahren neue Friedensgruppen, die insbesondere den Dialog mit palästinensischen zivilgesellschaftlichen Organisationen zum Ziel hatten. Eine relativ breite Ausstrahlung erreichte z.B. die 1995 – nach der Ermordung Jizchak Rabins – gegründete lose Vereinigung *Dor Schalem Doresch Schalom* (Eine ganze Generation fordert Frieden).

Insgesamt prägte das Friedenslager die politische Kultur Israels jedoch weniger als noch ein Jahrzehnt zuvor. Es befand sich zwar in permanenter Auseinandersetzung mit Siedlerorganisationen und Rechtsparteien, setzte den „Falken" und deren Aktivitäten jedoch keine adäquate Mobilität entgegen. Im Ver-

---

49   New Outlook, September/Oktober/November 1990, S. 56.
50   Herman, Tamar: Israeli Peace/Conflict Resolution NGOs 1967-1998, Final Report (October 1998), Unveröffentlichtes Manuskript, Tel Aviv 1998, S. 47.

hältnis zur Regierung traten die Friedensorganisationen – im Unterschied zu den Siedlern – nicht als *pressure groups* in Erscheinung. Vielmehr unterstützten bzw. tolerierten sie wesentliche Elemente der offiziellen Politik in der Palästinenserfrage. Protestaktionen kleinerer Gruppen, wie *Gusch Schalom* oder *Bat Schalom*, blieben ohne breitere Resonanz.

Die Hintergründe für Positionsverschiebungen und zeitweilige Inaktivität waren vielschichtig. Sie lagen in der sozialen Zusammensetzung des Friedenslagers begründet, das sich im wesentlichen aus Angehörigen der aschkenasischen Mittelschichten rekrutierte. Diese privilegierte Bevölkerungsgruppe ist gleichzeitig Träger und Impulsgeber postmoderner Trends, seien es Individualisierung oder Rückzug ins Privatleben. Ihr politisches Engagement war und ist stets Schwankungen, geschuldet dem jeweiligen Tagesgeschehen, unterworfen. Auch Kibbuzmitglieder, die stets zu den Stützen der Friedensbewegung gehört hatten, blieben von dem allgemeinen Bewusstseinswandel nicht unberührt. Geringere öffentliche politische Parteinahme war die Folge.

Die politische Instabilität der „Tauben" war und ist zudem direkt an den Verlauf des israelisch-palästinensischen Friedensprozesses gebunden. Hatten sich die Organisationen in den ersten beiden Phasen ihres Wirkens noch im Widerspruch zu offizieller Regierungspolitik befunden, so weckte der Handschlag zwischen Jizchak Rabin und Jasir Arafat vor dem Weißen Haus in Washington 1993 die Hoffnung, dass zentrale Forderungen der Friedensbewegung nunmehr erfüllt seien bzw. zur Haupttendenz israelischer Staatspolitik würden. Da der Kern der Friedensbewegung durch Wähler von Avodah und Merez gebildet wurde, ließen Aktivitäten in dem Maße nach, wie sie sich gegen die „eigene Regierung" (1992-1996 und 1999-2000) hätten richten müssen. Die Grundsituation änderte sich erst mit dem Regierungsantritt von Benjamin Netanjahu bzw. Ariel Scharon.

Das Abklingen der großen Antiregierungsaktionen war mit einer Umorientierung der politischen Wirksamkeit in Richtung konkreter praktischer Arbeit verbunden. *People-to-people*-Projekte wurden nunmehr verstärkt initiiert und durch internationale Fonds – nicht zuletzt seitens der Europäischen Union – finanziert. Auch ihr Erfolg war jedoch in besonderem Maße an die Höhen und Tiefen der israelisch-palästinensischen Konsenssuche gebunden. Terroranschläge und Absperrungen der besetzten Gebiete erschwerten immer wieder die Zusammenarbeit. Die Erfahrung, dass es trotz guten Willens und großer Anstrengung unzureichend gelang, die Barrieren nationaler Vorurteile und tradierter Hasskomplexe zu überwinden, mündete nicht selten in Enttäuschung und Resignation. Ein Beispiel für anhaltendes Engagement bildet die „Kopenhagen-Gruppe". Sie war 1997 als Diskussionsforum israelischer, ägyptischer, jordanischer und palästinensischer Experten und anderer friedensbewegter Akteure geschaffen worden. Ungeachtet sich verändernder politischer Konstellationen maß sie der Kompromissfindung unterhalb der Regierungsebene große Bedeutung bei. Bis 2003 hielt die Gruppe Dutzende von Treffen ab, in denen neue Wege regionaler Völker- und Staatenbeziehungen erörtert und entsprechend Politikvorschläge den Regierungen zugeleitet wurden.[51]

Bildete bis Ende der achtziger Jahre das Thema „Krieg oder Frieden" die bestimmende Scheidelinie in der israelischen Gesellschaft, so sah sich die Bevölkerung in den neunziger Jahren mit Herausforderungen neuer Art und unterschiedlicher Ebenen konfrontiert – seien es das nationale Erwachen der arabisch-palästinensischen Bevölkerungsgruppe innerhalb Israels, der Kulturkampf zwischen säkularen Juden und *Charedim* oder die Eingliederung von annähernd einer Million Neueinwanderer. Die „Linke" konzentrierte sich nicht mehr vorrangig auf die Palästinenserfrage. Sie musste an mehreren Fronten Position beziehen, Aktivität entwickeln und Vorschläge für ein Konfliktmanagement entwickeln.

Bilanz von 1000 Tagen Al-Aksa-Intifada

Nach dem Scheitern der Gespräche von Camp David im Sommer 2000 mehrten sich Hinweise darauf, dass soziale Not und politischer Frust vieler Palästinenser in militante Aktionen gegen die Besatzungsmacht umzuschlagen drohten. Bereits Ende Juli hatte der israelische Generalstabschef Schaul Mofas darauf verwiesen, dass Unzufriedenheit und Feindseligkeit in einen offenen Konflikt münden könnten.[52] Meldungen über das Vorhaben der Palästinensischen Autonomiebehörde, am 13. September in der Westbank und im Gazastreifen den palästinensischen Staat auszurufen, wurden auf israelischer Seite mit Besorgnis aufgenommen.[53] Innenminister Schlomo Ben-Ami erklärte, Israel müsse sich auf eine mögliche Konfrontation mit den Palästinensern vorbereiten.[54] Der Boden für die zweite Intifada war bereitet; die Situation in den Palästinensergebieten glich einem Pulverfass.

Ausgelöst wurde der palästinensische Aufstand, als der Führer des Likud-Blocks, Ariel Scharon, umgeben von Parteifreunden und Hunderten Sicherheitskräften, am 28. September 2000 den Tempelberg bestieg, um seinen Anspruch als Führer des „nationalen Lagers" zu unterstreichen. Die Palästinenser empfanden sein Auftreten als Provokation. Die israelische Polizei hatte in den Folgetagen Mühe, die zunächst spontanen Protestdemonstrationen zu unterdrü-

---

51 In einem Hintergrundgespräch mit der Verf. am 13. Juni 2003 betonte Reservegeneral Schlomo Gazit, dass die israelischen Teilnehmer der Kopenhagengruppe nicht autorisiert seien, Israel zu vertreten, die arabischen Gesprächspartner hingegen in Abstimmung mit ihren Regierungen agierten.

52 Jerusalem Post, 26. Juli 2000.

53 Rubinstein, Danny: How many lifes will the declaration cost? Haaretz, 4. Juli 2000.

54 Jerusalem Post, 8. September 2000.

cken. Scharons Anwesenheit auf dem geheiligten Areal der Muslime war zweifellos der berühmte Tropfen, der das Fass zum Überlaufen gebracht hatte. Die ursächlichen Impulse für die Unruhen dagegen lagen tief im Zustand der palästinensischen Gesellschaft und in der sichtbaren Erfolglosigkeit der israelisch-palästinensischen Verhandlungen begründet.

Die Auseinandersetzung zwischen beiden Völkern trat im Herbst 2000 in eine neue Phase ein, die durch zunehmende Militanz und mehrere Ebenen des Konfliktaustrags gekennzeichnet war.[55] Die Zusammenarbeit der Palästinensischen Autonomiebehörde mit den israelischen Sicherheitskräften brach abrupt ab. Sie konnte trotz mehrfacher Versuche internationaler Akteure nicht wiederhergestellt werden. Statt dessen kam es zunehmend häufiger zu Gefechten zwischen bewaffneten palästinensischen Einheiten und der israelischen Armee. Sie mündeten in kriegsähnliche Zustände, die nicht mehr mit der Situation während der „ersten Intifada" vergleichbar waren. Neben den staatlichen bzw. quasistaatlichen Akteuren griffen militante Verbände – auf palästinensischer Seite vor allem die Militärorganisationen von *Hamas* und *Jihad Islami* bzw. die der *Fatah* nahe stehenden Al-Aksa-Brigaden, auf israelischer Seite einzelne Siedlergruppen – in die Konfrontation ein und beschworen bürgerkriegsähnliche Zustände herauf. Auf einer dritten Ebene agierten Einzelattentäter, die kaum organisiert waren oder in nur loser Verbindung zu oben genannten Organisationen standen und deren Vorgehen kaum berechenbar war.

Angesichts zunehmender palästinensischer Selbstmordanschläge innerhalb der „Grünen Linie", d.h. im israelischen Kernland, zweifelte die Mehrheit der Israelis, unter ihnen viele friedensbewegte „Tauben", an der Möglichkeit, einen israelisch-palästinensischen Ausgleich zu erreichen. Die Interpretation Ehud Baraks, er habe in Camp David und Taba alles geben wollen, die Palästinenser hätten jedoch mit Terror geantwortet, sah die Schuldigen an der Eskalation ausschließlich auf palästinensischer Seite. Die „Barak-Formel" über das Scheitern der Verhandlungen wurde zur Hauptargumentationslinie der israelischen Regierung wie auch der Presse. Sie mündete in der Forderung, Jasir Arafat müsse als Hauptverantwortlicher der Intifada abgelöst werden. Die Versäumnisse israelischer Politik wurden kaum noch hinterfragt; statt dessen mehrten sich die Rufe nach einem „starken Mann" und „Vergeltungsaktionen".

Durch ihr Unvermögen, die Intifada politisch oder militärisch zu bewältigen, verlor die Regierung viel von ihrem Ansehen in der jüdischen Bevölkerung. Ehud Barak musste bei der Neuwahl des Ministerpräsidenten im Februar 2001 eine eindeutige Niederlage hinnehmen. Sein Herausforderer, Ariel Scharon, galt in der Öffentlichkeit wegen seiner Obstruktion des Friedensabkommens mit Ägypten (1979), seiner Rolle als Verteidigungsminister während der Libanonin-

---

55   Vgl. Kaim, Markus 2001, S. 199f.

vasion (1982), der aktiven Unterstützung der Siedlungsaktivitäten in den besetzten Territorien, insbesondere jedoch wegen der Ablehnung der Madrider Friedenskonferenz und der Verträge von Oslo als „Falke". Desillusioniert und frustriert durch die anhaltende Eskalation im Konfliktaustrag setzten viele Israelis nunmehr ihre Hoffnungen auf ihn, versprach er dem Wähler doch, mit harter Hand Sicherheit zu schaffen.

In den Folgemonaten verstärkten sich die blutigen Auseinandersetzungen. Terrorattentate militanter Palästinenser gegen Soldaten, Siedler und Zivilisten im israelischen Kernland nahmen zu. Militärschläge der israelischen Armee gegen die Palästinensische Autonomiebehörde verwiesen darauf, dass die neue Regierungskoalition gewillt war, zur Politik der Vergeltung und Abschreckung vorangegangener Jahrzehnte zurückzukehren. Versuche, die Autonomiebehörde und die palästinensische Zivilgesellschaft zu stärken, um militant-fundamentalistischen Organisationen wie *Hamas* und *Jihad Islami* den gesellschaftlichen Nährboden zu entziehen, wurden nicht unternommen. Die Gewaltspirale drehte sich immer schneller und die Zahl der getöteten Palästinenser und Israelis wuchs rasch an.

Wiederholte Bemühungen europäischer und amerikanischer Vermittler, einen Waffenstillstand zu erreichen, scheiterten. Ein im Juni 2001 durch den CIA-Chef George Tenet ausgehandelter und sowohl von der israelischen Regierung als auch der Palästinensischen Autonomiebehörde akzeptierter Kompromissvorschlag (Tenet-Plan), der einen Waffenstillstand und die Wiederaufnahme von Verhandlungen vorsah, blieb ebenso wirkungslos wie andere von außerregionalen Politikern vorgeschlagene Deeskalationsappelle und -pläne (z.B. der Mitchellplan).

Während des Jahres 2002 führte Israel zwei groß angelegte Militäreinsätze in den palästinensischen Territorien durch, in deren Verlauf die der Autonomiebehörde unterstellte Zone A mit den großen Städten erneut weitgehend besetzt und der Kontrolle der israelischen Armee unterworfen wurde. Ausgangssperren in Permanenz schränkten die Bewegungsfreiheit der Palästinenser – selbst in lebenswichtigen Fragen und Bereichen – bedeutend ein. Die *Zahal*-Aktionen „Schutzschild" und „Entschlossenes Handeln" wie auch die „gezielten Hinrichtungen" palästinensischer Aktivisten trafen nur bedingt die terroristische Infrastruktur, schufen massenhaft jedoch neue Selbstmordkandidaten. Der Schriftsteller David Grossmann fasste die israelischen Militärerfolge in die Worte: „Israel hat für den Moment gewonnen, aber was bedeutet ein Sieg, wenn er keine Hoffnung auf eine bessere Zukunft bringt? Die Palästinenser haben für den Moment verloren, aber sie kämpfen mit dem Rücken zur Wand."[56]

---

56   Grossman, David: Zwei Jahre ungelebtes Leben, Süddeutsche Zeitung, 24. Oktober 2002.

Die Palästinensererhebung, die israelischen Gegenschläge und der andauernde Spannungszustand zerstörten nicht nur die wirtschaftliche Existenzgrundlage in den palästinensischen Territorien, sondern verschlechterten drastisch auch die wirtschaftliche Situation Israels. Bereits im Jahr 2001 sank die Industrieproduktion um 5,7%, die Bautätigkeit verringerte sich um 10,5% und der Tourismus ging um 50,1% zurück. Die Wirtschaft büßte allein ca. zwei Milliarden US-Dollar durch das Ausbleiben ausländischer Touristen ein. 30.000 Menschen verloren dadurch ihre Arbeitsplätze.[57] Die Auslandsverschuldung des Staates nahm zu und erreichte 98% des Bruttosozialprodukts. Ausländische Investitionen blieben aus und die Exporte verringerten sich um 11%.[58] Die in den neunziger Jahren begonnenen Handelsbeziehungen mit einer Reihe arabischer Staaten wurden – zumindest offiziell – auf Eis gelegt.

Die für das Jahr 2002 veröffentlichten Daten bezeugen eine weitere Zunahme o.g. Negativtrends. Der Wirtschaftsabschwung betrug 1,0%.[59] Die Arbeitslosigkeit erhöhte sich von 9,4% (2001) auf 10,4% (2002).[60] Die Bruttolöhne sanken 2002 im Landesdurchschnitt um 5,6%.[61] Mussten 2001 etwa 30.000 kleinere und mittlere Betriebe schließen, so betrug die Zahl der Insolvenzen 2002 über 50.000.[62] Zugleich wurde seit Beginn der Intifada ca. eine Milliarde US-Dollar zusätzlich für Militärzwecke ausgegeben. Verstärkt wurden die wirtschaftlichen Krisenerscheinungen durch die Rezession in den USA, in Japan und Westeuropa.

Ungleich gravierender als im israelischen Kernland gestalteten sich die Lebensbedingungen der palästinensischen Bevölkerung in der Westbank und im Gazastreifen. Berichten der Weltbank zufolge war das palästinensische Nationaleinkommen 2002 um 40% geringer als 2000. Nach 15 Monaten Intifada lebten 60% der Einwohner der Westbank und des Gazastreifens unter der mit zwei US-Dollar pro Tag angesetzten Armutsgrenze.[63] Die rapide Verschlechterung der sozialen Situation, die Repressionen seitens der israelischen Militärmacht und die Zurückhaltung internationaler „Geberländer" brachten die palästinensische Gesellschaft und mit ihr die Palästinensische Autonomiebehörde an den Rand des Kollapses. Radikale islamistische Gruppen entzogen sich zunehmend der zentralen Kontrolle. Extremistische und islamisch-fundamentalistische Stimmungen nahmen in dem Maße zu, wie sich das israelische Vorgehen für die Mehrheit der Palästinenser als inhuman, lebensbedrohlich und zutiefst entwürdigend erwies.

---

57   Ha-Arez, 16. Januar 2002.
58   Levit, Daphna: Where have all our shekels gone? Haaretz, 17. Juni 2002.
59   Ha-Arez, 1. Januar 2003.
60   Ebd.
61   Haaretz, 7. März 2003.
62   Maariv, 7. Oktober 2002.
63   Ha-Arez, 4. März 2003.

Nachdem am 11. März 2003 Mahmud Abbas (Abu Masen) zum – kurzzeitigen – palästinensischen Ministerpräsidenten ernannt worden war, kam es erstmals wieder zu offiziellen Gesprächen zwischen israelischen und palästinensischen Politikern. Eine Trendwende schien der Gipfel in der jordanischen Hafenstadt Akaba anzudeuten, auf dem sich der amerikanische Präsident Bush, der israelische Premier Scharon und der palästinensische Ministerpräsident Abbas für eine Ende der Gewalt und die Erneuerung des politischen Prozesses aussprachen. Alle drei Politiker befürworteten die Zweistaatenlösung und somit die Gründung eines palästinensischen Staates an der Seite Israels.

Mit internationaler, insbesondere US-amerikanischer Vermittlung kam am 29. Juni 2003 ein zunächst auf drei Monate befristeter Waffenstillstand zwischen Israel und den palästinensischen Organisationen, unter Einschluss von *Fatah*, *Hamas* und *Jihad Islami*, zustande. Ob damit – wie Ha-Arez optimistisch schrieb – der „tausendtägige Krieg" für Israelis und Palästinenser beendet war und „eine neue Ära" eingeleitet würde,[64] oder ob es sich nur um eine Atempause handelte, sollte sich bald im politischen Alltag erweisen. Die israelische Regierung wie die Führung der Palästinensischen Autonomiebehörde werden sich auch künftig nicht an Worten, sondern einzig an Taten messen lassen müssen.

Die Unterschriften unter der Vereinbarung über den Waffenstillstand waren noch nicht getrocknet, als israelische Politiker, Militärs und Journalisten bereits die Frage aufwarfen, wer den Krieg bisher für sich entschieden habe. Uzi Benziman, ein namhafter Publizist, warnte in einem Kommentar in Ha-Arez vor vorschnellen, beliebigen und provokativen Verlautbarungen über Sieger und Besiegte. „Der palästinensische Unabhängigkeitskrieg, der im Oktober 2000 begann" – so Benziman – „endete mit beidseitiger Erschöpfung. Nicht nur die Palästinenser wurden geschlagen, auch Israel musste schmerzhafte Schläge hinnehmen. In das palästinensische Bewusstsein wird der Krieg als Periode großen Leids, aber auch als nationaler Kampf mit bedeutenden Erfolgen eingehen. In das israelische Bewusstsein werden sich die drei Jahre als gravierender Rückschlag in der Entwicklung des Staates eingraben, jedoch auch als wichtiger nationaler Test, der ernsthaft bestanden wurde."[65] Wie bereits der israelische Generalstabschef sah Benziman im gegenwärtigen Konfliktzustand eine gewisse Parallele zum Ausgang des Jom-Kippur-Krieges 1973, der unentschieden endete, Israelis wie Ägyptern die Würde und ein gewisses Erfolgsgefühl ließ und dadurch die Voraussetzung für kompromissorientiertes Verhandeln und politische Vereinbarungen schuf. Die Rückkehr zum militanten Schlagabtausch im Herbst 2003 ließ auch diese Wertung zum „Prinzip Hoffnung" bzw. zur Illusion werden.

---

64 Ha-Arez, 29. Juni 2003.
65 Benziman, Uzi: Tnu le-Zahal lenazeach (Lasst die Armee siegen), Ha-Arez, 6. Juli 2003.

Die seit September 2000 andauernde Konfrontation kostete bis Anfang Juli 2003 etwa 800 Israelis und über 2.200 Palästinensern das Leben, unter ihnen auf beiden Seiten eine Vielzahl von Zivilisten, darunter Hunderte Frauen und Kinder. Zehntausende Menschen wurden verletzt, viele von ihnen verkrüppelt auf Lebenszeit.[66] Auf der Strecke blieb das während der neunziger Jahre in Ansätzen zwischen beiden Seiten aufgebaute Vertrauen. Erneut dominieren Frustration, Misstrauen und Hass die Völkerbeziehungen. Die politisch-psychologischen Einbrüche zu überwinden, dürfte Jahre, wenn nicht Jahrzehnte dauern.

Überlebensängste und Solidarisierungstrends

Die zweite Intifada ließ unter jüdischen Israelis historisch gewachsene Überlebensängste aufbrechen, die sich mit der unmittelbar erlebten und durch die Medien vermittelten täglichen Bedrohung individueller Sicherheit verbanden. Insbesondere nach dem Anschlag auf eine Familienfeier am Pessachabend 2002 in Netanja, der 19 Zivilisten in den Tod riss und über 100 Gäste verletzte, wurde die Terrorfurcht allgegenwärtig; sie prägte den Alltag und drang in jede Nische der Privatsphäre ein. Der israelische Historiker Mosche Zuckermann fasste die Stimmungslage jener Tage in die Worte: „Die viel beschworene mediterrane Unbeschwertheit ist verflogen, hat einer unheilschwangeren Atmosphäre furchterfasster Schwermütigkeit Platz gemacht."[67]

Das Auf und Ab in der öffentlichen Meinung Israels und die Langzeittrends lassen sich an dem monatlich vom Tami Steinmetz Center der Universität Tel Aviv veröffentlichten *Peace Index* ablesen. Waren sich unmittelbar vor Beginn der Intifada noch 39,5% der Befragten sicher, dass es in absehbarer Zeit Frieden geben werde, so glaubten daran ein Jahr später nur noch 19,8%. Etwa zwei Drittel äußerten sich während aller Umfragen des Jahres 2002 pessimistisch hinsichtlich eines Friedensschlusses.[68] Für die Abkommen von Oslo plädierten im September 2000 39,5%, zwei Jahre später dagegen nur noch 24,2%.

---

66 Der Chef des israelische Nachrichtendienstes *Schabak*, Avi Dichter, gab auf einer Veranstaltung des Jaffee Center for Strategic Studies der Universität Tel Aviv am 1. Juli 2003 die Zahl der israelischen Intifada-Toten mit 814 (davon 76% Zivilisten) und der Verletzten mit 4.761 (83% Zivilisten) an.

67 Berliner Zeitung, 13. April 2002.

68 Der *Peace Index* von Februar 2003 ergab eine etwas optimistischere Tendenz. 28,7% der jüdischen Bevölkerung hielten einen Friedensschluss zwischen Israel und den arabischen Staaten in den kommenden Jahren für wahrscheinlich. Hinsichtlich des Oslo-Prozesses ergaben sich nur geringfügige Veränderungen gegenüber 2002.

Tabelle 10: Meinungsumfragen unter jüdischen Bürgern Israels zum Friedensprozess (Peace Index)[69]

	26.9.2000	25.9.2001	01.10.2002
Glauben Sie, dass es in den kommenden Jahren zwischen Israel und den Arabern Frieden geben wird?			
Gewiss wird es Frieden geben	10,0%	4,2%	5,6%
Ich glaube, es wird Frieden geben	29,5%	15,6%	17,2%
„In the Middle"	8,6%	12,8%	11,0%
Ich glaube, es wird keinen Frieden geben	21,2%	29,1%	31,5%
Es wird sicher keinen Frieden geben	26,7%	36,6%	31,5%
Keine Angabe	4,0%	1,8%	3,1%
Was halten Sie vom Oslo-Abkommen, vereinbart zwischen Israel und der PLO im September 1993?			
Befürworte es sehr	14,4%	7,1%	8,8%
Befürworte es in gewissem Maße	25,1%	16,6%	15,4%
„In the Middle"	13,8%	23,5%	15,0%
Bin in gewissem Maße dagegen	13,2%	12,5%	19,1%
Bin strikt dagegen	16,2%	33,2%	29,6%
Keine Angabe	17,4%	7,1%	12,1%

Vor Ausbruch der Al-Aksa-Intifada war die israelische Gesellschaft von vielen ihrer Bürger als fragmentierte und zerklüftete Gemeinschaft empfunden worden. Seit Oktober 2000 jedoch wurden die realen Divergenzen und Widersprüche zwischen *Aschkenasim* und *Misrachim,* Neueinwanderern und Alteingesessenen oder Religiösen und Säkularen in hohem Maße durch die Sicherheitsproblematik überlagert und erschienen wieder als sekundär. Der Vergleich zweier Meinungsumfragen, am Vorabend des jüdischen Neujahrsfestes der Jahre 2000 und 2001 durchgeführt, ergibt ein aussagekräftiges Bild:

Tabelle 11: Meinungsumfragen über gesellschaftliche Disparitäten in Israel (2000 und 2001)

Frage: Zwischen welchen Gruppen besteht Ihrer Meinung nach die tiefste Kluft innerhalb der israelischen Gesellschaft?		
	2000[70]	2001[71]
Zwischen säkularen und ultraorthodoxen Juden	54%	27%
Zwischen jüdischen u. arabischen Bürgern Israels	24%	49%
Zwischen Aschkenasim und Misrachim	17%	3%
Zwischen Rechts und Links		9%
Zwischen Arm und Reich		8%
Keine Angabe	5%	4%

---

69 http://www.tau.ac.il/peace/Peace_Index.
70 Maariv, 29. September 2000.
71 Maariv, 14. September 2001.

Die Antworten verdeutlichen den Meinungsumschwung, bedingt durch die Intifada und die mit ihr einher gehende Gefährdung individueller Sicherheit. Während der „nationale Konsens" in der jüdischen Bevölkerung – zumindest für die Zeit äußerer Bedrohung – weitgehend wiederhergestellt wurde, vertiefte sich die Kluft zwischen jüdischer Mehrheit und arabischer Minderheit. Auf politischer Ebene zeigte sich diese in der zeitweiligen Aberkennung der parlamentarischen Immunität des arabischen Knessetabgeordneten Asmi Bischara und der Einleitung eines Gerichtsverfahrens gegen ihn mit dem Vorwurf, er habe sich öffentlich mit der „terroristischen Organisation *Hizbollah*" identifiziert, deren „terroristische Aktivitäten gepriesen" und die arabischen Bürger Israels aufgefordert, sich am Kampf zu beteiligen.[72] Auch gegen das arabische Knessetmitglied Achmed Tibi wurde im Mai 2002 eine Verfügung erlassen, die seine Bewegungsfreiheit bis zum Ende der Legislaturperiode einschränkte.[73] Tibi hatte mit einer Gruppe arabisch-palästinensischer Israelis Anfang Februar 2002 Jasir Arafat in Ramallah besucht und die Politik des Scharon-Kabinetts kritisiert.[74] Das Angstwort von der „Fünften Kolonne" machte – offen oder unterschwellig – erneut die Runde; es war auch in den Medien anzutreffen.[75]

Zu den innenpolitischen Verwerfungen im Gefolge der Al-Aksa-Intifada gehört der nicht zu übersehende Rechtsrutsch im Parteienspektrum. Bereits der Wahlsieg Ariel Scharons 2001, insbesondere jedoch seine Wiederwahl zwei Jahre später belegten die Dominanz konservativ-nationalistischer Kräfte. Parallel dazu bezeugten wiederholte Meinungsumfragen die geringere Akzeptanz und Ausstrahlung linksliberaler Politikangebote. Die Schwächung linker Parteien wie Avodah und Merez ging einher mit einem Prestigezuwachs des Likud und der radikalen Rechten.

Wie an anderer Stelle bereits ausgeführt, stellte sich die Mehrheit der israelischen Bevölkerung mit Fortgang der Al-Aksa-Intifada hinter die Regierung der nationalen Einheit und damit hinter Ariel Scharon. Im entschlossenen Agieren sah sie die einzige Möglichkeit, der angespannten Sicherheitsproblematik Herr zu werden. Der Vergleich des Abstimmungsverhaltens bei den Wahlen zum Ministerpräsidenten (Mai 1999, Februar 2001) und zur Knesset (Mai 1999, Januar 2003) vermittelt ein eindeutiges Bild des Stimmungsumschwungs:

---

72   Indictment of Azmi Bishara, 12. November 2001, übermittelt durch www.imra.org .il am 28. Februar 2002.
73   www.ipc.gov.ps/ipc_e/ipc_e-1/e_News/news2002-5/0181.html (11. Juli 2002).
74   Haaretz, 15. Februar 2002.
75   Vgl. u.a. Jerusalem Post, 23. Mai 2003.

Tabelle 12: Israelisches Wählerverhalten vor und nach Ausbruch der Al-Aksa-
Intifada

Wahl Premierminister	Mai 1999	Februar 2001
Avodah-Kandidat	56,08%	37,7%
Likud-Kandidat	43,92%	62,3%

Knessetwahlen	Sitze 1999	Sitze 2003
Mitte-Links	*36*	*25*
Jisrael achat	26	19
Merez	10	6
Zentrum	*14*	*18*
Am Echad	2	3
Schinui	6	15
Zentrumspartei	6	-
Gemäßigte/Radikale Rechte	*33*	*47*
Likud	19	38
Jisrael ba-Alijah	6	2
Jisrael Beitenu	4	-
Ichud Le'umi (Cherut, Moledet, T'kumah) 2003 ohne Cherut, aber mit Jisrael Beitenu	4	7
Religiöse Parteien	*27*	*22*
Mafdal	5	6
Vereinigtes Thora-Judentum	5	5
Schas	17	11
„Arabische" Parteien	*10*	*8*
Vereinigte Arabische Liste	5	2
Chadasch	3	3
Balad	2	3

Synergieeffekte des 11. September 2001

Nicht unwesentlich beeinflussten die Terroranschläge in New York und Washington vom 11. September 2001 die öffentliche Meinung Israels. Solidarität
mit den US-Bürgern ging einher mit der Hoffnung, der wichtigste Verbündete
werde nunmehr aufgrund eigener Erfahrung ein besseres Verständnis für die
Sicherheitsgefährdung Israels aufbringen. Die Jerusalem Post fasste die Grund-
stimmung und Erwartung in die Worte: „Alle New Yorker sind in dieser Woche
zu Israelis geworden."[76]

In den Folgemonaten sah sich die israelische Regierung angesichts der militärischen Vergeltungsschläge der USA gegen Afghanistan zum verstärkten

---

76   Jerusalem Post, 14. September 2001. Vgl. auch Haaretz, 2. Dezember 2001; Jerusalem Post, 5.
      Dezember 2001.

Gewalteinsatz in den besetzten palästinensischen Gebieten legimitiert. Ariel Scharon setzte Jasir Arafat mit Bin Laden gleich und kündigte die Zerschlagung aller Strukturen des „palästinensischen Terrors" an. Die gezielte Liquidierung von Palästinensern, die dem israelischen Geheimdienst als führende Terroristen galten, unterstützten im Oktober 2001 77% der jüdischen Israelis.[77] Kritik aus den USA an den hohen menschlichen „Kollateralschäden" in der palästinensischen Zivilbevölkerung wurde mit dem Argument zurückgewiesen, das State Department könne an Israel keine anderen Maßstäbe anlegen als an sich selbst.[78]

Am 22. Oktober 2001 – unmittelbar nach der Ermordung des israelischen Tourismusministers Rechavam Se'evi durch palästinensische Attentäter – demonstrierten in Jerusalem 80.000 Menschen unter der Losung „Jagt Arafat weg und bekämpft den Terror". Sie riefen die Regierung auf, härtere Maßnahmen gegen die Palästinensische Autonomiebehörde zu ergreifen.[79] Die Forderungen blieben nicht verbal. Im Mai 2002 verhaftete die israelische Polizei z.B. mehrere Männer, die eine jüdische terroristische Untergrundorganisation gegründet hatten, um palästinensische Einrichtungen – u.a. eine Mädchenschule und ein Krankenhaus in Ostjerusalem – in die Luft zu sprengen. Einige der Zeloten gehörten der verbotenen rassistischen Kach-Partei an.[80]

Nicht wenige Stimmen in Israel sprachen jedoch auch von einem „Fenster neuer Möglichkeiten", das der 11. September geöffnet habe. Die Vereinigten Staaten seien nunmehr an einer Deeskalation des Nahostkonfliktes interessiert, um die arabischen Staaten in die weltweite Koalition gegen den Terror einzubinden.[81] Die Friedensorganisation *Schalom Achschaw* veröffentlichte am 29. Oktober 2001 einen gemeinsam von Israelis und Palästinensern unterzeichneten Aufruf, der das Ende aller Gewalttaten, die sofortige Einstellung der israelischen Siedlungsaktivitäten und die Rückkehr zu Verhandlungen über den Endstatus der palästinensischen Gebiete forderte.[82] Das „Elternforum" Jizchak Frankenthals (*Horim Schkulim*)[83] platzierte im November 2001 936 Särge, eingehüllt in schwarze und weiße Tücher, auf dem Rabin-Platz in Tel Aviv – ein

---

77 www.tau.ac.il/peace/Peace_Index/2001/English/p_oct_01_e.html (25. November 2001). Bis Ende 2002 waren 61 Personen durch die israelische Armee „hingerichtet" worden; wiederholt kamen bei diesen Aktionen auch Zivilisten – nicht selten Frauen und Kinder – ums Leben.

78 Dershowitz, Alan: The parallels are striking, Jerusalem Post, 5. November 2001.

79 www.israelpr.com/demo10.23.html (8. Januar 2002).

80 Vgl. u.a. Haaretz, 15. Mai 2002, 16. Mai 2002, 19. Mai 2002, 23. Mai 2002.

81 Benvenisti, Meron: The return of déjà vu, Haaretz, 28. September 2001.

82 www.peacenow.org/shalomachshav/declaration1001.html (17. Juli 2002).

83 Das Forum der „berieved parents" war 1995 durch Jizchak Frankenthal, einen orthodoxen Juden, dessen 19jähriger Sohn 1994 bei einem *Hamas*-Anschlag ums Leben kam, gegründet worden. Es brachte jüdische, palästinensische und drusische Eltern zusammen, die ebenfalls Kinder bei militanten Auseinandersetzungen verloren hatten und sich dennoch oder gerade deswegen für Frieden und Verständigung einsetzten.

symbolisches Gedenken an die bis zu diesem Zeitpunkt zu beklagenden israelischen und palästinensischen Opfer.[84] Die Schmerzen des Friedens seien leichter zu ertragen als die Leiden des Krieges – so die Mahnung.

Offizielle Politik, Wirksamkeit der Medien und subjektive Erfahrung mit der Gewalt haben in Israel vielfach eine einseitige Sicht auf Ursachen und Wirkungen, Terror und Gegenterror entstehen lassen. Der überwiegende Teil der israelischen Bevölkerung wertete die Intifada insgesamt als terroristischen Aktionismus. Nur wenige Bürger suchten zwischen bewaffnetem palästinensischen Widerstandskampf in den besetzten Gebieten und terroristischen Attentaten gegen die Zivilbevölkerung innerhalb Israels zu unterscheiden. Die Wiederbesetzung der während des Oslo-Prozesses unter palästinensische Verwaltung gestellten „A-Gebiete" wurde als Akt nationaler Selbstverteidigung im Kampf gegen den Terror gewertet und weder im Hinblick auf die zahlreichen Verstöße gegen Menschenrechte noch hinsichtlich ihres Nutzens für Israel hinterfragt. Zeitgleich jedoch favorisierte ein beachtlicher Prozentsatz der israelischen Bürger Ideen, die offensichtlich im Widerspruch zur Regierungspolitik standen – Verhandlungen mit den Palästinensern, Räumung israelischer Siedlungen und Rücknahme zumindest eines Teils der Siedler. Der Bau eines Schutzgürtels und damit die weitgehende Separation der israelischen und palästinensischen Lebensräume wurden von vielen als Möglichkeit betrachtet, das Leben wieder sicherer zu gestalten. Die aus dem historisch determinierten „Nie wieder wehrlos sein" abgeleitete Unterstützung für eine Politik der Stärke, aber auch „Verwirrung"[85], Frust und Hoffnungslosigkeit charakterisierten die Stimmungslage im zweiten und dritten Jahr der Intifada.

Die verhaltenen Stimmen der „Tauben"

Opposition zur Politik der „harten Hand" artikulierte sich zunächst in der Presse. Gideon Levy, 24 Jahre lang persönlicher Mitarbeiter des Sozialdemokraten Schimon Peres, forderte seinen ehemaligen „Chef" Ende Januar 2002 in einem offenen Brief beispielsweise auf, endlich die Regierung Scharon zu verlassen: „Dein Schweigen und Deine Passivität kann nicht länger mit irgendeiner Entschuldigung gerechtfertigt werden. Schimon, Du beteiligst Dich an Verbrechen. [...] Versuch noch einmal in Deinem Leben, etwas Neues aufzubauen – keinen Atomreaktor und keine Luftfahrtindustrie, denn davon haben wir genug. Versuch jetzt, allen Widerständen zum Trotz, ein radikales israelisches Friedenslager aufzubauen, aus nichts etwas zu machen. Ist es falsch anzunehmen, dass

---

84 Die Organisation hatte beabsichtigt, die Särge mit israelischen bzw. palästinensischen Flaggen zu drapieren; dieses Ansinnen wurde ihr durch die Polizei untersagt.

85 Primor, Avi: Die Israelis leiden so wie seit langem nicht mehr, Die Welt, 10. November 2001.

Du die Dinge immer noch anders siehst als Deine anderen Kollegen in der Regierung? Sag die Wahrheit, Schimon!"[86]

Als Reaktion auf die anhaltende Eskalation des durch Ariel Scharon zum „Krieg" erklärten Vorgehens gegen die palästinensische Bevölkerung, aber auch aus Enttäuschung über die anhaltende Weigerung der Arbeitspartei, die Regierung zu verlassen, begann sich im Februar 2002 eine „Friedenskoalition" zu formieren. Sie setzte sich aus Mitgliedern und Anhängern von Merez und der Knessetfraktion Roman Bronfmans, aus „Tauben" der Arbeitspartei, aus Vertretern der Kibbuzbewegung sowie aus mehreren Friedensorganisationen zusammen. Zu den Protagonisten zählten u.a. die Knessetabgeordneten Jossi Sarid, Jossi Beilin, Avraham Burg, Jael Dajan und Naomi Chazan, die Leiterin des Rabin Center for Israel Studies, Juli Tamir, sowie jüdische und arabische Schriftsteller.

Die Position der Friedensbewegten charakterisierte der Schriftsteller Amos Oz im Februar 2002 wie folgt: „Israel darf nicht länger zwei Millionen Palästinenser in den besetzten Gebieten als Geiseln halten, um seine Forderung nach der Einstellung des Terrors durchzusetzen. Das ist nicht nur unzulässig, sondern auch dumm, schädlich, gefährlich. Wir müssen noch einen Versuch unternehmen, dem Okkupationszustand durch Verhandlungen auf der Grundlage des Clinton-Konzepts und der Taba-Vereinbarungen ein Ende zu machen, freilich ohne die Autobombe, die sich „Rückkehrrecht" nennt. Wenn dieser Versuch scheitert, müssen wir die Besatzung beenden und die Gebiete räumen, in denen ein anderes Volk lebt – und Palästina sich selbst überlassen. Mit oder ohne Frieden. Wird Palästina uns dann in Ruhe lassen? Wenn nicht, werden wir unser Land und unsere Freiheit verteidigen – unser Land, nicht unsere Eroberungen."[87]

Wiederholt fanden in Tel Aviv, Jerusalem, Haifa und anderen Städten in der Folgezeit Kundgebungen statt, deren Teilnehmer ein Ende der Gewalt forderten und sich für die Wiederaufnahme von Verhandlungen aussprachen. Auch neue Protestformen gegen die Regierungspolitik bildeten sich heraus. So organisierten Jugendliche in Tel Aviv Musik- und Tanzpartys unter dem Motto „Rave against the occupation". Für viele der jugendlichen Friedensaktivisten stellte die Politik Scharons die Antithese zum Vermächtnis Jizchak Rabins dar.

Unterschiedliche Reaktionen rief die Initiative von 52 israelischen Reservisten hervor, die sich Ende Januar 2002 weigerten, Dienst in den besetzten Gebieten zu tun. Sie erklärten: „Wir werden weiterhin in der Armee dienen, solange es sich um die Verteidigung des Staates Israel handelt. Wir werden jedoch nicht jenseits der Grünen Linie mit dem Ziel kämpfen, ein ganzes Volk zu unterdrücken, zu vertreiben, auszuhungern und zu erniedrigen."[88] Zwei Wochen

86 Levy, Gideon: Tell the truth, Shimon, Haaretz, 26. Januar 2002.
87 Jediot Acharonot, 6. Februar 2002.
88 Ha-Arez, 25. Januar 2002; vgl. http://seruv.nethost.co.il/ (6. Februar 2002).

später hatten 182 Israelis – in der Mehrzahl Reserveoffiziere – den Aufruf unterzeichnet. Auf der Website der neu gegründeten Organisation ließen sich zu diesem Zeitpunkt bereits nahezu 2000 – äußerst kontroverse – Stellungnahmen nachlesen. Eine Umfrage des Tami Steinmetz Center der Universität Tel Aviv ergab Ende Januar, dass 15,2% der jüdischen Israelis die Wehrdienstverweigerer unterstützten, 79,1% jedoch deren Haltung ablehnten. Einen Monat später freilich hatte sich das Lager der Befürworter bereits auf 23% vergrößert.[89]

Organisationen, wie *Jesch Gvul* (Es gibt eine Grenze), *Profil Chadasch* (Neues Profil) und *Gusch Schalom* (Friedensblock), sprachen sich für die Unterstützung der Verweigerer aus. Generalstabschef Schaul Mofas dagegen stellte die Wehrdienstverweigerer als Kriminelle dar und sprach von einer „marginalen Erscheinung". Mehrere Reservisten wurden vor ein Armeegericht gestellt und zu Haftstrafen verurteilt. 140 Offiziere und Soldaten der Reserve veröffentlichten am 1. Februar 2002 einen Gegenaufruf, in dem sie von der „Ehre zu dienen" sprachen und die „antidemokratische Initiative" der Wehrdienstverweigerer verurteilten.[90] Auch einige der israelischen Linken hielten Distanz zu den Armee-Dissidenten. Deren Motive seien zwar nachvollziehbar und unterstützenswert, sie schwächten letztlich jedoch durch Gesetzesbruch die demokratischen Grundlagen der israelischen Gesellschaft. Es sei zu befürchten, dass rechtsorientierte Offiziere und Soldaten sich der gleichen Verweigerungshaltung bedienen könnten, sollten sie eines Tages zur Räumung von Siedlungen in den besetzten Gebieten verpflichtet werden.

Eine größere Gruppe ehemaliger hoher Offiziere und Militärexperten hatte wiederholt bereits in der Vergangenheit Kritik an der Regierungspolitik geübt. Ihre Stimmen sind von besonderem Gewicht, da Militärs von der Gesellschaft als ausgewiesene und „kampferprobte" Spezialisten wahrgenommen werden. Mangelndes sicherheitspolitisches Denken oder fehlender Patriotismus kann ihnen schwerlich vorgeworfen werden. So war der „Rat für Frieden und Sicherheit", gegründet 1988 durch den Reservegeneral Aharon Jariv, Leiter des Jaffee Center for Strategic Studies der Universität Tel Aviv, bereits während der ersten Intifada und des Golfkrieges 1991 für territoriale Kompromisse mit den Palästinensern eingetreten bzw. hatte er die Formel „Land für Frieden" unterstützt. Nach Beginn der Al-Aksa-Intifada meldete sich die Organisation erneut zu Wort. Ende November 2000 erklärten ihre Sprecher, dass der Frieden mit den Palästinensern für die Sicherheit Israels unabdingbar sei und über Verhandlungen erreicht werden müsse. Der Rat lehnte die Anwendung militärischer Maßnahmen nicht grundsätzlich ab, betonte jedoch die Notwendigkeit, begleitende politische Schritte zu unternehmen. Aus der Schaffung eines palästinensischen

---

89   www.tau.ac.il/peace/Peace_Index/2002/English/p_jan_02_e.html;
      www.tau.ac.il/peace/Peace_Index/2002/English/p_feb_02_e.html (17. Juli 2002).
90   Ha-Arez, 1. Februar 2002.

Staates, selbst wenn dieser den größten Teil der Westbank und des Gazastreifens umfassen sollte, entstehe „keine existentielle Gefahr für den Staat Israel".[91]

Der annähernd 1.100 Mitglieder – darunter über 200 Generäle der Armee, des Geheimdienstes und der militärischen Aufklärung – zählende Rat bekannte sich auch 2002 und 2003 zu den oben skizzierten Positionen. Er setzte sich für die einseitige Abtrennung der besetzten Gebiete vom israelischen Kernland, die Räumung einer größeren Zahl von Siedlungen und die Rückkehr zu Verhandlungen mit den Palästinensern ein.[92] Bedingt als *pressure group* wirkte der Rat, als er sich das Ziel stellte, eine Million Unterschriften zu sammeln, um die Regierung zu veranlassen, „eine effektive Sicherheitslinie zwischen uns und den Palästinensern" zu ziehen.[93] Namhafte Mitglieder des Rates, u.a. der ehemalige Chef der militärischen Aufklärung, Schlomo Gazit, beteiligten sich an den unterhalb der Regierungsebene stattfindenden Gesprächen mit Vertretern Jordaniens, Ägyptens und der Palästinensischen Autonomiebehörde. Auf einer am 11. Juni 2003 in der Universität Tel Aviv durchgeführten Veranstaltung sprach sich das Gremium für die Fortsetzung des Dialogs aus; in der Trennung von den Palästinensern sah es ein „zionistisches Erfordernis".

Sicherheits- und friedenspolitische Erwägungen brachten auch den ehemaligen Geheimdienstchef Israels, Ami Ajalon, dazu, zusammen mit dem palästinensischen Professor Sari Nusseibeh, Präsident der Al-Kuds-Universität in Jerusalem, am 25. Juni 2003 – unmittelbar vor Inkrafttreten des Waffenstillstands – eine Friedensinitiative zu starten. Gemeinsam veröffentlichten sie in israelischen und palästinensischen Tageszeitungen ein Sechs-Punkte-Programm zur Regelung des israelisch-palästinensischen Konflikts. Als Grundsätze werden benannt: Zwei Staaten für zwei Völker; Rückkehrrecht für Palästinenser in den palästinensischen Staat, für Juden in den Staat Israel; Errichtung eines demilitarisierten palästinensischen Staates (auf dem Gebiet der Westbank und des Gazastreifens); Festlegung der Grenzen gemäß der Situation vom 4. Juni 1967 (Möglichkeit von Grenzkorrekturen durch Gebietsaustausch, Rückführung der Siedler); Erklärung Jerusalems zur Hauptstadt beider Staaten; Proklamation beider Seiten über die Beendigung des Konflikts.[94]

Der „nationale Appell" hat eine neue Diskussionsebene geschaffen und das Denken in Kompromissen gestärkt. Zehn Tage nach Veröffentlichung hatten bereits 20.000 Friedensbewegte, unter ihnen 2.000 Palästinenser, den Aufruf

---

91   Emdat Ha-Moazah le-Schalom u-le-Bitachon le-or eru'ei intifadat al-Aksa (Position des Rates für Frieden und Sicherheit zu den Ereignissen der Al-Aksa-Intifada), 26. November 2000 (Das Material wurde der Verf. durch den Rat zur Verfügung gestellt).

92   Siehe u.a. Jerusalem Times, 7. März 2002; Haaretz, 21. April 2002.

93   Haaretz, 21. April 2002.

94   Ha-Arez, 9. Juli 2003; vgl. Lavie, Aviv: The peoples' choice, Haaretz Magazine, 11. Juli 2003, S. 8-11.

unterzeichnet. Das Problem derartiger öffentlicher Voten in bisher verfeindeten Völkern liegt darin, dass die Unterschriftensammlung ein annähernd paralleles Ergebnis erbringen muss. Andernfalls setzt sich die geringer repräsentierte Seite dem Verdacht aus, mangelhaft friedensfähig und -bereit zu sein. Im konkreten Fall ist es aufgrund der asymmetrischen Gesellschaftszustände in Israel und in den besetzten Territorien jedoch schwer, die palästinensische Öffentlichkeit zu erreichen und ihre Bürger zu veranlassen, den Schutz der Anonymität aufzugeben und offen ihre Stimmungslage zu artikulieren. Dem widerspricht nicht, dass – anders als die Politiker – beide Bevölkerungen annähernd gleich kriegsmüde und kompromissbereit sind. Offensichtlich ist jedoch noch nicht der kritische Punkt erreicht, an dem nur noch politisches Handeln sinnvoll erscheint und sich dafür zwingende Mehrheiten bilden.

Fragen an die Zukunft

Zu den positiven Ergebnissen der israelisch-palästinensischen Konsenssuche in den neunziger Jahren zählt, dass beide Seiten den alleinigen Anspruch auf das historische Palästina aufgaben. Damit wurden die Sicht auf den Konflikt verändert und in Konturen neue Strategieansätze sichtbar. Die Formel „Zwei Staaten für zwei Völker" wurde zum unabdingbaren Bestandteil jeglicher Kompromisssuche. Sie lag auch allen Friedensinitiativen der „Nach-Oslo-Zeit" zugrunde, eingeschlossen der saudi-arabische Friedensplan von März 2002, die Standortbestimmung des amerikanischen Präsidenten George W. Bush vom 24. Juni 2002 und die im September desselben Jahres vorgelegte *Road Map* des so genannten Quartetts, bestehend aus den USA, Russland, der Europäischen Union und der UNO. Voraussetzungen für die Implementierung von Programmen politischer Konfliktbearbeitung sind freilich nicht nur der beidseitige Stopp des Gewaltaustrags, sondern auch und vor allem die Fortsetzung des politischen Dialogs und die Zusammenarbeit zwischen israelischer Regierung und Palästinensischer Autonomiebehörde in vitalen Fragen.

Konfliktforscher und Krisenmanager sind sich mehrheitlich darin einig, dass ohne Rückkehr an den Verhandlungstisch kein dauerhafter Frieden erreichbar sein wird. Der Weg zu einer politischen Regelung jedoch dürfte lang und kompliziert sein. David Grossman sprach Ende 2001 von dem sich verstärkenden „bitteren Gefühl", „dass beide Völker noch nicht reif sind, einen echten Frieden zu schließen; dass beide noch gar nicht begreifen, was Frieden bedeutet, dass sie selbst dann, wenn sie, rein theoretisch, über die ‚Notwendigkeit des Friedens' zu reden vermögen, doch nicht die Kraft besitzen, die tief greifenden, schmerzlichen Prozesse einzuleiten, die zu seiner Verwirklichung und seinem

Gelingen erforderlich sind."[95] Zwei Jahre später wurde erstmals ein schwaches Licht am Ende des Tunnels sichtbar, das freilich schnell wieder erlosch.

Die Machtrealitäten und die historischen Abläufe folgen eigenen Gesetzen und können nicht dauerhaft ausgeblendet werden. Da die jeweils andere Seite weder verschwinden noch auf ihre Rechte, Interessen und nationalen Ambitionen verzichten wird, ist jede Erwartung irreal, dass die in den Endstatusverhandlungen zu regelnden Probleme durch den Zeitfaktor oder eventuelle Machtverschiebungen hinfällig werden könnten. Ungelöst bilden sie permanente Spannungsherde – Vulkane, die sich jederzeit eruptiv entladen können. Krisenmanagement und produktive Konfliktbearbeitung bleiben somit unverzichtbare Forderungen. Die angedachten Regelungsvarianten können in vorliegender Studie weder komplex vorgestellt noch die Lösungsoptionen umfassend diskutiert werden. Es sei jedoch nicht darauf verzichtet, zumindest die Fragen zu benennen, die während des vergangenen Jahrzehnts den themenrelevanten Diskurs in Israel maßgeblich prägten und ihn auch künftig in hohem Maße beeinflussen dürften.

Die bereits erwähnte Option, die palästinensischen Territorien „einseitig" abzutrennen, berührt – gewollt oder ungewollt – das weitere Schicksal der besetzten Gebiete und der dort lebenden jüdischen Siedler. Mit ihr verbinden sich der weitgehende Rückzug der israelischen Truppen aus der Westbank und dem Gazastreifen und die Erwartung, auf dem geräumten Territorium könne der Kern eines palästinensischen Gemeinwesens, mutmaßlich in Form eines eigenständigen Staates, entstehen. Daran bindet sich die Frage nach den künftigen Grenzen zwischen Israel und Palästina. Sollte es zu keiner bilateralen Vereinbarung kommen, würde der Grenzverlauf ohne Verhandlungen und ohne Zustimmung der Palästinenser einseitig durch Israel fixiert werden. Sollten israelische Territorialinteressen die Grenzziehung dominieren, so wären neue *faits accomplis* mit konfliktiver Sprengkraft die Folge.

Wenngleich die israelische Regierung wiederholt betonte, dass der seit Juni 2002 im Bau befindliche „Sicherheitszaun" keineswegs die Vorwegnahme der künftigen Grenze bedeute, schafft die eine Million US-Dollar pro Kilometer kostende Trennlinie doch schwer zurücknehmbare Realitäten Mit ihr wird andererseits der Tatsache Rechnung getragen, dass die Israelis mehrheitlich eine erneute dauerhafte Besetzung der palästinensischen Gebiete und damit die Rückkehr zum *status quo ante* ablehnen.[96] Zu Recht befürchten sie, dass das israelische Kernland dadurch nicht sicherer würde, sondern eine unendliche Kette von Gewalteruptionen zu befürchten sei.

---

95 Grossman, David: Sieg der Schwarzseher, Frankfurter Allgemeine Zeitung, 15. Dezember 2001.

96 Im Januar 2003 befürworteten 68% der Israelis eine einseitige Abtrennung Israels von den besetzten Gebieten. Maariv, 10. Januar 2003.

Das israelisch-palästinensische Kräfteverhältnis und der Fakt, dass die PLO-Führung in den Verhandlungen von Taba im Januar 2001 bereits der Angliederung größerer jüdischer Siedlungsblöcke an das israelische Staatsterritorium zustimmte, lassen die komplette Rückkehr zu den vor dem Junikrieg bestehenden Grenzlinien ohnehin unrealistisch erscheinen. Korrekturen des Grenzverlaufs einschließlich Gebietsaustausch sind bereits angedacht und offensichtlich positiv weiter verhandelbar. Nicht zu den Kompromissvarianten dürfte die von Ariel Scharon favorisierte „Interimslösung" zählen, nach der ein palästinensischer Staat mit drastisch eingeschränkten Souveränitätsrechten auf 42-52% der Westbank entstehen solle. Für Israel würde sich dadurch die Möglichkeit eröffnen, die C-Gebiete zu annektieren.[97] Die mit dem Bau der „Mauer" verbundene Enteignung palästinensischer Grundstücke[98] und die Einbeziehung großer jüdischer Siedlungen, wie Ariel, Kedumim und Emanuel, in das israelische „Kernland" weisen in Richtung des Scharon-Konzepts.

Offen ist zur Zeit die Frage, in welchem Souveränitätsrahmen sich die palästinensische Eigenstaatlichkeit durchsetzen lässt. Durch die israelischen Militäraktionen wurde die Infrastruktur der Palästinensischen Autonomiebehörde weitgehend zerstört. Ob und wie sie in veränderter Form neu entstehen kann, ist umstritten. Der Jerusalemer Politologe Schlomo Avineri schließt die Variante, den alten Zustand wiederherzustellen, beispielsweise aus. Er schlägt neue, unkonventionelle Lösungen vor. Denkbar sei, in der Westbank und im Gazastreifen „ein internationales Protektorat – eine Variante der Konstruktion, die gegenwärtig in Bosnien und im Kosovo existiert" zu errichten. Bei der Verwaltung der internationalen Schutzzone – so Avineri – könnte arabischen Staaten, z.B. Saudi-Arabien, eine Führungsrolle zugestanden werden.[99] Ob die Betroffenen – 3,5 Mill. Palästinenser im Westjordangebiet und im Gazastreifen – mit einer derartigen Übergangslösung einverstanden wären, erscheint zweifelhaft.

Für die in den neunziger Jahren beschworene und von den israelischen Linken nach wie vor befürwortete Formel „Zwei Staaten für zwei Völker" fehlen noch entscheidende politische und ideelle Voraussetzungen. Sollte am Ende eines längeren Prozesses und mit Hilfe bzw. durch Vermittlung der internationalen Gemeinschaft ein palästinensischer Staat entstehen, so dürfte neben den zu fixierenden Grenzen das Maß seiner nationalstaatlichen Souveränität völkerrechtlich verbindlich festzulegen sein. Wenngleich sich Ministerpräsident Scharon mehrfach für die Errichtung eines palästinensischen Staates aus-

---

97 Efrat, Elisha 2002, S. 45f.

98 Die Friedensorganisation *Gusch Schalom* verweist darauf, dass die Abtrennungsmauer so viele jüdische Siedlungen wie möglich dem israelischen Kernland einverleiben soll. Sie wird das Leben von zumindest 210.000 Palästinensern aus 67 Orten negativ beeinflussen, da diese von ihren bisherigen Lebensräumen abgetrennt werden und Grund und Boden in erheblichem Umfang verlieren. www.gush-shalom.org/thewall/index.html (28. Juni 2003).

99 www.zeit.de/2002/21/Politik/print_200221_essay.avineri.html (21. Mai 2002).

sprach,[100] so läuft die durch seine Regierung derzeit verantwortete Politik eher auf eine Kantonisierung, d.h. Zergliederung der palästinensischen Räume in mehrere Zonen mit unterschiedlicher Herrschaftsqualität, hinaus. Die von einem Teil des „rechten Lagers" angestrebte „Separation ohne Souveränität" zielt auf Autonomie für die Palästinenser bei Aufrechterhaltung israelischer Herrschaft über das Territorium. Israel solle danach weiterhin alle existentiellen Fragen, seien es innere und äußere Sicherheit, das Funktionieren der Wirtschaft oder die Wassernutzung, kontrollieren dürfen.

Wenig aktuell, nach wie vor historisch jedoch keinesfalls auszuschließen, ist die „Jordanische Option", die als mittel- oder langfristige Regelungsvariante für einen Verbund des palästinensischen Gemeinwesens mit Jordanien steht. Nicht außerhalb von Langzeitüberlegungen – wenngleich gegenwärtig sowohl von Israelis als auch Palästinensern als Sakrileg an nationalen Interessen vehement abgelehnt – bleibt die Idee eines binationalen Staates in den Grenzen des ehemaligen Mandatsgebietes Palästina mit jüdischen und arabisch-palästinensischen Staatsbürgern, denen gleiche demokratische Grundrechte zuzusprechen wären.

Eng mit der Grenzziehung verbunden ist die Frage nach dem Schicksal bzw. dem künftigen Status der israelischen Siedler und Siedlungen, die sich jenseits der „Grünen Linie" befinden. Ihre Zahl – Ende 2002 ca. 392.000 Personen in 140 Siedlungen[101] – stellt eine unübersehbare Größe dar, die von jeder israelischen Regierung in Betracht zu ziehen ist. Der Ausbau der Siedlungen und des Straßennetzes zwischen ihnen und dem israelischen Kernland hat dazu beigetragen, dass die Spielräume für territoriale Kompromisse stark eingeengt wurden. Eine Studie der israelischen Menschenrechtsorganisation *Be-Zelem* wies für die Westbank nach, dass die durch Siedler bebaute Fläche zwar nur 1,7% des Grund und Bodens umfasst, die munizipalen Grenzen der Siedlungen jedoch 6,8% des Territoriums ausmachen und die durch die Siedler gebildeten Regionalräte mit Hilfe der Armee und unter Nutzung des „Bypass"-Straßensystems de facto 41,9% des Westjordangebietes kontrollieren.[102]

Die in drei Jahrzehnten geschaffenen vollendeten Tatsachen dürften bei künftigen Grenzziehungen durchaus eine Rolle spielen. Dennoch ist der Mehrheit der israelischen Bürger klar, dass jede politische Regelung des Konfliktes

---

100 In einem Interview mit der Tageszeitung Ha-Arez erklärte Scharon: „Man muss die Dinge realistisch sehen. Letzten Endes wird es einen palästinensischen Staat geben. […] Ich glaube nicht, dass wir über ein anderes Volk regieren und deren Leben beherrschen sollten. Ich glaube nicht, dass wir die Kraft dafür haben." Zit. nach Newsletter der israelischen Botschaft in Berlin vom 14. April 2003, S. 2.

101 Die Zahl umfasst auch die 7.300 Siedler im Gazastreifen und die ca. 174.000 israelischen Bewohner des Siedlungsrings um Jerusalem. Zahlenangaben nach Tamir, Juli: Mezivim gvul la-sichsuch (Den Konflikt eingrenzen), Beilage von Ha-Arez, Juli 2003, S. 4.

102 Haaretz, 14. Mai 2002; Jediot Acharonot, 14. Mai 2002; vgl. auch Newman, David: Israel has a problem to solve on its own, International Herald Tribune, 23. Mai 2002.

die Räumung zumindest eines Teils der Siedlungen beinhalten wird. Nicht selten werden zumindest die militanten Siedler nicht mehr als „Garanten israelischer Sicherheit", sondern als „Sicherheitsbürde" betrachtet – als kleine Gruppe von Zeloten, die die gesamte israelische Bevölkerung als Geiseln genommen habe.

Angedachte Regelungen, die für beide Seiten akzeptabel wären, reichen von der Auflösung einer Reihe von Siedlungen und Entschädigung der Siedler bei deren Rückführung in das israelische Staatsterritorium über die Schaffung von Schutzgarantien für einzelne im Palästinserland verbleibende jüdische Siedlungen (analog den staatsbürgerlichen Rechten der arabischen Minderheit in Israel) bis zu Grenzrevisionen mit Gebietsaustausch oder Kompensationen und gemeinsam verwalteten Zonen. Auch das Konzept des „Mauerbaus" und der „einseitigen Abtrennung" konnte das Siedlerproblem nicht unberücksichtigt lassen. Es geht davon aus, dass etwa 40 Siedlungen mit 25.000 Bewohnern zu räumen wären.

Konkrete Überlegungen, wie ein entsprechender Plan aussehen könnte, unterbreitete im Mai 2002 der Jerusalemer Wirtschaftsexperte Chaim Ben Schachar dem „Rat für Frieden und Sicherheit". Unter der Überschrift „Ein Haus für jeden Siedler in Israel" schlug er vor, den Rückkehrenden finanzielle Anreize zu bieten, um ihnen die Entscheidung zu erleichtern, den palästinensischen Gebieten zu entsagen. Seinen Berechnungen zufolge würden 750 Mill. US-Dollar ausreichen, um neue Wohnstätten für etwa 20.000 Personen zu bauen.[103]

Ähnlich der Siedlerfrage wird das Problem der Flüchtlinge – ca. drei Millionen Menschen, d.h. nahezu 50% des palästinensischen Volkes – in Abhängigkeit von der künftigen politisch-territorialen Gestaltung der Region nur in einem Langzeitprozess kanalisierbar sein. Die Kompromisssuche wird durch zwei Einsichten determiniert: Der den Palästinensern verbliebene, knapp 6.000 km² umfassende Lebensraum, reicht für die dauerhafte Ansiedlung der z.Z. sechseinhalb Millionen Palästinenser nicht aus. Andererseits dürfte der jüdischen Bevölkerung Israels durch keine Regierung zu vermitteln sein, bis zu drei Millionen rückkehrende Palästinenser aufzunehmen und damit die Idee und Realität des jüdischen Staates aufzugeben.

Aus der nahöstlichen Realität ergibt sich somit, dass nur ein Teil der palästinensischen Auslandsemigranten nach Palästina/Israel rückführbar sein wird. Große Gruppen der Palästinenser werden – weitgehend auch selbst bestimmt – in den arabischen Staaten oder in der außerregionalen Diaspora verbleiben, wo sie sich z.T. wirtschaftlich und sozial verwurzelt und – wie in Jordanien – staatsbürgerliche Rechte erworben haben.

---

103   Ha-Arez, 7. Mai 2002.

Der Widerspruch zwischen nationalem Recht, politischer Ambition, räumlichen Gegebenheiten und politischer Realität bewirkt, dass die Forderung nach territorialer Zusammenführung des gesamten palästinensischen Volkes in einem Staat derzeit eine Utopie ist. Sie wird nur in größeren regionalen Zusammenhängen, z.B. in Form föderativer Staatsstrukturen, realisierbar sein. Die Einsicht in das historisch Erreichbare mindert keineswegs die aktuelle Aufgabe, den Palästinensern die volle Gleichberechtigung und das nationale Selbstbestimmungsrecht zu gewähren und ihnen die Entscheidung über ihr künftiges Schicksal zu überlassen. Gleichermaßen steht Israel in der – in Camp David und Taba angesprochenen – Pflicht, sich zur Verantwortung für das Flüchtlingsproblem zu bekennen. Die israelische Akzeptanz der Flüchtlingsfrage könnte im Rahmen komplexer Endstatusvereinbarungen mit der Rückführung eines begrenzten Kontingents (z.B. Familienzusammenführungen) und mit einem Verzicht der Palästinensischen Autorität auf eine umfassende Realisierung des Rückkehrrechts verbunden sein.

Besonders emotions- und spannungsgeladen ist die Jerusalemfrage. Für Israelis wie Palästinenser verknüpfen sich in ihr historische, religiöse, nationale und politische Ansprüche. Noch am 2. September 1993, also bereits während des Oslo-Prozesses, erklärte Premierminister Jizchak Rabin in der Knesset: „Diese Regierung ist wie alle ihre Vorgänger der Auffassung, dass es in diesem Haus keine Uneinigkeit über Jerusalem als der ewigen Hauptstadt Israels gibt. Das vereinte Jerusalem wird nicht für Verhandlungen offen sein. Es war und wird immer die Hauptstadt des jüdischen Volkes sein, unter israelischer Herrschaft, ein Brennpunkt der Träume und Hoffnungen eines jeden Juden."[104] Am 3. August 1994 bekräftigte die Knesset mit 77:9 Stimmen das 1980 unter Likud-Dominanz angenommene Grundgesetz „Jerusalem". Die Parlamentarier sprachen sich erneut dafür aus, dass Jerusalem einzig und allein die Hauptstadt Israels sei und bleibe.

Die Tatsache, dass das Schicksal Jerusalems durch Ehud Barak in die Verhandlungen von Camp David und Taba einbezogen wurde, kam somit einem Tabu-Bruch gleich. Als der israelische Ministerpräsident am 28. September 2000 – am selben Tag, da Ariel Scharon auf den Tempel-Berg stieg und die Al-Aksa-Intifada auslöste – gegenüber der Jerusalem Post erklärte, es werde Jerusalem und Al-Kuds geben, „zwei Hauptstädte nebeneinander"[105], war er sich bewusst, dass sich seine Worte in Widerspruch zur Mehrheitsmeinung der israelischen Bevölkerung befanden. Einer repräsentativen Umfrage von August 2000 zufolge lehnten zu diesem Zeitpunkt 64,1% der Israelis es ab, Ostjerusalem als Hauptstadt eines palästinensischen Staates zu akzeptieren, selbst wenn

---

104 Lustick, Ian S. 1997, S. 6f.
105 Jerusalem Post, 29. September 2000.

diese Haltung das letzte Hindernis auf dem Weg zu einem wahren Frieden zwischen Israelis und Palästinensern sein sollte.[106]

Das Jerusalem-Problem scheint sich aufgrund der gegensätzlichen Interessenlagen von Palästinensern und Israelis jedem produktiven Kompromiss zu entziehen. Dennoch entwickelten Akademiker und moderate Politiker Ansätze möglicher Regelungen. In der Diskussion befanden sich zunächst vier Denkmodelle: Die *territoriale* Option beinhaltete die Rückgabe der Stadtbezirke mit arabischer Bevölkerungsmajorität, einschließlich der Altstadt, in arabische Hand, verbunden mit freiem Zugang der Juden zur Klagemauer. Die *religiöse Option* konzentrierte sich auf die gemeinsame Verwaltung der heiligen Stätten und damit zentraler Teile der Altstadt durch Repräsentanten der drei großen Religionsgruppen, möglicherweise unter internationalem Schirm. Beide Varianten wurden von den maßgeblichen palästinensischen wie israelischen Politikern abgelehnt. Größere Aussicht auf Erfolg wurde der *munizipalen Option* zugebilligt. Sie beinhaltet die administrative Trennung der Stadtteile entsprechend der jeweils realen Bevölkerungszusammensetzung in Bezirke mit eigenständiger Verwaltung und getrenntem Etat. Auch der *funktionale Kompromiss* in Form einer gemeinsamen Verwaltung Jerusalems bei paritätischer bzw. proportionaler, der Bevölkerungskomposition entsprechender Besetzung der kommunalen Funktionen und Zuständigkeiten enthielt realistische Elemente.

Am aussichtsreichsten erscheint die Ende der neunziger Jahre von Wissenschaftlern unterbreitete Kombination mehrerer Gestaltungselemente und Kompromissformeln. Danach könnte Jerusalem zwei Hauptstädte für zwei Staaten beherbergen. Palästinensisch bewohnte Teile Jerusalems würden der palästinensischen Souveränität unterstellt, während die jüdischen Stadtteile unter israelischer Hoheit verblieben. Durch Ausweitung der Stadtgrenzen sollten in den künftigen arabischen Verwaltungsraum auch Territorien außerhalb der Stadtgrenze sowie eine Reihe arabischer Dörfer der Westbank (mit z.Zt. 154.600 Einwohnern) einbezogen werden. Als Sitz der arabischen Subverwaltung und gleichzeitig der Regierung des Palästinenserstaates wurde Abu Diz vorgeschlagen, wo sich bereits das künftige Parlamentsgebäude befindet. Gesonderter Regelungen bedürfte die Altstadtproblematik; ein Sonderstatus oder gemeinsame Souveränität auf Zeit wären denkbar.[107] Auch eine räumliche Entflechtung mit getrennten Souveränitäten war Gegenstand politischer Diskussionen und Denkvarianten, wie das Interview Ehud Baraks vom 28. September 2000 offenbarte.

Obwohl im Jahr 2003 eine Einigung über Jerusalem ferner denn je zu sein scheint, bleibt das Problem auf der Tagesordnung. Es ist unschwer vorauszusagen, dass Jerusalem – konkret: Ostjerusalem bzw. die Altstadt von Ostjerusalem

---

106 www.tau.ac.il/peace/Peace_Index/2000/English/p_aug_00_e.html; 1993 hatten allerdings noch 89% jeglichen Kompromiss in der Jerusalem-Frage strikt abgelehnt.

107 Jerusalem Post, 18. Juni 1999; Jerusalem Post, 11. August 2000.

– als Objekt gegensätzlicher Ansprüche und ob seiner religiösen Symbolik alle künftigen Verhandlungen über den endgültigen Status der palästinensischen Gebiete schwer belasten dürfte.

Vor dem Hintergrund der zunehmenden Militanz im israelisch-palästinensischen Beziehungsgeflecht gewannen in den Jahren 2001 bis 2003 Überlegungen öffentlichen Raum, wie die akute Krise zu bewältigen sei. Insbesondere drei Optionen standen sich gegenüber: Die „Falken" unter den Palästinensern wie in Israel votierten uneingeschränkt für die Terror- bzw. Kriegsoption. Ihnen stand auf israelischer Seite das – z.B. von Amram Mizna, dem zeitweiligen Vorsitzenden der Arbeitspartei, vertretene – Konzept eines vereinbarten oder einseitigen Rückzugs der Armee hinter eine stark bewachte Grenzlinie, möglicherweise verbunden mit erneuten Verhandlungen, gegenüber. Eine dritte Variante des Konfliktmanagements wurde in Form der bereits zitierten *Road Map* des internationalen Quartetts vorgelegt: Stopp des Terrors, Rückzug der israelischen Armee, Reform der Palästinensischen Autonomiebehörde, Schaffung eines zunächst mit zeitweiligen Grenzen und eingeschränkter Souveränität ausgestatteten Palästinenserstaates.[108] Bestandteil des letzten Denkmodells sind abschließende Verhandlungen und Kompromisse über die Kernprobleme des Konflikts – Sicherheitsvereinbarungen, Grenzen, Siedler, Rückkehrrecht der Flüchtlinge, Jerusalem, Wasserreglements u.a.

Die Erfahrungen seit Ausbruch der Al-Aksa-Intifada besagen, dass die militärische Option trotz zeitweiligen Waffenstillstands nicht aus der Welt ist. Noch dominieren die Kriegsbewegten auf beiden Seiten der Barrikade das Tagesgeschehen. Zugleich kann eine Rückkehr zu Oslo weitgehend ausgeschlossen werden. Die einstigen Kompromissformeln erwiesen sich als unzureichend und sind inzwischen „verbrannt". Eine gewisse Chance wird der *Road Map* und den im Frühsommer 2003 unternommenen Versuchen der Konfliktakteure wie auch der internationalen Vermittler gegeben, den Konflikt zu beruhigen und die Krise zu entspannen. Eine Verknüpfung der moderateren Szenarien wäre denkbar.

Die dauerhafte *Lösung* des Widerspruchsgeflechts dagegen wird viel Zeit, Flexibilität und Kompromissfähigkeit erfordern. Noch stehen ihr konträre Interessenlagen und Machtgegebenheiten entgegen. Der demokratisch organisierte „Neue Nahe Osten" – wie ihn sich einst Schimon Peres vorstellte[109] – und damit eine *Pax Semitica*, die eine gerechte und dauerhafte Regelung des Palästinenserproblems beinhalten würde, bleiben zunächst Hoffnungen in die Zukunft bzw. realitätsferne Utopien.

---

108 Eine Ende Juni 2003 parallel unter Israelis und Palästinensern durchgeführte Umfrage ergab, dass sowohl eine Mehrheit der Israelis (61%) als auch der Palästinenser (56%) die *Road Map* unterstützen, jedoch nur jeweils 40% glauben, dass sie zu einer politischen Regelung führen wird. International Herald Tribune, 2. Juni 2003

109 Peres, Schimon 1993.

Zionismus – Postzionismus – Neozionismus

Heftige Debatten über Anspruch und Realität bzw. über Inhalte und Methoden des Zionismus sind keine neue Erscheinung. Sie begleiteten die jüdische Nationalbewegung seit deren ideeller Ausprägung und politischer Formierung. Auch im Staat Israel lieferten sich Vertreter unterschiedlicher zionistischer Strömungen und Parteien immer wieder wortgewaltige Gefechte, die mitunter sogar in tätliche Auseinandersetzungen mündeten. Dennoch existierte in Grundfragen sowohl im *Jischuv* als auch im Nationalstaat ein Konsens, der von der überwiegenden Mehrheit der Bevölkerung getragen wurde, die Entwicklung und die Politik des Landes über Jahrzehnte bestimmte und erst mit der Libanoninvasion 1982 aufgebrochen wurde. Zu untersuchen ist, ob und inwieweit sich das gemeinsame ideell-politische Fundament vor dem Hintergrund demographischer Veränderungen, sozialer Umschichtungen und neuer politischer Gegebenheiten in den letzten beiden Jahrzehnten wandelte bzw. wie sich Transformationen im internationalen und regionalen Leben auf zionistische Denkmodelle und Sichtweisen auswirkten.

Der jüdische Nationalstaat als zionistisches Ziel

Das Grundanliegen der sich gegen Ende des 19. Jahrhunderts vor dem Hintergrund der nationalen, sozialen und politischen Entwicklung in Europa herausbildenden zionistischen Bewegung war die Schaffung eines jüdischen Nationalstaates in Palästina. Der politische Zionismus stellte *eine* Antwort auf die Identitätskrise und auf Existenzfragen dar, mit denen sich große Teile der jüdischen Bevölkerung West- und Osteuropas konfrontiert sahen. Assimilierungstendenzen und Auflösungserscheinungen in jüdischen Gemeinden einerseits und ein immer aggressiver werdender Antisemitismus andererseits gefährdeten jüdisches Leben. Die Bindung an die Religion nahm – analog den Säkularisierungstrends im christlichen Umfeld – kontinuierlich ab. Anpassung und Taufe bestimmten den Lebensweg nicht weniger jüdischer Bürger. Arthur Ruppin zog eine realistische Bilanz, als er 1920, die zurückliegenden Jahrzehnte im Blick, einschätzte: „Vor unseren Augen bröckelt Stein um Stein aus dem einst so fest gefügten Bau der Judenheit. Taufe und Mischehe lichten die Reihen der Juden in steigendem Maße."[1]

Der aufklärerisch-liberale, integrationistische Traum jüdischer Intellektueller brach in dem Maße zusammen, wie sich antisemitische Tendenzen verstärkten. Trat der Judenhass in Osteuropa und in ländlichen Gebieten Westeuropas zunächst weiterhin in religiösem Gewand auf, so artikulierte er sich in den Groß- und Kleinstädten bzw. in der politischen Kultur westeuropäischer Staaten zunehmend in rassistischer Form. Der Rassenantisemitismus zielte generell auf den Ausschluss der Juden aus der Gesellschaft; er setzte einen absoluten Rahmen und schien ohne Ausweg. Um ihm zu entrinnen, kam nicht mehr die Taufe, sondern nur noch die Flucht in Betracht.

Desillusioniert durch das offensichtliche Scheitern der Freiheitsimpulse und Gleichheitsideale der Französischen Revolution von 1789 gingen jüdische Intellektuelle in der zweiten Hälfte des 19. Jahrhunderts daran, ihre Identität neu zu bestimmen. Nicht wenige glaubten, in einer national-jüdischen Antwort die einzig mögliche Alternative gefunden zu haben. Der Einfluss des nationalen Emanzipations- und Einigungsstrebens der Deutschen, Italiener, Ungarn, Polen oder der Balkanvölker war unverkennbar. Im jüdischen Bildungsbürgertum hinterließ die Besinnung dieser Völker auf die Nationalsprache, auf nationale Kultur und Geschichtstradition ihre Spuren. Der israelische Historiker Mosche Zuckermann sieht dementsprechend den Zionismus als „Spätfolge der europäischen Nationalstaatsbildungen". Differenzierend betont er jedoch, dass – im Unterschied zu den westeuropäischen Nationalstaaten – die Idee des „Judenstaates" entstand, ohne dass die Juden mehrheitlich in dem für das nationale Gebilde vorgesehenen Territorium lebten; erst nach der Zusammenführung sollten sie sich in der neuen Heimstatt als Nation konsolidieren.[2]

Die Vordenker des politischen Zionismus gingen – trotz großer sozialer und kultureller Unterschiede zwischen den Gemeinden der Diaspora – von der Existenz einer einheitlichen jüdischen Weltnation aus. Sie betrachteten den Antisemitismus als unabdingbare bzw. „ewige" Erscheinung, die überall dort auftrete, wo Juden in fremder Umgebung lebten. Eine Assimilierung an andersnationale und -religiöse Gemeinschaften lehnten sie ab. In der Schaffung eines eigenen Staates sahen sie die einzige Möglichkeit, die „Judennot" zu beenden. Ganz in diesem Sinne formulierte der von Theodor Herzl 1897 nach Basel einberufene Gründungskongress der Zionistischen Weltorganisation (ZWO) als Ziel die „Schaffung einer öffentlich-rechtlich gesicherten Heimstätte in Palästina"[3].

---

1   Ruppin, Arthur 1920, S. 1.
2   Zuckermann, Moshe 2000.
3   I. Zionistencongress in Basel. Officielles Protocoll. Wien 1898, S. 114.

Das jüdische Gemeinwesen sollte in dem Land errichtet werden, auf das sich die Hoffnungen und Sehnsüchte der traditionsbewussten Juden seit Beginn der jüdischen Diaspora richteten.

Die Renaissance des jüdischen Volkes durch Schaffung eines religiösen Zentrums in Palästina und als Voraussetzung für das Erscheinen des Messias hatten Jahrzehnte zuvor bereits die Rabbiner Jehuda Chai Alkalai und Zwi Hirsch Kalischer propagiert. Über die religiösen Bezüge hinaus hatte die *Haskalah* – die jüdische Aufklärung – Bindungen an Palästina verstärkt. Sie trug im 18. und 19. Jahrhundert zur Wiederbelebung des Hebräischen bei, schuf eine profane neuhebräische Literatur und betonte das Freiheitliche und Rationale gegenüber der Strenge der Religionsgesetze. Ihre auf die kulturelle Wiedergeburt des Judentums gerichteten Aktivitäten bereiteten den Boden für den Zionismus.

Den Ideen der *Haskalah* verpflichtet, betrachtete der wichtigste Vertreter des „Kulturzionismus", Ascher Ginsburg, genannt Achad Haam („Einer aus dem Volke"), die kulturelle Wirksamkeit als Voraussetzung für die nationale jüdische Renaissance. 1893, unter dem Eindruck seiner zweiten Palästina-Reise, auf der er neu gegründete jüdische Landwirtschaftssiedlungen besucht hatte, schrieb Achad Haam: „Die Gründung einer einzigen Hochschule der Wissenschaften oder der Künste, einer Akademie für Sprachwissenschaft und Literatur in Palästina wird uns dem Ziel näher bringen als hundert landwirtschaftliche Siedlungen; denn die Siedlungen sind nur Steine für den Bau der Zukunft; das höchste Zentrum für wissenschaftliche Zwecke und schöpferische Talente kann aber den Geist des ganzen Volkes erneuern und unser ganzes nationales Besitztum neu beleben."[4]

Wichtige soziale und ideelle Impulse erhielt der politische Zionismus in seiner Entstehungsphase aus Osteuropa. Sie verschmolzen mit Reflexionen zur Judenfrage in Westeuropa und nahmen frühzeitig auch Ideen und Ziele anderer sozialer und nationaler Protestbewegungen in sich auf. So hinterließen die während der Französischen Revolution erhobenen Forderungen des bürgerlichen Liberalismus ebenso ihre Spuren im Zionismus wie sozialistisches bzw. sozialistisch-utopisches Gedankengut, das auf die Schaffung einer neuen Gesellschaft sozialer Gleichheit und Gerechtigkeit abzielte.

Die frühen Ideologen und Führer des politischen Zionismus standen selten in der religiösen Tradition. Sie kamen zumeist aus aufgeklärten bürgerlichen Familien, verfügten über eine gutbürgerliche Erziehung und Ausbildung und waren mit den politischen Ideen der europäischen Intelligenz vertraut. Theodor Herzl plädierte beispielsweise – dem Zeitgeist entsprechend – in seiner 1896 veröffentlichten programmatischen Schrift „Der Judenstaat" für die Schaffung

---

4   Zitiert nach Krupp, Michael 1992, S. 35.

einer „demokratischen Monarchie" oder einer „aristokratischen Republik".[5] Die politische Dominanz der militärischen Elite oder eine Theokratie lehnte er dagegen strikt ab. Weitsichtig und nahezu prophetisch schrieb er: „Heer und Klerus sollen so hoch geehrt werden, wie es ihre schönen Funktionen erfordern und verdienen. In den Staat, der sie auszeichnet, haben sie nichts dreinzureden, denn sie werden äußere und innere Schwierigkeiten heraufbeschwören."[6]

In der jüdischen Bevölkerung Europas und mehr noch der übrigen Diaspora blieb der Zionismus vorerst ohne größere Resonanz. Viele der frühen Palästina-Migranten verließen aufgrund wirtschaftlicher und klimatischer Schwierigkeiten das Land wieder. Dennoch lässt sich konstatieren, dass der Zionismus eine zunächst passive Orientierung – die jüdisch-religiöse Bindung an Palästina – in ein aktives bzw. aktivierendes Element verwandelte. Als nationale und weitgehend säkulare Bewegung war er bemüht, die gemeinsame ethnisch-kulturelle Identität der weltweit siedelnden Juden ins öffentliche Bewusstsein zu rücken, die „Verstreuten" in einem jüdischen Gemeinwesen zusammenzuführen und in der wieder gewonnenen alten Heimat den „neuen Juden" zu schaffen. In diesem Sinne war die jüdische Nationalstaatsidee mehr als eine bloße Antwort auf den europäischen Antisemitismus. Sie beinhaltete zugleich „die Suche nach Freiheit und Selbstbestimmung unter den modernen Bedingungen von Säkularisierung und Liberalismus".[7]

Strömungen innerhalb der zionistischen Bewegung

Innerhalb des Zionismus zeichneten sich bereits wenige Jahre nach Gründung der Zionistischen Weltorganisation unterschiedliche ideelle Ausrichtungen und organisatorische Strömungen ab. Deren Anhänger einte zwar das Bestreben, eine öffentlich-rechtlich gesicherte Heimstätte für das jüdische Volk in Palästina zu schaffen. Sie differierten jedoch in ihren Auffassungen, auf welchem Wege und mit welchen Methoden dieses Ziel erreicht werden sollte. Auch hinsichtlich des Charakters des künftigen Staates schieden sich die Geister. Es bildeten sich vier Hauptrichtungen heraus, die über Jahrzehnte die Weltorganisation und das Parteienspektrum im *Jischuv* bzw. später im Staat Israel prägten.

Als erste spezifische Ausrichtung entstand ein religiöser Flügel, dessen Vertreter davon überzeugt waren, in einem jüdischen Staat würden Juden ihr Leben streng nach dem religiösen Gesetz und unbeeinflusst durch assimilatorische Tendenzen gestalten können. Religiöse Parteien, wie der 1902 gegründete Misra-

---

5   Herzl, Theodor 1988, S. 99.
6   Ebd., S. 102.
7   Avineri, Shlomo 1998, S. 27.

chi und später die Nationalreligiöse Partei (Mafdal), suchten dementsprechend der Religion einen zentralen Stellenwert im künftigen Staat zu verschaffen.

Die sozialistische Fraktion der Zionistischen Weltorganisation dagegen propagierte eine Synthese sozialdemokratischen und zionistischen Gedankengutes. Sie strebte die Errichtung eines sozialistischen Judenstaates an. Ausgehend von den Ideen Nachman Syrkins, Dov Ber Borochovs, Aharon David Gordons und Viktor Chaim Arlosoroffs verkündete sie, die Inbesitznahme Palästinas müsse primär durch körperliche Arbeit, insbesondere in der Landwirtschaft, erfolgen. Nur auf diese Weise entstünde der „neue Jude". Aus den 1905/06 gegründeten linkszionistischen Parteien (Poalei Zion, Ha-Poel Ha-Zair) gingen in Palästina die Kommunistische Partei (1919) bzw. die linkszionistische Mapam (1948), jedoch auch die Hauptkraft der israelischen Sozialdemokratie, die Mapai (1930) bzw. aus ihr die Mifleget ha-Avodah ha-Jisraelit (Israelische Partei der Arbeit, kurz: Arbeitspartei), hervor. Die „Arbeiterzionisten" dominierten seit Mitte der dreißiger Jahre die zionistische Bewegung und führten bis 1977 alle israelischen Regierungen.

Das Zentrum des politischen Spektrums wurde durch bürgerlich-liberale Parteien besetzt, die sich weder als religiös noch sozialistisch verstanden und für die Errichtung eines bürgerlichen Gemeinwesens nach westeuropäischem Vorbild eintraten. Gewicht erlangte die Bewegung der „Allgemeinen Zionisten" als Vorläuferin der Progressiven Partei und der später im Likud aufgehenden Liberalen Partei.

In scharfer Opposition zum Arbeiterzionismus bildete sich Mitte der zwanziger Jahre im *Jischuv* ein konservativ-militanter bzw. extrem-nationalistischer Flügel heraus, der einen jüdischen Staat zu beiden Seiten des Jordan erstrebte und sich zunehmend durch antibritischen und antiarabischen Aktionismus auszeichnete. Als geistiger Vater der Bewegung gilt Wladimir Zeev Jabotinsky, der Begründer der Revisionistischen Partei. Im Staat Israel stehen die historische Cherut-Partei bzw. der rechte Flügel des Likud sowie kleinere Rechtsparteien in dieser Tradition.

Außerhalb der nationalen Erneuerungsbewegung blieb die jüdische Orthodoxie bzw. Ultraorthodoxie. Sie sah in der strikten Einhaltung der jüdischen Gesetze die einzige Möglichkeit, das Judentum zu bewahren. Die „Erlösung" könne nicht aus der Errichtung eines jüdischen Staatswesens kommen, sondern einzig und allein durch das Erscheinen des Messias bewirkt werden. Wenngleich sich angesichts der Vernichtung des osteuropäischen Judentums Teile der Ultraorthodoxie nach 1945 zur Kooperation mit zionistischen Parteien bereit fanden, blieb eine grundsätzliche Skepsis gegenüber dem zionistischen Aufbauwerk erhalten.[8]

---

8   Vgl. auch Abschnitt: „Profile und Wirksamkeit religiöser Parteien", S. 84-87.

Grundlagen und zentrale Bezüge des zionistischen Konsens

Am 29. November 1947 hatte die II. UN-Vollversammlung den Beschluss (181) gefasst, das britische Mandat zu beenden, Palästina in einen jüdischen und einen arabischen Staat zu teilen und Jerusalem zu internationalisieren. David Ben Gurion, zu jener Zeit Vorsitzender der *Jewish Agency* und Führer des *Jischuv*, proklamierte nach Abzug der britischen Truppen am 14. Mai 1948 den Staat Israel. Die Staatsgründung stellte eine Zäsur in der jüdischen Geschichte und in der Evolution des Zionismus dar. Sie veränderte die Beziehungen zwischen den im „Land der Väter" lebenden Juden und der Diaspora und schuf die Voraussetzung dafür, ein neues geistig-kulturelles und politisches Zentrum des Judentums zu errichten. Zugleich war sie der Auftakt zu umfassenden sozialen Umgestaltungen und politischen Wandlungen auf dem Territorium des ehemaligen Mandatsgebietes Palästina.

Aus der tragischen Erfahrung der Schoah und der nahezu vollständigen Auslöschung der jüdischen Gemeinden in Ost- und Mitteleuropa, gleichermaßen jedoch auch aus der latenten Infragestellung israelischer Existenz durch die arabischen Nachbarstaaten erwuchs in der jüdischen Bevölkerung des neu gegründeten Staates ein kollektives nationales Bewusstsein. Es deckte sich zunächst weitgehend mit den politischen Intuitionen der Gründerväter, insbesondere der aschkenasischen sozialdemokratisch geprägten Elite, war im Verlauf der folgenden Jahrzehnte jedoch bedeutenden Erosionen und Veränderungen ausgesetzt.

Der zionistische Konsens beinhaltete zunächst und vor allem das Verständnis und den Aufbau Israels als Zufluchtsstätte für die Juden der Diaspora. Israel entwickelte sich im Verlauf eines halben Jahrhunderts mit 37% der jüdischen Weltbevölkerung (2002) zum Zentrum nationaler jüdischer Existenz und – nach den USA – zum zweitgrößten jüdischen Siedlungsraum.

Weitgehende Übereinstimmung herrschte in der Auffassung, die Gründung des Judenstaates sei die einzig richtige und historisch legitimierte Antwort auf den millionenfachen Judenmord in Europa. In der Unabhängigkeitserklärung galt die Schoah als gewichtiges Argument für die Errichtung des jüdischen Gemeinwesens an der Levanteküste: „Die Katastrophe, die in unseren Tagen über das jüdische Volk hereinbrach und Millionen von Juden in Europa vernichtete, bewies unwiderleglich aufs neue, dass das Problem der jüdischen Heimatlosigkeit durch die Wiederherstellung des jüdischen Staates im Lande Israel gelöst werden muss."[9] Die Opfer des nationalsozialistisch verantworteten Holocaust schienen zudem die verbreitete Negation der Diaspora zu bestätigen. Als Gegentyp zum wehrlosen, passiven Juden, der sich „Schafen gleich zur

---

9   Zit. nach Eban, Abba 1970, S. 366.

Schlachtbank führen ließ", wurde der selbstbewusste und wehrhafte Israeli beschworen.

Das Anliegen der Gründergeneration, den „neuen Juden" in einem souveränen Staat zu schaffen, verband sich von Anbeginn mit den Ideen parlamentarischer Demokratie, sozialer Gerechtigkeit und bürgerlicher Gleichheit. Der säkulare Arbeiterzionismus erstrebte ein modernes Gemeinwesen, dessen Gesellschaftsaufbau westeuropäischen und nordamerikanischen Modellen ähneln und das dadurch im Konzert der internationalen Mächte einen geachteten Platz einnehmen sollte. David Ben Gurion umriss sein staatspolitisches Credo mit den Worten: „Eine neue Straße in eine Welt voller Freiheit, Unabhängigkeit, Frieden, Gerechtigkeit und Gleichheit zu betreten ist nicht das Monopol von Großmächten. [...] Mit der Gründung unseres Staates sind wir mehr als je zuvor zu Bürgern dieser Welt geworden. Unsere nationale Unabhängigkeit hat unsere Weltbürgerschaft auf eine solide Basis gestellt."[10]

Die visionäre Sehnsucht nach Normalisierung, auch nach einer Vorbildwirkung Israels für andere Völker, drückte Ben Gurion in seinem viel zitierten Satz aus, Israel solle „ein Licht für die Völker sein"[11]. In der Tat stieß das israelische Gesellschaftsmodell nicht zuletzt in zahlreichen Entwicklungsländern Asiens und Afrikas in den sechziger Jahren auf Interesse. In die universalistische Vision und in das nationalstaatliche Demokratiemodell waren die arabischen Bewohner der Landes vorerst nicht einbezogen. Sie galten als „Fünfte Kolonne" und waren bis 1966 israelischer Militäradministration unterstellt.

Der säkulare Messianismus vieler Führer des *Jischuv* und auch Ben Gurions war begleitet von den Idealen eines Pioniertums (*chaluzijut*), das nationale und kollektive Interessen über die des Individuums stellte. Landwirtschaftliche Kooperativen, staatliche und gewerkschaftseigene Betriebe, Erfolge im Gesundheits- und Bildungswesen und die Entwicklung eines Wohlfahrtstaates mit demokratisch-parlamentarischem System wurden als Erfolgsbilanz des sozialistischen Zionismus gewertet. Im Ausland wurde insbesondere der Kibbuznik zur Symbolfigur Israels.

Eine entscheidende Rolle für die Ausprägung der kollektiven jüdisch-nationalen Identität spielte das Verteidigungsethos. Wurzelnd in den unsicheren Jahrzehnten der Landnahme und –erschließung, geprägt durch den Unabhängigkeitskrieg von 1948/49 und bestärkt durch die Weigerung der arabischen Staaten, Israel anzuerkennen und Frieden zu schließen, entwickelte sich ein Sicherheitsbegriff, der an die Politik der Stärke gekoppelt war. Zugleich wurden in der Geschichte wurzelnde Mythen als Bestandteil des kollektiven Gedächtnisses beschworen. Sie suggerierten nicht nur Kontinuitäten zwischen jüdischer

---

10   Zit. nach Rubinstein, Amnon 2001, S. 123.
11   Ben Gurion, David 1973, S. 23.

Staatlichkeit in der Antike und in der Gegenwart – eine Linie historischen Bewusstseins, die durch archäologische Ausgrabungen und intensive Beschäftigung mit früher jüdischer Geschichte untersetzt wurde –, sondern beschworen auch das Bild des tapferen und freiheitsliebenden Juden, der seine Heimat verteidigt und sich keiner feindlichen Übermacht beugt. Die von den Römern 70-73 u.Z. belagerte Festung Masada am Toten Meer, deren jüdische Verteidiger kollektiven Selbstmord begingen, um sich der Gefangenschaft und Versklavung zu entziehen, wurde zur Metapher für ein Geschehen, das sich niemals wiederholen dürfe. Das 1927 publizierte, später vertonte Poem „Masada" von Jizchak Lamdan mündete dementsprechend in den Schwur „Masada darf nicht wieder fallen". Seine Aussage wurde zum Allgemeingut im Denken und Fühlen jüdischer Staatsbürger und insbesondere zum Leitmotiv der israelischen Armee.

Gleichermaßen wurde der von Bar Kochba geführte letzte jüdische Aufstand gegen die Römer (132-135 u.Z.) als prominentes Beispiel für den heroischen Kampf des jüdischen Volkes an den Anfang einer historischen Kette gestellt, die bis zum Unabhängigkeitskrieg 1948/49 reichte. Der Mythos von Tel Chai dagegen bezog sich auf die unmittelbare Vergangenheit bzw. Gegenwart. Der Tod Josef Trumpeldors, der 1920 bei der Verteidigung einer jüdischen Siedlung gegen arabische Freischärler ums Leben kam, versinnbildlichte den Kampf der zionistischen Siedler gegen die „feindliche arabische Übermacht". Derartige Narrative bzw. die Verklärung historischen Geschehens zielten darauf ab, die Staatsgründung zu legitimieren und gleichzeitig den Kampfes- und Verteidigungswillen der Juden im *Jischuv* und später im Staat Israel zu stärken. Die jüdische Geschichte im biblischen Palästina wurde auf diese Weise mit der zionistischen Siedlungstätigkeit und dem israelisch-arabischen Konflikt verknüpft, um Kontinuitäten zu beschwören, die den Bruch von zwei Jahrtausenden überdauert hätten.

Veränderungen im kollektiven Bewusstsein und in der politischen Kultur des Landes bewirkte auch der überwältigende Sieg im Sechstagekrieg von 1967. Er festigte die Überzeugung, Israel müsse stark sein, um jeder feindlichen Übermacht widerstehen zu können. Gleichzeitig ließ er das religiöse Element bedeutsamer werden. Die Einnahme Ostjerusalems mit der Klagemauer als heiligster Stätte des Judentums und die Besetzung des Westjordangebiets, des biblischen „Judäa" und „Samaria", stärkten die Vertreter des national-religiösen Zionismus. Sie maßen dem Krieg messianische Bedeutung bei und erhoben *Erez Jisrael ha-schlemah* – Großisrael in biblischen Grenzen – zu ihrem politischen Programm. Die religiöse bzw. spirituelle Bindung an das „verheißene Land" erhielt einen neuen Stellenwert.

„Revision" zionistischer Werte nach 1977

Eine Zäsur für die Entwicklung zionistischer Grundwerte bildete 1977 die Übernahme der Regierungsgeschäfte seitens des Likud. Menachem Begin verkör-
perte eine Weltsicht, die sich deutlich vom Arbeiterzionismus David Ben Gurions unterschied. In den Fußtapfen seines ideellen und praktischen Vorbildes,
des Führers der Revisionistischen Partei, Zeev Jabotinsky, stehend, trat er für
eine aktivistische und stärker nationalistische Haltung im Umgang mit den
besetzten palästinensischen Gebieten und der dort lebenden Bevölkerung ein.
Auf wirtschaftlichem und sozialpolitischem Gebiet befürwortete seine Partei
die Veränderung der Besitzverhältnisse im Lande. Sie suchte die Privatinitiative
zu stärken und war bestrebt, Umfang und Bedeutung sowohl des staatlichen
als auch des Histadrut-Sektors zurückzudrängen.

Geschuldet nicht zuletzt einer Wählerschaft, die zum wesentlichen Teil aus
traditionsbewussten orientalischen Juden bestand, gewannen in der Programmatik und politischen Rhetorik des Likud zunehmend religiöse Elemente an
Bedeutung. Hatte der klassische Zionismus die Erlösung des jüdischen *Volkes*
als Ziel proklamiert, so verstärkte sich nunmehr die Forderung, das durch Gott
„verheißene" *Land Erez Jisrael* zu erlösen. In dem Maße, wie die politische
Rechte somit das biblische Israel in die Mitte ihres politischen Programms
rückte, erfolgte eine „Entsäkularisierung des Zionismus"[12].

Während seiner Regierungszeit forcierte der Likud die Siedlungstätigkeit in
den 1967 besetzten Gebieten. Er legitimierte bzw. stärkte die 1974 gegründete
extremistische Siedlerbewegung *Gusch Emunim*, die eine „Erneuerung des
zionistischen Werks" auf der Grundlage der traditionellen und religiösen Werte
des Judentums forderte. Bereits der 1935 verstorbene Oberrabbiner von Palästina, Avraham Jizchak Kook, der geistige Vater von *Gusch Emunim*, hatte sich
vehement gegen die Trennung von Nationalem und Religiösem im Judentum
ausgesprochen: „Eine solche Trennung würde weder unserem Nationalismus
noch unserer Religion gerecht, denn jedes Element des Denkens, der Gefühle
und des Idealismus, das im jüdischen Volk vorhanden ist, gehört zu einem un-
teilbaren Wesen, und alle zusammen machen seinen spezifischen Charakter
aus."[13] Trotz äußerer Analogien mit der Politik des Arbeiterzionismus aus den
zwanziger und dreißiger Jahren („Eroberung des Bodens") setzte *Gusch Emunim* neue Zeichen. Der Bewegung galt das Volk Israel als „heiliges Volk". Ihre
Rabbiner feierten den Sieg im Sechstagekrieg als „göttliches Wunder". Mit der
Betonung des Spirituellen gerieten sie nicht nur in Gegensatz zum Arbeiterzionismus, sondern auch zum „klassischen" Zionismus Theodor Herzls.

---

12 Zimmermann, Moshe 1996, S. 27.
13 Abraham Isaac Kook: The Rebirth of Israel (1910-1939). In: Hertzberg, Arthur 1959, S. 425.

In den achtziger Jahren radikalisierte sich die religiös-politische Rechte. 1984 zog der Rassist Meir Kahane in die Knesset ein. Er forderte, die arabischen Bürger des Landes vor die Wahl zwischen Ausweisung oder einem Status ohne demokratische Rechte zu stellen. Gerichtsprozesse gegen Mitglieder jüdischer Untergrundbewegungen, die Morde an Palästinensern verübt und weitere Anschläge geplant hatten, verwiesen auf die Gefährlichkeit religiös-chauvinistischer Ideen.

Nicht ohne Auswirkungen auf die Differenzierungen im Zionismus blieb die demographische Entwicklung des Landes. Die Gruppen der *Charedim* und der *Misrachim*, die das Primat der säkularen Sabra-Kultur ablehnten oder ihr mit großen Vorbehalten gegenüber standen, wuchsen relativ schnell an. Sie prägten zunehmend das Antlitz der israelischen Gesellschaft. Insbesondere der Aufstieg der orientalischen Juden stärkte die religiösen und traditionellen Elemente in der Gesellschaft und politischen Kultur. Die Religion wurde zu einem gewichtigen Element kollektiven israelischen Bewusstseins. Insbesondere von Schas, aber auch von anderen religiösen Parteien wurde sie in den achtziger und neunziger Jahren vielfältig genutzt und in Politik umgemünzt. Als Gegenspieler zum aschkenasischen, dem Arbeiterzionismus oder bürgerlich-liberalen Werten verpflichteten Israeli betrat der religiöse bzw. an die Tradition gebundene orientalische Landesbürger die politische Bühne. Spätestens die politische Wende von 1977 – so der israelische Historiker Mosche Zimmermann – bereitete „den orientalischen Juden, die mehrheitlich die Regierung Begins unterstützten, den Weg für eine alternative Interpretation der zionistischen Ideologie".[14]

Die Umschichtungsprozesse bewirkten, dass die israelische Gesellschaft mit zunehmender Bevölkerungszahl ihre intime, familiäre Atmosphäre verlor. Sie wurde offener, zugleich jedoch auch widersprüchlicher. Die sozio-ökonomischen Unterschiede vergrößerten sich im Prozess der wirtschaftlichen Liberalisierung. Der Slogan „*kol Jisrael chaverim*" (alle Israelis sind Freunde) erschien zunehmend als Relikt der Vergangenheit.

Die Herausbildung und Konsolidierung neuer sozio-politischer Gruppen und Schichten, die spezifische Interessen in die Politik einbrachten und unterschiedliche Konzepte für die Entwicklung des Staates vertraten, zogen einen tief greifenden Wandel im sozialen und politischen Profil des Landes nach sich. Der den *Jischuv* der Vorstaatzeit dominierende sozialistische Zionismus bzw. die Ideologie der *mamlachtijut* (Staatlichkeit) aus der Regierungszeit David Ben Gurions wurden zunehmend „revidiert". Beginnend mit dem Sechstagekrieg und forciert durch die politische Wende von 1977 wurden sie durch ein Wertesystem bzw. durch Staatsideen abgelöst, die sich teilweise noch westlichen Demokratiemodellen verpflichtet fühlten, sich zunehmend jedoch an jüdische

---

14 . Zimmermann, Moshe 1996, S. 27.

Religion und Tradition anlehnten. Israelische Politikwissenschaftler, wie Charles Liebman und Eliezer Don-Yehiya, sahen bereits 1983 neue Formen einer *civil religion* sich herausbilden. Die wachsende Rolle traditioneller jüdischer Symbole führten sie auf das Scheitern bisheriger Wertvorstellungen zurück.[15] Anstelle des sozialistisch-zionistischen Pionierideals oder des modernen Staates westlicher Prägung galten nunmehr der Erhalt und die Entwicklung des „jüdischen" Gemeinwesens mit deutlichem Rückgriff auf Religion und Tradition als zentrales Ziel.

Die skizzierten Trends trafen nicht nur auf Zustimmung. Sie riefen in der Gesellschaft auch geistige Antipoden auf den Plan. Als Gegenpol formierte sich eine „säkulare Orthodoxie", deren Protagonisten an der Vision eines aufgeklärten westlich und weltlich orientierten israelischen Staatswesens festhielten. Sie lehnten die Überbetonung des „Jüdischen" in Gesellschaft und Politik ab und hielten mitunter selbst den Zionismus für überholt oder erneuerungsbedürftig. Diskussionen über zionistische Grundwerte brachen auf, fanden jedoch erst in der zweiten Hälfte der achtziger Jahre breitere öffentliche Resonanz.

Postzionistische Sichten auf die israelische Geschichte

Die Angriffe auf den „klassischen" Zionismus der Gründerväter erfolgten aus verschiedenen Richtungen. Neben dem nationalreligiösen Lager und dem durch Schas repräsentierten orthodoxen bzw. ultraorthodoxen Judentum der *Misrachim* stellte insbesondere die israelische Linke eine Reihe von zionistischen Grundthesen und Gründungsmythen in Frage. Geprägt durch Globalisierungstrends und Medienrevolution, in engem Kontakt zu linken Geistesströmungen, Politikansätzen, Parteien und Organisationen in Europa und Nordamerika, setzten sich ihre Vertreter zunehmend mit den Widersprüchen auseinander, die sie zwischen universalistischen Werten und zionistischen Axiomen zu erkennen meinten.

In der ersten Hälfte der neunziger Jahre machte eine relativ kleine Gruppe zumeist jüngerer Wissenschaftler und Publizisten von sich reden, die mit bisher als unantastbar geltenden gesellschaftlichen Tabus brachen und die gleichzeitig neue Antworten auf die in der Gesellschaft herangereiften Fragen suchten. Es handelte sich um Historiker, Politologen und Soziologen, die sich gegen die kollektivistisch-ideelle Vereinnahmung wandten und neue Interpretationsansätze vorstellten. Ausgehend von einer realitätsnahen Neubewertung der historischen und aktuellen Gesellschaftsprozesse im Lande und in kritischer Distanz zu deren stereotyper Deutung, traten die „Postzionisten" an, die Geschichte des Zionismus und des Staates Israel neu zu schreiben. Zu ihren bekanntesten Ver-

---

15   Liebman, Charles/Don-Yehiya, Eliezer 1983, S. 131.

tretern gehörten Historiker wie Ilan Pappe, Benny Morris, Amnon Raz-Krakotz-
kin und Tom Segev, die Soziologen Uri Ram und Baruch Kimmerling sowie die
Politikwissenschaftler Erik Cohen und Avi Shlaim. Die vorwiegend auf akade-
mischem Terrain ausgetragene intellektuelle Debatte fand Eingang in die Medi-
en und erreichte über diese ein breiteres Publikum. Sie symbolisierte einen
interessanten Aspekt des gesellschaftlichen Wandels und schien das „postzionistische" Zeitalter einzuläuten.

Die Formierung der „Postzionisten" oder „Neuen Historiker" erhielt wesentliche Impulse von den internationalen und innerisraelischen Entwicklungen
seit Ende der achtziger Jahre. Die Zurücknahme des Ost-West-Konflikts und der
auf einen israelisch-arabischen bzw. israelisch-palästinensischen Konsens gerichtete Prozess von Oslo schienen Prämissen außer Kraft zu setzen, die den
jüdischen Staat seit seiner Gründung begleitet und geleitet hatten. Darüber
hinaus wandelte sich der Charakter der israelischen Gesellschaft durch erneute
– nichtzionistische – Zuwanderung, Wirtschaftsliberalisierung, globale Modernisierungsschübe und Verwestlichungstrends.

Die Amerikanisierung der Kultur und Lebensweise bedeutender Bevölkerungskomponenten, insbesondere der Jugend, untergrub das Primat jüdischer
Tradition und jüdischen Brauchtums. Sie stellte Grundwerte des Zionismus in
Frage. Waren die Gründerväter z.B. angetreten, die Sozialpyramide des jüdischen Volkes durch Ansiedlung im eigenen Land und durch tätige Selbstverwirklichung der Migranten – durch Wertschätzung der „jüdischen Arbeit" –
vom Kopf auf die Füße zu stellen, so gehörten bald nicht nur palästinensische
Billiglohnarbeiter, sondern auch Gastarbeiter aus Südosteuropa, Südostasien
und anderen Regionen zur israelischen Normalität.

Hinzu kam, dass die arabische Bevölkerung quantitativ schnell anwuchs.
Mit gewachsenem Selbstbewusstsein artikulierte sie verstärkt ihre nationalen
Ansprüche. Nicht zufällig wurde die Forderung, Israel dürfe sich nicht ausschließlich als jüdischer Staat definieren, sondern müsse ein „Staat für alle
seine Bürger" werden, erstmals Ende der achtziger Jahre von einem Araber –
Asmi Bischara – artikuliert. Teile der israelischen Linken übernahmen den pro-
vokanten Slogan und machten ihn Mitte der neunziger Jahre zum Bestandteil
ihrer politischen Agenda. Die Masseneinwanderung aus der Sowjetunion bzw.
deren Nachfolgestaaten förderte die Debatte über den „jüdischen" und/oder
„demokratischen" Charakter des Staates.

Das Auftreten der „Postzionisten" verwies darauf, dass sich die „Kittfunk-
tion des Zionismus"[16] im Verlauf der Jahrzehnte abgeschwächt hatte. Mosche
Zuckermann benennt die Libanoninvasion von 1982, ferner die im Dezember
1987 ausgebrochene erste palästinensische Intifada und den Golfkrieg von

---

16   Zuckermann, Moshe 2000.

1991 als wichtige Stationen auf diesem Weg. Die israelische Linke habe ihre Kritik an der israelischen Militärdoktrin zunehmend mit der Frage nach einer konstruktiven Alternative verbunden. Jenseits der Sicherheitsproblematik und ihrer öffentlichen Erörterung forderte der sich in der Gesellschaft ausbreitende Trend zum Individualismus und zur Betonung persönlicher Rechte und Freiheiten seinen Tribut. Die Abkehr vom „nationalen Kollektivismus" ging einher mit der Entmythologisierung der Geschichte, der Armee und des Pionierideals. Sie verband sich mit der Infragestellung aktueller Politik.

Wenngleich sich die „Postzionisten" in ihrer kritischen Sicht auf israelische Geschichte und Gegenwart einander annäherten, differierten ihre konkreten Positionen doch erheblich voneinander. Ilan Pappe z.B. definierte *postzionut* generell als „neuen Blickwinkel auf den Zionismus". Er forderte, Israel müsse ein Staat für alle seine Bürger werden. Das Rückkehrgesetz, das Juden ein primäres Recht auf Einwanderung einräumt, solle annulliert werden. Gegenüber der Tageszeitung Ha-Arez erklärte er 1995, die „Postzionisten" betrachteten kritisch die reale Transformation des Zionismus und visierten mit nicht-zionistischem Blick die Zukunft des Landes an.[17] Benny Morris, der den Begriff „neue Historiker" kreierte, sprach im gleichen Kontext von der Notwendigkeit der „Revolutionäre", nunmehr, da die Revolution vorüber sei, ihr Leben neu zu ordnen. Nach Erreichen des zionistischen Ziels könne der Zionismus nicht mehr die gesamte gedankliche Welt des israelischen Bürgers bestimmen.[18] An anderer Stelle betonte Morris, dass er den Zionismus durchaus als legitime nationale Bewegung betrachte und nicht die Absicht verfolge, ihn zu delegitimieren.[19] Auch andere Vertreter der „neuen Historiker" machten deutlich, dass sie von der Warte des Zionisten und aus der Position des Zionismus heraus israelische Geschichte und Politik einer kritischen Betrachtung unterziehen wollten.

Fronten im „Historikerstreit" á la Israel

In den Mittelpunkt der Debatten über israelische Identität rückten die „Postzionisten" das jüdisch-arabische Verhältnis in jüngster Geschichte und Gegenwart. Ihr Diskurs beschränkte sich nicht auf die Korrektur israelischer Historiographie, sondern stellte mitunter auch die übergeordnete Frage nach der Legitimität des jüdischen Gemeinwesens. Die zionistische Inbesitznahme Palästinas und die damit verbundene Ausgrenzung der arabischen Bewohner des Landes werteten einige der „neuen Historiker" als Verletzung universeller Menschenrechte und damit als Ursprung des israelisch-arabischen Konflikts. Ilan Pappe bezeichnete

---

17   Ha-Arez, 15. Oktober 1995.
18   Ebd.
19   Morris, Benny 1990, S. 29.

beispielsweise den Zionismus als „zugleich kolonialistisches wie nationalistisches Phänomen".[20] Die israelische Geschichtsschreibung sei eine „Geschichte der Sieger". Sie habe alle anderen Stimmen – nicht zuletzt die der betroffenen Palästinenser – ignoriert.[21] Abgeleitet aus der „zionistischen Schuld" stehe die Forderung, das an den Palästinensern begangene Unrecht wiedergutzumachen.

Benny Morris setzte sich in seinen Büchern „The birth of the Palestinian refugee problem, 1947-1949" (1989) und „1948 and after" (1990) insbesondere mit der offiziellen Sicht auf den Unabhängigkeitskrieg auseinander. Wie bereits vor ihm Simcha Flapan[22] suchte er die These zu entkräften, das palästinensische Flüchtlingsproblem resultiere primär aus dem Aufruf arabischer Notabeln, das Land vorübergehend zu verlassen. Die politische und militärische Führung des *Jischuv* bzw. des Staates Israel habe sich – so die offizielle Diktion – bemüht, die arabische Bevölkerung zum Bleiben zu veranlassen. Mit Archivmaterialien belegte Morris, dass die Angriffe der Militärorganisationen *Haganah*, *Ezel* und *Lechi* auf arabische Ortschaften viele Bewohner in die Flucht getrieben hätten. Mehr als ein Dutzend arabischer Ansiedlungen sei bereits in der Phase des „Planes Dalet" zwischen April und Juni 1948 aus strategischen Gründen geräumt und deren Bewohner zur Evakuierung gezwungen worden. Es habe zwar kein Plan bestanden, alle Araber aus den für den künftigen jüdischen Staat vorgesehenen Gebieten zu vertreiben; die maßgeblichen Strategen seien jedoch bestrebt gewesen, möglichst wenige Araber auf dem künftigen israelischen Staatsterritorium zu belassen.[23] Führende Politiker wie Ben Gurion und Golda Meir hätten zudem die Chance verspielt, Frieden mit den arabischen Nachbarstaaten zu schließen.

Wie Morris hielt es auch Baruch Kimmerling keineswegs für abwegig, dass der neu gegründete Staat versucht habe, seine historische und politische Legitimität mit Hilfe der Geschichtsschreibung zu untermauern. Das Bedürfnis nach historischen Mythen und Helden sei durchaus verständlich. Beide Wissenschaftler hielten es nunmehr jedoch an der Zeit, dass sich eine neue Historikergeneration kritisch mit den jahrzehntelang vermittelten Bildern und Legenden auseinandersetze. Kimmerling fügte differenzierend hinzu, dass neben dem ethnozentrischen jüdischen Narrativ ein einseitiges arabisches Geschichtsbild entstanden sei, das vom Historiker gleichermaßen kritisch überprüft werden müsse.

Den Intentionen der „Postzionisten" entsprechend sollte der Streit über Israels Vergangenheit zugleich ein Disput über den Weg in die Zukunft sein und das historische Bewusstsein der Gesellschaft verändern. Der Soziologe Uri Ram

20   Pappe, Ilan 2000c, S. 71.
21   Vgl. Furstenberg, Rochelle 1997, S. 8.
22   Flapan, Simcha 1988, S. 119-176.
23   Morris, Benny 1989, S. 289.

sah in der Auseinandersetzung beispielsweise bereits den „Übergang von einem konsensuellen historischen Bewusstsein zu einem konfliktorientierten historischen Bewusstsein". Er schrieb: „Wenn man so will, handelt es sich hier um einen Übergang von [...] der offiziellen, einheitlichen, autoritativen Stimme des klassischen Zionismus, der Arbeiterbewegung und des souveränen Staates Israel hin zu einer Mehrzahl von Sendern, vielen und unterschiedlichen Stimmen."[24] Der ideelle Gleichklang sollte der argumentativen Pluralität weichen.

Nicht wenige Vertreter der alten Historiker-Generation, aber auch jüngere Wissenschaftler, die sich nicht der Linken zurechneten, reagierten mit Unverständnis und Ablehnung auf die Ansätze zur unkonventionellen Ausdeutung der Geschichte. Josef Gorni von der Universität Tel Aviv beispielsweise ging davon aus, dass der Zionismus das jüdische Volk nach wie vor einige und als „Ideologie und Glaube" so lange existieren werde wie das jüdische Volk selbst.[25] Seine Fachkollegin Anita Schapira verteidigte den klassischen zionistischen Ansatz, der israelisch-arabische Konflikt sei eine „Folge des arabischen Widerstands gegen die Ansiedlung von Fremden in ihrem Land". Er sei somit dem fehlenden Kompromisswillen der palästinensischen Araber geschuldet. „Die Palästinenser zogen 1948 nicht in den Krieg, weil sie Angst hatten, die Juden würden sie vertreiben; sie zogen in den Krieg, weil sie sich nicht mit der Idee eines jüdischen Staates in Palästina abfinden konnten."[26] Die Historikerin charakterisierte den „Postzionismus" als „eine besondere Form des Antizionismus". Im Unterschied zu den Antizionisten früherer Tage würden die Postzionisten zwar die staatliche Existenz Israels akzeptieren. Sie bemühten sich jedoch, die moralischen und philosophischen Grundlagen des Staates zu untergraben, die jüdische Identität des Gemeinwesens zu demontieren und es als einen Staat „aller seiner Bürger" neu zu etablieren.[27] Eine ähnliche Argumentation findet sich bei Joav Gelber und Daniel Gutwein von der Universität Haifa. Gutwein warf den „neuen Historikern" zudem vor, ihre Ausführungen seien derart „von terminologischen Unklarheiten und inneren Widersprüchen geprägt, dass man sich mit ihnen gar nicht systematisch auseinandersetzen" könne. Ihre Thesen seien eine „Mischung aus methodischem Konservatismus und von Auftragsarbeit zum Ziele ideologischer Indoktrination".[28]

Dan Diner indes hatte das Phänomen der „neuen Historiker" bereits 1995 als „Symptom eines sich wandelnden israelischen Selbstverständnisses" erkannt.[29] Seine Einschätzung wird durch jüngere Entwicklungen bestärkt, be-

---

24 Ram, Uri 2000b, S. 141.
25 Ha-Arez, 15. Oktober 1995.
26 Shapira, Anita: The Past is Not a Foreign Country, http://www.thenewrepublic.com/magazines/tnr/112999/shapira112999.html (04. Dezember 1999), S. 25.
27 Ebd., S. 4; vgl. auch Schapira, Anita 1997, S. 21.
28 Gutwein, Daniel 2000, S. 214.
29 Diner, Dan 1995, S. 6.

dingt jedoch auch korrigiert. Für die enge Wechselwirkung von realem Geschehen, *political correctness* und akademischer Geschichtsbetrachtung spricht, dass mit Ausbruch der zweiten Intifada die Stimmen der „Postzionisten" zunehmend leiser wurden oder ganz verstummten. Benny Morris z.B. widerrief in einem Interview mit der israelischen Tageszeitung Jediot Acharonot im November 2001 seine These, das palästinensische Flüchtlingsproblem sei vorwiegend durch Israel geschaffen worden und müsse primär auch durch Israel gelöst werden. Er erklärte nunmehr: „Ich habe den Israelis die Wahrheit dessen aufgedeckt, was 1948 geschehen ist, die historischen Fakten. Aber die Araber waren diejenigen, die angefangen haben zu kämpfen, sie haben begonnen zu schießen. Warum also soll ich die Verantwortung übernehmen? Die Araber haben den Krieg begonnen, also sind sie verantwortlich."[30] In einem Artikel in „The Guardian" betonte er, dass „sich mein Denken über die derzeitige Nahostkrise und ihre Hauptakteure in der Tat grundlegend geändert hat. […] Die Palästinensische Selbstverwaltung (PA) hat sich als ein wahres Königreich der Verlogenheit herausgestellt, wo jeder Amtsinhaber, von Präsident Arafat abwärts, seine Tage damit verbringt, eine Reihe westlicher Journalisten zu belügen."[31]

Das Wechselspiel von Politik, Ideologie und wissenschaftlicher Recherche wirft Fragen auf: Bestätigt die im Herbst 2000 erneut in Gang gesetzte Gewaltspirale die ursprüngliche bzw. aktuelle Politik des Zionismus und führt sie deren Infragestellung durch die „Postzionisten" ad absurdum? Wurde die ideelle Auseinandersetzung über Israels Vergangenheit mit dem Vordringen des Konservatismus in der Gesellschaft, mit dem erneuerten Diktat der politischen Korrektheit und mit der einseitigen Fixierung auf die Sicherheitsproblematik abgebrochen oder lediglich auf friedlichere Zeiten vertagt? In welchem Umfang wurden die Thesen der „neuen Historiker" von der Gesellschaft angenommen und welcher Platz wird ihnen in der künftigen Geschichtsschreibung zukommen? Werden die „Postzionisten" als ideelle Irrlichter oder als Vordenker in die Geschichte eingehen?

Die Suche nach Antworten kommt zunächst nicht an der Tatsache vorbei, dass der in den neunziger Jahren geführte akademische Streit über die Geschichte immer auch ein Nachdenken über Lösungsmöglichkeiten im israelisch-palästinensischen Konflikt war. Neben der historischen Komponente existierte stets der aktuelle Bezug, so dass die Auseinandersetzung mit der Geschichte nie theoretisch bleiben konnte. Die Anerkennung der nationalen Rechte beider am Konflikt beteiligter Völker bildete zwar die Grundlage der Verhandlungen von Oslo. Die Schlussfolgerungen, die die „Postzionisten" daraus und aus ihrer Interpretation der Geschichte zogen, wurden vom politischen Establishment

---

30   Jediot Acharonot, 23. November 2001.
31   Morris, Benny: Peace? No Chance, The Guardian, 21. Februar 2002, hier zitiert nach Steinberg, Gerald 2002, S. 5.

und von der Mehrheit der Bevölkerung des Landes jedoch zu keinem Zeitpunkt geteilt, sondern vielmehr als existentielle Gefährdung des jüdischen Staates perzipiert. Das betraf auch die Entstehung der palästinensischen Flüchtlingsfrage bzw. die genuine israelische Verantwortung für die Vertreibung. Der „Historikerstreit" widerspiegelte somit nicht die Befindlichkeit der gesamten israelischen Gesellschaft in der Mitte der neunziger Jahre, sondern lediglich etwas Bewegung in einigen ihrer intellektuellen Segmente, auch wenn er durch gesellschaftliche Wandlungen und reale öffentliche Interessenlagen begünstigt wurde.

So wie die gedanklichen Provokationen der „neuen Historiker" in der israelischen Presse und an den Universitäten nicht zufällig im Kontext des Oslo-Prozesses erfolgten, konnte das Scheitern der Friedenssuche nicht ohne Rückwirkung auf den akademischen Diskurs bleiben. Der Historiker und Journalist Tom Segev schrieb zwei Tage vor der erneuten Wahl Ariel Scharons zum israelischen Premierminister im Januar 2003: „Einige Monate vor den letzten Wahlen, bevor wir wussten, dass Ehud Barak seine Chance, ein Abkommen mit den Palästinensern zu erreichen, vertan hatte, schien es, als ob Israel sich in Richtung einer multikulturellen Demokratie bewege. Wir sahen sogar erste Anzeichen für das Entstehen einer postzionistischen Ära. Der palästinensische Terror hat diese Entwicklung gestoppt."[32]

Das postzionistische Zwischenspiel vermittelt der israelischen Geschichts- und Politikbetrachtung die Erfahrung, dass der Übergang von einer Festungsmentalität zu einer offenen Gesellschaft nicht nur nationale und individuelle Sicherheit, sondern offensichtlich in umfassender Weise auch friedliche Existenzbedingungen erfordert. Solange die Furcht vor Terroranschlägen real und allgegenwärtig, aber auch politisch instrumentalisierbar bleibt, überlagert sie die Bedrohungen aus wirtschaftlicher Rezession oder sozialen Unwägbarkeiten bzw. blockiert sie Rationalität und Kompromissdenken. Das Verstummen der „Postzionisten" ließ die geistigen Spannungsfelder und Aktivposten in Israel wieder unbedeutender erscheinen. Eine gültige Antwort auf die von den „neuen Historikern" benannten Probleme erfolgte nicht – weder in der Gesellschaft noch durch die Politik oder die Wissenschaft. Die Fragen an die Geschichte wurden bestenfalls verschoben.

Die Schoah im historischen Diskurs

Eines der umstrittensten und sensibelsten Themen, denen sich die „neuen Historiker" und kritischen Soziologen zuwandten, war der Umgang mit der Schoah. Thematisiert wurden u.a. die Politik der *Jischuv*-Führer in der Zeit des natio-

---

32 Segev, Tom: Schwujim be-hasajah (Gefangen in einem Wunschtraum). Ha-Arez, 26. Januar 2003.

nalsozialistischen Judenmords und der Stellenwert des Holocaust in der israelischen Erinnerungskultur. Auch in diesen Fragen wurde die zionistische Historiographie einer kritischen Bewertung unterzogen.

Die Schoah nahm seit ihrem Bekanntwerden einen wichtigen Platz in der
politischen Kultur des *Jischuv* und später Israels ein. Sie hatte und hat zentrale
Bedeutung für die Herausbildung der jüdisch-israelischen Identität und ist tief
im kollektiven Bewusstsein der jüdischen Bürger des Landes und der Diaspora
verankert. Wie die Golfkriege 1991 und 2003 sichtbar machten, ist das Holo-
caustbewusstsein nicht selten mit dem Trauma der Hilflosigkeit und permanenten Gefährdung, jedoch auch mit dem Stolz auf die neu errungene Wehrhaftigkeit, mit dem Gefühl, nicht mehr bloßes Opfer zu sein, verwoben. Die
Vernichtung der europäischen Juden – allgegenwärtig in Literatur, Kunst, Bildung, Medien und Politik – entwickelte sich in Israel zum kardinalen Bezugspunkt für die Existenz und Entwicklung des jüdischen Staates. Der Politologe
Charles Liebman sah im Holocaust bereits 1978 den Eckpunkt einer sich herausbildenden *civil religion*.[33]

Die Staatsgründer Israels hatten die Schoah als Bestätigung ihres Strebens,
einen jüdischen Nationalstaat zu schaffen, interpretiert. Dennoch spielte die
Katastrophe während der ersten Jahrzehnte im israelischen Alltagsbewusstsein
eine untergeordnete Rolle. Sie trat deutlich hinter den militärischen Behaup-
tungswillen, den Aufbauoptimismus und andere aktivierende Elemente zionistischer Ideologie zurück. Die Holocaust-Überlebenden wurden nicht als Helden,
sondern als gebrandmarkte letzte Zeugen einer vergangenen Epoche empfunden.[34] Für den israelischen Pionier oder *Zahal*-Kämpfer waren die Ohnmacht der
Überlebenden wie auch ihre Traumata schwer nachvollziehbar. Sie wurden nur
zögernd thematisiert und erst allmählich in die Geschichtsbetrachtung einbezogen.[35]

Einfluss auf die gesellschaftliche Rezeption der Schoah hatte zudem die
Haltung des ultraorthodoxen Judentums. Während des Zweiten Weltkriegs
hatte der Lubawitscher Rabbiner Josef Jizchak Schneerson „im jüdischen Leiden in der Schoah ein klares Zeichen dafür (gesehen), dass das messianische
Zeitalter gekommen ist und dass der Messias sofort erscheinen wird".[36] Nach
1945 in Palästina/Israel publizierte ultraorthodoxe Schriften betonten mehrheitlich, Gott habe das jüdische Volk durch die Schoah gestraft, weil es sich
vom orthodoxen Judentum abgewandt und der Reformbewegung bzw. dem
Zionismus zugeneigt habe.[37] Diese Sicht dominierte über Jahrzehnte die Hal-

---

33   Liebman, Charles 1978, S. 50. Vgl. Liebman, Charles S./Don-Yehiya, Eliezer 1984, S. 54ff.
34   Vgl. Joggerst, Karin 2002, S. 71ff.
35   Vgl. u. a. Michman, Dan 2000.
36   Bauer, Yehuda 1999, S. 139.
37   Ebd.

tung der israelischen Ultraorthodoxie sowohl aschkenasischer als auch sephardischer Prägung. Als aktuelles Beispiel sei auf die bereits zitierte Äußerung des ehemaligen sephardischen Oberrabbiners und heutigen spirituellen Führers der Schas-Partei, Ovadja Josef, verwiesen. Dieser hatte die Opfer des Holocaust als Reinkarnationen jener bezeichnet, die gesündigt bzw. andere zur Sünde verleitet hätten und zurückgekommen seien, um zu büßen.[38]

Konservative wie „neue" Historiker stimmen darin überein, dass der Eichmann-Prozess (1961/62) eine Zäsur für die Schoah-Rezeption in Israel darstellte. Er leitete, wenngleich zunächst noch zögerlich, eine Auseinandersetzung mit dem Holocaust und dessen Auswirkungen auf das Judentum ein, an der sich Wissenschaftler, Publizisten und Kulturschaffende beteiligten. Die mündlichen Berichte aus der Kriegs- und Nachkriegszeit wurden zunehmend mit Archivmaterialien unterlegt. Zusammenhänge wurden offenkundig und individuelle Erlebnisberichte veröffentlicht. Eine Vielzahl von Werken israelischer Schriftsteller, Musiker, bildender und darstellender Künstler trug dazu bei, den Genozid am jüdischen Volk zum untrennbaren Bestandteil kollektiver israelischer Erinnerungskultur werden zu lassen.

Das unikale Geschehen wurde nunmehr auch mit dem nationalen jüdischen Kampf verknüpft. Nicht zuletzt die offizielle Politik stellte seit den siebziger Jahren eine Kausalkette zwischen Holocaust und Staatsgründung her. Generalstabschef David Elasar führte beispielsweise 1973, des 30. Jahrestages des Warschauer Ghetto-Aufstands und dessen Opfer gedenkend, aus: „Wir wissen, dass sie tausend grausame, außergewöhnliche Tode starben, weil sie die Verbannten waren, die Anderen, die Schwachen, und weil wir in diesen grausamen Tagen den Staat Israel nicht hatten. Aus diesem Grund glauben wir, dass Macht lebenswichtig ist. Aus diesem Grund haben wir geschworen, stark zu sein und gut bewaffnet. Aus diesem Grund haben wir uns entschlossen, nicht von der Duldung durch andere zu leben."[39] Im gleichen Sinne wurde – bereits seit 1948 – versucht, die in Israel eintreffenden Gruppen von Neueinwanderern aus islamischen Staaten in das Identität stiftende Band der Katastrophe europäischer Juden einzubeziehen.

Israelische Politiker bemühten die Schoah darüber hinaus nicht selten, um ihre Positionen in der internationalen Politik zu bekräftigen, sei es in den USA, gegenüber Deutschland, im Verhältnis zu arabischen Feindstaaten bzw. zu den Palästinensern, sei es im nahöstlichen Konfliktmanagement. So wurde Kritik an der anhaltenden israelischen Besatzungspolitik und der zunehmenden Siedlungstätigkeit in den 1967 besetzten Territorien, soweit sie von außen und insbesondere aus Europa kam, nicht selten mit Verweis auf die Schoah zurück-

---

38 Vgl. Jediot Acharonot, 7. August 2000; Ha-Arez, 7. u. 15. August 2000; Jerusalem Post, 11. August 2000. Vgl. auch Abschnitt: „Zuspitzungen im Verhältnis von Religion und Politik", S. 108-110.

39 Chanoch Bartov: Dado, Bd. 1, Tel Aviv 1978, S. 261. Zit. nach Rubinstein, Amnon 2001, S. 142.

gewiesen. Golda Meir erklärte beispielsweise 1973: „Die Staaten Europas, die uns während des Holocaust nicht geholfen haben, haben kein Recht, uns jetzt Predigten zu halten."[40] Ministerpräsident Jizchak Schamir betonte während der Eröffnungszeremonie der Madrider Friedenskonferenz 1991, dass die Schoah nur möglich gewesen sei, weil die Juden heimatlos waren und niemand sie schützte.[41]

Die „neuen Historiker" waren nicht die ersten, die sich kritisch mit dem Thema „Zionismus und Schoah" auseinandersetzten. Neu war, dass sie nicht nur dafür eintraten, ein differenzierteres und komplexeres Bild der historischen Geschehnisse zu zeichnen, sondern dass sie sich auch gegen die politische Instrumentalisierung des millionenfachen Judenmords aussprachen. Ihre Hauptkritik galt nicht der „Mythologisierung", sondern der „Zionisierung der Schoah".[42] Ausgehend von universalistischen Werten maßen sie dem Holocaust zugleich generelle Bedeutung für die menschliche Zivilisation bei. Ihrer Auffassung nach reiche die Überzeugung, für die Juden dürfe es kein zweites Auschwitz geben, nicht aus. Vielmehr sei die Erkenntnis zu vermitteln, dass Völkermord – jeder Völkermord – ein für allemal verhindert werden müsse.[43]

Mosche Zuckermann beklagte im gleichen Sinne, dass das jüdisch-israelische Kollektiv es nicht vermochte, die Schoah „zum universellen Symbol einer ,Trümmer auf Trümmer' häufenden katastrophischen Weltgeschichte (Walter Benjamin) zu erheben, als ein überjüdisches Paradigma nämlich, welches das Andenken der ermordeten Juden im Stande ihres Opferseins dadurch bewahrt, dass es sie als ein zivilisatorisches, sich jeglicher Unterdrückung des Menschen widersetzendes Signalprinzip begreift."[44] Die Universalität des Schoah-Gedankens und -Gedenkens konkret verwirklichend, ließ der Direktor des Gymnasiums Kedma in Jerusalem, Sami Schalom Schitrit – ein junger, mit seinen Eltern aus Marokko eingewanderter Jude – anlässlich des staatlichen Holocaust-Gedenktages 1995 außer den sechs der Ehrung der jüdischen Schoah-Opfer gewidmeten Kerzen ein siebentes Licht anzünden. Es war den nichtjüdischen Opfern von Völker- und Massenmord gewidmet – Armeniern, Roma und Sinti, Schwarzafrikanern, Indianern und Homosexuellen.[45] Fünf Jahre

---

40 Zit. nach Rubinstein, Amnon 2001, S. 132.
41 „Es geht nicht um Territorien, sondern um die Existenz Israels", Rede des israelischen Ministerpräsidenten Yitzhak Schamir, *israel & palästina*, Sonderheft 28, 1991, S. 14.
42 Pappe, Ilan 1995, S. 44.
43 Jehuda Elkana fasste diesen Gedanken unmittelbar nach Ausbruch der ersten Intifada in die Worte: „Symbolisch ausgedrückt, sind aus Auschwitz zwei Völker hervorgegangen: eine Minderheit, die behauptet: , Es soll nie wieder passieren', und eine verschreckte, furchterfasste Mehrheit, die behauptet: , Es soll nie wieder *uns* passieren'." Zit. nach Zuckermann, Mosche 1998, S. 64f.
44 Ebd., S. 99.
45 Jom ha-Schoah be-Kedma – lo rak jehudim (Der Holocaust-Gedenktag in „Kedma" ist nicht nur den Juden gewidmet), Ha-Ir, 20. April 1995.

später ordnete Bildungsminister Jossi Sarid von der linkssozialistischen Merez-Partei an, den Genozid am armenischen Volk in israelische Schulbücher aufzunehmen.

Besondere Aufmerksamkeit erlangte in Israel und international das Buch des „postzionistischen" Historikers und Journalisten Tom Segev „Die siebte Million". Zum Zeitpunkt seines Erscheinens 1991 galt es als die umfassendste und populärste Auseinandersetzung mit der Holocaust-Rezeption in der israelischen Gesellschaft. Es wurde in mehrere Sprachen übersetzt und 1995 verfilmt. In den ersten Abschnitten stellte der Autor detailliert das Bemühen, jedoch auch die Versäumnisse der Führung des *Jischuv* von den dreißiger Jahren bis zum Ende des Zweiten Weltkriegs dar, die europäischen Juden der drohenden Katastrophe zu entziehen. Er zitierte mehrfach David Ben Gurion, der nicht der Rettung der Juden Europas, sondern dem zionistischen Aufbauwerk in Palästina oberste Priorität beigemessen habe.[46] Nur wenige der Palästina erreichenden Flüchtlinge hätten ihr Leben den Bemühungen der zionistischen Bewegung zu verdanken gehabt.[47]

Den Umgang mit den Holocaust-Überlebenden stellte Segev in einem bis dahin unüblich kritischen, bisweilen sogar sarkastischen Ton dar. Unter der Kapitelüberschrift „Zuerst dachte ich, sie wären Tiere" zitierte er Berichte zionistischer Emissäre, die nach dem Krieg *Displaced Person Camps* in Europa besucht und die dort untergebrachten Juden als „eine formlose, gesichtslose Masse, menschliche Trümmer, eine riesige Ansammlung von Bettlern, degeneriert, zurückgeblieben, nicht nur von körperlichem und seelischem, sondern auch von moralischem Verfall betroffen" beschrieben hatten.[48] Nach ihrer Ankunft in Palästina bzw. Israel hätten insbesondere die Flüchtlinge aus Deutschland darunter gelitten, dass sie als Nichtzionisten betrachtet und daher nicht als gleichwertig angesehen worden seien.[49]

Weitere Abschnitte des Buches widmete Segev der Instrumentalisierung und Mythologisierung der Schoah im Staat Israel – einer Thematik, der sich auch andere „neue Historiker" zugewandt hatten. „Es ist kaum möglich, in irgendwelchen Diskussionen in Israel am Holocaust vorbeizukommen", schrieb Mosche Zimmermann von der Hebräischen Universität Jerusalem, „sei es in Diskussionen um die innere Politik oder um die Frage der besetzten Gebiete, und selbstverständlich ist das Thema ‚Holocaust' unvermeidbar, wenn es um das Deutschland der Gegenwart oder um die deutsch-israelischen Beziehungen geht."[50] Mosche Zuckermann von der Universität Tel Aviv sprach gar davon,

---

46 Segev, Tom 1995, S. 42f.
47 Ebd., S. 134.
48 Ebd., S. 162.
49 Ebd., S. 63.
50 Zimmermann, Moshe 1992, S. 35.

dass „durch eine fortwährende, bewusst betriebene heteronome Instrumentalisierung des zum Mythos degradierten Holocaust" eine „Verflachung und Banalisierung dessen, was geschah" hervorgerufen werde. Der größte Schaden werde dem Andenken der Opfer durch jene zugefügt, die die Schoah vereinnahmten und sich anmaßten, das Monopol ihrer Pflege zu besitzen.[51]

Auch der als konservativ geltende Historiker Amnon Rubinstein schrieb: „Der Holocaust wird in der Tat politisch ausgenutzt, die Erinnerung an ihn zu politischen Zwecken abgewertet." Allerdings sei – nach Ansicht des Wissenschaftlers – dieser Utilarismus im Vergleich zu der seitens der „neuen Historiker" betriebenen „Abwertung des Holocaust, die sich hinter Unwahrheiten versteckt und sich durch eine pseudo-wissenschaftliche Doktrin tarnt", relativ leicht zu durchschauen.[52]

Der Vorwurf kritischer Historiker, die Politik habe den Mord an den europäischen Juden aus pragmatischen Gründen instrumentalisiert, ihn für ihre partikularistischen Interessen genutzt und ihn zielgerichtet in das zionistische Geschichtsverständnis eingewoben, wurde durch den „Historikerstreit" nicht ausgeräumt. Untersetzt durch Bildungsanstrengungen der Schule und Armee, durch Medienwirkung und staatliche Gedenktage bzw. Gedenkfeiern wurde das einzigartige historische Geschehen nicht nur zum zentralen Narrativ israelischer Geschichtsbetrachtung. Es erreichte über die aschkenasische Erinnerungskultur hinaus auch das Geschichts- und Selbstverständnis orientalisch-jüdischer Israelis.

Zur politischen Instrumentalisierung des Holocaust dürfte nicht unwesentlich Menachem Begin beigetragen haben, der von 1977 bis 1983 das Amt des israelischen Ministerpräsidenten bekleidete. Begin, selbst Schoah-Überlebender, hatte sich vehement gegen das 1952 durch David Ben Gurion und Konrad Adenauer unterzeichnete „Wiedergutmachungsabkommen" und damit gegen den Versuch, Brücken zwischen Israel und der Bundesrepublik Deutschland zu bauen, ausgesprochen. Als Premier zitierte er in seinen Reden immer wieder den nationalsozialistischen Judenmord, um politische Aussagen zu untermauern. Segev bezeichnete ihn als den „großen Popularisierer des Holocaust", der keine Gelegenheit ausgelassen habe, das emotionsgeladene Thema in der politischen Auseinandersetzung oder für seine persönliche Reputation auszubeuten.[53] Als Beispiele benannte er u.a. die Zerstörung des irakischen Atomreaktors 1981 und den Libanonkrieg 1982 – israelische Offensiv- bzw. Präventivschläge, die Begin damit rechtfertigte, dass einem neuerlichen Holocaust vorgebeugt werden musste. Im Kontext der zeitweise gespannten israelisch-deutschen bzw. israelisch-österreichischen Beziehungen unterlegte der israelische Premier seine

---

51 Zuckermann, Moshe 1998, S. 74.
52 Rubinstein, Amnon 2001, S. 306.
53 Segev, Tom 1995, S. 523.

verbalen Attacken gegen Bundeskanzler Helmut Schmidt bzw. den österreichi-
schen Kanzler Bruno Kreisky nicht selten mit Verweisen auf die nationalsozialistischen Verbrechen beider Völker an den Juden.

In dem Maße, wie Israel in den siebziger und achtziger Jahren „jüdischer"
wurde und „jüdische Werte" in der Alltagskultur wie im öffentlichen Leben
einen zunehmenden Stellenwert erhielten, erlangte die Schoah, neben Religion,
Tradition und Kultur, im kollektiven Bewusstsein Zentralität. Die in der Tages-
presse ausgetragene Debatte über das Erbe der Schoah (*moreschet ha-schoah*)
gipfelte im Streit um die Frage, inwieweit der Holocaust zur *raison d'être* des
Zionismus und des Staates Israel geworden sei. Während Vertreter der „neuen
Historiker" die zionistische Geschichtsschreibung attackierten, weil sie die
Legitimität Israels einseitig aus der Schoah ableite, hoben Wissenschaftler wie
Jehuda Bauer, Dan Michmann, Joav Gelber und Anita Schapira die Einzigartig-
keit der Schoah und ihre zentrale Bedeutung für Existenz und Entwicklung des
jüdischen Staates hervor. In seiner Reaktion auf die Verfilmung von Segevs „Die
siebte Million" betonte allerdings auch Bauer die wechselseitige Bedingtheit
von Partikularismus und Universalismus. Die Schoah könne sich unter bestimmten Umständen – so Bauer – nicht unbedingt gleich, aber prinzipiell doch
ähnlich, wiederholen. Sie müsse nicht unbedingt nur Juden treffen. Jedes Volk
könne zu den Vollstreckern, zu den Opfern oder auch zu jenen gehören, die an
der Seite stehen und zusehen.[54]

Tom Segev begründete seinen Appell an die Öffentlichkeit mit den „zwei-
felhaften Konsequenzen", die aus der Beschäftigung mit der Schoah gezogen
würden.[55] Im Epilog seines Buches schrieb er, das Erbe des Holocaust, so wie es
in den Schulen gelehrt werde, fördere „einerseits einen engstirnigen Chauvi-
nismus und andererseits das Gefühl, dass die Judenvernichtung der Nazis jeden
Akt rechtfertigt, der zu Israels Sicherheit beizutragen scheint – auch die Unterdrückung der Bevölkerung in den besetzten Gebieten". Er rief dazu auf, vor
allem universelle Schlussfolgerungen aus dem millionenfachen Judenmord zu
ziehen. Dazu könnte gehören, die Demokratie zu bewahren, den Rassismus zu
bekämpfen und die Menschenrechte zu schützen. Als der Realität verpflichteter
Publizist erkannte er freilich, dass es schwierig sein dürfte, „die humanistischen
Lehren des Holocaust fest im Bewusstsein der Bevölkerung zu verankern, solange das Land um seine Existenz kämpfen und sie rechtfertigen muss".[56]

---

54 Bauer, Jehuda: Ha-tesah al ha-kischalon ha-zioni (Die These vom zionistischen Scheitern), Ha-Arez,
    25. August 1995.
55 Segev, Tom 1995, S. 673.
56 Ebd., S. 674.

„Schulbuchdebatten"

Eng verbunden mit den Diskussionen über zionistische Werte bzw. postzionistische Sichten waren akademische und öffentliche Debatten, die Ende der neunziger Jahre aufbrachen. Sie konzentrierten sich insbesondere auf die Ausbildungsinhalte israelischer Grundschulen und Gymnasien, vorwiegend des staatlichen Sektors. In abgeschwächter Form wurden sie in den Jahren 2000 und 2001 fortgeführt.

In den Auseinandersetzungen zeigte sich zunächst die enge Verknüpfung von Politik und Bildung. Das Bildungsministerium, über Jahrzehnte in der Hand der Nationalreligiösen Partei (Mafdal), wurde in den Jahren 1992-1996 und 1999-2000 durch Vertreter des linkssozialistischen Merez geleitet. Hatten die Nationalreligiösen die historische Bildung und staatsbürgerliche Erziehung vor allem auf traditionell-zionistische Werte orientiert, so setzten Schulamit Aloni, Amnon Rubinstein und Jossi Sarid, die drei Bildungsminister von Merez, neue Zeichen, die sich insbesondere in den Fächern „*esrachut*" (Staatsbürgerkunde) und „*historjah*" (Geschichte) niederschlugen. Ansätze dafür hatte es freilich schon vor dem Amtsantritt Alonis gegeben. Der Chefredakteur des konservativen Journals Azure, Daniel Polisar, schrieb im Sommer 2001 über eine „leise Revolution in der staatsbürgerlichen Erziehung", die bereits während des vergangenen Jahrzehnts erfolgt sei. Schritt für Schritt sei eine der Hauptsäulen zionistischer Erziehung – die Erkenntnis, dass Israel ein Staat des jüdischen Volkes sein müsse – zugunsten universeller Werte aufgegeben worden.[57]

Bei der Ernennung Schulamit Alonis zur Bildungsministerin hatten Vertreter religiöser Parteien die Befürchtung geäußert, die seit Jahren engagiert für die Trennung von Staat und Religion eintretende Politikerin könne die Zuwendungen für religiöse Schulen reduzieren und das Bildungsprogramm im staatlichen Sektor seines bisher obligaten religiösen Inhalts berauben. Als Aloni es wagte, öffentlich Zweifel an der Zweckmäßigkeit von Schülerreisen nach Auschwitz anzumelden, da diese in erster Linie der Förderung nationalistischer Gefühle dienten, musste sie von ihrem Amt zurücktreten. Auch ihre Nachfolger, Rubinstein (1994-1996) und Sarid (1999-2000), sahen sich wiederholt heftiger Kritik ob ihrer Bildungspolitik ausgesetzt.

Kontrovers diskutiert wurde u.a. die Einführung einiger neuer Lehrpläne und Schulbücher. Das durch Historiker der Universität Tel Aviv unter Leitung von Danny Jaakobi und Israel Bartal erarbeitete und 1999 edierte Geschichtsbuch für die 9. Klasse mit dem Titel „Eine Welt der Veränderungen" (*olam schel tmurot*) war besonders umstritten. Es zeigte bereits auf dem Titelbild Michail Gorbatschow, die Beatles, die Marx Brothers, Yehudi Menuhin, Sigmund Freud, einen VW-Käfer sowie Jizchak Rabin mit König Hussein von Jordanien und dem

---

57 Polisar, Daniel 2001, S. 66.

amerikanischen Präsidenten Bill Clinton. Nationale, d.h. jüdische Werte, so die Kritiker, seien im Band generell unterbelichtet. Joram Hazony, Direktor des konservativen Shalem Center in Jerusalem, schrieb z.B., das Bildungsministerium habe ein „unverschämtes Buch" produziert, das nichts mehr mit der jüdischen Geschichte, so wie sie die meisten Israelis verstünden, zu tun habe.[58] Wichtige Abschnitte – etwa die Rolle Chaim Weizmanns als Präsident der Zionistischen Weltorganisation oder der jüdische Aufstand im Warschauer Ghetto, aber auch Aktionen zionistischer Untergrundorganisationen gegen die britische Mandatsherrschaft – fehlten. Die Ausführungen über den Junikrieg 1967 ließen die Blockade der Straße von Tiran durch Ägypten vermissen.

Auf kritische Reflexion stieß ein weiteres Lehrbuch mit dem Titel „Das 20. Jahrhundert", erarbeitet durch ein Autorenkollektiv unter Eyal Naveh. Die Verfasser hatten sich bemüht, jüdische Geschichte nicht separat, sondern als Bestandteil der Weltgeschichte abzuhandeln. Sie widmeten z.B. der Schoah kein eigenes Kapitel, sondern behandelten sie im Kontext des Zweiten Weltkriegs. Auch die Passagen über den israelisch-palästinensischen Konflikt riefen Protest hervor. In ihnen wurden die Schüler u.a. aufgefordert, Einschätzungen zum Sechstagekrieg von 1967 aus drei unterschiedlichen Perspektiven zu geben – aus der Sicht eines israelischen Soldaten, eines ägyptischen Kriegsgefangenen und des Bewohners eines palästinensischen Flüchtlingslagers im Gazastreifen. Das im Band vermittelte Bild des Staates Israel – so die Kritiker – widerspreche grundsätzlich der bisherigen Geschichtsdarstellung.

Neben den Geschichts-Curricula und -texten wurden die Vorgaben des Bildungsministeriums für den Staatsbürgerkundeunterricht, seit 1979/80 sowohl in staatlichen als auch staatlich-religiösen Schulen als eigenes Fach in der gymnasialen Oberstufe gelehrt, kontrovers diskutiert. Während das noch unter der Avodah-Regierung 1976 verabschiedete erste Curriculum Israel als jüdischen Nationalstaat präsentierte, war der neue, 1994 verabschiedete Lehrplan stärker auf die Vermittlung demokratischer Grundlagen ausgerichtet. Die Schüler der 11. bzw. 12. Klassen sollten erkennen, dass jüdische und demokratische Werte gleich bedeutsam seien, sich ergänzten, mitunter jedoch auch in Widerspruch zueinander geraten könnten. Das neue, etwa 600 Seiten umfassende Lehrbuch mit dem Titel „Bürger sein in Israel – einem jüdischen und demokratischen Staat",[59] im März 2000 veröffentlicht und im folgenden Schuljahr als Pflichtlektüre in allen Gymnasien eingeführt, entfachte einen weiteren „Schulbuchstreit", in dem sich Vertreter der säkularen Linken und des konservativen nationalen Lagers heftige Gefechte lieferten.

---

58 Ha-Arez, 15. September 2000.
59 Misrad Ha-Chinuch: Lihjot esrachim be-Jisrael – be-medinah jehudit we-demokratit. Jerusalem 2000.

Der Disput war symptomatisch für die Be- und Empfindlichkeit der israelischen Gesellschaft. Erstmals war ein Lehrbuch erarbeitet worden, in dem die gemeinsame Staatsbürgerschaft der verschiedenen ethnischen Gruppen Israels im Vordergrund stand. Es sollte nicht nur für den staatlichen Bildungszweig, sondern gleichermaßen für staatlich-religiöse, drusische und arabische Schulen gelten, die bis dahin jeweils einem eigenen Lehrplan und spezifischen Schulbüchern folgten. Die konservative Kritik zielte vor allem auf den angeblichen Mangel an national-jüdischen Inhalten und Zielvorgaben. Dem Schüler werde nicht die Überzeugung vermittelt, dass Israel seinen jüdischen Charakter beibehalten müsse; er erfahre vielmehr, dass die Realisierung demokratischer Prinzipien dann am besten gewährleistet sei, wenn Israel sich in einen Staat für alle seine Bürger verwandle.[60] Die Autoren seien angetreten, Israel als einen „demokratischen Staat, der all seinen Bürgern gehört, einen Staat, dessen politische nationale Identität israelisch ist und dessen Werte demokratisch sind", zu definieren.[61] Das Buch leiste damit der Auffassung Vorschub, Israels jüdischer Charakter stehe im Widerspruch zu den demokratischen Werten des Landes; es legitimiere eine entsprechende Argumentation seitens einzelner Lehrer.

Der ideelle, publizistisch begleitete „Schulbuchstreit" der neunziger Jahre widerspiegelte sich in Aktionen mit politischer Tragweite. So rief Bildungsminister Jossi Sarid noch im Januar 2000 seine Kollegen in der Nahostregion dazu auf, gemeinsam an einer „Erziehung zum Frieden" mitzuwirken.[62] Für seinen Verantwortungsbereich veranlasste er, Werke des palästinensischen Dichters Mahmoud Darwish in den Lehrplan für den Literaturunterricht der Gymnasialstufe aufzunehmen. Gleichzeitig war er bemüht, antiarabische Stereotype aus israelischen Schulbüchern zu verbannen. Öffentlich setzte er sich mit Meinungen auseinander, wonach israelische Schüler ihren Nationalstolz verlören, da ihnen ununterbrochen die Fehler ihrer Väter und Großväter vor Augen geführt würden. „Was für ein Schwachsinn", entgegnete Sarid. Es gäbe nichts Ehrenwerteres, als eigene Fehler einzugestehen. Die Bereitschaft einer Nation, ihre Unvollkommenheit zu erkennen, sei nicht ein Zeichen von Schwäche, sondern von Stärke.[63]

Der Bildungsminister bekam Schützenhilfe von seinem Kabinettskollegen, Rabbiner Michael Melchior (Meimad), Minister für Diaspora-Angelegenheiten. Auch dieser sah Selbstkritik als eine gesunde Erscheinung. Er antwortete Kritikern, wie Joram Hazony, dass jeder, der sich die Zeit nehme, eine Schule zu besuchen, um dort am Unterricht teilzunehmen, nicht umhin käme festzustellen, dass es keine „Verschwörung des Bildungsministeriums" gäbe, die darauf

---

60 Polisar, Daniel 2001, S. 88 u. 90.
61 Ebd., S. 90.
62 Jerusalem Post, 11. Januar 2000.
63 Ebd.

gerichtet sei, „ unsere Kinder zu veranlassen, sich nicht mehr mit dem jüdischen Volk und dem Zionismus zu identifizieren". Zionistischer Geist sei erforderlich, um inneren Zwist und äußere Infragestellung zu überwinden. Der Zionismus dürfe nicht als starres System verstanden werden, sondern müsse vielmehr stark und flexibel sein, um das jüdische Volk politisch, geistig und kulturell zu erneuern.[64]

Mit Beginn der zweiten Intifada wurde der Ruf nach konsequenter und kontinuierlicher Vermittlung zionistischer Grundwerte erneut lauter. Die durch Ariel Scharon berufene neue Bildungsministerin, Limor Livnat (Likud), traf auf relativ geringen Widerstand, als sie versuchte, das bei Amtsübernahme verkündete konservative Programm für das Bildungswesen in die Tat umzusetzen. Insbesondere hielt sie es für erforderlich, „jüdische, zionistische Werte in das Bildungssystem einzuführen", um „Anti-Zionismus und Postzionismus sowie den neuen Historikern zu begegnen, die hier Fuß gefasst haben".[65] Wenige Tage nach Amtsantritt verfügte sie, das umstrittene Geschichtsbuch „ Eine Welt der Veränderungen" aus dem Lehrplan zu nehmen. Im Mai 2001 ließ sie zudem für Schüler der siebenten bis neunten Klassen der Mittelstufe das neue Fach „Jüdisches Erbe" (*moreschet jahadut*) einrichten. Es soll sich vorwiegend mit Talmud, Thora, jüdischen Feiertagen und bedeutenden Persönlichkeiten der zionistischen Geschichte befassen. Die Likud-Politikerin empfahl zudem, während des gesamten Schuljahres auf den Schulgebäuden die israelische Flagge gehisst zu halten und den Unterrichtstag mit dem Absingen der Nationalhymne *Ha-Tikwah* zu beginnen. Statt moderner Pausenmusik sollten patriotische israelische Lieder gespielt werden. Die Empfehlungen und Weisungen der Ministerin deckten sich offensichtlich mit der Vorstellungswelt des Ministerpräsidenten. Dieser hatte im März 2001 erklärt, den Kindern seien jüdisch-zionistische Werte zu vermitteln, auf die „neuen Historiker" jedoch solle im Unterricht verzichtet werden.[66]

Der Streit über Erziehungsziele und Bildungsinhalte widerspiegelt somit nicht nur unterschiedliche Auffassungen über israelische Identität, zionistisches Erbe und universelle Werte. Er folgt weitgehend auch dem Auf und Ab im politischen Tagesgeschehen. Bewegte er sich zunächst parallel zum Rückgang der äußeren Existenzgefährdung während des Oslo-Prozesses bzw. zur Öffnung der israelischen Gesellschaft, so wurde er zunehmend durch das Scheitern der israelisch-palästinensischen Kompromisssuche und den Ausbruch der zweiten Intifada beeinflusst. Hinzu traten nach dem Regierungswechsel vom Februar 2001 innenpolitische Machtverschiebungen, die einen Rechtsruck in der israelischen Gesellschaft signalisierten.

64   Melchior, Michael: The true spirit of Zionism, Jerusalem Post, 7. August 2000.
65   Jerusalem Post, 8. März 2001.
66   Ha-Arez, 13. März 2001.

Ausformung neozionistischer Konzepte

Zu Beginn des jüdischen Jahres 5761, am 29. September 2000, einen Tag nach Ausbruch der Al-Aksa-Intifada, schrieb Gerald Steinberg vom Begin-Sadat-Zentrum der Bar-Ilan Universität: „Die Kernelemente des Zionismus und einer nicht-chauvinistischen jüdischen Identität weisen trotz Opposition der politischen Eliten ein eindrucksvolles *comeback* auf. In höherem Maße als die Generation der Eltern erkennen (die Israelis) die Zentralität jüdischer und zionistischer Werte für die israelische Identität." Während postzionistische Positionen kaum noch Gehör fänden, falle die zunehmende Präsenz „neo-zionistischer Intellektueller" auf, die aus privaten und politisch neutralen religiös-zionistischen Bildungseinrichtungen insbesondere Jerusalems kämen.[67] In der Tat werfen die neuen Trends Fragen auf: Signalisieren sie eine Rückkehr zum Zionismus alter Prägung oder stehen sie für eine „neue" Ideologie, möglicherweise für die Geburt eines „neo-zionistischen" Gedanken- und Politikgebäudes? Was charakterisiert den Zionismus zu Beginn des 21. Jahrhunderts?

Es ließen sich zunächst zahlreiche Beispiele für die Zunahme konservativer Ansichten, die Verdrängung liberaler und linker Denkansätze sowie eine geringere Toleranzschwelle benennen. Sie reichen vom Skandal um den „Postzionisten" Ilan Pappe an der Universität Haifa[68] über die neuen Thesen von Benny Morris zur palästinensischen Flüchtlingsfrage[69] bis zum Buch des linken Literaturwissenschaftlers Nissim Kalderon „Pluralisten wider Willen"[70]. Kalderon fordert in ihm die Rückkehr zu nationalen Werten und zum ursprünglichen zionistischen Ethos. Wenig Verständnis zeigte die Öffentlichkeit, als die bekannte Sängerin Jaffa Jarkoni in einem Interview, das der Armeesender *Galei Zahal* mit ihr im April 2002 aus Anlass des 34. Jahrestages der israelischen Unabhängigkeit führte, die israelische Militäraktion „Schutzwall" heftig kritisierte und Sympathie für Soldaten äußerte, die den Dienst in den besetzten Gebieten verweigerten. Obwohl die Künstlerin mit ihren Liedern alle Kriege Israels begleitet hatte und als „Stimme des israelischen Unabhängigkeitskampfes" gilt, wurde eine seit langem vorbereitete Gala-Veranstaltung, mit der ihr Lebenswerk geehrt werden sollte, abgesagt.[71]

Die verstärkte konservativ-nationale bzw. nationalistische Tendenz folgte nicht nur den innenpolitischen Rechtstrends. Sie war eng auch mit der zweiten Intifada und deren Wirkungen auf die israelische Gesellschaft verbunden. Die Selbstmordattentate palästinensischer Fanatiker im israelischen Kernland ließen massenhaft verdrängte Ängste bzw. historisch gewachsene Phobien auf-

---

67   Steinberg, Gerald M.: Signs of optimism for 5761, Jerusalem Post, 29. September 2000.
68   Vgl. Segev, Tom: His colleagues call him a traitor, Haaretz, 24. Mai 2002.
69   Morris, Benny: Peace? No chance, The Guardian, 21. Februar 2002.
70   Kalderon, Nissim 2000.
71   Vgl. Ha-Arez, 23. April 2002, Galerjah, S. 1d.

brechen. Rufe nach Rache und Vergeltung wurden lauter. Zunehmend mehr Israelis betrachteten die politische Radikalisierung der Palästinenser inner- und außerhalb der „Grünen Linie" als Gefahr für die Existenz des jüdischen Staates und insbesondere auch als permanente Gefährdung individueller Sicherheit. Vor diesem Hintergrund ist es nicht verwunderlich, dass Politiker, die die Wiederherstellung des nationalen – lies: zionistischen – Konsens beschworen, bei vielen Staatsbürgern Gehör fanden. Der israelische Journalist Guy Bechor fasste seine Wahrnehmung im August 2001 in die Worte: „Die palästinensische Gewalttätigkeit hat ein positives Ergebnis – das Wiedererwachen des jüdischen Nationalismus, insbesondere des Zionismus." Der Zionismus sei aus den Schulbüchern herausgetreten und habe seine bedeutende politische Stellung in der Gesellschaft zurückgewonnen. Er sei auch für Juden und Israelis, die sich vor einem Jahr noch als Weltbürger betrachtet hätten, wieder fester Bestandteil der Identität geworden.[72]

Die unnachgiebige Haltung des israelischen Establishments gegenüber den aufbegehrenden Palästinensern verband sich für nicht wenige Israelis mit einer Reideologisierung. Deren extremste Facetten hatten den Kampf um das ganze *Erez Jisrael*, d.h. den Staat Israel einschließlich der 1967 besetzten palästinensischen Gebiete, zum Inhalt. Sie wurde potenziert durch den 11. September 2001, die Antiterror-Kampagne der USA sowie durch das sich – auch international – verfestigende Feindbild Islam. Die Welt war wieder überschaubar geworden: Hier die friedfertig Guten, dort die terroristisch Bösen. Die Propagierung universalistischer Werte schien einem vergangenen Zeitalter anzugehören.

Dennoch seien Differenzierungen angemahnt. So wie das Israel der neunziger Jahre in keinerlei Hinsicht als „postzionistisch" charakterisiert werden kann, ist die pauschale Etikettierung der Entwicklung im ersten Jahrzehnt des 21. Jahrhunderts als „neozionistisch" schwerlich haltbar. Wie eingangs ausgeführt, war der Zionismus nie eine monolithische Bewegung. Er umfasste stets verschiedene – allerdings nicht gleichermaßen relevante – Strömungen. Während der vergangenen Jahrzehnte erfolgten durchaus unterschiedliche Antworten auf die jeweils aktuellen Herausforderungen. Die politische Kultur Israels und die öffentliche Meinung wurden und werden zudem nicht nur durch die Erörterung nationaler Werte, sondern auch durch eine Vielzahl anderer Impulse – nicht zuletzt durch äußere Einflussfaktoren – geformt. Das Gesamtbild der Gesellschaft und ihres inneren Wandels verweist somit auf eine Fülle von Haupt- und Nebenlinien, auf ein Zusammenspiel und Gegeneinander unterschiedlicher Gestaltungsimpulse und Politikkonzepte.

---

72 Bechor, Guy: The Return of Zionism, Jediot Acharonot, 16. August 2001. Zit. nach MEMRI, Special Dispatch, August 19, 2001, No. 258, S. 1.

Die weltweite Stärkung des Konservatismus wie auch das Scheitern des „realen Sozialismus" oder sozialdemokratischer Gesellschaftsentwürfe blieben nicht ohne Auswirkungen auf Israel. Liberale, sozialistische und universelle Werte verloren an Attraktivität und Wirkungskraft. An die Stelle des „klassischen" liberalen Zionismus Theodor Herzls oder Chaim Weizmanns bzw. des „Arbeiterzionismus" der prominentesten Führer des *Jischuv* traten Konzepte und politische Programme, die nicht selten den Anspruch erheben, dem „wahren Zionismus" verpflichtet zu sein bzw. ihn zu repräsentieren.

Religiöser und säkularer Neozionismus

Die neuen Elemente in der zionistischen Ideologie und Politik zeigen sich insbesondere in zwei diametral entgegengesetzten Hauptlinien – dem Neozionismus religiöser und dem säkularer Prägung. Beide Ausrichtungen beinhalten deutliche Korrekturen am ursprünglichen Zionismus. Sie verarbeiten Impulse, die in Zusammenhang mit den demographischen Entwicklungen, den innergesellschaftlichen Umbrüchen, dem Nahostkonflikt, den Globalisierungstrends bzw. den Transformationen im internationalen Kräftespiel stehen. Eine Rückkehr zum Zionismus Herzl'scher oder Ben Gurion'scher Prägung erscheint den „Neozionisten" weder möglich noch erstrebenswert.

Die Vertreter des religiösen Zionismus verweisen auf das – aus ihrer Sicht unabdingbare – Erfordernis, die jüdische Tradition stärker zu achten und das religiöse Gesetz rigoroser einzuhalten. Sie akzeptieren nur bedingt moderne Entwicklungstrends. Liberalismus, Individualismus, öffentliche Erörterung der Gender-Problematik oder übermäßiges Konsumdenken gelten ihnen als Infragestellung jüdischer Werte und werden daher abgelehnt. Das religiöszionistische Lager verfüge – so die Aussage des Vorsitzenden der Nationalreligiösen Partei Effi Eitam – über eine Weltanschauung, die eine Alternative zum bisherigen Zionismus darstelle und den Staat Israel retten könne.[73] Eitam, 1952 im Kibbuz En Gev geboren, bezeichnet sich selbst gern als Mischung von „Philosoph und General". Der 2000 aus dem aktiven Armeedienst ausgeschiedene Reservegeneral erklärte im März 2002 in einem Interview mit der Tageszeitung Ha-Arez, der Zionismus habe anfangs danach gestrebt, ein Volk wie alle anderen Völker zu schaffen – „einen westlichen säkularen liberalen Staat", „Amerika". Heute reiche das nicht mehr aus. „Heute müssen wir klären, was unsere Seele ausmacht, was wir der Welt zu sagen haben."[74]

---

73 Kim, Hanna: He's coming to the rescue, in: Haaretz, Internet Edition (http://www.haaretz.co.il/ hasen/objects/pages/PrintArticleEn.jhtml?itemNo=130315 (16. Februar 2002).

74 Schavit, Ari: Manhig mechakeh le-ot (Ein Führer wartet auf ein Zeichen). Musaf ha-Arez, 22. März 2002, S. 18.

Eitam betrachtet den Staat Israel als Beginn der „Erlösung" des jüdischen Volkes. Er betont jedoch zugleich, dass dem Judentum auch eine Mission zur „Erlösung der Welt" innewohne. Es müsse den Menschen zum Dialog mit Gott zurückbringen. Insbesondere der Staat Israel sei durch den religiösen Zionismus zu neuen Horizonten zu führen. Dazu gehöre, die palästinensischen Gebiete vollständig zu besetzen, die israelischen Siedlungen zu stärken und zu garantieren, dass es zwischen Mittelmeer und Jordan nur einen Staat – Israel – gebe. Ein palästinensischer Staat könne eventuell in Jordanien oder auf Sinai errichtet werden. Die z.Zt. in der Westbank und im Gazastreifen lebenden Palästinenser sollten dorthin „transferiert" werden oder Einwohner „Großisraels" ohne staatsbürgerliche Rechte werden.[75]

Wenngleich die Äußerungen Eitams, immerhin Minister im Kabinett Ariel Scharons, ob ihrer Radikalität in der israelischen Presse wiederholt angegriffen und nicht als repräsentativ für die Auffassungen der israelischen Bevölkerung angesehen wurden, steht der Mafdal-Führer mit seiner Weltsicht nicht allein. Danny Ayalon, politischer Berater von Premier Scharon, erklärte beispielsweise in einem CNN-Interview im April 2002 mit Blick auf die palästinensischen Territorien: „Wir sind keine Okkupanten. Dieses Land wurde uns von Gott gegeben. Das Land [...] ist der Geburtsort der israelischen Nation. Es ist dort, wo unsere Nation über 4000 Jahre hinweg entstand. Deshalb sind wir keine Besatzer. [...]. Ich denke nicht, dass es auf der ganzen Welt ein anderes Volk gibt, das anbieten würde, einen Teil des Landes seiner Vorväter aufzugeben."[76]

Zu den Repräsentanten des religiös geprägten Neozionismus zählen nicht nur Mitglieder und Anhänger der Nationalreligiösen Partei, sondern auch der überwiegende Teil der Wählerschaft der sephardischen Schas-Partei, ferner die im Ichud Le'umi zusammengefassten populistischen Rechtsparteien Moledet, T'kumah und Jisrael Beitenu und nicht zuletzt ein bedeutender Prozentsatz der rechten Anhänger des Likud.[77] Für sie gilt der Rückzug aus „Judäa und Samaria", d.h. aus den palästinensischen Territorien der Westbank, und die damit verbundene Zurücknahme von Siedlungen, als Sakrileg. Sie setzen sich für die Fortsetzung der Siedlungtätigkeit ein, motiviert nicht primär durch Sicherheitsüberlegungen, sondern durch das Bestreben, die göttliche Verheißung wahr zu machen und einen religiös determinierten Territorialanspruch zu ver-

---

75 Ebd., S. 16f. In der Wahlplattform der Mafdal 2003 wird ebenfalls davon ausgegangen, dass es nur einen Staat zwischen Jordan und Mittelmeer geben wird – Israel, http://www.wujs.org.il/activist/israel/mafdal.shtml (14. Februar 2003).

76 Eldar, Akiva: Speaking in forked tongues, Haaretz, 9. April 2002; vgl. http://www.diak.org/peopleandpolitics.htm (14. Februar 2003).

77 Die genannten Parteien erhielten bei den Knessetwahlen am 28. Januar 2003 1.490.501 Stimmen; an der 1,5 Prozentklausel scheiterten Zomet und Cherut, die 38.225 Wählerstimmen auf sich vereinten. Für Parteien, die einen religiös gefärbten Zionismus vertreten, stimmten somit 32,38 % aller wahlberechtigten Israelis bzw. 48,55 % der Wähler zur 16. Knesset.

wirklichen. Für das international anerkannte Recht der Palästinenser auf Heimat bleibt in diesen Konzepten weder Raum noch Zukunftschance.

Der auf religiösen Fundamenten beruhende Neozionismus ist wenig kompromissbereit. Glaubenssätze – wie die Inbesitznahme und Verteidigung des von Gott verheißenen *Erez Jisrael* – dürfen grundsätzlich nicht angezweifelt werden und sind somit nicht verhandelbar. Amnon Rubinstein spricht in diesem Zusammenhang von einem Abgrund „zwischen dem humanistischen, friedliebenden und nach Kompromissen suchenden Zionismus auf der einen Seite und dem nationalreligiösen Messianismus, der die Prinzipien und Fundamente der klassischen zionistischen Lehren ablehnt, auf der anderen Seite".[78]

Die Verstärkung islamisch-fundamentalistischer Tendenzen im regionalen Umfeld und auch in Israel spielte bisher keine zentrale Rolle für die Verbreitung von jüdisch-messianistischem Gedankengut. Dennoch kann der Einfluss regionaler Entwicklungstrends nicht ausgeklammert werden, wenn nach den Gründen für die weitgehende Akzeptanz des religiös geprägten militanten Zionismus in Israel gefragt wird. Seine Lebenskraft zieht letzterer nicht nur aus der Religion, sondern auch aus der lautstarken Beschwörung alter und neuer Feindbilder, dem Appell an nationalistische Ideologie und der Negation universalistischer Werte. Resonanzboden bieten ihm nicht zuletzt Erscheinungen wie Fatalismus und Resignation, die viele Israelis, auch aufgeklärte und liberale Staatsbürger, mit Ausbruch und Zuspitzung der zweiten Intifada befielen. Weder die der nationalen Einheitsregierung Ariel Scharons über einen längeren Zeitraum angehörende Arbeitspartei noch die oppositionelle Merez zeigten sich in der Lage, ein massenwirksames ideelles Gegengewicht zu schaffen oder eine politische Alternative aufzuzeigen. Ebenso wenig vermochten es der moderate religiös-zionistische Flügel, vertreten u.a. durch Meimad, die religiöse Kibbuzbewegung oder Vertreter des Reformjudentums, die Idee eines jüdischen und zugleich demokratischen Staates in breiten Bevölkerungskreisen zu verankern.

Als Widerpart zum religiös orientierten Zionismus bildete sich im vergangenen Jahrzehnt ein Neozionismus säkularer Prägung heraus. Seine Vertreter betonen gleichfalls nationale Werte bzw. nationalistische Ziele, lehnen eine religiöse Begründung ihres Ethnozentrismus jedoch ab. Während die Gründerväter Israels die Jahrhunderte überdauernde Verbindung von Volk, Religion und Tradition als Basis für ihr Staatsprojekt in Palästina nutzten und die Religion als Bindeglied zwischen den verschiedenen Diasporagruppen zu schätzen wussten, verzichtet der säkulare Neozionismus auf eine durch religiösen Glauben gestiftete nationale Verbundenheit. Nicht die Religion, sondern das ethnische Ferment und der Zwang, sich von der feindlichen Umwelt abzugrenzen, bildet für ihn die *raison d'être* der jüdisch-israelischen Nation. Der moderne Antisemitis-

---

78 Rubinstein, Amnon 2001, S. 313.

mus erfordere den Erhalt eines starken Staates als Zufluchtsort für die Juden der Diaspora. Primäres Ziel des Zionismus sei daher heute nicht, das Judentum als Religion zu erhalten, sondern die Juden als ethnische Gruppe zu stärken und die israelische Existenz in der Nahostregion zu behaupten.

Das Gesellschaftsprogramm des säkularen Neozionismus ist den liberalen Auffassungen und politischen Realitäten der westlichen Welt entlehnt. Es basiert auf demokratischen Grundrechten und der strikten Trennung von Staat und Religion. Die für das Überleben des jüdischen Staates unabdingbare Verkettung Israels mit den parlamentarischen Demokratien des Westens müsse durch die Anlehnung an deren Wertesysteme untersetzt werden. Die Gefahr, dass Israel sich zu einem stark religiös geprägten Staat entwickeln könne, erschwere dagegen, nicht zuletzt in wirtschaftlicher Hinsicht, die als existentiell beschworene und daher anzustrebende Integration in die westliche Staatengemeinschaft. Sie belaste gleichzeitig die Beziehungen zur jüdischen Diaspora.

Auf den ersten Blick stellt das skizzierte Konzept einen Rückgriff auf den „klassischen" Zionismus dar. Dessen Vision war ebenfalls ein (west)europäisch geprägter „Judenstaat" – per definitum allerdings kein „jüdischer Staat".[79] Zugleich lässt sich nicht übersehen, dass der moderne Neozionismus aschkenasisch-säkularen Zuschnitts, anders als der Zionismus eines Theodor Herzl, wenig Raum für Toleranz gegenüber „anderen" – seien es Palästinenser, ultraorthodoxe Juden oder *Misrachim* – lässt.

Zur herausragenden politischen Repräsentanz des säkularen neozionistischen Weltbildes und Politikprogramms entwickelte sich in Israel die 1999 durch den Journalisten Josef (Tomy) Lapid wiederbelebte Partei Schinui (Veränderung). Von linken zionistischen Parteien, die sich ebenfalls als säkular definieren (Avodah, Merez), grenzt Schinui sich durch „Falken"-Positionen in der Palästinenserfrage und betont bürgerliche Wertvorstellungen ab. Ihre Gesellschaftsideen sind einerseits liberalen Zielen, wie Rechtsstaat, freier Marktwirtschaft und Förderung des Mittelstands, entlehnt, andererseits durch einen militanten Antiklerikalismus geprägt. Zur zentralen Forderung erhob Schinui die Trennung von Staat und Religion und den Kampf gegen ultraorthodoxe Parteien bzw. deren Einflussnahme auf die Politik, insbesondere auf die Exekutive und die Vergabe von Staatsgeldern.

Bei den Knessetwahlen 2003 sprachen sich 386.535 Israelis für Schinui aus. Die Partei erhielt damit 12,3% aller gültigen Stimmen und zog als dritt-

---

79 „Judenstaat" und „jüdischer Staat" sind inhaltlich keine deckungsgleichen Begriffe. Die von den Vordenkern israelischer Staatlichkeit – von Herzl bis Ben Gurion – vertretenen Auffassungen orientierten sich auf ein demokratisch verfasstes Gemeinwesen, in dem Juden – neben Angehörigen anderer ethnischer und religiöser Gruppen – eine dauerhafte nationale Heimstätte finden sollten. „Jüdischer Staat" meint im heutigen Verständnis dagegen ein Gemeinwesen, das durch eine jüdische Bevölkerungsmehrheit, zugleich jedoch durch jüdische Lebensweise, Religion, Tradition und Kultur determiniert wird und in dem die Politik jüdischen Interessen Priorität verleiht.

stärkste Fraktion mit 15 Abgeordneten in das Parlament ein. Hinsichtlich ihrer Anhänger- und Wählerschaft präsentiert sie sich als Vertretung der gebildeten aschkenasischen Mittelklasse bzw. des Bildungsbürgertums der großen Städte und deren Villenvororte. Als Hauptgefahren für die israelische Existenz werden – neben Palästinensern und *Charedim* – Erscheinungen wie Orientalisierung, Levantinisierung und „Russifizierung" beschworen. Lapid findet dafür drastische Worte: „Wenn unsere Ausrichtung nach Westen unterminiert wird, haben wir keine Chance. Lassen wir erst zu, dass uns das osteuropäische und das nordafrikanische Ghetto dominieren, dann haben wir nichts mehr, worauf wir uns verlassen können. Wir würden uns in die semitische Region integrieren und in einem furchtbaren levantinischen Misthaufen versinken."[80]

Rückbesinnung auf die Werte der Gründerväter?

Der Versuch der „Postzionisten", den Blick auf die Geschichte und die als überholt empfundenen Gesellschaftskonzepte durch modernere Sichten zu ergänzen bzw. zu ersetzen, wie auch die religiös oder säkular determinierten Vorstellungen und Programme der Neozionisten füllten das ideelle Spannungsfeld der israelischen Gesellschaft zu keinem Zeitpunkt aus. Für eine große Zahl der jüdischen Israelis steht das Beharren auf dem Bewährten und die Verbundenheit mit den ideellen Wurzeln im Vordergrund weltanschaulicher und politischer Orientierung. Im Schlusskapitel seines Werkes über die „Geschichte des Zionismus" forderte Amnon Rubinstein, dass sich Israel auf den „praktischen, breiten und toleranten Zionismus von Herzl und den Vätern des Zionismus" zurückbesinnen möge. Es könne „als Staat der Juden, als Führer des jüdischen Volkes und als unabhängige Nation, die Frieden mit ihren Nachbarn wünscht und erreichen kann, nur weiterexistieren, wenn es zum ursprünglichen Zionismus zurückkehrt".[81]

Auch der Politologe Schlomo Avineri, eine Neuauflage des visionären Romans von Theodor Herzl, „Altneuland", für die Tageszeitung Ha-Arez besprechend, betont, dass der Zionismus von seinen Gründern als nationale Bewegung verstanden worden sei, die einen Staat anvisiert habe, in dem die arabische Bevölkerung über gleiche Rechte verfüge. Der jüdischen Religion und ihren Repräsentanten sei ein ehrenvoller Platz zugedacht worden. Sowohl Schinui-Führer Lapid als auch der Vorsitzende der Nationalreligiösen, Effi Eitam, könnten – so Avineri – aus der vor 100 Jahren erschienenen Novelle Herzls lernen.[82]

---

80 Shavit, Ari: Be afraid, Haaretz Magazine, 20. Dezember 2002, S. 23.
81 Rubinstein, Amnon 2001, S. 350.
82 Avineri, Shlomo: Zionism according to Theodor Herzl, Haaretz, Week's End, 20. Dezember 2002, S. B 9.

Unabhängig davon, ob der Beobachter die Evolution des Zionismus in Palästina/Israel vor und nach 1948 mit nostalgischem Blick, in realistischer oder apologetischer Sicht oder mit den kritischen Augen des Post- oder Neozionisten betrachtet, kommt er nicht umhin, moderate Töne wie die oben zitierten für den wissenschaftlichen Diskurs und gesellschaftlichen Dialog in Israel als richtungsweisend anzuerkennen. Toleranz und Demokratie sind hohe Werte, auf die die israelische Gesellschaft weder gegenwärtig noch künftig verzichten kann. Zugleich ist den Befürwortern einer „Rückkehr zum Zionismus der Gründerväter" klar, dass es sich um eine nur bedingt realisierbare Wunschvorstellung handelt. Nicht nur die in der israelischen Gesellschaft lange dominanten Werte, sondern auch deren Träger haben sich im Verlauf der Jahrzehnte gewandelt. Sie mussten nicht voraussehbare demographische, politische und ideelle Parallelentwicklungen akzeptieren und sich den vielfältigen gesellschaftlichen Umgestaltungen stellen, die der Staat seit 1948 durchlief.

Die Ziele und Programme der wichtigsten politischen Akteure im heutigen Israel wurzeln somit nur noch bedingt in den Gesellschaftsbildern und Visionen der westeuropäischen jüdischen Intellektuellen oder der Juden aus dem osteuropäischen Ansiedlungsrayon, die das jüdische Gemeinwesen zwischen Mittelmeer und Zionsberg ideell vorbereiteten bzw. durch konkretes Tun Realität werden ließen. Sie konzentrieren sich – auf gewandeltem gesellschaftlichen Fundament und stark beeinflusst durch einen qualitativ veränderten internationalen Rahmen – auf ein gesellschaftliches Geschehen, das die Schöpfer des Zionismus nicht voraussehen konnten, sei es die Schoah mit ihren Nachwirkungen, seien es die Unwägbarkeiten der Existenz im Nahen Osten. Für die Weiterentwicklung zionistischer Ideen und Politik dürften nicht nur die innergesellschaftliche Mikroebene, sondern in höherem Maße auch die Makroebene – das regionale Umfeld wie internationale Impulse – bedeutsam werden.

Alte und neue Erfahrungsstränge bestimmen heute das kollektive israelische Bewusstsein. Kurz- und mittelfristig scheinen sie eher extreme Konzepte denn tolerantes Verhalten zu fördern. Zu den Erkenntnissen der neunziger Jahre gehört zumindest, dass ideelle Infragestellungen und universalistische Konzepte, wie die der „Postzionisten", vorübergehend zwar „modern" werden konnten, die Gesellschaft insgesamt jedoch weitgehend unberührt und unverändert ließen. Sie konnten den Zionismus weder in seinen Grundfesten erschüttern, noch sein Ideengebäude wesentlich modifizieren. Nur so ist zu erklären, dass sich mit Zuspitzung des israelisch-palästinensischen Konflikts neozionistische Tendenzen relativ schnell, in breitem Umfang und ohne nennenswerte Gegenbewegung durchzusetzen vermochten.

Trotz gemeinsamer geistiger Fundamente und bedingter Interessenübereinstimmung in nationalen Existenzfragen ist zu erwarten, dass in Israel auch weiterhin mehrere „Zionismen" nebeneinander existieren und um das Primat in der Gesellschaft ringen werden. In ihnen widerspiegeln sich die im Konkreten unterschiedlichen Ansichten und Ziele der jeweiligen Träger, sei es in universellen wie nationalen Fragen, im Verhältnis von Staat und Religion oder in Bezug auf die Position Israels in der Nahostregion. Welche Ausrichtung kurz- und mittelfristig die größere Resonanz finden und die Politik bestimmen wird, steht in direktem Zusammenhang mit den benannten demographischen, sozialen und politischen Umbrüchen im Lande, mit dem israelisch-palästinensischen Konflikt und mit den Wechselwirkungen zur globalisierten Welt.

Keine der genannten Strömungen dürfte zudem die Chance haben, ihre Sicht auf Geschichte, Gegenwart und Zukunft Israels in „reiner" Form durchzusetzen. Der Vielgestaltigkeit der sozialen und politischen Landschaft geschuldet, werden im Rahmen des zionistischen Grundkonzepts plurale Antworten und Programme existent bleiben bzw. sich ideelle Konglomerate herausbilden, die aus verschiedenen Quellen gespeist werden und die in ihrer Komplexität Gesellschaft und Politik prägen dürften. Konflikt und Kompromiss werden wesentliche Entwicklungszwänge und Gestaltungselemente bleiben, wobei sich die gesellschaftliche Konsensfindung mit Zunahme der inneren Widersprüche komplizierter gestalten dürfte als in den ersten fünf Jahrzehnten israelischer Staatlichkeit.

Konfliktfelder, Entwicklungstrends und Zukunftsdebatten

Soziale Strukturen menschlichen Zusammenlebens sind nie statische Gebilde. Inneren Triebkräften folgend und auf äußere Gestaltungsimpulse reagierend, unterliegen sie einem steten Wandel, wobei sich Zeiten relativen Kontinuums mit Phasen gravierender Umschwünge abwechseln und mitunter abrupte Brüche entstehen. Die israelische Gesellschaft stand im ersten Halbjahrhundert ihrer staatlicher Existenz – trotz der zahlreichen Spezifika ihrer Formierung, Ausgestaltung und Entwicklung – nicht außerhalb der historischen Bewegungsabläufe bzw. der Wechselwirkung von Kontinuität und Veränderung. Auch für sie gilt, dass fortwährender Wandel, d.h. die stete Suche nach effizienten Ausdrucks- und Verwirklichungsformen, die bestimmende Konstante darstellte.

Insbesondere die neunziger Jahre bargen die Möglichkeit in sich, die objektiv verlaufenden Gesellschaftstrends stärker als zuvor durch subjektive Eingriffe zu beeinflussen und zu gestalten. Sie schufen ein bisher einmaliges Experimentierfeld. Im Mittelpunkt des innerisraelischen Diskurses standen nicht mehr primär die historische Legitimität, die Existenzsicherung oder die konkrete Umsetzung des übergreifenden zionistischen Programms, sondern zumindest gleichberechtigt das nationale und kulturelle Selbstverständnis, die Interessenwahrnehmung und die Zielstellungen einzelner gesellschaftlicher Gruppen. Die unterschiedlichen Kräfte testeten ihre Spielräume aus und suchten nach neuen Weichenstellungen, um spezifische Zukunftsvisionen Realität werden zu lassen.

Alte und neue Trennlinien in der israelischen Gesellschaft

Parallel zur zeitweiligen Beruhigung und konfliktdämpfenden Bearbeitung der äußeren Spannungsfelder – zum Oslo-Prozess – rückten die endogenen Widerspruchsfelder in die Mitte öffentlichen Interesses. Dabei zeigte sich, dass die israelische Gesellschaft bei weitem nicht so homogen, wie lange behauptet, sondern vielfach gebrochen war. Die an die Oberfläche drängenden innergesellschaftlichen Konflikte entstammten nicht selten der Vorgeschichte des Staates bzw. den ersten Jahrzehnten staatlicher Existenz. Ihre produktive Wahrnehmung und ihr politischer Austrag waren aufgrund der äußeren Gefährdung jedoch immer wieder zurückgestellt worden.

Zu den wichtigsten gesellschaftlichen Widerspruchsachsen gehören zunächst Gegensätze auf ethnischer bzw. sozio-kultureller Ebene – sei es zwischen Juden aus Europa und Amerika (*Aschkenasim*) auf der einen und dem orientalischen „Zweiten Israel" (*Misrachim*) auf der anderen Seite, sei es zwischen Alteingesessenen und Neuzugewanderten. Die verstärkte Artikulation der jeweiligen Gruppeninteressen folgte den veränderten demographischen Konstellationen. Durch das zahlenmäßige Gewicht der orientalischen Juden bzw. der russischsprachigen Neueinwanderer büßte die israelische Gesellschaft partiell ihr den westeuropäischen Demokratien entlehntes Gepräge ein. „Orientalisierungsgefahr" und „Russifizierungstrends" waren die Schlagwörter, mit denen die neuen Gestaltungsimpulse erfasst bzw. umschrieben wurden.

Noch sind *Aschkenasim* überproportional im politischen und wirtschaftlichen Establishment des Landes präsent. Ihre Dominanz in Spitzenpositionen wird jedoch zunehmend in Frage gestellt. Die ethnischen Konfliktfelder überschneiden sich zudem mit sozialen Trennlinien bzw. widerspiegeln nicht selten weltanschauliche und politische Unterschiede, die sich aus der Sozialisation und Lebenserfahrung der Zuwanderergruppen ergeben und nicht zuletzt im Wahlverhalten zum Ausdruck kommen.

Ein drittes virulentes Spannungsfeld, ebenfalls der nationalen Komposition der israelischen Bevölkerung entspringend, existiert nach wie vor zwischen jüdischer Mehrheit und arabisch-palästinensischer Minderheit. In hohem Maße wurde und wird es durch die Höhen und Tiefen des Nahostkonflikts bzw. des Friedensprozesses beeinflusst. In Phasen zugespitzter israelisch-palästinensischer Konfrontation – z.B. während der ersten und zweiten Intifada – trat es deutlicher zutage als in Zeiten politischen Verhandelns. Verstärkt oder gemindert wurde es durch das Agieren staatlicher Institutionen bzw. politischer Parteien. Die soziale Polarisierung verschärft den genannten Antagonismus, stellt die arabische Bevölkerung doch den höchsten prozentualen Anteil an Arbeitslosen und Niedrigverdienenden. Für sie sind *Misrachim*, Neueinwanderer und ausländische Arbeitskräfte potentielle oder reale Konkurrenten auf dem Arbeitsmarkt. Eine Recherche des Israel Democracy Institute von 2003 sagt aus, dass 89% der israelischen Bevölkerung die Beziehungen zwischen jüdischen und arabischen Bürgern des Landes als „nicht gut" einschätzen. Dabei ist der Prozentsatz auf jüdischer Seite mit 92% deutlich höher als auf arabischer Seite (72%).[1]

---

1   Arian, Asher/Nahmias, David/Navot, Doron/Schani, Daniel 2003, S. 23f.

Eine vierte Bruchlinie entwickelte sich aus den unterschiedlichen Interessenlagen und Lebenshaltungen von säkularen Israelis und Vertretern religiös-orthodoxer bzw. ultraorthodoxer Weltsicht. Im Mittelpunkt der Auseinandersetzungen standen und stehen die Festlegungen der Status-quo-Vereinbarung von 1947 bzw. die Frage nach dem gegenwärtigen und künftigen Charakter des Staates. Austragungsebenen des Konflikts sind gleichermaßen Legislative, Exekutive und Jurisdiktion, aber auch zivilgesellschaftliche Organisationen und insbesondere die Medien. Am offensichtlichsten zeigt sich der „Kulturkampf" im Ringen säkularer und religiöser Parteien, Wählermehrheiten zu erlangen. Der Wahlkampf bzw. die Regierungsbildung 2003 machten z.B. deutlich, dass die ethnisch und sozial untersetzten weltanschaulichen Gegensätze zwischen dem säkular-aschkenasischen Schinui und der ultraorthodox-sephardischen Schas-Partei besonders groß sind. Die Schinui-Führung hatte im Wahlkampf die strikte Trennung von Staat und Religion gefordert. In den Koalitionsverhandlungen zeigte sie sich zu Zugeständnissen bereit, soweit es um die Regierungsbeteiligung des nationalreligiösen Mafdal ging. Eine Zusammenarbeit mit den *Charedim* lehnte sie jedoch strikt ab. Knesset, Regierung und Oberster Gerichtshof stehen in der neuen Legislaturperiode nunmehr vor Entscheidungsfragen, deren Beantwortung eine Weichenstellung für das künftige Verhältnis von Staat und Religion bedeuten könnte.

Die fünfte innergesellschaftliche Widerspruchsebene – die Bruchlinie zwischen „Falken" und „Tauben" – konzentriert sich auf die politische Ebene, ist jedoch von nationaler Bedeutung. Sie ist an die Frage gebunden, wie, in welchen Formen und mit welchen Garantien dauerhaft individuelle und nationale Sicherheit der israelischen Bürger gewährleistet werden kann. Seit dem Sechstagekrieg von 1967 wurden die ursprünglich sozial-politischen Stratifizierungskriterien „links" und „rechts" zunehmend auf die Haltung zu den während des Krieges besetzten arabischen und palästinensischen Territorien übertragen. Camp David (I), Libanonkrieg und erste Intifada hatten, nach Phasen zugespitzter Militanz, letztlich die kompromissbereiten und auf territorialen Ausgleich („Land für Frieden") bedachten „Tauben" erstarken lassen. Die neue Hoffnung auf Entspannung dominierte den Oslo-Prozess der neunziger Jahre. Die auf israelischen Herrschaftsansprüchen in der Westbank und im Gazastreifen, auf dem Golan und in Ostjerusalem beharrenden „Falken" jedoch waren nur vorübergehend in die Defensive gedrängt. Seit Mitte der neunziger Jahre verstärkten sie ihre politischen Aktionen und Siedlungsaktivitäten. Die öffentliche Diskreditierung des parteipolitischen Gegners – der „Kriminellen von Oslo" bzw. der „Verräter nationaler jüdischer Rechte und Interessen" – kulminierte in den Schüssen auf Jizchak Rabin. Der „Brudermord" polarisierte die israelische Gesellschaft in bis dahin nicht gekanntem Ausmaß.

Zu den Infragestellungen auf ethnisch-kultureller, weltanschaulicher und sicherheitspolitischer Ebene gesellt sich als sechstes zentrales Spannungsfeld die sich vertiefende Kluft zwischen Arm und Reich. Die Veränderungen in den entwickelten Industriestaaten, die sich seit den siebziger Jahren vom Modell der sozialen Marktwirtschaft bzw. des Wohlfahrtsstaates ab- und der Gewinnmaximierung zuwandten, in denen die sozialen Sicherungssysteme schrittweise abgebaut wurden, die Medien entscheidenden Einfluss auf Gesellschaft und Individuen erlangten und Partikularismus, Pragmatismus bzw. Konsumdenken zu bestimmenden Interessen- und Verhaltensmustern aufstiegen, blieben nicht ohne Auswirkungen auf die nach Westen orientierte israelische Gesellschaft.

Auf sozialem Gebiet zeigen sich die Überlagerung der bereits benannten Widerspruchsebenen und -felder bzw. die Verquickung ethnischer, religiöser und politischer Befindlichkeiten besonders deutlich. So wird dem wohlhabenden, säkularen und „linken", vor allem aschkenasischen Nord-Tel Aviv nicht selten die Einwohnerschaft der südlichen Vororte oder einzelner Entwicklungsstädte gegenübergestellt, bewohnt durch in ärmlichen Verhältnissen lebende und mehrheitlich Likud oder Schas wählende orientalische Juden und Neueinwanderer.

Angesichts der gravierenden Wirtschaftskrise und der gesellschaftlichen Rechtstrends scheint die Zunahme sozialer Spannungen vorprogrammiert zu sein. Einer Umfrage des Meinungsforschungsinstituts Dahaf aus dem Jahr 2002 zufolge sorgt sich die Mehrheit der israelischen Bürger um die Stabilität der Demokratie. Als bedroht erscheinen ihnen die demokratischen Grundfesten insbesondere durch die wirtschaftlichen Infragestellungen und die sich vertiefenden sozialen Disparitäten, die durchaus zentrifugale Wirkung zeitigen.[2]

Wechselverhältnis von inneren und äußeren Faktoren

Die gesellschaftliche Realität der neunziger Jahre und die Entwicklung seit Ausbruch der zweiten Intifada verdeutlichen die Komplexität und das Wechselverhältnis innerer und äußerer Wirkungsfaktoren. In der Entspannungsphase verringerte sich der nationale Konsens der jüdischen Bevölkerung. Individuelle und Gruppeninteressen traten in den Vordergrund. Zugleich brachen die ethnischen, weltanschaulichen und politischen Widersprüche verstärkt auf. Die Öffnung der israelischen Gesellschaft wiederum bewirkte ein neues Herangehen an den israelisch-palästinensischen Widerspruch. Der Oslo-Prozess wurde erst möglich, als

---

2   Zemach, Minah: Rov ha-zibur: ha-mazav ha-kalkali meajem al ha-demokratjah joter me-ha-mazav ha-bitchoni (Bevölkerungsmehrheit: Die wirtschaftliche Lage bedroht die Demokratie mehr als die Sicherheitslage), in: Seder jom, Juli 2002, S. 8.

historisch gewachsene und ideologisch zementierte Tabus nicht mehr als „ewig"
betrachtet, sondern ob ihrer Revidierbarkeit öffentlich hinterfragt wurden.

Nicht zufällig fielen die Formierung und Ausweitung der Zivilgesellschaft in
diesen Entwicklungsabschnitt. Sie waren mit der Artikulation partikularistischer
Interessen, die in den vorhergehenden Jahrzehnten noch weitgehend kollektiven nationalen Zwängen untergeordnet gewesen waren, jedoch auch mit einem
größeren Demokratiebewusstsein verbunden. Öffentliche Debatten über
Rechtsstaatlichkeit, politische Normen und Verhaltensweisen der Politiker intensivierten sich in dem Maße, wie die äußere Bedrohung zurückging. Auf
parlamentarischer wie außerparlamentarischer Ebene wurde gefordert, eine
geschriebene Verfassung zu erarbeiten bzw. weitere *Basic Laws* mit bürgerlichen Grundrechten zu verabschieden. Angesichts der veränderten Sicherheitslage nach Beginn der zweiten Intifada gerieten derartige Bestrebungen wieder
in den Hintergrund. Nach ihrer Meinung befragt, welches der zentralen Ziele
für israelische nationale Interessen am wichtigsten sei, gaben im Juli 2001
lediglich 7,1% der jüdischen und arabischen Israelis der Demokratie, 48,2%
dagegen der Sicherheit und 15,9% dem Frieden die Priorität.[3]

Auch Recherchen Jerusalemer Politologen und Soziologen, gewidmet dem
Stellenwert der Demokratie für die israelischen Bürger, zeigen eine deutliche
Kohärenz zwischen innen- und außenpolitischen Entwicklungen. So waren
1988 beispielsweise 87% der jüdischen Israelis davon überzeugt, die parlamentarische Demokratie sei die beste Staatsform; 1999 vertraten 90%, 2003
jedoch nur noch 77% diese Auffassung.[4] Der Formulierung „Jeder Mensch muss
unabhängig von seinen politischen Anschauungen vor dem Gesetz gleiche
Rechte haben", stimmten 1988 66% der jüdischen Bürger, 1999 94% und 2003
82% zu.[5] Ähnliche Ergebnisse zeitigten Umfragen des Tel Aviver Tami Steinmetz
Center for Peace Research. Vertrauten 1996 noch 63% der Israelis ihrer Regierung, 62% der Knesset und 36% den politischen Parteien, so sank der entsprechende Vertrauensbonus bis Dezember 2001 auf 37% (Regierung), 25%
(Knesset) und 16% (politische Parteien). Der Prozentsatz derjenigen, die das
Oberste Gericht – Inbegriff israelischer Demokratie und Rechtsprechung – als
vertrauenswürdig bezeichneten, verringerte sich von 85% auf 69%.[6]

Gleiche Rechte für alle Bürger des Landes, wie in der Unabhängigkeitserklärung von 1948 verkündet, gelten den Israelis noch nicht (oder nicht mehr) als
selbstverständlich. Die Intoleranz bestimmten Bevölkerungsgruppen gegenüber ist
zwar keine generelle Erscheinung, sondern in hohem Maße an den spezifischen

---

3   Polls of Israeli Jews, Israeli Arabs, Palestinians – July 5-11 2001, zur Verfügung gestellt von
     imra@imra.org.il am 25. Juli 2001.
4   Arian, Asher/Nahmias, David/Navot, Doron/Schani, Daniel 2003, S. 16.
5   Ebd., S. 17.
6   http://www.tau.ac.il/peace/Peace_Index/2001/English/p_dec_01_e.html (05. Juli 2002).

Standort des Befragten in der gesellschaftlichen Auseinandersetzung gebunden, verdeutlicht jedoch Probleme im Demokratieverständnis. Im Juli 2002 – auf dem Höhepunkt der Al-Aksa-Intifada – befürworteten 59% der befragten Israelis eine Einschränkung der bürgerlichen Rechte arabischer Bürger; 41% wollten die Rechte der *Charedim* und 34% die der Siedler beschnitten wissen.[7]

Von existentieller Bedeutung ist die wechselseitige Abhängigkeit zwischen wirtschaftlicher Situation, sozialen Standards und Konfliktaustrag. Wirtschaftliche Prosperität, Handelsaktivitäten und Investitionsbereitschaft hängen mittelbar und unmittelbar mit einem ruhigen Umfeld und gesicherten Verwertungsbedingungen zusammen. Hohe Staatsausgaben für Armee und Sicherheitsapparat lassen, so die israelische Erfahrung, das Budget für Soziales, Bildung und Kultur, aber auch für die Entwicklung kleinerer Ortschaften schrumpfen. Davon wiederum sind vor allem die sozial ohnehin Benachteiligten betroffen. Im Ergebnis vertiefen sich ethnisch-soziale Klüfte bzw. schwindet das Vertrauen in das demokratische System und den Rechtsstaat. Entsprechende Reaktionen zeigen sich insbesondere in Bevölkerungsgruppen, die nur locker in den nationalen Konsens einbezogen sind oder aufgrund ihrer historischen Prägung nur bedingt über demokratische Traditionen verfügen.

Das komplizierte Wechselverhältnis von Nationalem, Sozialem und Politischem ist in jedem Segment der multiethnischen bzw. multikulturellen Bevölkerung Israels zu erkennen. Nicht selten überlappen sich z.B. ethnische Herkunft (*Aschkenasim/Misrachim*), Positionen im „Kulturkampf" (Säkulare/Religiöse) und Haltungen zum „Friedensprozess" (Tauben/Falken). Während Juden europäisch-amerikanischer Herkunft – mit Ausnahme der militanten Siedlerbewegungen – Mitte wie auch Ende der neunziger Jahre mit leichter Mehrheit eine säkulare Gesellschaft befürworteten und zugleich die Konsenssuche mit den Palästinensern begrüßten, zeigten sich die stärker an Religion und Tradition gebundenen orientalischen Juden in geringerem Maße kompromissbereit.

Die Überlagerung rechtsextremistischer, nationalistischer und ultraorthodoxer Auffassungen widerspiegelt sich in Umfragen des Tami Steinmetz Center. Danach verstanden sich die befragten *Charedim* fast ausnahmslos als der politischen „Rechten" zugehörig.[8] Die Gründe dafür liegen in der spezifischen Sozialisation und in den bestimmenden Interessenlagen, jedoch auch in der „religiösen Begründung" der Inbesitznahme des Westjordangebietes und der Errichtung großer ultraorthodoxer Siedlungen in der Westbank, wie Betar Ilit, Modi'in Ilit, Kirjat Sefer oder Kochav Jaakov. Die Zahl der Bewohner von Betar Ilit erhöhte sich beispielsweise seit 1996 von 5.000 auf 24.000. Etwa 70% der

---

7   Zemach, Minah: Rov ha-zibur: ha-mazav ha-kalkali meajem al ha-demokratjah joter me-ha-mazav ha-bitchoni (Bevölkerungsmehrheit: Die wirtschaftliche Lage bedroht die Demokratie mehr als die Sicherheitslage), in: Seder jom, Juli 2002, S. 8.

8   Tami Steinmetz Center for Peace Research 1998, S. 3.

Familien kommen aus Jerusalem, 20% aus übrigen Teilen des Landes und 10% sind Neueinwanderer.[9] Die *Charedim* befürchten, im Falle eines Friedensabkommens der Möglichkeit beraubt zu werden, in „Judäa" und „Samaria" zu siedeln, die ihnen heiligen Stätten in den palästinensischen Territorien zu besuchen, dem militärischen Schutz Nichtgläubiger ausgesetzt zu sein und im „Nachkriegs-Israel" sozial wie politisch benachteiligt zu werden.

Die Al-Aksa-Intifada und die Wahl rechter Knessetmehrheiten schufen dem Austrag der innerisraelischen Widersprüche einen neuen Rahmen bzw. veränderten die Erfolgschancen gesellschaftlicher Kompromisse. Wurden in den neunziger Jahren die aufgestauten ethnisch-kulturellen, politischen und sozialen Konflikte noch als höchst gesellschaftsrelevant und die Zukunft prägend wahrgenommen, so betrachtet seit Herbst 2000 die Mehrheit der jüdischen Israelis die durch die Regierung beschworene „nationale Einheit" als Gebot der Stunde bzw. misst sie innergesellschaftlichen Trennlinien untergeordnete Bedeutung zu.

Jüdische oder israelische Identität versus Gruppenidentitäten

Angesichts der benannten Divergenzen zwischen den primären Bevölkerungskomponenten stellt sich die Frage nach der Existenz bzw. Herausbildung einer gemeinsamen – auf den Staat Israel bezogenen – Identität. Entsprechende Muster können sich auf mehreren miteinander verknüpften Ebenen herausbilden – als Identitäten von Individuen, als nationale, ethnische oder religiös-kulturelle Gruppenzugehörigkeit oder als nationalstaatliche, d.h. auf Staat und Land bzw. deren Symbole, Werte und Politik gerichtete Übereinstimmung. Im Mittelpunkt der weiteren Erörterung steht das nationalpolitische Identitätsmuster in seiner Wechselwirkung zu Gruppenidentitäten.

Existiert eine kollektive israelische Identität? Wenn ja, wie ist sie zu definieren? Der israelische Schriftsteller Sami Michael versuchte, durchaus emotional, eine positive Antwort zu formulieren, wenn er im Jahr 2002 zu Protokoll gab: „Ja, es ist etwas Wunderbares entstanden, dessen sich die Israelis gar nicht bewusst sind. Die *Aschkenasim* und *Misrachim*, die Religiösen und die Säkularen, die Juden und Araber im Land haben, ohne es zu wissen, etwas Gemeinsames geschaffen, das ich ,*Israeliness*' nenne. Es handelt sich um etwas Verrücktes, Irres, Dummes, aber alle mögen und leben es. Das macht Hoffnung, trotz der vielen Konflikte."[10] Michael, ein in Bagdad geborener Jude, heute Präsident der *Association for Civil Rights in Israel* (ACRI)[11], bezieht bewusst die

---

9   Ha-Arez, 13. Juli 2003.

10   www.zeit.de./2002/08/Kultur/print_200208_samimichael.html (28. Februar 2002).

11   Die *Association for Civil Rights in Israel* wurde 1972 gegründet; mit Bezug auf die UN-Menschenrechtsdeklaration von 1948 und die israelische Unabhängigkeitserklärung von 1948 stellt sie sich das Ziel, die Menschen- und Bürgerrechte in Israel und in den besetzten Gebieten zu verteidigen.

arabische Bevölkerungsgruppe in seine Definition der *Israeliness* ein, obwohl seine Auffassung nur von einer Minderheit der Bürger des Landes geteilt wird und er ein kompliziertes Beziehungsgeflecht anspricht.

Pro und Contra liegen dicht beieinander. Politische Gegebenheiten und israelische Alltagskultur prägen zunächst, in unterschiedlichem Maße zwar, aber durchaus real, alle nationalen, religiösen oder kulturellen Segmente der Gesellschaft und damit auch die Staatsbürger palästinensischer Nationalität. Lebensweise und Kultur haben sich während des jahrzehntelangen Zusammenlebens wechselseitig beeinflusst, ohne dass die soziokulturellen Unterschiede dadurch aufgehoben wurden. Dem israelischen Demokratieverständnis und den „Palästinisierungstrends" unter den arabischen Staatsbürgern geschuldet, definiert sich ein nur geringer Prozentsatz der arabischen Bevölkerung heute primär als Israeli.[12] Israel, laut offiziellem Selbstverständnis ein „jüdischer Staat" bzw. der „Nationalstaat des jüdischen Volkes", gewährleistet seiner nationalen Minderheit – mit einigen Abstrichen – zwar die volle Staatsbürgerschaft, bietet ihr bis heute jedoch nur bedingt die Chance, sich emotional und verstandesmäßig mit dem Staat und seinen Symbolen zu identifizieren.

Wodurch wird die kollektive israelische Identität – *Israeliness* – geprägt und welche Veränderungen durchlief sie in den neunziger Jahren? In welchem Ausmaß verbinden oder durchkreuzen sich soziale und wirtschaftliche, nationale und ethnische, psychologische und kulturelle Elemente, aber auch historische Traumata, Symbole und Mythen? Kann sich eine primär auf politische Realität und Staatsbürgerschaft bezogene Identität in einem Land herausbilden, dessen Grenzen nicht festgeschrieben sind und das sich in stetem demographischen Wandel befindet?

Zweifellos sind während der fünfeinhalb Jahrzehnte seit der Staatsgründung im kollektiven Bewusstsein Prozesse abgelaufen, die unumkehrbar sind. Jüdische Einwanderer aus über 100 Ländern der Erde kamen nach Palästina bzw. Israel. Sie, ihre Kinder und ihre Enkel bestimmen das wirtschaftliche und politische Leben, aber auch das geistig-kulturelle Antlitz des Landes. Sami Michael kleidet die neue Wirklichkeit in die Worte: „Israel ist eine faszinierende Mischung aus vielen Kulturen, Erinnerungen und Vergangenheiten. Lauter unterschiedliche Menschen befanden sich irgendwo auf Booten, die Schiffbruch erlitten haben. Plötzlich war da eine Insel, auf der sie etwas bauten – bis jemand sie rettet. In der Zwischenzeit hat man Israel gebaut. Ein Land, das in fast jeder Hinsicht immer noch in Bewegung ist."[13]

Das gemeinsame Identitätsgefühl der jüdischen Majorität wird – zunächst unabhängig von regionaler Herkunft und kultureller Gebundenheit – durch das

---

12   Vgl. Abschnitt: „Palästinisierung" versus „Israelisierung", S. 58-61.

13   www.zeit.de./2002/08/Kultur/print_200208_samimichael.html (28. Februar 2002).

Bewusstsein gemeinsamer Geschichte und Tradition, gleichberechtigt jedoch auch durch die Bindung an das Land bzw. dessen Inbesitznahme und durch die gemeinsam zu bestehenden Herausforderungen der Gegenwart – nicht zuletzt den Nahostkonflikt – geprägt. Dem sind die gesellschaftlichen Trennlinien untergeordnet, seien es die ethnischen und sozialen Disparitäten, der „Kulturkampf" oder die Auseinandersetzung um *Erez Jisrael* oder *Medinat Jisrael* – um den biblisch legitimierten Anspruch auf das ganze Land zwischen Mittelmeer und Jordanfluss oder die Beschränkung auf den realen Staat in den international anerkannten Grenzen.

Für die meisten *Aschkenasim* stellte und stellt Israel das „rettende Boot" bzw. das Symbol jüdischen Überlebens im physischen wie geistig-kulturellen Sinne dar. Auch die *Misrachim* betrachten – in den neunziger Jahren zunehmend geleitet durch Schas – den jüdischen Staat als Chance, sich selbstbestimmt und frei von fremder Herrschaft zu entfalten, ihren Traditionen und Träumen gemäß zu leben und die Spezifik des orientalischen Judentums zu erhalten. Stärker als die Generation der Eltern leiten die *Zabarim* ihre Identität aus der Bindung an das Land, in dem sie geboren wurden, aus seiner sozialen Realität, seinen staatlich-politischen Strukturen und seinem kulturellen Gepräge ab. Einer Meinungsumfrage zufolge erklärten bereits 1966 etwa 90% der befragten Jugendlichen, ihre Identität sei in erster Linie israelisch, während ihre Eltern noch gleichermaßen jüdische wie israelische Bezugspunkte setzten.[14]

Jüdisch-israelische Identität muss nicht notwendigerweise säkular *oder* religiös determiniert sein. Jüdisches und israelisches Bewusstsein können, müssen jedoch nicht im Gegensatz zueinander stehen. Die Verankerung religiösen Brauchtums in der Alltagskultur beispielsweise erfolgt nicht in erster Linie durch politische Verordnungen, sondern in einem unbewussten und weitgehend unreflektierten Prozess. Untersuchungen des Guttman-Instituts von 1999 ergaben, dass sich zu diesem Zeitpunkt bereits 96% der jüdischen Bürger unterschiedlicher Altersgruppen und sozialer Schichten als Israelis fühlten.[15] In der Studie wurde allerdings nicht gefragt, ob die interviewte Person sich primär als jüdisch oder israelisch definiere. Spezifizierte Erhebungen des Tami-Steinmetz-Center von 1996 zeigten beispielsweise, dass sich 50% der Befragten in erster Linie als „jüdisch" und 47% als israelisch bezeichneten.[16] Der Trend, das „Jüdischsein" über das „Israelischsein" zu stellen, wurde auch bei einer Umfrage von November 2001 sichtbar. Der Studie zufolge fühlten sich 48% der Befrag-

---

14 Weissbrod, Lilly 2002, S. 56.
15 Levy, Shlomit/Levinsohn, Hanna/Katz, Elihu 2002, S. 5a.
16 Shamir, Michal/Arian, Asher 1999, S. 276.

ten vor allem dem jüdischen Volk zugehörig; 36% definierten ihre primäre Identität als israelisch und 13% verstanden sich als Weltbürger.[17]

Trotz deutlicher Zunahme des auf Israel bezogenen Nationalgefühls, Staatsbewusstseins und Patriotismus wird die weitere Entwicklung einer einheitlichen, weitgehend geschlossenen israelischen Identität in der Diversität der in Palästina/Israel zusammengeführten unterschiedlichen Diasporagruppen und im jüdisch-arabischen Gegensatz gebrochen bleiben. Unter dem Schirm der *Israeliness* bzw. des Bekenntnisses zum jüdischen Volk haben sich unterschiedliche Wertesysteme und konkrete Gruppenidentitäten – der *Aschkenasim, Misrachim*, russischen Neueinwanderer und arabischen Israelis – erhalten. Während es für den weltoffenen aschkenasischen Israeli selbstverständlich ist, sich der nordamerikanischen oder westeuropäischen Kultur zugehörig zu fühlen oder sich kosmopolitisch zu orientieren, lehnt der konservativ denkende oder traditionsbewusst empfindende misrachische Israeli westliche Einflüsse strikt ab bzw. betont er seine Bindung an jüdisches Brauchtum oder an die Religion. Der dritte Israeli wiederum liest russischsprachige Zeitungen, hört russische klassische oder moderne Musik; er zeigt sich zwar offen gegenüber der westlichen Kultur, möchte seine „russische Kulturinsel" jedoch bewahren. Der arabische Bürger – Muslim oder Christ – schließlich fordert kulturelle Selbstbestimmung und Autonomie, um seine Sprache und die der regionalen Geschichte entsprechenden Traditionen pflegen und seinen Kindern vermitteln zu können. Insbesondere für den Muslim spielen – ähnlich wie für den *Misrachi* – religiöse Überlieferung, tradiertes Brauchtum und überkommene Lebensweise eine bedeutende Rolle. Das Beharren auf das Eigene richtet sich bei ihm nicht selten gleichermaßen gegen Israelisierung wie Verwestlichung.

Bezogen auf die jüdische Bevölkerungsmehrheit konstatiert der Tel Aviver Politologe Joav Peled, dass der Niedergang des ursprünglichen, durch zionistische Gesellschaftsideale und Pioniertum der Arbeitspartei geprägten Selbstgefühls die Möglichkeit für die parallele Herausbildung zweier jüdisch-israelischer Identitäten eröffne – eines neo-zionistischen, religiös bzw. ethnisch geprägten nationalen Gemeinschaftsgefühls und einer post-zionistisch-liberalen nationalen Identität. Als politische Protagonisten beider Trends sieht er Schas und Merez.[18] Beide Wertesysteme freilich sind nur in Teilen der Gesellschaft anzutreffen. Insbesondere „postzionistische" Identitätsmuster wurden lediglich von einer kleinen Gruppe Intellektueller verinnerlicht. Die Mehrheit der israelischen Bevölkerung – *Aschkenasim* wie *Misrachim*, Neueinwanderer wie Alteingesessene – befindet sich zwischen den von Peled benannten Gesellschaftspolen.

---

17   Poll on Israeli attitudes towards Diaspora Jews for Ruder Finn Israel, zur Verfügung gestellt durch imra@netvision.net.il, 3. November 2001.

18   Peled, Yoav 2002, S. 23.

Multikulturelle Gesellschaft oder jüdischer Nationalstaat

Zu den Ergebnissen israelischer „Selbstfindungsprozesse" der neunziger Jahre gehört die Betonung des kulturellen Pluralismus. Eine Vielzahl von wissenschaftlichen Konferenzen, Zeitungsartikeln und Buchpublikationen thematisierte die „multikulturelle Gesellschaft". Das „Schmelztiegelkonzept" wurde nicht selten mit Blick auf die allgemeine Globalisierungstendenz und durch Verweis auf öffentlich artikulierte Gruppeninteressen als widerlegt betrachtet. Selbst der Nationalstaat, im Zeitalter der Postmoderne zumindest für Europa bereits weitgehend totgesagt, wurde ob seiner Legitimität für Israel hinterfragt. Die wechselseitige Durchdringung von Globalem und Lokalem („Glokalisierung") schien auch um Israel keinen Bogen zu machen. Sie wirkte vielmehr für die Akzeptanz unterschiedlicher Kulturen und Wertesysteme. Baruch Kimmerling freilich wies zu Recht darauf hin, dass die Herausbildung pluralistisch-kultureller Strukturen noch nicht die Existenz einer multikulturellen Gesellschaft bedeute, sondern bestenfalls ein Zwischenstadium in diese Richtung darstelle. Seiner Ansicht nach sei der Staat Israel noch weit davon entfernt, alle Segmente der Gesellschaft als gleichberechtigt anzuerkennen und ihnen adäquate Entwicklungschancen einzuräumen.[19]

Ein Ansatz, kollektive israelische Identität neu zu definieren, bildete das Konzept der Mittelmeerkultur (*jamtichoniut*), das insbesondere Mitte der neunziger Jahre den intellektuellen Diskurs beeinflusste. Der *jamtichoniut* wurde zu einem Zeitpunkt, da die äußere Infragestellung abnahm, eine Brückenfunktion zwischen Orient und Okzident, innerstaatlich auch zwischen *Sephardim* und *Aschkenasim*, zugeschrieben. Ihre Protagonisten gingen von den allgemein anerkannten Realitäten mediterraner Existenz und entsprechender Einflüsse auf das kulturelle Leben – Literatur, Musik und Theater – bzw. auf die Alltagskultur aus. Sie standen jedoch auch für das Bestreben, Israel in der Region zu verankern, ohne dabei der „Orientalisierung" zu verfallen oder den Begriff überhaupt zu verwenden. In *jamtichoniut* sahen sie „die Suche nach dem kleinsten gemeinsamen Nenner, der zwar traditionelle Identitätskonzepte berücksichtigt, aber neue Perspektiven schafft".[20]

Inwieweit das theoretische Konstrukt in Zeiten zugespitzter Konfrontation konsensfähig ist und über den intellektuellen Diskurs hinaus akzeptiert bzw. gesellschaftlich angenommen werden kann, sei zunächst offen gelassen. Das arabische Umfeld zumindest spielt seit Ausbruch der zweiten Intifada in den Überlegungen israelischer Intellektueller zur Mittelmeerkultur kaum noch eine Rolle. Selbst südeuropäische Mittelmeeranrainer, wie Frankreich, werden mit Skepsis betrachtet. Stärker als die visionäre Integration Israels in den Orient

---

19   Kimmerling, Baruch 2001, S. 234.
20   Nocke, Alexandra 2001, S. 39.

oder in die Mittelmeerkulturen wird nach wie vor die Bindung an den Okzident – die politische und militärische Kooperation mit den USA und die wirtschaftliche Angliederung an die Europäische Union – beschworen und als erstrebenswert empfunden.

Etwa zeitgleich mit den Diskussionen über *jamtichoniut*, jedoch wesentlich intensiver als diese, zeigten sich während der neunziger Jahre sowohl in intellektuellen Kreisen als auch auf politischer Ebene Bemühungen, die unterschiedlichen jüdisch-israelischen Identitätsmuster mit Hilfe einer Renaissance des Jüdischen aneinander zu binden bzw. miteinander zu vereinen. Bezeichnungen wie „jüdischer Patriotismus", „jüdische Interessen", „jüdische Souveränität" und „jüdischer Staat" wurden zu zentralen Begriffen. Das Adjektiv „israelisch" wurde nicht selten durch „jüdisch" ersetzt. Der nicht unbedingt neue, sich jedoch intensivierende Trend wurzelte in den veränderten und sich weiter verändernden demographischen und gesellschaftlichen Gegebenheiten. Er stellte den Versuch dar, der Fragmentierung der Gesellschaft durch Betonung des übergeordnet Gemeinsamen – des Jüdischseins in ethnischem wie religiösem Gewand – zu begegnen. Als aktuelles Beispiel sei der private Fernsehsender *Tchelet* (hellblau) angeführt, der im Frühjahr 2003 seine Tätigkeit aufnahm und sich als „neuer Kanal für das Judentum" definiert. Er ist nicht zuletzt eine religiös-zionistische Antwort auf die zunehmende Zahl ultraorthodoxer Rundfunkprogramme.

Neben den inneren Dimensionen kollektiver jüdischer oder israelischer Identität – Geschichte, Staatsbürgerschaft, Sprache, Kultur oder religiöser Glaube – existieren äußere Faktoren, die an das Land, seine Grenzen und den Nahostkonflikt gebunden sind. Bereits die Identifikationsfiguren der ersten Jahrzehnte, seien es der *chaluz* (Pionier), der Kibbuznik oder der *Zahal*-Soldat, verwiesen auf eine enge Verknüpfung mit dem Land und gleichermaßen mit dem israelisch-palästinensischen Konflikt. Das Aufsprengen der regionalen Isolierung und die Öffnungstendenzen der neunziger Jahre verstärkten zunächst den Versuch, israelische Identität vor allem als säkularen Patriotismus, basierend auf der Bindung an das Land und den jüdischen Staat und in geringerem Maße verflochten mit religiösen Werten und Traditionen, zu definieren. Unter dem Schirm der *Israeliness* artikulierten sich dabei Subidentitäten, die nicht selten zueinander in Widerspruch standen, sich mitunter jedoch auch übereinander schoben. Die zeitweilig zugespitzte Debatte über Israel als einen „jüdischen und/oder demokratischen Staat" war z.B. nicht unwesentlich an das Selbstverständnis einzelner Bevölkerungsgruppen gekoppelt. Wissenschaftliche Einrichtungen, zivilgesellschaftliche Organisationen und eine Vielzahl von Geistes- und Sozialwissenschaftlern beschäftigten sich mit der Frage, wie säkulares Judentum zu definieren sei bzw. wodurch sich der säkulare jüdische Israeli von einem nichtjüdischen Bürger Westeuropas unterscheide. Tradition und Geschichte wurden bemüht, um die Spezifik jüdisch-israelischer Identität zu untermauern.

Mit Ausbruch der zweiten Intifada verloren die benannten Frage- und Infragestellungen ihr Gewicht. Erneut stiegen Konflikt, Abgrenzungsbemühen und Feindbilder – die emotionale Distanz zu den „anderen" – zu prägenden Elementen der Identitätsbestimmung auf. Wurden in den neunziger Jahren mit Bezug auf die gemeinsame Staatsbürgerschaft und unter dem Schirm eines kollektiven israelischen Patriotismus den spezifischen Interessenlagen ethnischer oder religiöser Gruppen zunehmend größere Freiräume gewährt, so dominierte seit Herbst 2000 wieder der nationale Imperativ. Der äußere Druck beschleunigte die – zeitweilige oder dauerhafte? – Annäherung bzw. partielle Verschmelzung ethnischer Gruppeninteressen und nationalstaatlicher Zielstellungen, wie das Beispiel der russischsprachigen Neueinwanderer deutlich macht. 1999 noch mit drei eigenen Parteien und zehn Abgeordneten in der Knesset präsent, verfügen die „Russen" 2003 zwar über eine Reihe von Mandatsträgern; die drei Parteien schlossen sich jedoch Fraktionen an, die gesamtisraelische Anliegen vertreten. Auch viele Schas-Wähler vorangegangener Jahre kehrten zum Likud zurück, da sie der nationalen Agenda größere Bedeutung als der partikularen Interessenwahrnehmung beimaßen.

Ob sich die genannten Verschiebungen im politischen Spektrum stabilisieren oder als „konjunkturell" herausstellen werden, muss der weitere Geschichtsverlauf zeigen. Offen bleibt zunächst auch die Frage, ob sie dauerhaft das Verhältnis von kollektivem nationalen Bewusstsein und Gruppenidentität beeinflussen werden. Gegenwärtig zumindest wird letztere in der öffentlichen Debatte deutlich dem Bemühen um die übergreifende jüdisch-israelische Identität bzw. den Appellen an das gemeinsame Staatsbewusstsein untergeordnet.

Die parallele Existenz mehrerer Identitätsmuster muss nicht a priori konfliktiv sein. In zahlreichen ethnisch und religiös pluralen Gesellschaften koexistieren Menschen mit doppelter oder mehrfacher Identität – bezogen etwa auf die politische Staatlichkeit (Staatsbürgerschaft), auf die angestammte Ethnie (Nationalität) oder auf die Glaubensausrichtung (Religion). Problematisch bzw. gesellschaftlich virulent werden Doppel- oder Mehrfachidenitäten erst, wenn eine Bezugsebene gegen oder über die andere gestellt wird und sich daraus hegemoniale Ansprüche ableiten oder wenn politische Bewegungen sie als Kampfbanner andersartiger Interessenlagen instrumentalisieren (z.B. in Form ethnischer, sozialer, kultureller oder religiöser Exklusivitätsansprüche).

Für Israel bedeuten die internationalen Erfahrungswerte, dass „Israelischsein" durchaus mit „Jüdischsein" oder „Arabischsein" vereinbar ist, solange die jeweiligen ethnisch-religiösen Identitäten nicht über das gemeinsame staatlich-politische Selbstverständnis gesetzt oder gegeneinander ausgespielt werden. In diesem Sinne könnte *Israeliness* – unabhängig von Herkunft, Nationalität und Religion – durchaus zum zentralen Identitätsmuster aller Staatsbürger aufsteigen. Das Selbstverständnis Israels als eines demokratisch strukturierten jüdischen Nationalstaates oder als „Rettungsboot" für die in der Diaspora lebenden Juden würde dadurch nicht zwingend in Frage gestellt – zumindest solange die demokratischen Rechte der arabischen Minderheit gewährleistet werden und nicht veränderte demographische Grundkompositionen und politische Machtverhältnisse im Lande ein grundlegend neues Verhältnis der Bevölkerungsgruppen zueinander schaffen.

Gesellschaftsentwürfe und Zukunftsvisionen

Trotz angespannter Sicherheitslage, sich verschärfender Wirtschaftskrise, politischer Stärkung des „nationalen Lagers" und Zunahme neozionistischer Trends werden nach Meinung vieler israelischer Intellektueller die objektiv existierenden innergesellschaftlichen Klüfte, Gegensätze und Widersprüche nicht dauerhaft durch einen nationalen Sicherheitskonsens aus dem öffentlichen Bewusstsein verdrängt werden können. Zumindest mittelfristig werden sie – insbesondere bei Nachlassen des äußeren Drucks – wieder zur primären Herausforderung des Staates und der Gesellschaft aufsteigen.

Einer Initiative des Rabin-Zentrums folgend, stellten 60 prominente Israelis unterschiedlicher ethnischer Herkunft und politischer Auffassung im Verlauf des Jahres 2001 in wiederholten Zusammenkünften ihre Zukunftsvisionen vor. Sie überlegten, welche Kompromisse erforderlich und zugleich realistisch seien. „Der Existenz des Staates Israel als eines jüdisch-demokratischen Staates verpflichtet und gleichermaßen geleitet durch das Gefühl der Verantwortung und tiefen Sorge für die Zukunft Israels und das Wesen der israelischen Gesellschaft" verabschiedeten „Tauben" und „Falken", Religiöse und Säkulare, Akademiker und Bankmanager, Angehörige der reichen städtischen Oberschicht und Bewohner der armen Vorstädte sowie Siedler aus den besetzten Gebieten den Entwurf eines neuen Gesellschaftsvertrags, nach dem Ort ihrer Zusammenkunft „Amanat Kinneret" (Kinneret- oder Tiberias-Charta) genannt.

Beobachter bemängelten das Fehlen von Repräsentanten der arabischen Staatsbürger. Andere dagegen betrachteten *schlom bajit* (Frieden im Haus) als Voraussetzung für den erst später zu führenden jüdisch-arabischen Dialog. Außerhalb des „nationalen Konsens" blieben auch die extreme israelische Linke und die *Charedim*, während die radikale Rechte mit dem Vorsitzenden der Nationalreligiösen Partei, Effi Eitam, durchaus präsent war. Anlass zur Kritik gab nicht zuletzt die Tatsache, dass die Mitglieder des „Forums nationaler Verantwortung" nicht gewählt worden waren und demzufolge kein demokratisches Mandat besaßen, im Namen der von ihnen vertretenen Bevölkerungsgruppe zu sprechen.

Trotz aller Einschränkungen stellt das Kinneret-Dokument einen achtbaren Schritt auf dem Weg zu einem umfassenden innergesellschaftlichen Dialog dar.

Die Unterzeichner der Charta bekannten sich zu Israel als dem Nationalstaat des jüdischen Volkes, als eines gleichermaßen jüdischen wie demokratischen Staates, der die Rechte der arabischen Minderheit respektiere, sich um Frieden in der Region bemühe, jüdischen Pluralismus toleriere und gesellschaftliche Gerechtigkeit erstrebe. In Artikel 9 des Vertrags hieß es: „Wir sind Angehörige eines Volkes. Wir haben eine gemeinsame Vergangenheit und ein gemeinsames Schicksal. Trotz unserer Meinungsverschiedenheiten und unterschiedlichen Weltanschauungen fühlen wir uns der Fortsetzung jüdischen Lebens, der Existenz des jüdischen Volkes sowie der Sicherung der Zukunft des Staates Israel verpflichtet."[21] Der „Amanat Kinneret" gaben nach ihrer Veröffentlichung der Staatspräsident Israels, Mosche Kazav, die Bürgermeister von Jerusalem und Haifa, Ehud Olmert und Amram Mizna, sowie namhafte Schriftsteller und Kulturschaffende wie Amalia Kahana-Carmon, Aharon Megged , Sami Michael und Aviv Gefen ihre Zustimmung.

Den Visionen und Entwürfen für ein künftiges Israel sind auch die durch das interdisziplinäre Zentrum Herzlijah organisierten landesweiten Jahreskonferenzen gewidmet. Die seit dem Jahr 2000 jeweils im Dezember durchgeführten Tagungen zielen allerdings weniger auf Konsensbildung denn auf Analyse der aktuellen Situation bzw. mittel- und langfristiger Entwicklungstrends. Während in Tiberias Regierungsvertreter unerwünscht waren, bilden die Diskussionen in Herzlijah ein Forum des Meinungsaustausches zwischen Experten, Politikern und Militärs. Auf der dritten Jahreskonferenz 2002 waren beispielsweise Ministerpräsident Scharon, Oppositionsführer Mizna und Verteidigungsminister Mofas anwesend, um ihre politisch-strategischen Überlegungen vorzustellen.

Wie bereits auf den beiden vorangegangenen Konferenzen spielte das demographische Problem eine zentrale Rolle. Seine Erörterung gipfelte in der Frage, ob Israel auch für kommende Generationen eine Identifikationsmöglichkeit biete bzw. jüdische Identität bewahren und festigen könne. In diesem Kontext wurde, neben der Stimulierung der Einwanderung, vor allem der Verstärkung jüdischer Bildung größte Bedeutung beigemessen, um Verweltlichungs- und Entfremdungstendenzen entgegenzuwirken. Es bestehe die Gefahr, dass jüdische Kinder, so sie heute nicht als bewusste Juden aufwüchsen, in 50 Jahren Kinder und Enkel hätten, die weder jüdisch noch israelisch seien.

Die benannten Konferenzen und viele andere Facetten des gesellschaftlichen Diskurses belegen, dass die Definition Israels als eines jüdischen Staates für die überwiegende Mehrheit der Israelis kein Verhandlungsgegenstand und eng an eine jüdische Bevölkerungsmehrheit gebunden ist. Dem stehen die demographischen Prognosen entgegen, wonach Juden im Jahr 2020 innerhalb der

---

21 Amanat Kinneret, Tel Aviv 2002, S. 4.

„Grünen Linie" nur noch etwa zwei Drittel der Gesamteinwohnerschaft und in ganz *„Erez Jisrael"* weniger als 50% der Bevölkerung zählen werden. Sie rufen in politischen wie akademischen Kreisen ernste Besorgnis hervor. Vorschläge zum realitäts- und zukunftsorientierten Umgang mit dem objektiven Trend zielen zunächst auf staatlich-territoriale Trennung Israels und der palästinensischen Gebiete bzw. auf Regelungen, die eine Angliederung von Teilen der besetzten palästinensischen Territorien ermöglichen, ohne deren Bewohnern die israelische Staatsbürgerschaft zuzuerkennen. Andere Überlegungen – veröffentlicht u.a. durch das „Strategische Forum des Zionistischen Rates in Israel" – richten sich darauf, israelische Staatsbürger, die im Ausland leben, enger an das Land zu binden, z.B. durch Teilnahme an den Knessetwahlen. Vorgeschlagen wird auch, progressive Maßnahmen zur Familienplanung im jüdischen Sektor einzuleiten, die Zahl ausländischer Einwohner zu begrenzen und Einwanderern, die zwar aufgrund des Rückkehrgesetzes die Staatsbürgerschaft erhielten, jedoch nach der *Halacha* nicht als Juden anerkannt werden, den Übertritt zum Judentum zu erleichtern.

Die demographische Komposition und Entwicklungsrichtung der israelischen Gesellschaft und die damit verbundene ethnische und soziale Vielfalt werden weiterhin eine entscheidende Rolle für das *nation building* und die staatliche Existenz spielen. Sie widerspiegeln sich auf kommunaler wie nationaler Ebene und bilden einen Dreh- und Angelpunkt im israelisch-palästinensischen Konflikt. Dennoch sprachen sich Vertreter der israelischen Linken – Juden wie Araber – wiederholt gegen die öffentlich geäußerte Behauptung aus, die palästinensisch-arabische Bevölkerung stelle eine „demographische Bedrohung" dar. Derartige Äußerungen zielten nicht nur darauf ab, die Demokratie einzuschränken, sondern leisteten auch dem Transfer-Gedanken Vorschub. Um ein Gegengewicht zu schaffen, setzten nicht wenige zivilgesellschaftliche Organisationen den jüdisch-arabischen Dialog über Lösungswege für die anstehenden gesellschaftlichen Probleme fort. Mit neuen, auf Kooperation und Verständigung gerichteten Initiativen traten nach Ausbruch der Al-Aksa-Intifada beispielsweise das Israel Democracy Institute in Jerusalem und das Jewish Arab Center for Peace in Givat Haviva hervor.

Dem Bemühen, das innerisraelische Spannungsfeld zwischen jüdischen und arabischen Bürgern zu entschärfen, diente auch der Versuch, parallel zur „Amanat Kinneret" einen „arabisch-jüdischen Zivilvertrag" zustande zu bringen. Unter den 300 Teilnehmern einer diesem Anliegen gewidmeten Konferenz in Nazareth am 21. Oktober 2001 befanden sich sowohl jüdische als auch arabische Knessetabgeordnete. Einigkeit konnte freilich nicht erreicht werden. Trotz mancher Gemeinsamkeit und viel guten Willens dominierten letztlich die politischen Gegensätze. Die jüdischen Disputanten bestanden nahezu ausnahmslos auf der Anerkennung des jüdischen Charakters Israels und auf der

Definition des Landes als Heimstätte für alle Juden, während die arabischen Redner eine Neudefinition der Staatsbürgerschaft und „ein Israel für alle seine Bürger" forderten.

Die Widersprüchlichkeit und Unvereinbarkeit in den Grundpositionen nahm die Leiterin des Instituts für Toleranz, Liberalismus und Demokratie *Mifneh* (Wende), Zvia Grinfeld, zum Anlass für ein provozierendes Gedankenspiel. Sie schlug die Errichtung dreier Staaten innerhalb der „Grünen Linie", also auf dem israelischen Staatsterritorium, vor: Der erste solle für die liberalen Säkularen in der Küstenebene, ein zweiter – zusätzlich zum palästinensischen Staat – für die israelischen Araber und ein dritter für alle religiös-traditionellen Bürger errichtet werden, die zwar mit den Siedlungen in den besetzten Gebieten, aber ohne Obersten Gerichtshof, Verfassung und Wehrdienst sowie ohne das Prinzip gleicher Rechte und Pflichten leben wollten. Religiöse wie arabische Bürger lud Grinfeld ein, im säkular-liberalen Tel-Aviv-Staat zu leben – unter der Bedingung freilich, dass sie dessen Grundprinzipien nicht in Frage stellten.[22]

Wege ins 21. Jahrhundert

Der Jerusalemer Politologe Schlomo Avineri ging im Vorwort seiner Schrift „Profile des Zionismus" im Februar 1997 – noch in Erwartung möglich erscheinender Friedensvereinbarungen – davon aus, dass die Umrisse eines historischen Kompromisses zwischen jüdischem und arabischem bzw. palästinensischem Nationalismus bereits sichtbar seien und sich dies gravierend auf die israelische Gesellschaft auswirke: „Dies bedeutet auch, dass endlich, an der Schwelle seines zweiten Jahrhunderts, der Zionismus in der Lage sein wird, das zu erreichen, was er sich von Anfang an zum Ziel gesetzt hatte: ‚Die Schaffung eines sicheren Zufluchtsortes für das jüdische Volk als Teil der Völkerfamilie.' Dies bedeutet auch, dass endlich Gerechtigkeit, soziale Visionen, der Traum von einer ‚Guten Gesellschaft', die immer den Kern des Zionismus bildeten, umgesetzt werden können. Dies war zuvor, als es vor allem um existentielle Fragen wie das Überleben, den Kampf gegen Feinde und das Leben in einer feindseligen Umgebung ging, unmöglich gewesen."[23]

Die Worte des namhaften israelischen Wissenschaftlers blieben zunächst ein „Prinzip Hoffnung". Zum Fazit an der Jahrhundertwende gehört, dass Gewalt und Konfrontation im Nahen Osten in den neunziger Jahren vorübergehend zwar zurückgedrängt, nicht jedoch dauerhaft eliminiert werden konnten. Der optimistische Wunsch der Friedensarchitekten, der Konflikt möge bis zum

---

22   Grinfeld, Zvia: Kach tukam Jisrael ha-chadaschah (So wird das neue Israel entstehen), Ha-Arez, 27. Januar 2002.

23   Avineri, Shlomo 1998, S. 11.

Ende des 20. Jahrhunderts geregelt sein und in ein kooperatives Miteinander der Völker der Region umschlagen, bestätigte sich nicht. Auf die Euphorie der historischen Augenblicke von Madrid, Oslo und Washington folgte nüchterne Realität. Den Israelis brachte der Oslo-Prozess nicht die ersehnte Sicherheit; den Palästinensern blieben das Selbstbestimmungsrecht und ein eigener Staat verwehrt. Statt dessen begann sich die Spirale des militanten Schlagabtauschs erneut und in immer schnellerem Tempo zu drehen. Der Streit um Territorien und angestammte oder angemaßte Siedlungsrechte, der nach der Formel „Land für Frieden" lösbar schien, wurde stärker als zuvor zu einem Legitimitäts-, Werte- und Ressourcenkonflikt.

Dennoch verbreitert sich die Einsicht, dass religiöser Fanatismus und übersteigerter Nationalismus keine tragfähigen Antworten auf die Herausforderungen des 21. Jahrhunderts sind. Mehr als je zuvor sind politische Lösungsansätze und der Mut zu Kompromissen gefragt. Das Existenzrecht des Staates Israel und die Sicherheit seiner Bürger stehen dabei nicht zur Disposition. Alten und neuen Antisemitismus wird die internationale Gemeinschaft nicht hinnehmen. Zugleich sind realistische Verhandlungspositionen und Regelungen erforderlich, um die nationalen Rechte der Palästinenser zu gewährleisten und ihnen menschenwürdige Lebensbedingungen zu schaffen.

Die Perspektive Israels wird unabdingbar mit dem Fortgang oder der Beendigung der nahöstlichen Konfrontation verknüpft bleiben. Die Bewohner Israels stehen zu Beginn des 21. Jahrhunderts zudem vor dem Erfordernis, Antworten auf eine Vielzahl innergesellschaftlicher Fragen und offener Probleme zu finden. Diese betreffen insbesondere die Beziehungen zwischen jüdischen und arabischen Bürgern, das Verhältnis von Staat und Religion, die Ausgestaltung der Demokratie, die produktiven Möglichkeiten der Wirtschaftsentwicklung, die Verminderung sozialer Disparitäten und den pfleglichen Umgang mit den Wasserressourcen bzw. mit der natürlichen Umwelt. Die Herausforderungen sind nicht neu, haben zum Teil aber neue Dimensionen erreicht und können mittel- und langfristig durchaus die Sicherheit und Stabilität Israels von innen her gefährden. Für sie sind effiziente Kompromissregelungen gefragt.

Zum Zukunftsbild der israelischen Gesellschaft gehört, dass das Land weiterhin primär durch die Beziehungen zwischen seinen jüdischen Bevölkerungssegmenten geprägt bleiben wird. Unschwer vorauszusagen ist beispielsweise das Bestreben von *Misrachim* wie auch „russischen" Neueinwanderern, stärker als bisher an den wirtschaftlichen Verteilungsprozessen und an der politischen Machtausübung teilzunehmen. Die Entwicklung des letzten Jahrzehnts belegt zudem das zunehmende Gewicht der *Sabra*-Generation, die ihre *Israeliness* in den Mittelpunkt politischen wie gesellschaftlichen Handelns stellt. Mittel- und langfristig ist damit zu rechnen, dass insbesondere sie den „Tribalismus", d.h. die Bindung an den „Stamm" (*edah*) der Eltern und Großeltern, bzw. die ethnisch bedingten Determinanten für die Besetzung wichtiger Funktionen in Politik und Wirtschaft zurückdrängen und moderneren Kriterien der Elitebildung den Weg ebnen wird.

Einen bedeutenden Platz in den Diskussionen über die Zukunft wird im nächsten Jahrzehnt die bereits skizzierte Frage einnehmen, ob Israel zugleich ein jüdischer und demokratischer Staat sein kann. Existiert perspektivisch nur die Alternative zwischen einem demokratisch verfassten binationalen, multikulturellen Staat auf der einen und einem undemokratischen jüdisch dominierten, möglicherweise stärker religiös geprägten Gemeinwesen auf der anderen Seite? Zumindest die relativ und absolut schnell anwachsende Gruppe der arabischen Staatsbürger durchbricht – bereits gegenwärtig, verstärkt jedoch mittelfristig – das zionistische Konzept eines möglichst „reinen" jüdischen Nationalstaates. Der Haifaer Soziologe Sammy Smooha führte zur Charakterisierung aktueller Staatlichkeit und in Auseinandersetzung mit westlichen Demokratiemodellen für Israel den Begriff „ethnische Demokratie"[24] ein; sein Kollege Oren Yiftachel von der Universität Tel Aviv spricht mit kritischem Unterton von „Ethnokratie"[25].

Die Forderungen der arabischen Bürger nach gleichberechtigter Teilnahme am gesellschaftlichen Leben und nach national-kultureller Eigenständigkeit können auf Dauer weder ignoriert noch zurückgewiesen werden. Jede politische Führung Israels wird herausgefordert bleiben, konstruktive Lösungen zu finden und ein neues kooperatives Verhältnis zu den palästinensisch-arabischen Staatsbürgern zu schaffen, soll sich ein virulentes innergesellschaftliches Widerspruchspotenzial von großer Sprengkraft nicht konfliktiv entladen.

Zu den Herausforderungen der Gegenwart und unmittelbaren Zukunft gehört nach Meinung israelischer Gesellschaftswissenschaftler und Politiker eine durchgreifende Reformierung des politischen Systems. Nachdem sich das 1992 verabschiedete Gesetz über die Direktwahl des Ministerpräsidenten als kontraproduktiv erwies und ein Jahrzehnt später durch die Knesset revidiert wurde, gilt die Aufmerksamkeit der Experten nunmehr anderen grundlegenden Projekten. Vorgeschlagen wurden u.a. die Ausarbeitung einer Verfassung bzw. die Verabschiedung weiterer *Basic Laws*, aber auch neuer Wahlregularien, wie die Erhöhung der Sperrklausel (z.Zt. 1,5%) bei Parlamentswahlen oder die Direktwahl des Präsidenten, und nicht zuletzt umfassende strukturelle Veränderungen im Verwaltungsapparat.

Von Bedeutung für die israelische Demokratie dürfte die Formierung einer starken parlamentarischen wie außerparlamentarischen Opposition – eventuell einer erneuerten oder neu gegründeten sozialdemokratischen Partei – sein, die

---

24 Smooha, Sammy 1997, S. 198ff.
25 Yiftachel, Oren 1997, S. 505-519.

im innenpolitischen Kräftespiel wieder ein gewichtiges Wort mitzureden in der Lage ist und auf diese Weise die Weichenstellung künftiger Politik beeinflussen kann. Der Niedergang der Arbeitspartei ist in seinen Auswirkungen für das politische System Israels bisher noch kaum abschätzbar. Offen und unbeantwortet bleibt auch die Frage, ob der z.Z. zu beobachtende politische Rechtstrend zeitweiliger bzw. konjunktureller Natur ist oder eine Langzeitentwicklung signalisiert.

Die Diskussionen über das Verhältnis von Staat und Religion werden mit Blick auf die Zukunft vor allem über zwei Grundoptionen geführt: Generelle Trennung von Staat und Religion, verbunden mit Freiheit der Religionsausübung, oder Verwandlung Israels in einen theokratischen Staat gemäß den Vorschriften der *Halacha*. Die erste Option entspricht westlichen Gesellschaftsstandards. Sie würde nicht nur die Anerkennung des Zivilrechts in Personenstandsfragen beinhalten, sondern auch die gleichberechtigte Existenz verschiedener jüdischer Gemeinden (orthodoxes, konservatives und Reformjudentum) anerkennen. Ein *Halacha*-Staat dagegen könnte Israel mit anderen fundamentalistisch dominierten Staaten der Region vergleichbar werden lassen. Damit würde die Gefahr heraufbeschworen, dass der jüdische Staat seine Attraktivität für die westliche Welt, seine engen Bindungen an das – teilweise reformorientierte – Diaspora-Judentum und einen erheblichen Teil äußerer Zuwendungen verlieren könnte. Während bei der Umsetzung des einen Szenarios damit zu rechnen wäre, dass ein Teil der *Charedim* Israel verließe, um sich großen ultraorthodoxen Gemeinden in den USA oder anderen Staaten anzuschließen, könnte im zweiten Fall eine Abwanderung der Säkularen erfolgen. Denkbar wäre jedoch auch die politische Aktivierung der säkularen Mehrheit und ein verstärkter Zuzug nichtorthodoxer Juden – von Menschen somit, die Israel als ihren Staat betrachten und nicht gewillt sind, ihn bzw. seine demokratischen Grundlagen aufzugeben.

Beide Denkvarianten dürften in reiner Form aufgrund der israelischen Spezifik kaum zu gesellschaftlicher Realität werden. Neben den relativ klar definierten und quantitativ fassbaren Gruppen der Säkularen bzw. der Ultraorthodoxen – den beiden Polen im „Kulturkampf" – besteht die jüdische Bevölkerung des Landes zu einem bedeutenden Teil aus traditionell eingestellten Juden, für die weder die Trennung von Staat und Religion noch eine „Khomeinisierung" Israels akzeptabel wären. Der bis heute gültige, nicht zuletzt aus der Holocaust-Erfahrung resultierende zionistische Konsens gebietet vielmehr, Israel als „jüdischen Staat" mit demokratisch-parlamentarischen Strukturen und Regeln zu erhalten. Das zentripedale Potenzial ist bisher nicht aufgebraucht. Mit ihm verbinden sich die benannten Fragen nach der jüdisch-israelischen Identität, nach der Haltung – und Abgrenzung – zur wachsenden arabischen Bevölkerungsgruppe und deren Rechten sowie nach den Beziehungen zur jüdischen Diaspora.

Nicht zuletzt soziale und wirtschaftliche Erwägungen dürften im Verhältnis von Staat und Religion eine Realpolitik begünstigen, die in kleinen Schritten notwendige Veränderungen des bisherigen Status quo durchsetzt, ohne prinzipiell neue Weichen zu stellen oder gar Qualitätssprünge wagen zu müssen. Unabhängig von der realen Entwicklungsrichtung kann sich die öffentliche verbale Auseinandersetzung darüber, welche der beiden Optionen verwirklicht werden soll, jederzeit weiter verschärfen, da es sich jeweils um Interessen und Zielvorstellungen realer Bevölkerungskomponenten und beachtenswerter politischer Gruppierungen handelt. Die Worte und Widerworte zwischen Schas und Schinui gehören in diesen Kontext. Die Infragestellung nationaler und individueller Sicherheit seit Ausbruch der Al-Aksa-Intifada hat zumindest zu keinem Waffenstillstand im „Kulturkampf" geführt. Die Knessetdebatten der Jahre 2002 und 2003 bezeugen das Gegenteil.

Die Entwicklungstrends der neunziger Jahre haben die israelische Gesellschaft verändert und neue Realitäten geschaffen, die nur teilweise und zeitweilig zurückgenommen werden können. Die Demokratiediskussion war z.B. nicht nur Ausdruck unterschiedlicher Zukunftsvisionen, sondern belegte auch einen Reifeprozess. In dem Augenblick, in dem die lange existierende Spannung zwischen nationalen und universalen Werten von größeren Teilen der Bevölkerung als nicht mehr unabdingbar und unveränderlich wahrgenommen, sondern hinsichtlich ihrer Ursachen und Auswirkungen kritisch hinterfragt wurde, veränderte sich ihr Stellenwert im kollektiven Bewusstsein. Dieser in den neunziger Jahren vollzogene Erkenntnisprozess kann zweifellos revitalisiert werden.

Israel ist, trotz oder infolge zahlreicher historischer und aktueller Spezifika, zweifellos kein Modell- oder Musterstaat, sondern eine mit Erfolgen, Problemen und Schwächen behaftete Gesellschaft wie jede andere auch. In der Presse oder in den konträren Parlamentsdebatten zeigt sie sich in ihrer Vitalität wie in ihrer Widersprüchlichkeit bzw. werden Konsens und Konflikt facettenreich widergespiegelt. Erinnerung an die Vergangenheit und Furcht vor den Gefahren der Gegenwart und Zukunft, Hoffnung auf Frieden und Enttäuschung angesichts wiederholter Rückschläge, Opferbereitschaft der Bürger und elitäres Beharren auf Machtpositionen, Weltoffenheit und fundamentalistische Enge, Wahrung jüdischer Tradition und Streben nach einer modernen Gesellschaft westlichen Zuschnitts, tief verwurzelter Patriotismus und übersteigerter Nationalismus, Solidarität und Egoismen, Vernunft und Pragmatismus, mitunter auch Selbstgerechtigkeit und irrationaler Hass bestimmen den Inhalt der öffentlichen Debatten. Sie kennzeichnen die pluralistische israelische Gesellschaft in all ihren Facetten und sind Ausdruck eines lebensvollen sozialen Organismus.

Tom Segev fügt dem ein berührendes und zum Nachdenken anregendes Bild hinzu: „Trotz aller Mängel" sei Israel „eine der großen Errungenschaften des zwanzigsten Jahrhunderts". „Heute gibt es Israelis in der dritten oder vierten Generation. Sie sprechen mit ihren Eltern Hebräisch, besuchen die gleichen Schulen wie sie, dienen in denselben Militäreinheiten und machen ähnliche Erfahrungen. [...] Heute genießen israelische Kinder etwas, was ihren Eltern und Großeltern häufig nicht vergönnt war: Ihre Großeltern leben noch und wohnen sogar ganz in der Nähe. Dass diese scheinbar simple Tatsache heute schon vielen banal vorkommt, ist eine der größten Errungenschaften des Staates."[26]

Konfliktmüdigkeit und Friedenssehnsucht der israelischen Bürger werden eng mit der Angst vor neuen Risiken und Infragestellungen verbunden bleiben. Sicherheitsverständnis und Beharren auf dem Errungenen sind nach wie vor von wachem Misstrauen und steter Vorsicht gegenüber der Außenwelt geprägt. Der jüdische Staat wird weiter auf Wehrhaftigkeit setzen, keinesfalls auf seine schlagkräftige Armee verzichten und unvermindert deren Modernisierung betreiben.

Sicherheit hat in der heutigen Welt und auch im Nahen Osten jedoch nicht nur eine militärische Dimension. Eine gesicherte Existenz der Menschen und Völker erwächst aus Lebensqualität vielfältiger Natur, sei es aus wirtschaftlicher Dynamik, ökologischer Stabilität, sozialer Prosperität oder kulturellem Reichtum. In diesem Sinne sind regionale Sicherheitssysteme und Wirtschaftskooperation, die gemeinsame Begegnung ökologischer Gefahren, zwischenstaatliche Vereinbarungen zur Nutzung der Wasserressourcen, die Schaffung von mehr sozialer Gerechtigkeit und die Zurückdrängung des religiös-politischen Fanatismus wie auch nationalistischen Hegemonialstrebens Herausforderungen, die die nationalstaatliche Grenzziehung durchbrechen, Grundinteressen großer Menschengruppen berühren und gemeinsamer Anstrengungen und Lösungskonzepte bedürfen. Die Umsetzung der Vision von einem Neuen Nahen Osten – basierend auf politischer Koexistenz, wirtschaftlicher Kooperation, kollektiver Bewältigung der nahöstlichen Probleme und regionaler Prosperität – freilich erfordert Verständigungsbereitschaft, gegenseitige Akzeptanz und den Willen zur Zusammenarbeit sowohl auf israelischer als auch auf arabischer Seite. Die politischen und kulturellen Eliten des Nahen Ostens, aber auch Europas und Amerikas, stehen somit vor Herausforderungen und Entscheidungen, die weit über das tagespolitische Geschehen hinausreichen und das Schicksal künftiger Generationen beeinflussen werden.

---

26   Segev, Tom 2003, S. 19.

Glossar

Achusalim von Baruch Kimmerling geprägter Begriff für die aschkenasische, säkulare, sozialdemokratische und zionistische Elite; Abbreviatur von Aschkenasim, Chilonim (Säkulare) Watikim (Alteingesessene), Sozialistim (Sozialisten) und Le'umijim (Nationaldenkende, d.h. Zionisten)

Agudat Jisrael (Vereinigung Israels) jüdische orthodox-religiöse Partei in Europa und Palästina/Israel, gegründet 1912

Al-Aksa-Intifada Ende September 2000 ausgebrochene militante palästinensische Erhebung gegen die israelische Besatzungsmacht, benannt nach der Al-Aksa-Moschee in Jerusalem

Alijah (Pl.: Alijot) eigtl. „Aufstieg" (nach Zion), zionistische Einwanderungswelle nach Palästina/Israel

Allgemeine Zionisten liberaler Flügel innerhalb der Zionistischen Weltorganisation, zunächst Bezeichnung für die keiner politischen Partei angehörende Mehrheit der Mitglieder der ZWO; in Israel als Partei 1948-1961, Vorläufer der Liberalen Partei

Am Echad (Ein Volk) 1999 vom Histadrut-Vorsitzenden Amir Perez gegründete Partei

Am Jisrael Volk Israel

Amutah (Pl.: Amutot) eingetragener gemeinnütziger Verein, Nicht-Regierungs-Organisation (NGO)

Arbeitspartei (Israelische Partei der Arbeit, hebr.: Mifleget ha-Avodah ha-Jisraelit) Hauptkraft der israelischen Sozialdemokratie, 1968 aus der Vereinigung von Mapai, Rafi und Achdut ha-Avodah/Poale Zion hervorgegangen, in der Knesset bis 1992 im Parteienblock Ma'arach vertreten, ab 1999 führend im Parteienbündnis Jisrael Achat (Ein Israel); in Regierungsverantwortung 1948-1977, 1992-1996, 1999-2001, Mitarbeit in Regierungskoalitionen 1984-1990 und 2001-2002.

Aschkenasi (Pl.: Aschkenasim) von der in der rabbinischen Literatur des Mittelalters gebräuchlichen Bezeichnung Aschkenas für Mitteleuropa und insbesondere für Deutschland abgeleiteter Begriff, der für Juden aus Europa und Nordamerika benutzt wird

Avodah s. Arbeitspartei

Bagaz (Beit Din Gavoha le-Zedek – Oberster Gerichtshof) Appellationsgericht Israels

Balad (Abk. für Brit Le'umi Demokrati) National-Demokratischer Bund, national-arabische Partei, gegründet 1996

Bank ha-Poalim (Arbeiterbank) Bankinstitut der Gewerkschaft Histadrut, gegründet 1921, privatisiert 1997

Basic Laws von der Knesset verabschiedete Grundgesetze, die gemeinsam mit der Unabhängigkeitserklärung von 1948 die verfassungsmäßige Grundlage des Staates Israel bilden, bisher wurden elf Grundgesetze verabschiedet

Bat Schalom (Tochter des Friedens) feministische israelische Friedensorganisation

Beita Israel (auch Beit Jisrael – Haus Israel) Eigenbezeichnung der Juden aus Äthiopien

Beit Midrasch religiöse Ausbildungsstätte, Talmudschule

Beit Ja'akov ultraorthodoxe Ausbildungsstätte für Mädchen und Frauen, insbesondere Ausbildung von Lehrerinnen und Kindergärtnerinnen

Bewegung für Groß-Israel (Tnuah lemaan Erez Jisrael ha-Schlemah) 1967 entstandene Bewegung, die die Angliederung der besetzten Gebiete an den Staat Israel befürwortete

Camp David (I) unter Schirmherrschaft der USA 1978 durchgeführte israelisch-ägyptische Verhandlungen in Camp David, die zum Abzug der israelischen Truppen von der 1967 besetzten Sinai-Halbinsel und zur Aufnahme diplomatischer Beziehungen zwischen Israel und Ägypten führten

Camp David (II) im Juli 2000 unter amerikanischer Vermittlung durchgeführte israelisch-palästinensische Gespräche über Endstatusfragen

Chadasch (Demokratische Front für Frieden und Gleichheit) 1977 gegründetes Bündnis jüdischer und arabischer Linkskräfte, unter Führung der Kommunistischen Partei Israels

Chaluz (Pl.: chaluzim) Mitglied der Anfang des 20. Jahrhunderts bis Ende des zweiten Weltkriegs existierenden zionistischen Organisation He-Chaluz (Der Pionier), die jüdische Jugendliche auf das Leben in Palästina vorbereitete, verallgemeinernd als Bezeichnung für Einwanderer der zweiten und dritten Einwanderungswelle bzw. für die „Gründerväter" verwendet

Chanukkah (Einweihung) jüdisches Lichterfest

Chardal (Abk. von charedi le'umi – nationaler Ultraorthodoxer) moderner hebräischer Begriff für einen Juden, der Zionismus und ultraorthodoxes Glaubensbekenntnis verbindet

Charedi (Pl.: Charedim) ultraorthodoxer Jude

Chassidismus Mitte des 18. Jhdt. in Osteuropa entstandene mystisch-religiöse Bewegung im Judentum, durch besondere Frömmigkeit geprägt

Cherut (Verkürzung von Tnuat ha-Cherut – Freiheitsbewegung) 1948 gegründete konservative zionistische Partei Israels, 1965-1973 führende Kraft im Gachal-Block, ab 1973 Teil des Likud, 1988 als Partei aufgelöst und im Likud aufgegangen, 1999 neu gegründet

Chevrat ha-Ovdim (Gesellschaft der Arbeiter) Holdinggesellschaft der Gewerkschaftsorganisation Histadrut, gegründet 1923

Chiloni (Pl.: chilonim) säkularer Jude

Consociationalism Politik der Zugeständnisse gegenüber den religiösen Parteien

Dasch (Tnuah Demokratit le-Schinui – Demokratische Bewegung für Veränderung) Zentrumspartei in Israel 1976-1978

Dati (religiös) die religiösen Vorschriften strikt einhaltender Jude

Degel ha-Torah (Thorabanner) jüdische ultraorthodox-religiöse Partei in Israel, 1988 gegründet als Abspaltung von Agudat Jisrael durch Juden v. a. europäisch-amerikanischer Herkunft

Diaspora (griech.; Zerstreuung) Bezeichnung für jüdische Gemeinden außerhalb Palästinas/Israels

Dritter Weg 1995 gegründete Partei, die sich insbesondere gegen den israelischen Abzug vom Golan aussprach, vorwiegend ehemalige Anhänger der Arbeitspartei, 1996-1999 in der Knesset vertreten

Drusen im 11. Jahrhundert vom schiitischen Islam abgespaltene Religionsgemeinschaft, vor allem in Libanon, Syrien und Israel

Edah (Pl.: edot) Gemeinden, Landsmannschaften, Bevölkerungsgruppen gemeinsamer Herkunft

El ha-Ma'ajan (Zur Quelle) 1985 von Schas gegründete Dachorganisation, vor allem soziale und Bildungseinrichtungen

Erev Schabat Beginn des jüdischen Ruhetags (Freitagabend)

Erez Jisrael (Land Israel) hebräischer Begriff für Territorien, die Bestandteil des Jüdischen Königreichs zur Zeit des Ersten und Zweiten Tempels (bis 70 u. Z.) waren, häufig für Palästina während des britischen Mandats gebraucht

Erez Jisrael ha-schlemah (das ganze Land Israel) Land Israel in biblischen Grenzen

Ezel (Abk. von Irgun Zva'i Le'umi, Nationale Militärorganisation) Kurzform Irgun, militärische Untergrundorganisation der Revisionistischen Partei, 1937-1948

Falascha s. Beita Israel

Falaschmura unter Zwang zum Christentum übergetretene äthiopische Juden

Fatah (arab.; Umkehrung der Anfangsbuchstaben von Harakat Tahrir al-Filastin – Bewegung zur Befreiung Palästinas) Organisation des palästinensischen Widerstands, gegründet 1958 in Kuweit, Initiator und dominierende Kraft der 1964 gebildeten Palästinensischen Befreiungsorganisation (PLO)

Galut hebr. Begriff für Exil, Diaspora

Gescher (Brücke) 1996 entstandene Abspaltung vom Likud unter David Levy, die zunächst ein Wahlbündnis mit Likud und Zomet einging und 1999 Teil des Wahlbündnisses Jisrael Achat unter Ehud Barak wurde

Gescher-Theater 1991 von russischen Neueinwanderern gegründetes Theater in Tel Aviv-Jafo, Aufführungen zunächst in russischer Sprache, heute bilingual

Grüne Linie international anerkannte Grenze Israels vor dem Junikrieg 1967

Gusch Emunim (Block der Treue) außerparlamentarische zionistische Organisation, die mit religiöser Begründung die Ausweitung des israelischen Siedlungsraums und Staatsgebiets auf das 1967 besetzte Westjordanland und den Gazastreifen anstrebt, gegründet 1974

Gusch Schalom (Friedensblock) linke Friedensorganisation unter Uri Avneri

Ha-Bimah (Die Bühne) israelisches Nationaltheater, gegründet 1917 in Moskau, seit 1931 in Tel Aviv

Haganah (Verteidigung) jüdische Selbstverteidigungsorganisation in Palästina, eng mit der Gewerkschaft Histadrut verbunden, 1920-1948

Ha-Kibbuz ha-Dati (Religiöser Kibbuz) 1935 gegründeter religiöser Kibbuzverband

Halacha (Gehen, Wandeln) feststehende Norm und Satzung, System der zunächst mündlich und später schriftlich überlieferten Bestimmungen des Judentums, Gesetzeskodizes, die das Leben der Juden in allen Lebensbereichen regeln

Hamas (arab.; religiöser Eifer) durch Scheich Achmed Jassin 1987 im Gazastreifen gegründete militante islamistische Vereinigung, die das Existenzrecht des Staates Israel negiert und die Zweistaatenlösung ablehnt

Ha-Poel ha-Misrachi (Der Misrachi-Arbeiter) national-religiöse Arbeiterpartei Palästinas/Israels, 1921-1956

Haskalah (Aufklärung) Bestrebungen jüdischer Intellektueller im 18. und 19. Jhdt., die Kluft zwischen jüdischer Tradition und europäischer Moderne zu überbrücken,

Versuch der Wiederbelebung des Hebräischen als profaner Literatur- und Umgangssprache

Histadrut (eigtl. Ha-Histadrut ha-Klalit schel ha-Ovdim ha-Ivrijim be-Erez Jisrael – Allgemeine Organisation der jüdischen Arbeiter in Palästina) Gewerkschaftsverband in Palästina/Israel, Interessenvertreter der jüdisch-palästinensischen bzw. israelischen Arbeitnehmer, zugleich bedeutendes Wirtschaftsunternehmen, gegründet 1920, mit Aufnahme arabischer Bürger Israels (1966) Streichung des Wortes „jüdisch" im Namen der Organisation; 1995 Umbenennung in „Neue Histadrut" und Beschränkung auf Funktion als Arbeitnehmerorganisation

Hizbollah 1982 gegründete militante schiitisch-muslimische Partei in Libanon

Holocaust s. Schoah

Ichud Le'umi (Nationale Einheit) 1999 gegründete rechte extrem-nationalistische Partei Israels

Intifada (arab.; Abschütteln) im Dezember 1987 begonnene Erhebung der palästinensischen Bevölkerung in den 1967 von Israel besetzten Gebieten Westbank und Gaza

Jescha s. Moezet Jescha

Jeschivah (Pl.: Jeschivot) Lehrhaus, orthodoxe jüdische Lehreinrichtung zum Studium des Talmud und anderer religiöser Fächer

Jeschivot Hesder Einrichtung für ultraorthodoxe Juden in Israel, die nicht den regulären Wehrdienst ableisten, sondern religiöses Studium und militärische Ausbildung verbinden

Jewish Agency 1922-1948 Jewish Agency for Palestine, Interessenvertretung der jüdischen Bevölkerung Palästinas gegenüber den Mandatsbehörden Großbritanniens und dem Völkerbund bzw. der UNO; ab 1948 als Jewish Agency for Israel Organ der ZWO, das insbesondere die Verbindung Israel-Diaspora aufrechterhält

Jihad Islami Mitte der achtziger Jahre entstandene militante islamistische Bewegung, für zahlreiche Selbstmordattentate in Israel verantwortlich

Jischuv (Besiedlung) Bezeichnung sowohl für das jüdische Siedlungsgebiet als auch für die jüdische Bevölkerungsgruppe Palästinas

Jischuvim kehilatijim aus Kibbuzim hervorgegangene Gemeinschaftssiedlungen, die nicht mehr auf kollektivem Eigentum beruhen, jedoch Grundformen kollektiven Zusammenlebens bewahrt haben

Jisrael Achat (Ein Israel) 1999 gegründetes Wahlbündnis von Arbeitspartei, Gescher und Meimad, 2003 ohne Gescher

Jisrael ba-Alijah 1996 gegründete Partei von Einwanderern aus den GUS-Staaten, seit 2003 Teil der Likud-Parlamentsfraktion

Jisrael Beitenu (Israel ist unser Zuhause) 1999 gegründete rechtsnationalistische Partei russischsprachiger Einwanderer, seit 2003 Bestandteil von Ichud Le'umi

Jom ha-Azma'ut israelischer Unabhängigkeitstag

Jom Kippur (Versöhnungstag) jüdischer Fasten- und Bußtag, einer der höchsten jüdischen Feiertage

Jom ha-Sikaron (Erinnerungstag) Gedenktag an die seit Staatsgründung gefallenen israelischen Soldaten und bei Anschlägen ums Leben gekommenen Zivilisten

Jordanische Option von der israelischen Sozialdemokratie zeitweilig vertretener territorialer Kompromiss, Rückgabe eines Teils der 1967 besetzten Westbank an Jordanien, Regelung des Palästinenserproblems durch Bildung eines jordanisch-palästinensischen Staates

Jored (Pl.: jordim) Auswanderer, eigtl. „er steigt (von Zion) ab"

Jüdischer Weltkongress 1936 in Genf gegründeter Dachverband jüdischer Organisationen, internationale Interessenvertretung der Juden, seit Beginn des Zweiten Weltkrieges Sitz in New York

Kach (Nur so!) rechtsextremistische israelische Partei, 1971 von Meir Kahane gegrundet, seit 1988 wegen Verbreitung rassistischen Gedankenguts von Knessetwahlen ausgeschlossen, 1994 verboten

Kaschrut (rituelle Tauglichkeit, Eignung) jüdische Speisegesetze

Keschet Demokratit Misrachit (Demokratisch-orientalische Regenbogenkoalition) 1997 in Tel Aviv gegründete Organisation orientalischer Juden Israels, Interessenvertretung nichtreligiöser Misrachim, gegen Dominanz der ultraorthodoxen Schas-Partei

Kibbuz (Pl.: Kibbuzim) landwirtschaftliche Kollektivsiedlung in Palästina/Israel, die auf genossenschaftlichem Eigentum, kollektiver Arbeit und gemeinschaftlichen Verteilungsprinzipien beruht

Kiddusch (Heiligung) Segensspruch über den Wein, am Vorabend des Schabat bzw. eines Festes gesprochen

Knesset (Versammlung) Parlament Israels seit 1949, 120 Abgeordnete

Kolel (Pl.: kolelim) Talmudschule für verheiratete ultraorthodoxe jüdische Männer

„Kulturkampf" aus dem europäischen Sprachraum übertragener Begriff, Auseinandersetzung zwischen säkularen und orthodoxen bzw. ultraorthodoxen jüdischen Bevölkerungsgruppen Israels vor allem um den Staat und das gültige Rechtssystem

Kupat Cholim (Krankenkasse) bis Mitte der 90er Jahre größte Krankenkasse Israels, Teil der Histadrut

Lechi (Abk. für Lochamei Cherut Jisrael – Kämpfer für die Freiheit Israels) jüdische militärische Untergrundorganisation in Palästina 1940-1948

Likud (Einigung) 1973 gegründeter Wahlblock aus Cherut und Liberaler Partei, konservativ-liberal, 1977-1992 in Regierungsverantwortung, 1988 Konstituierung zur Partei, erneute Führung von Koalitionsregierungen 1996-1999 und ab 2001

Ma'abarot (Sg. ma'abarah) (Übergangslager) bis Ende der fünfziger Jahre Zelt- und Barackenstädte für jüdische Einwanderer in Israel

Ma'ajan ha-Chinuch ha-Torani (Quelle der Thora-Erziehung) Erziehungssystem der sephardischen Schas-Partei

Ma'arach (Vereinigung) Wahlbündnis sozialistisch-zionistischer Arbeiterparteien Israels, in der Knesset wirksam als kleiner Ma'arach 1965-1969 und großer Ma'arach 1969-1984, in der Histadrut 1969-1994

Mafdal siehe Nationalreligiöse Partei

Maki (ha-Miflagah ha-Komunistit ha-Jisraelit – Israelische Kommunistische Partei) 1948 aus der Palästinensischen Kommunistischen Partei hervorgegangen, 1965 – 1973 Bezeichnung des abgespaltenen jüdischen Teils der Partei, seit Ende der achtziger Jahre auch Name der jüdisch-arabischen Partei

Mamlachtijut (Staatlichkeit) von David Ben Gurion geprägter Begriff, der die zentrale Rolle und Entscheidungsgewalt des Staates für das politische Leben in Israel beinhaltete

Mapai (Mifleget Poalei Erez Jisrael – Arbeiterpartei Palästinas) 1930 gegründete sozialistisch-zionistische Arbeiterpartei Palästinas/Israels, Hauptkraft der israelischen Sozialdemokratie, 1968 Vereinigung mit kleineren Parteien zur Mifleget ha-Avodah ha-Jisraelit (s. Arbeitspartei)

Mapam (Mifleget ha-Poalim ha-Me'uchedet – Vereinigte Arbeiterpartei) linker Flügel der israelischen Sozialdemokratie, gegründet 1948, 1969-1984 mit der Arbeitspartei im Ma'arach-Block, ab 1992 Mitglied des Wahlbündnisses Merez, 1996 eigenständige Existenz als Partei beendet und in Merez aufgegangen

Masorti (traditionell, Pl.: masortijim) jüdischer Gläubiger, der der Religion einen bedeutenden Platz im persönlichen und gesellschaftlichen Leben zugesteht, die religiösen Pflichten jedoch nicht immer streng befolgt

Meimad (Abk. für medinah jehudit – medinah demokratit, Jüdischer Staat – Demokratischer Staat) israelische Organisation bzw. Partei, die sich für einen jüdischen und demokratischen Staat einsetzt, Teil des Wahlbündnisses Jisrael Achat

Menorah siebenarmiger jüdischer Leuchter, eines der Staatssymbole Israels

Merez 1992 gebildetes Wahlbündnis von Tnuah le-S'chujot ha-Esrach u-le-Schalom (Raz), Mifleget ha-Poalim ha-Me'uchedet (Mapam) und Schinui, 1996 Zusammenschluss zur Partei

Mesusa (wörtlich Türpfosten) Pergamentrolle mit religiöser Inschrift, in einer Kapsel am Türpfosten der Zimmer jüdischer Haushalte angebracht

Messianismus jüdische Bewegung und Erwartungshaltung, ausgerichtet auf das Erscheinen des Messias

Mifleget ha-B'chirah ha-Demokratit (Partei der demokratischen Wahl) 1999 gegründete Einwandererpartei, die der israelischen Sozialdemokratie nahe stand, 2003 Beitritt zu Merez

Misrachi (Abk. von Merkas Ruchani – Geistiges Zentrum) jüdische nationalreligiöse Partei in Europa (gegründet 1902) und in Palästina/ Israel 1918-1956

Misrachim (Sg.: Misrachi) Juden aus islamischen Ländern

Mizwah (Pflicht, Pl.: mizwot) Gebot, religiöse Pflicht

Moezet Jescha (Abk. von Moezet Jehuda, Schomron we-Aza – Rat von Judäa, Samaria und Gaza) 1980 gegründeter Dachverband der Siedler in den besetzten palästinensischen Gebieten

Moledet (Heimat) rechtsextrem-zionistische Partei Israels, gegründet 1988, befürwortet „Transfer" der arabischen Bevölkerung Israels und der besetzten Gebiete in arabische Nachbarstaaten, 2003 Teil von Ichud Le'umi

Moschav (Siedlung, Pl.: Moschavim) genossenschaftliche Kleinbauernsiedlung in Israel, Zusammenschluss privater Landwirtschaftsbetriebe

Moschav schitufi landwirtschaftliche Kooperative, Mischform von Kibbuz und Moschav

Nakba (arab.; Katastrophe) Bezeichnung für die arabische Niederlage im ersten Nahostkrieg 1948/49

Naschim ba-Kotel (Frauen an der Klagemauer) Organisation jüdischer Frauen, die sich für das Recht der Jüdinnen einsetzt, gleich Männern an der Klagemauer in Jerusalem zu beten

Nationalreligiöse Partei (Miflagah Datit Le'umit, Mafdal) gegründet 1956 als Zusammenschluss von Misrachi und Ha-Poel ha-Misrachi, für Symbiose von Zionismus und Religion, entwickelte sich nach 1967 zur Hauptkraft der Siedlerbewegung

Neturei Karta (aram.; Wächter der Stadt) 1935 gegründete ultraorthodoxe jüdische Gruppierung, die bis heute Zionismus und Staat Israel ablehnt

Oleh (Einwanderer, Pl.: olim) bedeutet eigentlich „ er steigt (nach Zion) auf"

Olim chadaschim (Sg.: oleh chadasch) Neueinwanderer

Os we-Schalom (Kraft und Frieden) 1975 gegründete israelische Friedensorganisation religiöser Juden

Oslo-Prozess durch Geheimverhandlungen bei Oslo eingeleitete israelisch-palästinensische Kompromisssuche, mündete in gemeinsame Prinzipienerklärung Israel – PLO über Entspannungsschritte, mit Ausbruch zweiter Intifada und Wahl Ariel Scharons zum israelischen Ministerpräsidenten 2001 abgebrochen

Palmach (Abk. von Plugot Machaz – Stoßtruppen) militärische Organisation innerhalb der Haganah während der Mandatszeit, 1941-1948

Partei der demokratischen Wahl (s. Mifleget ha-B'chirah ha-Demokratit)

Pessach jüdisches Fest, erinnert an den Auszug der Israeliten aus Ägypten und an Befreiung aus der Gefangenschaft

Poalei Agudat Jisrael (Arbeiter der Agudat Jisrael) orthodox-religiöse Arbeiterpartei in Europa (gegründet 1923) und in Palästina/Israel, 1925-1984

PLO (engl. Abk. für Palestine Liberation Organisation, Palästinensische Befreiungsorganisation) 1964 durch Achmed Schukeiri gegründete palästinensische Dachorganisation, ab 1969 unter Leitung von Jasir Arafat

Postzionismus (hebr.: postzionut) kritische Betrachtung zionistischer Ideologie und Politik durch israelische Intellektuelle Anfang und Mitte der neunziger Jahre

Progressive Liste für Frieden (Reschimah Mitkademet le-Schalom) 1984 gegründete linke nichtzionistische Partei, arabische und jüdische Mitglieder

Purim jüdisches Fest, erinnert an die Errettung der persischen Juden z.Zt. König Xerxes

Rat für Frieden und Sicherheit (Moazah le-Schalom u-Bitachon) 1988 gegründete Vereinigung von Reserveoffizieren, für politische Regelungen im israelisch-palästinensischen Konflikt

Raz (Tnuah le-S'chujot ha-Esrach u-le-Schalom – Bewegung für Bürgerrechte und Frieden) 1973 gegründete liberale Partei, für Demokratisierung israelischer Gesellschaft und Gleichberechtigung aller Bürger, gegen religiösen Zwang, 1996 in Merez aufgegangen

Rückkehrgesetz (Chok ha-Schwut) 1950 von der Knesset verabschiedetes Gesetz, das jedem Juden das Recht zugesteht, nach Israel einzuwandern und die israelische Staatsbürgerschaft zugesprochen zu bekommen

Sabra (s. Zabar)

Schabat (Samstag) siebenter Wochentag, religiöses Ruhegebot und Arbeitsverbot

Schalom Achschaw (Frieden jetzt) außerparlamentarische, überparteiliche Friedensbewegung in Israel, gegründet 1978

Schas (Hitachdut Sfaradim Schomrei Torah – Schas, Vereinigung der sephardischen Thora-Wächter, auch Acronym für Schischah Sedarim – d.h. Talmud) ethnische Partei sephardischer Juden, 1984 Abspaltung von Agudat Jisrael, Mitglied- und Wählerschaft vorwiegend traditionell-religiöse Misrachim

Schdulat ha-Naschim (Frauenlobby) 1984 gegründete Vereinigung unabhängiger Frauenorganisationen und Bürgerinitiativen

Schinui (Veränderung) liberale Partei in Israel, 1974 als Partei der Mitte – zwischen Sozialdemokratie und Likud – gegründet, 1976 Bestandteil von Tnuah Demokratit le-Schinui (Dasch), 1992 in Wahlbündnis Merez aufgegangen; 1999 wiedergegründete selbständige antiklerikale Partei, 2003 Eintritt in Regierungskoalition

Schoah (Vernichtung, Katastrophe) nationalsozialistische Vernichtung der europäischen Juden

Sederabend Beginn des an den Auszug der Juden aus Ägypten erinnernden Pessach-Festes

Sepharde (hebr.: Sfaradi, Pl.: Sfaradim) „Juden aus Spanien", Nachkommen der spanisch-portugiesischen Juden, Ende des 15. Jahrhunderts von der Iberischen Halbinsel vertrieben, Wohnsitz vorwiegend im Mittelmeerraum, Begriff wird fälschlicherweise für alle orientalischen Juden benutzt.

Status-quo-Vereinbarung 1947 getroffene Vereinbarung über die Einhaltung religiöser Vorschriften im künftigen jüdischen Staat

Sukkot jüdisches Laubhüttenfest

Takam (Ha-Tnuah ha-Kibbuzit ha-Me'uchedet – Vereinigte Kibbuzbewegung) 1980 gebildete Vereinigung der Kibbuzbewegungen, die der Arbeitspartei bzw. der Mapam nahe standen

Tal-Gesetz am 2. Februar 2003 in Kraft tretendes Gesetz über Befreiung ultraorthodoxer Jeschiva-Schüler vom Wehrdienst, Grundlage: unter Leitung des Juristen Zewi Tal erarbeiteter Empfehlungskatalog

Tami (Tnuat Masoret Jisrael – Traditionsbewegung Israels) 1981 gegründete nationalreligiöse Partei vorwiegend orientalischer Juden

T'chijah (Auferstehung) rechtsextreme Partei in Israel, 1979 als Protest gegen Vereinbarungen von Camp David (I) gegründet, vor allem Siedler aus besetzten Gebieten

T'kumah (Wiederaufrichtung) rechtszionistische Splitterpartei, 2003 Teil von Ichud Le'umi

Tfillin von Männern angelegte jüdische Gebetsriemen

Thora (Lehre, Unterweisung) jüdisches Religionsgesetz, im engeren Sinne zumeist für die fünf Bücher Mose (Pentateuch) des Alten Testaments gebräuchlich

Vereinigung der Rabbiner für das Volk und das Land Israel (Ichud ha-Rabbanim lemaan Am Jisrael we-Erez Jisrael) Organisation von Rabbinern, die sich für die Besiedlung des historischen Erez Jisrael einsetzen und aus religiösen Gründen die Rückgabe von Gebieten an die Palästinenser ablehnen

Vereinigte Arabische Liste in der Knesset vertretenes Bündnis der Islamischen Bewegung und der Arabischen Demokratischen Partei

Vereinigtes Thora-Judentum (Jahadut ha-Torah ha-Me'uchedet) 1992 gebildetes Wahlbündnis von Agudat Jisrael mit zwei weiteren ultraorthodox-religiösen Parteien

Zabar (Pl.: Zabarim) eingedeutscht Sabra, eigtl. Kaktusfrucht, Bezeichnung für die in Palästina/Israel geborenen Juden

Zahal (Abk. von Zva Haganah le-Jisrael) Israelische Verteidigungsarmee, gegründet 1948

Zentrumspartei (hebr.: Mifleget Merkas) 1999 gegründete Partei der politischen Mitte

Zionismus Ende des 19. Jahrhunderts in Europa entstandene auf Palästina gerichtete jüdische Nationalbewegung

Zionistische Weltorganisation (ZWO) 1897 in Basel gegründete internationale Organisation, die sich das Ziel stellte, die Juden der Diaspora in einem jüdischen Gemeinwesen in Palästina zusammenzuführen

Zomet (Scheideweg) 1984 gegründete konservativ-nationalistische Partei in Israel, gegen territoriale Kompromisse und für verstärkte Siedlungstätigkeit

Bibliographie

Abu-Nimer, Mohammed, 1999: Dialogue, Conflict Resolution, and Change: Arab-Jewish Encounters in Israel, New York: SUNY.

After the Rift: New Directions for Government Policy towards the Arab Population in Israel. An emergency report by an inter-university research team submitted to Mr. Ehud Barak, Prime Minister of Israel. November 2000, unpublished material.

Agassi, Joseph, 1999: Liberal Nationalism in Israel: Towards an Israeli National Identity, Jerusalem: Gefen.

Aharoni, Yair, 1998: The Changing Political Economy of Israel, Annals, AAPSS, Vol. 555, S. 127-146.

Al-Haj, Majid, 2002: Multiculturalism in deeply divided societies: the Israeli case, International Journal of Intercultural Relations, Vol. 26, S. 169-183.

—/Leshem, Elazar, 2000: Immigrants from the Former Soviet Union in Israel: Ten Years Later. A Research Report, Haifa: University of Haifa.

Almog, Oz, 1992: Andartot le-chalalei milchamah be-Jisrael: Nituach semiologi (Israeli war memorials: A semiological analysis), Megamot, Vol. XXXIV, No. 2, S. 179-210.

—, 1999: Me-s'chuto al Erez Jisrael le s'chujot ha-esrach u-me-medinah jehudit le-medinat chok (Vom Recht auf Erez Jisrael zu Bürgerrechten und vom jüdischen Staat zum Rechtsstaat), Alpajim, Vol. 18, S. 77-132.

Anaki, Ofer, 1999: Mi u-mi ba-olam ha-charedi (Who and who in the religious world), Jerusalem: Or Am.

Anson, Jon/Meir, Avinoam, 1996: Religiosity, Nationalism and Fertility in Israel, European Journal of Population, No. 12, S. 1-25.

Arab Association for Human Rights, 1998: The Palestinian Arab Minority in Israel: Economic, Social and Cultural Rights. A Report Presented by the Arab Association for Human Rights to the UN CESCR Committee on Israel's Implementation of the International Covenant on Economic, Social and Cultural Rights, Nazareth.

Aran, Gideon, 1986: From Religious Zionism to Zionist Religion: The Roots of Gush Emunim. In: Medding, Peter Y., Studies in Contemporary Jewry, S. 116-143.

Arian, Alan (Hrsg.), 1972: The Elections in Israel 1969, Jerusalem: Jerusalem Academic Press.

Arian, Asher, 1989: Politics in Israel: The Second Generation, Chatham, NJ.: Chatham House Publishers.

—, 1995: Security Threatened. Surveying Israeli Opinion on Peace and War, Tel Aviv/Cambridge: Cambridge University Press.

—, 1997: Israeli Public Opinion on National Security, Tel Aviv: Tel Aviv University/Jaffee Center for Strategic Studies.

—, 1998a: The Second Republic: Politics in Israel, Chatham, NJ: Chatham House Publishers.

—, 1998b: Da'at ha-kahal be-Jisrael ba-nose ha-gar'ini (Öffentliche Meinung in Israel zur Atomfrage), Edkan Astrategi, Vol. 1, No. 3, S. 6-8.

—/Nachmias, David/Navot, Doron/Schani, Daniel, 2003: Madad ha-demokratjah ha-Jisraelit 2003 (Zustand der israelischen Demoratie 2003), Jerusalem: Israel Democracy Institute.

Arian, Asher/Shamir, Michal (Hrsg.), 1985: The Primarily Political Function of the Left-Right Continuum. In: Krausz, Ernest/Glanz, David (Hrsg.): Politics and Society in Israel (Studies of Israeli Society, Vol. 3), New Brunswick/New Jersey: Transaction Books, S. 156-175.

—/— (Hrsg.), 1995: The Elections in Israel 1992, Albany: SUNY.

—/— (Hrsg.), 1999: The Elections in Israel 1996, New York/Jerusalem: SUNY/ Israel Democracy Institute.

—/— (Hrsg.), 2001: Ha-b'chirot be-Jisrael 1999 (The Elections in Israel 1999), Jerusalem: Israel Democracy Institute.

—/— (Hrsg.), 2002: Ha-b'chirot be-Jisrael 2001 (The Elections in Israel 2001), Jerusalem: Israel Democracy Institute.

Arian, Asher/Ventura, Raphael, 1989: Public Opinion in Israel and the Intifada: Changes in Security Attitudes 1987-88, JCSS Memorandum no. 28, Tel Aviv: Jaffee Center for Strategic Studies.

Arieli Horowitz, Dana, 1993: Be-mawoch ha-legitimazjah: Mischalei am be-Jisrael (The Labyrinth of Legitimacy: Referendum in Israel), Tel Aviv: Israel Democracy Institute.

— (Hrsg.), 1996: State and Religion in Israel, Jerusalem: The Israel Religious Action Center.

Aronoff, Myron J., 1977: Power and Ritual in the Israeli Labour Party: A Study in Political Anthropology, Assen/Amsterdam: Van Gorcum.

—, 1989: Israeli Visions and Divisions: Cultural Change and Political Conflict, New Brunswick/Oxford: Transaction Publishers.

—, 2000: The „Americanization" of Israeli Politics: Political and Cultural Change, Israel Studies, Vol. 5, No. 1, S. 92-127.

Avineri, Shlomo, 1998: Profile des Zionismus. Die geistigen Ursprünge des Staates Israel, Gütersloh: Chr. Kaiser/Gütersloher Verlagshaus.

Avrahami, Arsa, 1999: Kibbuz – aber anders, Kibbuz Studien, No. 14, S. 17-22.

Barak, Aharon, 1998: The Role of the Supreme Court in a Democracy, Israel Studies, Vol. 3, No. 2, S. 6-28.

Barak-Erez, Daphne, 1995: From an Unwritten Constitution: The Israeli Challenge in American Perspective, Columbia Human Rights Law Review, Vol. 26, No. 26, S. 309-355.

—, 1999: Constitutional Limitations on Privatization in Israel. In: Rabello, Alfredo M. (Hrsg.): Israeli Reports to the XV International Congress of Comparative Law, Jerusalem: Sacher Institute, S. 317-332.

Barkai, Haim, 1982: Der Kibbutz – ein mikrosozialistisches Experiment. In: Heinsohn, Gunnar: Das Kibbutz-Modell, S. 19-52.

Barzilai, Gad, 1992: Demokratjah be-milchamot (A Democracy in Wartime: Conflict and Consensus in Israel), Tel Aviv: Sifriat Poalim.

—, 1999: Courts as Hegemonic Institutions: The Israeli Supreme Court in a Comparative Perspective, Israel Affairs, Vol. 5, No. 2/3, S. 15-33.

Bar-On, Mordechai, 1996: In Pursuit of Peace: A History of the Israeli Peace Movement, Washington: United States Institute of Peace.

Bar-Zohar, Michael, 1988: David Ben Gurion. 40 Jahre Israel – Die Biographie des Staatsgründers, Bergisch Gladbach: Lübbe.

Bauer, Yehuda, 1999: Religiöse und säkulare Interpretationen der Schoa in Israel. In: Brenner, Michael/Weiss, Yfaat: Zionistische Utopie – israelische Realität, S. 138-147.

Baumgarten, Helga, 1991: Palästina: Befreiung in den Staat, Frankfurt a. M.: Suhrkamp.

–, 2002: Arafat. Zwischen Kampf und Diplomatie, München: Ullstein.

Bay, Avi, 1995: Making themselves heard: The Impact of North American Olim on Israeli Protest Politics, New York: The American Jewish Committee.

Beck, Martin, 2002: Friedensprozess im Nahen Osten. Rationalität, Kooperation und Politische Rente im Vorderen Orient, Wiesbaden: Nomos.

Beilin, Jossi, 1992: Israel: A Concise Political History, New York: St. Martin's Press.

–, 2000: Me-sozialism le-sozioliberalism (From Socialism to Socioliberalism), Tel Aviv: Am Oved.

–, 2001: Madrich le-jonah pazuah (A Manual for a Wounded Dove), Tel Aviv: Jediot Acharonot.

Ben-Ami, Shlomo, 1998: Makom le-kulam (A Place for All), Tel Aviv: Hakibbutz Hameuchad.

Ben-Eliezer, Uri, 1993: The Meaning of Political Participation in a Nonliberal Democracy: The Israeli Experience, Comparative Politics, Vol. 25, No. 4, S. 397-412.

–, 1998a: The Making of Israeli Militarism, Bloomington and Indianapolis: Indiana University Press.

–, 1998b: State versus Civil Society: A Non-Binary Model of Domination Through the Example of Israel, Journal of Historical Sociology, Vol. 11, No. 3, S. 370-396.

–, 1999: Ha'im mithawah chevrah esrachit be-Jisrael? Politikah we-sehut ba-amutot ha-chadaschot (Is Civil Society Emerging in Israel? Politics and Identity in the New Associations), Sozjologjah Jisraelit, Vol. 2, No. 1, S. 51-97.

BenGershom, Ezra, 1997: Fundamentalisten bringen in Israel das Judentum in Misskredit, der überblick, Vol. 33, No. 1, S. 69-73.

–, 1998: Eine Theokratie war nie jüdisches Ziel, Das Parlament, Vol. 48, No. 14 (27. März 1998), S. 10.

Ben Gurion, David, 1973: Israel – Die Geschichte eines Staates, Frankfurt a. M.: S. Fischer.

Ben-Moshe, Danny, 1997: Elections 1996: The De-Zionization of Israeli Politics, Israel Affairs, Vol. 3, No. 3/4, S. 66-76.

Ben-Rafael, Eliezer/Sharot, Stephen, 1991: Ethnicity, religion and class in Israeli society, Cambridge u.a.: Cambridge University Press.

Bick, Etta, 2001: The Shas Phenomenon and Religious Parties in the 1999 Elections, Israel Affairs, Vol. 7, No. 2&3, S. 55-100.

Bishara, Azmi (Hrsg.), 1999: Bein ha-ani le-anachnu – Havnajat sehujot we-sehut Jisraelit (Between "I" and "We": The Construction of Identities and Israeli Identity), Jerusalem: Van Leer Institute.

Bogdanor, Vernon, 1993: The Electoral System, Government, and Democracy. In: Sprinzak, Ehud/Diamond, Larry: Israeli Democracy under Stress, S. 83-106.

Böhme, Jörn/Sterzing, Christian (Hrsg.), 1992: Friedenskräfte in Israel, Frankfurt a. M.: Haag und Herchen.

Boudot-Trajtenberg, Nadine/Klein-Halevi, Yossi u.a., 1994: A Changing Israel, New York: American Jewish Committee.

Bowes, Alison M., 1990: The Experiment that did not fail: Image and Reality in the Israeli Kibbutz, International Middle East Studies, Vol. 22, S. 85-104.

Brenner, Michael/Weiss, Yfaat (Hrsg.), 1999: Zionistische Utopie – Israelische Realität. Religion und Nation in Israel, München: beck.

Brom, Shlomo, 2001: Is the Jordan Valley Truly a Security Zone for Israel? Strategic Assessment, Vol. 3, No. 4, S. 10-15.

Burg, Avraham, 2000: Das Parlament in der israelischen Demokratie. In: Thierse, Wolfgang/Burg, Avraham: Das Parlament in der deutschen und in der israelischen Demokratie, Tel Aviv: Friedrich-Ebert-Stiftung (Israel-Office), S. 13-21.

Burg, Josef, 1998: Die Religiösen und der jüdische Staat. In: Lichtenstein, Heiner/Romberg, Otto R.: Fünfzig Jahre Israel: Vision und Wirklichkeit, S. 120-123.

Chetrit, Sami Shalom, 2000: Mizrahi Politics in Israel: Between Integration and Alternative, Journal of Palestine Studies, Vol. XXIX, No. 4, S. 51-65.

Cohen-Almagor, Raphael, 1999: Sugijot jesod ba-demokratjah ha-Jisraelit (Basic Issues in Israeli Democracy), Tel Aviv: Sifriat Poalim.

– (Hrsg.), 2000: Challenges to Democracy: Essays in honour and memory of Isaiah Berlin, Aldershot u.a.: Ashgate.

Cohen, Asher/Susser, Bernard, 1996: From Accommodation to Decision: Transformations in Israel's Religio-Political Life, Journal of Church and State, Vol. 38, No. 4, S. 817-839.

–/–, 2000: Israel and the Politics of Jewish Identity: The Secular-Religious Impasse, Baltimore & London: Johns Hopkins University Press.

–/Don-Yehiya, Eliezer, 1986: Conflict and Consensus in Jewish Political Life, Ramat Gan: Bar Ilan University Press.

Cohen, Chajim H., 1998: Jehudijut schel medinat Jisrael (Das Jüdische des Staates Israel), Alpajim, Vol. 16, S. 9-35.

Cohen, Stuart, 1997: Towards a New Portrait of the (New) Israeli Soldier, Israel Affairs, Vol. 3, No. 3/4, S. 77-116.

Cohen, Yinon, 1999: Pearim sozio-ekonomijim bein misrachim le-aschkenasim 1975-1995 (Socioeconomic Gaps Between Mizrachim and Ashkenasim, 1975-1995), Sozjologjah Jisraelit, Vol. 1, No. 1, S. 115-134.

–/Haberfeld, Yitzchak, 1998: Second-Generation Jewish Immigrants in Israel: Have the Ethnic Gaps in Earning and Schooling Declined? Ethnic and Racial Studies, Vol. 21, No. 3, S. 507-528.

Dat u-medinah be-Jisrael 1994-1995 (Religion und Staat in Israel 1994-1995), 1996, Jerusalem: Ha-merkas le-pluralism jehudi/Ha-tnuah le-jahdut mitkademet.

David, Jossi (Hrsg.), 2000: Medinat Jisrael: Bein jahdut le-demokratjah (The State of Israel: Between Judaism and Democracy), Jerusalem: Israel Democracy Institute.

Dayan, Arye, 1999: Ha-ma'ajan ha-mitgaber – Sipurah schel tnuat SCHAS (The Story of SHAS), Jerusalem: Keter.

DellaPergola, Sergio, 1998: The Global Context of Migration to Israel. In: Leshem, Judith T./Shuval, Elazar: Immigration to Israel, S. 51-92.

Deshen, Shlomo (Hrsg.), 1986: Machzit ha-umah: Ijunim ba-tarbut u-ba-ma'amad schel joz'ei ha-misrach be-Jisrael (Half the Nation: Studies in the Culture and Status of

Middle Eastern Jews in Israel), Tel Aviv: The Kotlar Institute for Judaism and Contemporary Thought, Bar-Ilan University.

–/Liebman, Charles S./Shokeid, M. (Hrsg.), 1995: Israeli Judaism: The Sociology of Religion in Israel, New Brunswick/London: Transaction Publishers.

Deutscher, Isaac, 1968: The Non-Jewish Jew and other Essays, London: Oxford University Press.

Diner, Dan, 1995: Individualität und Nationalität. Wandlungen im israelischen Geschichtsbewusstsein, Babylon, Vol. 15, S. 5-27.

–, 2001: Von Homogenität zur Differenz – Israelische Selbstverständnisse im Wandel. In: Wittstock, Alfred: Israel in Nahost, S. 167-176.

Diskin, Avraham, 1990: Ha-b'chirot la-Kneset ha-12 (The Elections to the 12th Knesset), Jerusalem: Jerusalem Institute for Israel Studies.

–, 1991: Elections and Voters in Israel, New York: Praeger.

–, 1993: Ha-b'chirot la-Kneset ha-13 (The Elections to the 13th Knesset), Jerusalem: Jerusalem Institute for Israel Studies.

–, 1999: The New Political System of Israel, Government and Opposition, Vol. 39, No. 4, S. 498-515.

–/Hofnung, Menachem (Hrsg.), 1997: Ha-b'chirot la-Kneset we-le-raschut ha-memschalah 1996 (The 1996 Knesset and Prime Ministerial Elections: Readings and Cases), Tel Aviv: Nevo.

Diskin, Hanna/Diskin, Avraham, 1988: Keizad bocharim – Schitot schel b'chirot parlamentarijot (A Guide to Change – The Voting System), Jerusalem: Jerusalem Institute for Israel Studies.

Don-Yehiya, Eliezer, 1976: Schituf we-konflikt bein machanot politijim: Ha-machaneh ha-dati we-tnuat ha-avodah u-maschber ha-chinuch be-Jisrael (Participation and Conflict between Political Camps: The Religious Camp, the Labor Party, and the Crisis of Education in Israel), Ph. D. dissertation, Jerusalem: Hebrew University of Jerusalem.

–, 1987: Jewish Messianism, Religious Zionism and Israeli Politics. The Impact and Origins of Gush Emunim, Middle Eastern Studies, Vol. 23, No. 2, S. 215-234.

–, 1989: Mosdot datijim ba-maarechet ha-politit: Ha-moazot ha-datijot be-Jisrael (Religious Institutions in the Political System: The Religious Councils in Israel), Jerusalem: Jerusalem Center for Public Affairs.

–, 1990: Datijut we-adatijut ba-politikah ha-Jisraelit: Ha-miflagot ha-datijot we-ha-b'chirot la-Kneset ha-12 (Religiösität und Ethnizität in der israelischen Politik: Die religiösen Parteien und die Wahlen zur 12. Knesset), Medinah, Memschal we-Jechasim Beinle'umijim, No. 32, S. 11-53.

–, 1991: 'Galut' in Zionist Ideology and in Israeli Society. In: Don-Yehiya, Eliezer (Hrsg.): Israel and Diaspora Jewry: Ideological and Political Perspectives, Ramat Gan: Bar Ilan University Press. S. 219-257.

–, 1992: Religion, Social Cleavages, and Political Behaviour: The Religious Parties in the Elections. In: Elazar, Daniel J./Sandler, Shmuel, Who's the Boss in Israel, S. 83-129.

–, 1994: Does Place Make a Difference? Jewish Orthodoxy in Israel and the Diaspora. In: Waxman, Chaim: Israel as a Religious Reality, S. 43-74.

–, 1997: ha-Politikah schel ha-hasdarah: Jischuv sichsuchim be-nos'ej dat be-Jisrael (The Politics of Accommodation: Settling Conflicts of State and Religion in Israel), Jerusalem: Floersheimer Institute for Policy Studies.

–, 1999a: Religion and Political Accommodation in Israel, Jerusalem: Floersheimer Institute for Policy Studies.

—, 1999b: Conflict Management of Religious Issues: The Israeli Case in a Comparative Perspective, Israel Affairs, Vol. 6, No. 2, S. 85-108.

—, 2000: Conflict Management of Religious Issues: The Israeli Case in a Comparative Perspective. In: Hazan, Reuven/Maor, Moshe: Parties, Elections and Cleavages, S. 85-108.

—/Liebman, Charles, 1984: Ha-dilemah schel tarbut masortit be-medinah modernit: Tmurot we-hitpatchujot ba-dat ha-esrachit schel Jisrael (Das Dilemma traditioneller Kultur in einem modernen Staat – Veränderungen und Entwicklungen in der civil religion Israels), Megamot, No. 4, S. 461-485.

—/Susser, Baruch, 1999: Demokratjah ke-neged le'umijut: Jisrael ke-"mikreh charig" (Nationalism v. Democracy: Israel as a „Deviant Case"), Tarbut Demokratit, Vol. 1, S. 9-22.

Doron, Abraham, 2001: Social Welfare Policy in Israel: Developments in the 1980s and 1990s, Israel Affairs, Vol. 7, No. 4, S. 153-180.

—/Kramer, Ralph M., 1991: The Welfare State in Israel – the Evolution of Social Security Policy and Practice, Boulder: Westview.

Doron, Adam, 1972: Mifleget ha-Avodah ha-Jisraelit: Toldot u-be'ajot (Die Israelische Partei der Arbeit: Geschichte und Probleme), Beit Berl: Beit Berl Institute for Studies and Research.

Doron, Gideon, 1996: A Different Set of Political Game Rules. Israeli Democracy on the 1990s. In: Lazin, Frederick A./Mahler, Gregory S., Israel in the Nineties, S. 34-51.

—, 1996: Two Civil Societies and One State: Jews and Arabs in the State of Israel. In: Norton, August Richard, Civil Society in the Middle East, S. 193-220.

Dowty, Alan, 1998: The Jewish State A Century Later, Berkeley: University of California Press.

—, 1999: Is Israel Democratic? Substance and Semantics in the "Ethnic Democracy" Debate, Israel Affairs, Vol. 4, No. 2, S. 1-15.

Dymerskaya-Tsigelman, Ludmila (Hrsg.), 2000: Jehudei Brit ha-Moazot ba-ma'avar (The Jews of the Soviet Union in Transition), Jerusalem: Hebrew University of Jerusalem.

Eban, Abba, 1970: Dies ist mein Volk. Die Geschichte der Juden, München: knaur.

Edelman, Martin, 1996: "Protecting" the Majority: Religious Freedom for Non-Orthodox Jews in Israel. In: Lazin, Frederick A./Mahler, Gregory S., Israel in the Nineties, S. 13-33.

Efrat, Elisha, 2002: Geografjah schel kibusch: Jehuda, Schomron we-chevel Aza (Geography of Occupation. Judea, Samaria and the Gaza Strip), Jerusalem: Carmel.

Eidelberg, Paul, 2000: Jewish Statesmanship: Lest Israel Fall, Jerusalem: Ariel Center for Policy Research.

Eisenstadt, Shmuel N., 1985: The Israeli Political System and The Transformation of Israeli Society. In: Krausz, Ernest (Hrsg.): Studies of Israeli Society, Vol. III, New Brunswick/Oxford, S. 415-427.

—, 1986: The Development of the Ethnic Problem in Israeli Society, Jerusalem: Jerusalem Institute for Israel Studies.

—, 1992: Die Transformation der israelischen Gesellschaft, Frankfurt a. M.: suhrkamp.

—, 1998: Ha-havnaja schel ha-sehut ha-kolektivit – Kamah indikazijot analitijot we-haschwatijot (The Construction of Collective Identity – Some Analytical and Comparative Indications), Sozjologjah Jisraelit, Vol. 1, No. 1, S. 13-37.

—, 1999: Ha'im hechsirah ha-zijonut et ha-jehudim el ha-historijah? (Hat der Zionismus die Juden der Geschichte zurückgegeben?), Kiwunim chadaschim, Dezember 1999, S. 51-64.

Elam, Yigal, 2000. Jahadut ke-status kwo (Judaism as a Status quo. The Who is a Jew Controversy in 1958 And Some Remarks on Secular-Religious Relations in Israel), Tel Aviv: Am Oved.

Elazar, Daniel J., 1986: Israel: Building a New Society, Bloomington: Indiana University Press.

—, 1989: The Other Jew: The Sephardim Today, New York: Basic Books.

—/Sandler, Shmuel (Hrsg.), 1992: Who's the Boss in Israel: Israel at the Polls, 1988-90, Detroit: Wayne State University Press.

—/— (Hrsg.), 1995: Israel at the Polls 1992, Jerusalem/London: Jerusalem Center for Public Affairs.

—/— (Hrsg.), 1998: Israel at the Polls 1996, London: Frank Cass.

El-Or, Tamar, 1991: "Tinokot sche-naschru" – Tfisat ha-chilonijut ba-kehila ha-charedit (The perception of secular Jews in the ultra-orthodox community in Israel), Megamot, Vol. XXXIV, No. 2, January 1992, S. 104-121.

Etzioni-Halevy, Eva (with Rina Shapira), 1977: Political Culture in Israel. Cleavage and Integration among Israeli Jews, New York: Albany.

Etzioni-Halevy, Eva, 1993: Kescher ha-elitot we-ha-demokratjah be-Jisrael (The Elite Connection and Democracy in Israel), Tel Aviv: Sifriat Poalim.

—, 2000: Erez sch'suah (The Divided People), Kfar Saba: Arieh Nir.

Evron, Boaz, 1988: Ha-cheschbon ha-le'umi (A National Reckoning), Tel Aviv: DVIR.

—, 1995: Jewish State or Israeli Nation? Bloomington: Indiana University Press.

Ezrahi, Yaron, 1998: Gewalt und Gewissen. Israels langer Weg in die Moderne, Berlin: Fest.

Feige, Michael, 2003: Schtei Mapot la-gadah – Gusch Emunim, Schalom Achschaw we-izuv ha-merchav be-Jisrael (One Space, Two Places: Gush Emunim, Peace Now and the Construction of Israeli Space), Jerusalem: Magnes.

Flapan, Simcha, 1988: Die Geburt Israels. Mythos und Wirklichkeit, München: Knesebeck & Schuler.

Fisher, Hannah, 1999: Ovdim sarim – tmunat mazav, misgeret formalit u-medinijut memschaltit (Fremdarbeiter – Situation, formaler Rahmen und Regierungspolitik). In: Nathanson, Roby/Achdut, Lea: Ha-poalim ha-chadaschim – Ovdim me-medinot sarot be-Jisrael, S. 13-40.

Fogiel-Bijaoui, Sylvie, 1997: Women in Israel: The Social Construction of Citizenship as a Non-Issue, Israel Social Science Research, Vol. 12, No. 2, S. 1-30.

Friedlander, Dov u.a., 1990: Schinujim sozio-kalkalijim, tahalichim demografijim we-hisdaknut ha-uchlusijah ba-jeschuvim be-Jisrael (Socioeconomic Change, demographic Processes and Population Aging in Israel's Cities and Towns: Implications for Welfare Policies), Jerusalem: Jerusalem Institute for Israel Studies.

Friedman, Menachem, 1991: Ha-chevrah ha-charedit – Mekorot, megamot we-tah'lichim – (The Haredi (Ultra-Orthodox) Society – Sources, Trends and Processes), Jerusalem: Jerusalem Institute for Israel Studies.

—, 1992: Jewish Zealots: Conservative versus Innovative. In: Kaplan, Lawrence: Fundamentalism in Comparative Perspective, S. 159-176.

—, 1993: The Ultra-Orthodox and Israeli Society. In: Kyle, Keith/Peters, Joel: Whither Israel? S. 177-201.

—, 1996: Relations between Religious and Secular Jews against the Background of the Peace Negotiations. In: Herman, Tamar/Yuchtman-Yaar, Ephraim: Israeli Society and the Challenge of Transition to Co-existence, S. 47-54.

Friedman, Robert I., 1994: Zealots for Zion. Inside Israel's West Bank Settlement Movement, New Brunswick/New Jersey: Rutgers University Press.

Freedman, Robert O. (Hrsg.), 1995: Israel under Rabin, Boulder: Westview.

—, 2000: Israel's First Fifty Years, Gainesville: Florida University Press.

Frisch, Hillel, 2001: The Arab Vote in the Israeli Elections: The Bid for Leadership, Israel Affairs, Vol. 7, No 2&3, S. 153-170.

Furstenberg, Rochelle, 1994: The Women's Movement in Israel, New York: American Jewish Committee.

—, 1997: Post-Zionism: The Challenge to Israel, Jerusalem: American Jewish Committee.

Galnoor, Itzhak, 1993: The Israeli Political System: A Profile. In: Kyle, Keith/Peters, Joel: Whither Israel? S. 87-102.

Gavison, Ruth, 1998: Ha-mahpechah ha-chukatit (The Constitutional Revolution: A Reality or a Self Fulfiling Prophecy?), Jerusalem: Israel Democracy Institute.

—, 1999: Jisrael ke-medinah jehudit we-demokratit – Metachim we-sikujim (Can Israel Be Both Jewish and Democratic: Tensions and Prospects), Jerusalem: Hakibbutz Hameuchad.

—/Abu-Ria, Assam, 1999: Ha-schesa ha-jehudi-aravi be-Jisrael (Die jüdisch-arabische Kluft in Israel), Jerusalem: Israel Democracy Institute.

—/Hacker, Dafna, 2000: Ha-schesa ha-jehudi-aravi be-Jisrael (Die jüdisch-arabische Kluft in Israel. A Reader), Jerusalem: Israel Democracy Institute.

Gavron, Daniel, 2000: The Kibbutz: Awakening from Utopia, New York: Rowman & Littlefield.

Ghanem, As'ad, 1997: The Limits of Parliamentary Politics: The Arab Minority in Israel and the 1992 and 1996 Elections, Israel Affairs, Vol. 4 (1997/98), No. 2, S. 72-93.

—/Ozacky-Lazar, Sarah, 1999: Ha-hazba'ah ha-aravit ba-b'chirot la-Kneset ha-15 (The Arab Vote to the 15th Knesset), Givat Haviva: Center for Peace Research.

Gidron, Benjamin/Katz, Hagai/Bar, Michal, 2000: The Israeli Third Sector 2000: The Roles of the Sector, Beer Sheva: Ben-Gurion University of the Negev.

Goldberg, Giora, 1992: Ha-miflagot be-Jisrael: Me-miflagot hamon le-miflagot elekto-ralijot (Political Parties in Israel – From Mass Parties to Electoral Parties), Tel Aviv: Ramot.

—, 1994: Ha-bocher ha-Jisraeli (The Israeli Voter 1992), Jerusalem: Magnes.

Goldscheider, Calvin, 1996: Israel's Changing Society: Population, Ethnicity, and Development, Boulder: Westview.

Gordon, Haim/Gordon, Rivca, 1999: The Banality of Yisrael B'Aliyah – The Party of Russian Immigrants, Peace Research, Vol. 31, No. 4, S. 61-67.

Grinberg, Lev Luis, 1999: Sikaron be-machloket: Mitos, le'umijut we-demokratjah (Imagined Democracy in Israel: Theoretical Background and Historical Perspective), Sozjologjah Jisraelit, Vol. 2, No. 1, S. 209-240.

— (Hrsg.), 2000: Sikaron be-machloket: Mitos, le'umijut we-demokratjah (Contested Memory – Myth, Nation and Democracy. Thoughts After Rabin's Assassination), Beer Sheva: Ben Gurion University.

—/Shafir, Gershon, 2000: Economic Liberalization and the Breakup of the Histadrut's Domain. In: Shafir, Gershon/Peled, Yoav: The New Israel, S. 103-127.

Gross, Aeyal M., 1998: The Politics of Rights in Israeli Constitutional Law, Israel Studies, Vol. 3, No. 2, S. 80-118.

Gutwein, Daniel, 2000: „Neue Historiographie" oder die Privatisierung des Gedächtnisses. In: Schafer, Barbara: Historikerstreit in Israel, S. 208-255.

Hacke, Christian, 2000: Die Politik der Clinton-Regierung im Nahen und Mittleren Osten, Aus Politik und Zeitgeschichte, Vol. 50, B 49, S. 13-18.

Hänsel, Lars, 2001: Die Wahl in Israel vom 6. Februar 2001, KAS/Auslandsinformationen, Vol. 17, No. 3, S. 128-146.

Hanieh, Akram, 2001: The Camp David Papers, Journal of Palestine Studies, Vol. XXX, No. 2, S. 75-97.

Harari, Zeev u.a., 1998: Schloschim sche'elot we-tschuvot al ha-jahadut ha-mitkademet (30 Fragen und Antworten über das Progresive Judentum), Jerusalem: Jahdut Mitkademet be-Jisrael.

Harnoy, Meir, 1994: Ha-mitnachalim (The Settlers), Jerusalem: Maariv.

Hartman, David, 1997: A Living Covenant: The Innovative Spirit in Traditional Judaism, Woodstock (Vermont): Jewish Lights Publishing.

Harris, Michael/Doron, Gideon, 1999: Assessing the Electoral Reform of 1992 and Its Impact on the Elections of 1996 and 1999, Israel Studies, Vol. 4, No. 2, S. 16-39.

Hasson, Shlomo, 1996: The Cultural Struggle Over Jerusalem, Jerusalem: Floersheimer Institute for Policy Studies.

—/Gonen, Amiram, 1997: The Cultural Tension within Jerusalem's Jewish Population, Jerusalem: Floersheimer Institute for Policy Studies.

Ha-Tnuah le-Jahdut Mitkademet be-Jisrael, 1999: Mah mezi'im lach/lecha? Maz'ei ha-miflagot ha-mitmodedot ba-b'chirot la-knesset ha-15 be-nose dat u-medinah (Was wird dir vorgeschlagen? Die Wahlplattformen der Parteien, die zur 15. Knesset kandidieren zur Frage des Verhältnisses von Religion und Staat), Jerusalem: Progressive Judaism.

Hazan, Reuven Y., 1997: The Second Republic: Reconstructing Government in Israel, Israel Studies Bulletin, Vol. 13, No. 1 (Fall 1997), S. 1-4.

—, 1999: Israel and the consociational model: religion and class in the Israeli party system, from consociationalism to consensualism to majoritarianism. In: Luther, Kurt Richard/Deschouwer, Kris (Hrsg.): Party Elites in Divided Societies, London/NY: Routledge, S. 163-188.

—/Maor, Moshe (Hrsg.), 2000: Parties, Elections and Cleavages. Israel in Comparative and Theoretical Perspective, London: Frank Cass.

Hazony, Yoram, 2000: The Jewish State: The Struggle for Israel's Soul, New York: Basic Books.

Heinsohn, Gunnar (Hrsg.), 1982: Das Kibbutz-Modell. Bestandsaufnahme einer alternativen Wirtschafts- und Lebensform nach sieben Jahrzehnten, Frankfurt a. M.: suhrkamp.

Helman, Sara, 1999: From Soldiering and Motherhood to Citizenship: A Study of Four Israeli Peace Protest Movements, Social Politics, Vol. 6, No. 3, S. 292-313.

Herman, Simon N., 1970: Israelis and Jews: The Continuity of an Identity, New York: Random House.

Herman, Tamar, 1996: Do they have a chance? Protest and Political Structure of Opportunities in Israel, Israel Studies, Vol. 1, No. 1, S. 144-170.

—, 1998: Israeli Peace/Conflict Resolution NGOs 1967-1998, Unpublished Final Report Aspen Institute – Non-profit Sector/International Study of Peace Organizations – ISPO, Tel Aviv, October 1998.

—/Yuchtman-Yaar, Ephraim (Hrsg.), 1996: Israeli Society and the Challenge of Transition to Co-existence. Proceeding of Symposium, November 21-22, 1996, Tel Aviv: Tami Steinmetz Center for Peace Research/Konrad Adenauer Stiftung.

—/— (Hrsg.), 1997: Jechasei datijim – chilonim be-Jisrael (Beziehungen zwischen Religiösen und Säkularen in Israel), Tel Aviv: Tami Steinmetz Center for Peace Research/Konrad Adenauer Stiftung.

Hertzberg, Arthur, 1959: The Zionist Idea, New York: Temple/Athenaeum.

—, 1992: Jewish Fundamentalism. In: Kaplan, Lawrence: Fundamentalism in Comparative Perspective, S. 152-158.

Herzl, Theodor, 1988: Der Judenstaat. Versuch einer modernen Lösung der Judenfrage, Zürich: Manesse Verlag.

Hofmann, Sabine, 1996: Implikationen des Friedensprozesses für die Wirtschaftsbeziehungen Israels. In: Hofmann, Sabine/Ibrahim, Ferhad: Versöhnung im Verzug, S. 192-218.

—/Ibrahim, Ferhad (Hrsg.), 1996: Versöhnung im Verzug. Probleme des Friedensprozesses im Nahen Osten, Bonn: Bouvier.

Horowitz, Dan/Lissak, Moshe, 1989: Trouble in Utopia: The Overburdened Polity of Israel, New York: SUNY.

Horowitz, Tamar, 1999: Israels russische Immigranten. Zwischen Assimilation und Identitätsfindung, Internationale Politik, Vol. 54, No. 4, S. 39-44.

Horowitz, Uri, 2001: Camp David 2 and President Clinton's Bridging Proposals – the Palestinian Version, Strategic Assessment, Vol. 3, No. 4, S. 1-9.

Ilan, Shahar, 1999: Draft Deferment for Yeshiva Students. A Policy Proposal, Jerusalem: Floersheimer Institute.

Ilan, Shahar, 2000: Ha-charedim be-eravon mugbal (Haredim Ltd.), Jerusalem: Keter.

Inbar, Efraim, 1998: Israeli National Security, 1973-1996, Annals, AAPSS, Vol. 555, S. 62-81.

Indikatorim ikarijim le-hitpatchut ha-meschek (Wichtigste Indikatoren für die Wirtschaftsentwicklung), div. Jahrgänge, Jerusalem: Central Bureau of Statistics.

Indyk, Martin, 2001: Oslo, the Middle East, and the Clinton Years: Successes, Failures, and Lessons, Strategic Assessment, Vol. 4, No. 2, S. 1-10.

Institute for Peace Research, 1999: Seven Roads: Theoretical Options for the Status of the Arabs in Israel, Givat Haviva.

Israel Yearbook and Almanac, 1997, Vol. 51, Jerusalem: IBRT Translation/Documentation Ltd.

Izraeli, Dafna N. u.a., 1999: Min, migdar, politikah (Sex, Gender, Politics: Women in Israel), Tel Aviv: Hakibbutz Hame'uchad.

Jaffe, Eliezer D., 1991: Israel: State, Religion, and the Third Sector. In: Wuthnow, Robert (Hrsg.): Between States and Markets: The Voluntary Sector in Comparative Perspective, Princeton: Princeton University Press, S. 189-216.

—, 1992: Sociological and Religious Origins of the non-profit sector in Israel, International Sociology, Vol. 8, No. 2, S. 159-176.

—, 1993: The Role of Nonprofit Organizations among the Haredi (Ultra-Orthodox) Jewish Community in Israel, Journal of Social Work and Policy in Israel, Vol. 7/8, S. 45-56.

—, 1995: Ethnic and Minority Groups in Israel: Challenges for Social Work Theory, Value and Practice, Journal of Sociology and Social Welfare, Vol. 22, No. 1, S. 149-171.

—, 1999: Giving Wisely: The Israeli Guide to Nonprofit and Volunteer Organizations, Jerusalem/New York: Gefen.

Janon, Ejal, 2000: Ha-rabanut ha-mamlachtit: Bechirah, hafradah we-chofesch bitui (Das staatliche Rabbinat: Auswahl, Trennung und Meinungsfreiheit), Jerusalem: Israel Democracy Institute.

Jaziv, Gadi, 1997: Ideo-Theology: Discourse and Dissonance in the State of Israel, Israel Affairs, Vol. 3, No. 3/4, S. 28-46.

—, 1999: Ha-chevrah ha-sektoralit (The Sectoral Society), Jerusalem: Mosad Bialik.

Jerbi, Iris/Levy, Gal, 2000: Ha-schesa ha-chevrati-kalkali be-Jisrael (Die sozio-ökonomische Kluft in Israel), Jerusalem: Israel Democracy Institute.

Jerusalem Center for Public Affairs, 1995: Reformah konstituzjonit be-Jisrael wehaschlachoteiha: Sefer ha-kenes Juni 1994 (Constitutional Reform in Israel and its Implications, Conference Proceedings), Jerusalem: Konrad-Adenauer-Stiftung.

—, 1998: Achifat ha-chok be-Jisrael likrat ha-me'ah ha-21 (Law Enforcement in Israel toward the 21st Century), Jerusalem: Konrad-Adenauer-Stiftung.

Joggerst, Karin, 2002: Getrennte Welten – Getrennte Geschichte(n)? Zur politischen Bedeutung von Erinnerungskultur im israelisch-palästinensischen Konflikt, Münster/Hamburg/London: LIT.

Jona, Jossi, 1998: Medinat kol esracheha, medinat leom o demokratjah rav-tarbutit? (Staat aller seiner Bürger, Nationalstaat oder multikulturelle Demokratie?), Alpajim, Vol. 16, S. 238-263.

—, 2000: Jachasei dat u-medinah: Gvulot ha-demokratjah ha-liberalit be-Jisrael u-migbalot ha-liberalism ha-politi (Beziehungen Religion und Staat – Grenzen der liberalen Demokratie in Israel und Begrenzung des politischen Liberalismus), Iyyun, No. 49, S. 185-220.

Jones, Clive, 1994: Arab Responses to Soviet Jewish Aliya, 1989-1992, Israel Affairs, Vol. 2, No. 2, S. 267-287.

—, 1996: Soviet Jewish Aliyah, 1989-1992: Impact and Implications for Israel and the Middle East, London: Frank Cass.

Kaim, Markus, 2001: Rückschläge für den Autonomieprozess: Der israelisch-palästinensische Konflikt. Jahrbuch Internationale Politik 1999/2000 (Deutsche Gesellschaft für Außenpolitik), S. 197-208.

Kalderon, Nissim, 2000: Pluralistim be'al korcham – Al ribui ha-tarbujot schel ha-Jisraelim (Pluralisten wider Willen – Über die zunehmende Kulturvielfalt der Israelis), Haifa/Tel Aviv: Haifa University.

Kapeliuk, Amnon, 1997: Rabin – Ein politischer Mord. Nationalismus und rechte Gewalt in Israel, Heidelberg: Palmyra.

Kaplan, Kimi, 1999: Ha-chevrah ha-charedit be-Jisrael we-jachasah la-Schoah – Kri'ah chadaschah (Die ultraorthodoxe Gemeinde ein Israel und ihre Haltung zur Schoah – Eine neue Lesart), Alpajim, Vol. 17, S. 176-207.

Kaplan, Lawrence (Hrsg.), 1992: Fundamentalism in Comparative Perspective, Amherst: University of Massachusetts Press.

Kaplan, Steven/Salamon, Hagar, 1998: Ethiopian immigrants in Israel: experience and prospects, London: jpr report.

Karsh, Efraim (Hrsg.), 1996: Between War and Peace. Dilemmas of Israeli Security, London: Frank Cass.

—, 1997: Fabricating Israeli History: The "New Historians", London: Frank Cass.

Kay, Avi, 1995: Making themselves Heard: The Impact of North American Olim on Israeli Protest Politics, Jerusalem: American Jewish Committee.

Keller, Philipp A., 1998: Die Direktwahl des Premierministers: Israels Verfassungsreform von 1992, Zeitschrift für Politikwissenschaft, Vol. 8, No. 2, S. 597-625.

Kellerman, Aharon, 1993: Society and Settlement: Jewish Land of Israel in the Twentieth Century, New York: SUNY.

Kelman, Herbert C., 1998: Israel in Transition from Zionism to Post-Zionism, Annals, AAPSS, Vol. 555, S. 46-61.

Keren, Michael/Barzilai, Gad, 1998: Hischtalvut kvuzot „periferjah" ba-chevrah u-ba-politikah be-idan schalom: A) Ha-charedim be-Jisrael (Die Eingliederung von peripheren Gruppen in die Gesellschaft und in die Politik im Zeitalter des Friedens: A) Die Ultra-Orthodoxen in Israel), Jerusalem: Israel Democracy Institute.

Khazzoom, Aziza, 1999: Tarbut ma'aravit, tijug etni we-sgirut chevratit: Ha-reka le-i-ha-schiwjon ha-etni be-Jisrael (Western Culture, Stigma, and Social Closure: The Origins of Ethnic Inequality among Jews in Israel), Sozjologjah Jisraelit, Vol. 1, No. 2, S. 385-428.

Kheimets, Nina G./Epstein, Alek D., 2001: Confronting the languages of statehood. Theoretical and historical frameworks for the analysis of the multilingual identity of the Russian Jewish intelligentsia in Israel, Language Problems & Language Planning, Vol. 25, No. 2, S. 121-143.

Kimmerling, Baruch (Hrsg.), 1989: The Israeli State and Society, Boundaries and Frontiers, Albany: SUNY.

—, 1992: Sociology, ideology and nation building, American Sociological Review, Vol. 57, No. 4, S. 446-459.

—, 1995: Academic History Caught in the Cross-Rire: The Case of Israeli-Jewish Historiography, History and Memory, Vol. 7, S. 41-65.

—, 1998a: Between Hegemony and Dormant Kulturkampf in Israel, Israel Affairs, Vol. 4, No. 3/4, S. 49-72.

—, 1998b: Ha-Jisraelim ha-chadaschim, ribui tarbujot lelo rav-tarbujot (Die neuen Israelis, eine Vielzahl von Kulturen ohne Multikulturalismus), Sozjologjah Jisraelit, Vol. 1, No. 2, S. 429-433.

—, 1999a: Medinah, hagirah we-hiwazrutah schel hegemonjah (State Building, Mass-Immigration and Establishment of Hegemony), Sozjologjah Jisraelit, Vol. 2, No. 1, Tel Aviv University: Ramot Publishing, S. 167-208.

—, 1999b: Ha-memisrachim, ha-memusrachim we-ha-mitmisrachim (Orientalizators, Orientalized and Self-Orientalized: Some Contemplations), Sozjologjah Jisraelit, Vol. 1, No. 2.

—, 1999c: Mahapechah chukatit o hemschechijut ba-aflajah (Verfassungsrevolution oder Fortsetzung der Diskriminierung), Alpajim, Vol. 18, S. 69-76.

—, 2001a: Kez schilton ha-achusalim (The end of Ashkenazi Hegemony), Jerusalem: Keter.

—, 2001b: The Invention and Decline of Israeliness. State, Society, and the Military, Berkeley: University of California Press.

—/Moore, Dahlia, 1997: Collective Identity as Agenda and Structuration of Society: The Israeli Example, International Review of Sociology, Vol. 7, No. 1, S. 25-49.

Klein, Menachem, 1998: Bar-Ilan – Akademjah, dat we-politikah (Bar-Ilan: University between Religion and Politics), Jerusalem: Magnes.

Klein, Yitzhak, 1993: The Problem of Systemic Reform. In: Kyle, Keith/Peters, Joel: Whither Israel? S. 41-60.

Korn, Dani (Hrsg.), 1998: Ha-miflagot – Ha-demokratjah ha-Jisraelit be-mezukah (The Demise of Parties in Israel), Tel Aviv: Hakibbutz Hame'uchad.

Krausz, Ernest/Gitta Tulea (Hrsg.), 1998: Jewish Survival. The Identity Problem at the Close of the twentieth Century, New Brunswick & London: Transaction Publishers.

Kretzmer, David, 1990: The Legal Status of the Arabs in Israel, Boulder: Westview.

Krochmalnik, Daniel, 1992: Fundamentalismus und Judentum, Aus Politik und Zeitgeschichte, Vol. 42, B 33, S. 31-43.

Krüger, Michael, 1982: Nachtrag. In: Heinsohn, Gunnar: Das Kibbutz-Modell, S. 52-59.

Krupp, Michael, 1992: Zionismus und Staat Israel, Gütersloh: Gütersloher Verlagshaus.

Kyle, Keith/Peters, Joel (Hrsg.), 1993: Whither Israel? The Domestic Challenges, London/New York: Tauris.

Lahav, Pnina, 1993: Rights and Democracy: The Court's Performance. In: Sprinzak, Ehud/Diamond, Larry: Israeli Democracy under Stress, S. 125-152.

Landau, David, 1993: Piety & Power: The World of Jewish Fundamentalism, New York: Hill and Wang.

Landau. Jacob, 1992: The Arab Minority in Israel, 1967-1991. Political Aspects, Oxford: Clarendon Press.

Landau, Pinchas, 1993: The Israeli Economy in the 1990s: Breakout or Breakdown? In: Kyle, Keith/Peters, Joel: Whither Israel? S. 61-83.

Lazin, Frederick A./Mahler, Gregory S., 1996: Israel in the Nineties: Development and Conflict, Gainesville: University Press of Florida.

Lehman-Wilzig, Sam, 1992: Mecha'ah ziborit be-Jisrael 1949-1992 (Public Protest in Israel 1949-1992), Ramat-Gan: Bar-Ilan University.

Leibowitz, Jeshajahu, 1990: Gespräche über Gott und die Welt, Frankfurt a. M.: Dvorah Verlag.

—, 1992: Am, arez, medinah (People, Land, State), Jerusalem: Schoraschim.

Leshem, Elazar/Shuval, Judith T. (Hrsg.), 1998: Immigration to Israel: Sociological Perspectives, Publication Series of the Israeli Sociological Society, New Brunswick/London: Transaction Publishers.

Levy, Amnon, 1987: Ha-charedim (The Ultra-Orthodox), Jerusalem: Keter.

Levy, Daniel/Weiss/Yfaat, 2002: Challenging Ethnic Citizenship. German and Israeli Perspectives on Immigration, New York/Oxford: Berghahn.

Levy, Shlomit/Levinsohn, Hanna/Katz, Elihu, 1993: Beliefs, Observances and Social Interaction Among Israeli Jews, Jerusalem: Louis Guttmann Institute.

—/—/—, 2002: Jehudim Jisraelim: Djokan. Emunot, schmirat masoret we-arachim schel jehudim be-Jisrael 2000 (Israelische Juden: Ein Porträt. Glauben, Tradition und Werte der Juden in Israel 2000), Jerusalem: Merkas Guttmann.

Lichtenstein, Heiner/Romberg, Otto R. (Hrsg.), 1998: Fünfzig Jahre Israel: Vision und Wirklichkeit, Bonn: Bundeszentrale für politische Bildung.

Liebman, Charles S., 1978: Myth, Tradition and Values in Israeli Society, Midstream, Vol. XXIV, No. 1, S. 44-53.

—, 1993a: Jewish Fundamentalism and the Israeli Polity. In: Marty, Martin E./Appleby, Scott R. (Hrsg.): Fundamentalisms and the State: Remaking Polities, Economies, and Militance, Chicago/London: The University of Chicago Press, S. 68-87.

—, 1993b: Religion and Democracy in Israel. In: Sprinzak, Ehud/Diamond, Larry: Israeli Democracy under Stress, S. 273-292.

—, 1994: Paradigms Sometimes Fit: The Haredi Response to the Yom Kippur War, Israel Affairs, Vol. 1 (1994/95), S. 171-184.

—, 1996: Restructuring Israeli–Diaspora Relations, Israel Studies, Vol. 1, No. 1, S. 315-322.

—, 1997a: Religion, Democracy and Israeli Society, Amsterdam: Harwood Academic Publishers.

—, 1997b: Religion and Modernity: The Special case of Israel. In: Liebman, Charles S./ Katz, Elihu: The Jewishness of Israelis, S. 85-102.

— (Hrsg.), 1998a: Rezach politi – Rezach Rabin we-rezichot politijot ba-Misrach ha-Tichon (Political Assassination: The Murder of Rabin and Political Assassinations in the Middle East), Tel Aviv: Am Oved.

—, 1998b: Secular Judaism and Its Prospects, Israel Affairs, Vol. 4, No. 3/4, S. 29-48.

—, 1999: Demokratjah, dat we-ha-dilemah schel seder chevrati (Religion, Democracy and the Dilemma of Social Order), Tarbut Demokratit, Vol. 1, S. 71-83.

—/Don-Yehiya, Eliezer, 1983: Civil Religion in Israel: Traditional Judaism and Political Culture in the Jewish State, Berkeley u.a.: University of California Press.

—/—, 1984: Religion and Politics in Israel, Bloomington: Indiana University Press.

—/Katz, Elihu (Hrsg.), 1997: The Jewishness of Israelis – Responses to the Guttman Report, New York: SUNY.

Lifschitz, Moshe, 1990: Ha-mischtar ha-demokrati be-Jisrael (Demokratie in Israel), Tel Aviv: Or Am.

Lipschitz, Gabriel, 1990: Arej ha-pituach – Basis chadasch le-tichnun medinijut (Development Towns – a New Basis for Policy Planning), Jerusalem: Jerusalem Institute for Israel Studies.

Lissak, Moshe, 1999: Ha-alijah ha-gdolah be-schnot ha-chamischim – kischlono schel kur ha-hituch (The Mass Immigration in the Fifties. The Failure of the Melting Pot Policy), Jerusalem: Bialik Institute.

—, 2000: Dominant Political Culture and Political Mutations in Israel. In: Cohen-Almagor, Raphael (Hrsg.): Challenges to Democracy, S. 137-153.

—/Leshem, Eli, 1995: The Russian Intelligentsia in Israel: Between Ghettoization and Integration, Israel Affairs, Vol. 2, No. 2, S. 20-36.

—/—, 2000: Hitgabschut ha-kehilah ha-"rusit" be-Jisrael (The Formation of the "Russian" Community in Israel). In: Dymerskaya-Tsigelman, Ludmila: Jehudei Brit ha-Moazot ba-ma'avar, S. 47-66.

Lissitsa, Sabina/Peres, Jochanan, 2001: Olei chever ha-amim be-Jisrael – Gibusch sehut we-tahalichei integrazjah (Die Einwanderer aus den GUS-Staaten in Israel – Identitätsbildung und Integrationsprozesse), Tel Aviv: Rabin Center for the Study of Israel.

Lomsky-Feder, Edna/Ben-Ari, Eyal, 1999: The Military and Militarism in Israeli Society, New York: SUNY.

Lustick, Ian S., 1988: For the Land and the Lord: Jewish Fundamentalism in Israel, New York: Council on Foreign Relations Press.

—, 1997: Zankapfel Jerusalem. In: Volle, Angelika/Weidenfeld, Werner: Frieden im Nahen Osten? S. 1-12.

—, 1999: Israel as a Non-Arab State: The Political Implications of Mass Immigration of Non-Jews, Middle East Journal, Summer 1999, Vol. 53, No. 3, S. 417-433.

Maddy-Weitzman, Bruce/Inbar, Efraim Hrsg.), 1997: Religious Radicalism in the Greater Middle East, London: Frank Cass.

Mahler, Gregory, 1997: The Forming of the Netanyahu Government: Coalition Formation in a Quasi-Parliamentary Setting, Israel Affairs, Vol. 3, No. 3/4, S. 3-27.

Malkin, Yaakov, 1993: Free Judaism & and Religion in Israel, Jerusalem: Free Judaism/Milan Press.

—, 1998: What do secular Jews believe, Jerusalem: Free Judaism.

Mandel, Michael, 1999: Democracy and the New Constitutionalism in Israel, Israel Law Review, Vol. 33, No. 2, S. 259-321.

Maron, Stanley, 1995: Die Kibbuzbewegung 1994 – Fakten und Daten, Kibbuz-Studien, Nr. 11, S. 5-8.

—, 1999: Mystische Elemente des Kibbuz, Kibbuz Studien, Nr. 14, S. 69-74.

Margalit, Avishai, 1998: Politics and Culture in the State of the Jews, New York: Farrar, Strauss and Giroux.

Margolin, Ron, 1999: Medinat Jisrael ke-medinah jehudit we-demokratit (Israel als jüdischer und demokratischer Staat), Jerusalem: Avi Chai.

Maschke, Manuela, 2000: Was bleibt von der Histadrut? Entwicklungen und Perspektiven im Transformationsprozess der israelischen Arbeiterorganisation, Hintergrundinformation 2/2000, Tel Aviv: Friedrich-Ebert-Stiftung.

Maul, Stephan, 2000: Israel auf Friedenskurs? Politischer und religiöser Fundamentalismus in Israel – Wirkungen auf den Friedensprozess im Nahen Osten, Münster/Hamburg/London: LIT.

Mautner, Menachem, 1993: The Decline of Formalism and the Rise of Values in Israeli Law, Tel Aviv University Law Review, Vol. 17, No. 3, S. 503-596.

—/Sagi, Avi/Shamir, Ronen, 1998: Rav-tarbutijut be-medinah demokratit we-jehudit (Multiculturalism in a Democratic and Jewish State – The Ariel Rosen-Zvi Memorial Book), Tel Aviv: Ramot.

Medding, Peter Y., 1972: Mapai in Israel: Political Organization and Government in a New Society, London u.a.: Cambridge University Press.

—, 1986 (Hrsg.): Studies in Contemporary Jewry, Vol. II, Jerusalem: HUJI.

—, 1989 (Hrsg.): Israel: State and Society, 1948-1988, Studies in Contemporary Jewry, Vol. V, New York/Oxford: Oxford University Press.

—, 1990: The Founding of Israeli Democracy, 1948-1967, New York/Oxford: Oxford University Press.

—, 1999: From Government by Party to Government Despite Party, Israel Affairs, Vol. 6, No. 2, S. 172-208.

Meirovich, Harvey, 1999: The Shaping of Masorti Judaism in Israel, Jerusalem: American Jewish Committee.

Melman, Yossi, 1993: Ha-Jisraelim ha-chadaschim: Mabat ischi al chevrah be-schinui (The New Israelis. An Intimate View of a Changing People), Tel Aviv: Schocken.

Merhav, Peretz, 1972: Die israelische Linke. Zionismus und Arbeiterbewegung in der Geschichte Israels, Frankfurt a. M.: Europäische Verlagsanstalt.

Metz, Helen Chapin, 1990: Israel: A Country Study, Washington, DC: Federal Research Division, Library of Congress.

Michman, Dan, 2000: Die Forschung über , Zionismus und Shoa': Probleme, Kontroversen, Grundbegriffe. In: Schäfer, Barbara: Historikerstreit in Israel, S. 94-128.

Migdal, Joel S., 1993: Civil Society in Israel. In: Goldberg, Ellis/Kasaba, Resat/Migdal, Joel (Hrsg.): Rules and Rights in the Middle East: Democracy, Law and Society, Seattle: University of Washington Press, S. 119-138.

Miron, Dan, 1998: Between Rabbi Shach and Modern Hebrew Literature, Israel Affairs, Vol. 4, No. 3/4, S. 86-100.

Mittleman, Alan L., 1996: The Politics of the Torah. The Jewish Political Tradition and the Founding of Agudat Israel, New York: SUNY.

Mofas, Schaul, 1999: Zahal likrat schnot ha-2000 (Zahal vor der Jahrtausendwende), Edkan astrategi, Vol. 2, No. 2, S. 12-16.

Morag-Talmon, Pnina, 1989: The Integration Processes of Eastern Jews in Israeli Society, 1948-1988. In: Medding, Peter Y.: Israel: State and Society, S. 25-38.

Morgenstern, Matthias (Hrsg.), 1989: Kampf um den Staat. Religion und Nationalismus in Israel, Frankfurt a. M.: Haag und Herchen.

Morris, Benny, 1989: The birth of the Palestinian refugee problem, 1947-1949, Cambridge: Cambridge University Press.

–, 1990: 1948 and after. Israel and the Palestinians, Oxford: Clarendon Press.

Nathanson, Roby/Achdut, Lea, 1999: Ha-poalim ha-chadaschim – Ovdim me-medinot sarot be-Jisrael (The New Workers: Wage Earners from Foreign Countries in Israel), Tel Aviv: Friedrich-Ebert-Stiftung.

Negbi, Moshe, 1991: The Law of Return – „Who is a Jew" – 40 Years Later, Jerusalem: HEMDAT.

Neuberger, Benyamin, 1994: Dat, medinah we-politikah (Religion, State and Politics), Tel Aviv: Open University.

–, 1997a: Religion and Democracy in Israel, Jerusalem: Floersheimer Institute for Policy Studies.

–, 1997b: Ha-miflagot be-Jisrael (Die Parteien in Israel), Tel Aviv: Open University.

–, 2000: Religion and State in Europe and Israel. In: Hazan, Reuven/Maor, Moshe: Parties, Elections and Cleavages, S. 65-84.

Neugart, Felix Gregor, 2000: Die alte Herrlichkeit wiederherstellen. Der Aufstieg der Schas-Partei in Israel, Schwalbach/Ts.: Wochenschau-Verlag.

Neustadt, Amnon, 1999: Ist der Traum ausgeträumt? Israels Gesellschaft an der Schwelle zum Jahr 2000, Stuttgart/Leipzig: Hirzel.

New Israel Fund, 1999: 1998 Annual Report: The New Israel: Mosaic of Identities, Washington, DC.

Nir, Yoel, 1999: Arieh Deri – Ha-alijah, ha-maschber, ha-ke'ev (Arie Dery: The Rise, The Crisis, The Pain), Tel Aviv: Miskal.

Nocke, Alexandra, 1998: Israel heute: Ein Selbstbild im Wandel, Frankfurt a. M.: Philo.

–, 2001: Das Mediterrane in Israels Alltagskultur – Konstrukt oder gelebte Realität? Jüdischer Almanach des Leo Baeck Instituts, Frankfurt: Jüdischer Verlag im Suhrkamp Verlag, S. 33-39.

Norton, Augustus Richard (Hrsg.), 1996: Civil Society in the Middle East, Vol. II, Leiden: Brill.

Ohana, David, 1998: Ha-Jisraelim ha-acharonim (The last Israelis), Tel Aviv: Hakibbutz Hame'uchad.

Orland, Nachum, 1983: Die Cherut. Analyse einer rechtsorientierten Partei, München: tudov.

–, 1994: Cherut, Gachal, Likud 1965-1977, Frankfurt a. M. u.a.: Peter Lang.

Oron, Jair, 1993: Sehut jehudit-Jisraelit (Jewish – Israeli Identity), Tel Aviv: Sifriat Poalim.

Orr, Akiva, 1983: The unJewish State: The politics of Jewish identity in Israel, London: Ithaca.

Oved, Yaakov, 1999: Wandel in der universellen Botschaft des Kibbuz, Kibbuz-Studien No. 14, S. 23-32.

Oz, Amos, 1998: Kol ha-tikwot: Machschavot al sehut Jisraelit (All our hopes: Essays on the Israeli Condition), Jerusalem: Keter.

Ozacky-Lazar, Sarah (Hrsg.), 1999: Seven Roads: Theoretical Options for the Status of the Arabs in Israel. Research Abstract, Givat Haviva.

—/Atrasch, Eas, 2003: Seker emdot politijiot we-le'umijot schel ha-aravim be-Jisrael, Oktober – November 2002 (Umfrage zu politischen und nationalen Positionen der Araber in Israel), Givat Haviva: Ha-Machon le-cheker ha-schalom.

Pappé, Ilan, 1995: Ha-historjah ha-chadaschah schel ha-zijonut: Ha-imut ha-akademi we-ha-pumbi (Die neue Geschichte des Zionismus: Die akademische und öffentliche Auseinandersetzung), Kiwunim, Vol. 45, No. 8, S. 39-47.

—, 1997: Post-Zionist Critique on Israel and the Palestinians, Part I: The Academic Debate, Middle East Journal, Vol. 26, No. 2, S. 29-41.

— (Hrsg.), 1999: The Israel/Palestine Question: Rewriting Histories, London & New York: Routledge.

—, 2000a: Israel at a Crossroads Between Civic Democracy and Jewish Zealotocracy, Journal of Palestine Studies, Vol. XXIX, No. 3, S. 33-44.

—, 2000b: Die israelische Haltung im Friedensprozess, Aus Politik und Zeitgeschichte, Vol. 50, B 49, S. 3-12.

—, 2000c: Der Zionismus als Kolonialismus. Ein vergleichender Blick auf Mischformen von Kolonialismus in Asien und Afrika. In: Schäfer, Barbara: Historikerstreit in Israel, S. 63-93.

Pavin, Avraham, 1999: Schichtung und soziale Veränderung im Kibbuz, Kibbuz Studien, No. 14, S. 63-68.

Peled, Yoav, 1990: Ethnic exclusionism in the periphery: The case of Oriental Jews in Israel's development towns, Ethnic and Racial Studies, Vol. 13, No. 3, S. 345-367.

—, 1998: Towards a Redefinition of Jewish Nationalism in Israel. The Enigma of Shas, Ethnic and Racial Studies, Vol. 21, No. 4, S. 703-727.

—, 2002: Inter-Jewish Challenges to Israeli Identity, Palestine-Israel Journal, Vol. 8, No. 4 & Vol. 9, No. 1, S. 12-23.

—/Shafir, Gershon, 1996: The Roots of Peace Making: The Dynamics of Citizenship in Israel, 1948-1993, Journal of Middle East Studies, No. 28, S. 391-413.

Peres, Schimon, 1993: Die Versöhnung. Der neue Nahe Osten, Berlin: Siedler.

Peres, Yochanan, 1999a: Interrelations between Immigrants from F.S.U. and Old-timers in Israel, Research Report No. 2, Tel Aviv: Rabin Center for Israel Studies.

—, 1999b: Od lo nutkah ha-scharscheret (The Chain of Orientalization), Sozjologjah Jisraelit, Vol. 1, No. 2, S. 435-438.

—/Yuchtman-Yaar, Ephraim, 1998: Bein haskamah le-machloket – Demokratjah we-schalom ba-toda'ah ha-Jisraelit (Zwischen Zustimmung und Auseinandersetzung: Demokratie und Frieden im israelischen Bewusstsein), Jerusalem: Israel Democracy Institute.

Peretz, Don/Doron, Gideon, 1996: Israel's 1996 Elections: A Second Political Earthquake? Middle East Journal, Vol. 50, No. 4, S. 529-546.

—/—, 1997: The Government and Politics of Israel, Boulder: Westview.

Perez, Nachschon, 2001: The Influence of the Jewish Orthodox Religion on Attitudes Towards Democracy. Empirical Data and Theoretical Perspectives, M. A. Thesis, Bar-Ilan University.

Perthes, Volker, 2000: Vom Krieg zur Konkurrenz: Regionale Politik und die Suche nach einer neuen arabisch-nahöstlichen Ordnung, Baden-Baden: Nomos.

Polisar, Daniel, 2001: On the Quiet Revolution in Citizenship Education, Azure, No. 11, S. 66-104.

Population, Vital Statistics and Immigration, 1998: Jerusalem: Central Bureau of Statistics.

Quandt, William B., 2000: Clinton and the Arab-Israeli Conflict: The Limits of Incrementalism, Journal of Palestine Studies, Vol. XXX, No. 2, S. 26-40.

Raanan, Tsvi, 1980: Gusch Emunim, Tel Aviv: Sifriat Poalim (Hebr.).

Rahat, Menachem, 1998: Schas – Ha-ruach we-ha-koach (Schas – Der Geist und die Macht), Tel Aviv: Alfa Tikschoret.

Ram, Uri (Hrsg.), 1993: Ha-chevrah ha-Jisraelit: Hebetim bikortijim (Israeli Society: Critical Perspectives), Tel Aviv: Breirot.

–, 1995: The changing agenda of Israeli sociology: Theory, Ideology, and Identity, Albany: SUNY.

–, 1998a: Post-Zionism and Neo-Zionism: The Glocalization of Israeli Identity, asp. Association Paper.

–, 1998b: Citizens, Consumers and Believers: The Israeli Public Sphere between Capitalism and Fundamentalism, Israel Studies, Vol. 3, No. 1, S. 24-44.

–, 2000a: The Promised Land of Business Opportunities: Liberal Post-Zionism in the Glocal Age. In: Shafir, Gershon/Peled, Yoav: The New Israel, S. 217-240.

–, 2000b: Zionismus und Postzionismus: Der soziologische Kontext der Historikerdebatte. In: Schäfer, Barbara: Historikerstreit in Israel, S. 129-150.

Ravizki, Aviezer, 1996: Messianism, Zionism, and Jewish Religious Radicalism, Chicago & London: University of Chicago Press.

–, 1998: Dat u-medinah be-machschevet Jisrael – Degamim schel ichud, hafradah, hitnagschut o kfitut (Religion and State in Jewish Philosophy: Models of Unity, Division, Collision and Subordination), Jerusalem: Israel Democracy Institute.

–, 1999a: Religious and secular Jews in Israel: A Kulturkampf? Jerusalem: Israel Democracy Institute.

–, 1999b: Religiöse und Säkulare in Israel: Ein Kulturkampf? In: Brenner, Michael/Weiss, Yfaat: Zionistische Utopie – israelische Realität, S. 148-172.

Rekhess, Elie, 1995: Israel's Arab Citizens and the Peace Process. In: Freedman, Robert O.: Israel under Rabin, S. 189-204.

– (Hrsg.), 1996: Arab Politics at a crossroads, Tel Aviv. Moshe Dayan Center.

–, 1998: Ha-aravim ba-politikah ha-Jisraelit: Dilemot schel sehut (The Arabs in Israeli Politics: Dilemmas of Identity), Tel Aviv: Tel Aviv University/Konrad-Adenauer-Stiftung.

–, 2000: The Arab Parties. In: Freedman, Robert O.: Israel's First Fifty Years, S. 180-196.

Reshef, Tzaly, 1996: Schalom Achschaw – Me-michtav ha-k'zinim we-ad ha-Schalom Achschaw (Peace Now: From the Officers' Letter to the Peace Now), Jerusalem: Keter.

Roberts, Samuel J., 1990: Party and Policy in Israel: The Battle between Hawks and Doves, Boulder: Westview.

Rouhana, Nadim N., 1997: Palestinian Citizens in an Ethnic Jewish State: Identities in Conflict, New Haven & London: Yale University Press.

Rubinstein, Amnon, 2001: Geschichte des Zionismus. Von Theodor Herzl bis heute, München: dtv.

Ruppin, Arthur, 1920: Die Juden der Gegenwart, Berlin: Jüdischer Verlag.

Sagiv-Schifter, Tami/Shamir, Michal, 2000: Sovlanut ba-chevrah ha-Jisraelit al saf hame'ah ha-21 (Toleranz in der israelischen Gesellschaft an der Schwelle zum 21. Jahrhundert), De'ot ba-Am, No. 3, S. 1-8.

Schäfer, Barbara (Hrsg.), 2000: Historikerstreit in Israel – Die „neuen" Historiker zwischen Wissenschaft und Öffentlichkeit, Frankfurt a. M./New York: campus.

Schamgar, Meir, 1996: Al kvod ha-adam we-al ha-alimut ba-chevrah ha-Jisraelit (Über Menschenwürde und Gewalt in der israelischen Gesellschaft), Jerusalem: HUJI.

Schiff, Gary S., 1977: Tradition and Politics: The Religious Parties of Israel, Detroit: Wayne State University Press.

Schiffer, Varda, 1999: The Haredi Education in Israel: Allocation, Regulation and Control, Jerusalem: Floersheimer Institute for Policy Studies.

Schmelz, Uziel/DellaPergola, Sergio/Avner, Uri, 1991: Ethnic Differences Among Israeli Jews: A New Look, Jerusalem: The Institute of Contemporary Jewry, Hebrew University of Jerusalem.

Schneider, Richard Chaim, 1998: Israel am Wendepunkt. Von der Demokratie zum Fundamentalismus? München: Kindler.

Schoeps, Julius H. (Hrsg.), 2000: Neues Lexikon des Judentums, Gütersloh: Gütersloher Verlagshaus.

Schulze, Gerhard, 1993: Die Erlebnisgesellschaft. Kultursoziologie der Gegenwart, Frankfurt a. M.: campus.

Schweid, Elieser, 1996: Beyond all that – Modernism, Zionism, Judaism, Israel Studies, Vol. 1, No. 1, S. 224-246.

—, 1999a: Ha-dat ha-jehudit we-ha-demokratjah ha-Jisraelit (Jewish Religion and Israeli Democracy), Tarbut Demokratit, Vol. 1, S. 181-188.

—, 1999b: Mah je'ached et ha-jehudim ke-am be-doroteinu? (What Shall Unite Jews as People in Our Generation?), Gesher, Vol. 45, No. 140, S. 35-40.

Segev, Tom, 1995: Die siebte Million. Der Holocaust und Israels Politik der Erinnerung, Reinbek b. Hamburg: Rowohlt.

—, 2003: Elvis in Jerusalem. Die moderne israelische Gesellschaft, Berlin: Siedler.

Seliktar, Ofira, 2000: The Changing Political Economy of Israel: From Agricultural Pioneers to the „Silicon Valley" of the Middle East. In: Freedman, Robert O.: Israel under Rabin, S. 197-218.

Shafir, Gershon/Peled, Yoav, 2000: The New Israel: Peacemaking & Liberalization, Boulder: Westview.

—/—, 2002: Being Israeli: The Dynamics of Multiple Citizenship, Cambridge: Cambridge University Press.

Shaked, Gershon, 1998: Shall We Find Sufficent Strength? On Behalf of Israeli Securalism, Israel Affairs, Vol. 4 (1997/98), No. 3/4, S. 73-85.

Shalev, Michael, 1999: Have Globalization and Liberalization "Normalized" Israel's Political Economy? Israel Affairs, Vol. 5, No. 2/3, S. 121-155.

—, 2000: Liberalization and the Transformation of the Political Economy. In: Shafir, Gershon/Peled, Yoav: The New Israel: Peacemaking & Liberalization, S. 129-159.

Shamir, Jacob/Shamir, Michal, 1993: The Dynamics of Israeli Public Opinion on Peace and the Territories, Research Report, No. 1, December 1993, Tel Aviv: Tami Steinmetz Center for Peace Research.

Shamir, Michal/Shamir, Jacob, 1996: Ha'adafot erkijot be-da'at ha-kahal be-Jisrael (Competing values in Israeli public opinion), Megamot, Vol. XXXVII, No. 4, S. 393-371.

Shamir, Michal/Arian, Asher, 1999: Collective Identity and Electoral Competition in Israel, American Political Science Review, Vol. 93, No. 2, S. 265-277.

Shapira, Anita, 1997: Jehudim chadaschim – Jehudim j'schanim (Neue Juden – Alte Juden), Tel Aviv: Am Oved.

Shapiro, Yonathan, 1991: The Road to Power: Herut Party in Israel, Albany: SUNY.

–, 1993: The Historical Origins of Israeli Democracy. In: Sprinzak, Ehud/Diamond, Larry: Israeli Democracy under Stress, S. 65-80.

Sharkansky, Ira, 1996a: Rituals of Conflict: Religion, Politics, and Public Policy in Israel, London: Boulder: Westview.

–, 1996b: Governing Jerusalem. Again on the World's Agenda, Detroit: Wayne State University Press.

Shavit, Zeev, 1988: Avchanot adatijot we-smalim schel adatijut be-ta'amulat ha-b'chirot la-Kneset ha-10 we-ha-11 (Ethnic Categories and Symbols in Two Election Campaigns), Jerusalem: Israel Democracy Institute.

Sheffer, Gabriel, 1999: Political Change and Party System Transformation, Israel Affairs, Vol. 6, No. 2, S. 148-171.

–, 2000: Be-ikwot tahalich ha-schalom (Auf den Spuren des Friedensprozesses), Tel Aviv: Tami Steinmetz Center, Tel Aviv University.

Sheleg, Yair, 1999: The North American Impact on Israeli Orthodoxy, New York: American Jewish Committee.

–, 2000: Ha-datijim ha-chadaschim: Mabat al ha-chevrah ha-datit be-Jisrael (The New Religious Jews: Recent developments among observant Jews in Israel), Jerusalem: Keter.

Shepherd, Naomi, 1994: Ex-Soviet Jews in Israel: Asset, Burden, or Challenge? Israel Affairs, Vol. 1, No. 2, S. 245-266.

Sher, Gilad, 2001: Be-merchak negi'ah (Just Beyond Reach: The Israeli-Palestinian Peace Negotiations 1999-2001), Tel Aviv: Jediot Acharonot.

Shilhav, Yoseph, 1998: Ultra-Orthodoxy in Urban Governance, Jerusalem: Floersheimer Institute for Policy Studies.

Shitrit, Schimon, 1998: Ha-arez ha-tovah bein koach we-dat (The Good Land between Power and Religion), Tel Aviv: Miskal.

Silberstein, Laurence Jay (Hrsg.), 1991: New Perspectives on Israeli History: The Early Years of the State, New York/London: New York University Press.

–, 1993: Jewish Fundamentalism in Comparative Perspective: Religion, Ideology, and the Crisis of Modernity, New York: New York University Press.

–, 1999: The Postzionism Debates: Knowledge and Power in Israeli Culture, New York/London: Routledge.

Simon, Uriel, 1996: Schutafut chilonit-datit be-b'nijat "medinah jehudit-demokratit" (Säkular-religiöse Gemeinsamkeit beim Aufbau eines jüdisch-demokratischen Staates), Alpajim, Vol. 13, S. 154-166.

Smooha, Sammy, 1978: Israel: Pluralism and Conflict, Berkeley: University of California Press.

—, 1993: Jewish Ethnicity in Israel. In: Kyle, Keith/Peters, Joel: Whither Israel? S. 161-176.

—, 1994: Arab-Jewish Relations in Israel in the Peace Era, Israel Affairs, Vol. 1, No. 2, S. 227-244.

—, 1997: Ethnic Democracy: Israel as an Archetype, Israel Studies, Vol. 2, No. 2, S. 198-241.

—, 1999a: Tmurot ba-chevrah ha-Jisraelit – Leachar jovel schanim (Wandlungen in der israelischen Gesellschaft – Nach dem Jubiläum), Alpajim, Vol. 17, S. 239-261.

—, 1999b: Otonomijah le-aravim be-Jisrael? (Autonomy for Arabs in Israel?), Raanana: Institute for Israeli Arab Studies.

Sofer, Sasson, 1998: Israel in the World Order: Social and International Perspectives, Jerusalem: Konrad-Adenauer-Stiftung/Hebrew University of Jerusalem.

Sontheimer, Kurt (Hrsg.), 1968: Israel – Politik, Gesellschaft, Wirtschaft, München: Piper.

Sprinzak, Ehud, 1991: The Ascendendance of Israel's Radical Right, New York/Oxford: Oxford University Press.

—, 1993: Three Models of Religious Violence: The Case of Jewish Fundamentalism in Israel. In: Marty, Martin E./Appleby, Scott R. (Hrsg.): Fundamentalisms and the State: remaking Polities, Economies, and Militance, Chicago/London: The University of Chicago Press, S. 462-490.

—, 1998: The Israeli Right and the Peace Process 1992-1996, Jerusalem: Konrad-Adenauer-Stiftung/Leonard Davis Institute.

—, 1999: Brother against Brother: Violence and Extremism in Israeli Politics from Altalena to the Rabin Assassination, New York: Free Press.

—/Diamond, Larry (Hrsg.), 1993: Israeli Democracy under Stress, Boulder & London: Lynne Rienner Publishers.

Statistical Abstract of Israel, div. Jahrgänge, Jerusalem: Central Bureau of Statistics.

Steinberg, Gerald, 1998: Medinijut ha-gar'in schel Jisrael ke-markiv ba-j'chasim im Arzot ha-Brit (Israelische Nuklearpolitik als Komponente der israelisch-amerikanischen Beziehungen), Jerusalem: American Jewish Committee.

—, 2002: Trends in der israelischen Gesellschaft, Konrad-Adenauer-Stiftung/Auslandsinformationen, Vol. 18, No. 6, S. 4-19.

Steininger, Rolf, 1994: Der Umgang mit dem Holocaust: Europa – USA – Israel, Wien/Köln/Weimar: Böhlau.

Sternhell, Zeev, 1998: The Founding Myths of Israel: Nationalism, Socialism, and the Making of the Jewish State, Princeton, NJ: Princeton University Press.

Susser, Bernard, 1999: The Direct Election of the Prime Minister: A Balance Sheet. In: Elazar, Daniel J./Sandler, Shmuel: Israel at the Polls 1996, S. 237-257.

—/Cohen, Asher, 2000: Israel and the Politics of Jewish Identity: The Secular-Religious Impasse, Baltimore: Johns Hopkins University Press.

—/Liebman, Charles, 1999: Choosing Survival: Strategies for a Jewish Future, Oxford: Oxford University Press.

Swirski, Barbara/Safir, Marilyn P. (Hrsg.), 1993: Calling the Equality Bluff: Women in Israel, New York & London: Athene Series.

—, 1995: Inequality among Jews in Israel, Tel Aviv: Adva Center.

Swirsky, Shlomo/Konur-Ettias, Etti, 2003: Tmunat mazav chevratit 2002 (Gesellschaftlicher Lagebericht 2002), Tel Aviv: Adva Center.

—/—/Yecheskel, Yaron, 1998: Government Allocations to the ultra-Orthodox (Haredi) Sector in Israel, Tel Aviv: Adva Center.

—/—/—, 1999: Israel: A Social Report 1999, Tel Aviv: Adva Center.

Tabory, Ephraim, 2000: Reform Judaism in Israel: Progress and Prospects, o. O., American Jewish Committee in Israel.

—/Lazerwitz, Bernard, 1995: Americans in the Israeli Reform and Conservative Denominations. In: Deshen, Shlomo/Liebman, Charles/Shokeid, M.: Israeli Judaism, S. 335-345.

Tartter, Jean R./Mason/Robert Scott, 1990: Israeli Concepts of National Security. In: Metz, Helen Chaplin: Israel - A Country Study, S. 266-271.

Tami Steinmetz Center for Peace Research (Hrsg.), 1998: Peace in Brief, Tel Aviv.

Timm, Angelika, 1998: Israel. Geschichte des Staates seit seiner Gründung, Bonn: Bouvier.

—, 1999a: Israel auf dem Weg zur Theokratie? Blätter für deutsche und internationale Politik, No. 8, S. 927-931.

—, 1999b: Ein Staat für die Juden im Land ihrer Väter - Der Staat Israel und der Nahostkonflikt, Brockhaus-Bibliothek. Die Weltgeschichte, Mannheim: Brockhaus, S. 468-483.

—, 2000: Israel: Status quo von Staat und Religion in der Zerreißprobe? Sachor, No. 10, S. 39-50.

—, 2001a: Israel - Jüdischer Staat oder , Staat für alle seine Bürger'? Sitzungsberichte der Leibnitz-Sozietät, Vol. 44, No. 1, S. 83-106.

—, 2001b: Wertewandel und Zivilgesellschaft in Israel, Orient, Vol. 42, No. 1, S. 119-138.

—, 2001c: Israeli Civil Society Facing New Challenges, Israel Studies Forum, No. 1, S. 47-68.

—, 2002a: Der Staat Israel und sein Anspruch auf das „ungeteilte Jerusalem". In: Hubel, Helmut/Seidensticker, Tilman (Hrsg.): Jerusalem - die heilige, umstrittene Stadt. Beiträge zu einer Vorlesungsreihe, Collegium Europaeum Jenense, Jena, S. 125-144.

—, 2002b: Die Zivilgesellschaft in der Bewährung, Wissenschaft und Frieden, Vol. 20, Nr. 4, S. 27-30.

—, 2003a: Vom Schmelztiegel zur Mosaikgesellschaft. In: Herz, Dietmar/Ahlborn, Kai/Jetzlsperger, Christian (Hrsg.): Der israelisch-palästinensische Konflikt. Hintergründe, Dimensionen und Perspektiven, Stuttgart: Franz-Steiner Verlag, S. 37-53.

—, 2003b: Israeli Civil Society: Historical Development and New Challenges. In: Hamzawy, Amr (Hrsg.): Civil Society in the Middle East, Berlin: Verlag Hans Schiler, S. 84-124.

Troen, Ilan (Hrsg.), 1999: Jewish Centers & Peripheries: Europe between America and Israel Fifty Years After World War II, New Brunswick & London: Transaction Publishers.

Tzameret, Hagar, 1999: Profil ha-ischah ha-Jisraelit likrat ha-milenium ha-ba (A Profile of the Israeli Woman at the Dawn of the 3rd Millenium), Tel Aviv: Friedrich-Ebert-Stiftung.

Vital, David, 1990: The Future of the Jews: A People at the Crossroads? Cambridge: Harvard.

Volle, Angelika/Weidenfeld, Werner (Hrsg.), 1997: Frieden im Nahen Osten? Chancen, Gefahren, Perspektiven, Bonn: Verlag für Internationale Politik.

Waxman, Chaim I. (Hrsg.), 1994: Israel as a Religious Reality, Northvale, New Jersey/London: Jason Aronson.

Weingrod, Alex, 1979: Recent trends in Israeli ethnicity, Ethnic and Racial Studies, Vol. 2, No. 1, S. 55-65.

–, 1985: Studies in Israeli Ethnicity: After the Ingathering, New York: Gordon and Breach Science Publishers.

Weiss, Schevach, 1979: Ha-mahapach (Die Wende), Tel Aviv.

Weissbrod, Lily, 1997: Israeli Identity in Transition, Israel Affairs, Vol. 3, No. 3/4, S. 47-65.

–, 2002: Israeli Identity: In Search of a Successor to the Pioneer, Tsabar and Settler, London: Frank Cass.

Weisburd, David, 1989: Jewish Settler Violence: Deviance as Social Reaction, University Park/London: Pennsylvania State University Press.

Willis, Aaron P., 1992: Redefining Religious Zionism: Shas' Ethno-politics, Israel Studies Bulletin, Vol. 8, No. 2, S. 3-8.

–, 1993: Sephardic Thora Guardians – Ritual and the Politics of Piety, unveröffentlichte Ph. D. Diss., Princeton.

–, 1995: Shas – The Sephardic Torah Guardians: Religious "Movement" and Political Power. In: Shamir, Michal/Arian, Asher: The Elections in Israel 1992, S. 121-139.

Wistrich, Robert/Ohana, David (Hrsg.), 1995: The Shaping of Israeli Identity: Myth, Memory and Trauma, London: Frank Cass.

– (Hrsg.), 1996: Mitos we-sikaron: Gilguleiha schel ha-toda'ah ha-Jisraelit (Myth and Memory: Transfigurations of Israeli Consciousness), Jerusalem: Van Leer Jerusalem Institute.

Wittstock, Alfred (Hrsg.), 2001: Israel in Nahost – Deutschland in Europa: Nahtstellen, Wiesbaden: Westdeutscher Verlag.

Wolffsohn, Michael, 1983: Politik in Israel. Entwicklung und Struktur des politischen Systems, Opladen: Leske.

–/Bokovoy, Douglas, 2003: Israel. Grundwissen – Länderkunde: Geschichte, Politik, Gesellschaft, Wirtschaft, Opladen[6]: Leske + Budrich.

Yanai, Nathan, 1981: Party and Leadership in Israel: Maintenance and Change, Ramat Gan u.a.: Turledove.

Yaniv, Avner (Hrsg.), 1993: National Security & Democracy in Israel, Boulder & London: Lynne Rienner.

Yiftachel, Oren, 1997: Israeli Society and Jewish-Palestinian Reconciliation: 'Ethnocracy' and its Territorial Contradictions, Middle East Journal, Vol. 51, No. 4, S. 505-519.

Yinon, Eyal, 1999: Schilton ha-chok be-chevrah mekutevet (The Rule of Law in a Polarized Society: Legal, Social and Cultural Aspects), Jerusalem: Israel Democracy Institute.

–, 2000: Ha-rabanut ha-mamlachtit: Bechirah, hafradah we-chofesch bitui (Das staatliche Rabbinat – Wahlen, Abtrennung und Meinungsfreiheit), Jerusalem: Israel Democracy Institute.

Yishai, Yael, 1984: Responsiveness to Ethnic Demands: The Case of Israel, Ethnic and Racial Studies, Vol. 7, No. 2, S. 283-300.

–, 1987: Kvuzot interes be-Jisrael (Interest Groups in Israel: The Test of Democracy), Tel Aviv: Am Oved.

–, 1991: Land of Paradoxes: Interest Politics in Israel, New York: SUNY.

–, 1992: Three Faces of Associational Politics: Interest Groups in Israel, Political Studies, Vol. XL, No. 1, S. 124-136.

–, 1998: Civil Society in Transition: Interest Politics in Israel, Annals, AAPSS, Vol. 555, S. 147-162.

Yuchtman-Ya'ar, Ephraim/Herman, Tamar/Nadler, Arieh, 1995: Projekt "Madad ha-Schalom" – memza'im rischonijim (Projekt „Friedensindex" – erste Ergebnisse), Tel Aviv: Tami Steinmetz Center for Peace Research.

Zerubavel, Yael, 1995: Recovered Roots: Collective Memory and the Making of Israeli National Tradition, Chicago/London: University of Chicago Press.

Zilberfarb, Ben-Zion, 1996: The Israeli Economy in the 1990s: Immigration, the Peace Process, and the Medium-Term Prospects for Growth, Israel Affairs, Vol. 3, No. 1, S. 1-12.

Zimmer-Winkel, Rainer (Hrsg.), 2000: Die Araber und die Shoa. Über die Schwierigkeiten dieser Konjunktion, Trier: Aphorisma.

Zimmermann, Moshe, 1992: Die Folgen des Holocaust für die israelische Gesellschaft, Aus Politik und Zeitgeschichte, Vol. 42, B 1-2, S. 33-43.

–, 1994: Israels Umgang mit dem Holocaust. In: Steininger, Rolf: Der Umgang mit dem Holocaust, S. 387-406.

–, 1996: Wende in Israel. Zwischen Nation und Religion, Berlin: Aufbau.

Zionut we-dat (Zionismus und Religion), 1993: Jerusalem: Merkaz Salman Schazar le-toldot Jisrael.

Zisenwine, David, 1998: Jewish Education in the Jewish State, Israel Affairs, Vol. 4, No. 3/4, S. 146-155.

Zisser, Eyal, 2001: The Israel-Syria Negotiations – What went wrong? Orient, Vol. 42, No. 2, S. 225-251.

Zucker, Dedi (Hrsg.), 1999: Anu ha-jehudim ha-chilonijim – Mahi sehut jehudit chilonit? (Wir die säkularen Juden: Was ist säkulare jüdische Identität?), Tel Aviv: Jediot Acharonot.

Zuckermann, Moshe, 1998: Zweierlei Holocaust. Der Holocaust in den politischen Kulturen Israels und Deutschlands, Göttingen: Wallstein.

–, 2000: Volk, Staat und Religion im zionistischen Selbstverständnis. Historische Hintergründe und aktuelle Aporien, Vorlesung an der Universität Münster, 24. Oktober 2000, veröffentlicht unter http://www.diak.org/zuckermann.htm (11. März 2001).

Zweig, Ronald W. (Hrsg.), 1991: David Ben-Gurion. Politics and Leadership in Israel, London: Frank Cass.

Tageszeitungen

Ha-Arez (hebr. Ausgabe)
Haaretz (engl. Ausgabe)
Jediot Acharonot
Jerusalem Post
Maariv

Ausgewählte Internetadressen

www.adva.org
www.bitterlemons.org
www.cbs.gov.il
www.diak.org